LOUIS RIEL c. CANADA

les années rebelles

par J. M. BUMSTED
traduction de Marie-Hélène Duval

PLAINES

Conseil des Arts du Canada | Canada Council for the Arts

CONSEIL DES ARTS DU MANITOBA / MANITOBA ARTS COUNCIL

Les Éditions des Plaines remercient le Conseil des Arts du Canada et le Conseil des Arts du Manitoba du soutien accordé dans le cadre des subventions globales aux éditeurs et reconnaissent l'aide financière du ministère du Patrimoine canadien (PADIÉ et PICLO) et du ministère de la Culture, Patrimoine et Tourisme du Manitoba, pour ses activités d'édition. Les Éditions des Plaines soulignent l'appui spécial du Conseil des Arts du Canada via son programme de subventions à la traduction.

Conception et mise en page : Relish Design
Imprimerie : Hignell Printing

Catalogage avant publication de Bibliothèque et Archives Canada

Bumsted, J. M., 1938-
Louis Riel c. Canada : les années rebelles / par J.M. Bumsted ; traduction de Marie-Hélène Duval.

Traduction de: Louis Riel v. Canada.
Comprend un index.
ISBN 2-89611-010-0

1. Riel, Louis, 1844-1885. I. Duval, Marie-Hélène, 1951-. II.Titre.

FC3217.1.R53B8514 2005 971.05'1'092 C2005-903858-6

382, rue Deschambault
Saint-Boniface (Manitoba) R2H 0J8
www.plaines.mb.ca

3e trimestre 2005

Dépôt légal : Bibliothèque nationale du Canada, Bibliothèque provinciale du Manitoba et Bibliothèque nationale du Québec.

À mes étudiants
d'hier et d'aujourd'hui.

Table des matières

Thomas Scott

John Christian Schultz

Colonel Garnet
Wolesley

Sir John A.
Macdonald

Introduction

C'est à dessein que le titre de ce livre s'inspire du vocabulaire juridique. Bien que toute la vie de Louis Riel ait été un drame en soi, l'histoire du Canada compte peu de gens dont les actes se définissent et se lient à ce point à des questions d'ordre légal. D'une certaine façon, Riel est davantage perçu comme un plaideur que comme une figure marquante — quelquefois le plaignant, mais plus souvent encore l'accusé — d'une querelle juridique qui l'oppose en permanence au gouvernement canadien.

La déclaration d'un gouvernement provisoire à la Rivière-Rouge, à la fin de 1869, pose une question de droit à savoir si Riel est un rebelle contre la Reine et le Canada, ou le chef d'un gouvernement légitime. De la réponse à cette question en dépend une autre relative à l'exécution de Thomas Scott : si le gouvernement qui a jugé ce dernier, et qui l'a fait exécuter, est illégal, cette exécution n'est-elle pas un meurtre? À partir du moment où le gouvernement canadien a appris l'exécution de Scott, le Canada a prétendu avec insistance que ce dernier avait été assassiné, ce qui a eu d'énormes conséquences sur l'entrée du Manitoba dans la Confédération, et certainement sur toute la vie de Riel par la suite.

Bien qu'on n'ait jamais jugé Riel pour la mort de Thomas Scott, un partisan, Ambroise Lépine, a franchement été mis au banc des accusés à la place de son collègue. Si on avait jugé Riel, on aurait eu recours aux mêmes arguments juridiques qui ont servi au procès de Lépine. De bien des façons, le résultat eut été beaucoup plus probant que le suggéraient les ambiguïtés des preuves reçues. Riel sera finalement traîné en cour par le Canada, en 1885, cette fois pour trahison et, une fois de plus, sur des questions légales complexes et ambiguës.

Depuis sa toute première apparition sur la scène historique en 1869, Louis Riel a toujours fasciné les historiens et les biographes en particulier. Aucun personnage de l'histoire du Canada n'a fait l'objet d'autant d'études biographiques que Riel. L'ensemble de ses écrits demeure à ce jour l'unique tentative de publier une édition complète de tous les documents d'un Canadien. Aucune de ces études, pourtant, n'est parvenue à bien cerner le personnage. Certains biographes sont même allés jusqu'à inventer des dialogues pour les moments importants de sa vie, avides qu'ils sont, comme la plupart des biographes, d'insérer dans leur texte des renseignements, un contexte ou une interprétation glanée au gré des insinuations, des rumeurs et des qu'en-dira-t-on. L'un de nos plus importants biographes canadiens a récemment décrit son rôle comme suit :

> Bien que celui ou celle qui raconte une vie doive accumuler le plus de preuves possible, et les interpréter de façon aussi rigoureuse que possible, son devoir est surtout de proposer au public une certaine « lecture » du sujet. Se faisant, le biographe se retrouve en position dangereuse, car il prend le risque de se tromper, de passer à côté des indices du passé et de dresser un portrait faux et inexact du sujet. Mais qu'il en soit ainsi… c'est un risque qu'il faut courir. Il n'est pas possible de rédiger une biographie authentique sans interprétation.*

Ainsi que le suggère James King, la tâche du biographe est de donner vie au personnage. Pour ce faire, il tente généralement de pénétrer dans la tête du sujet. Le biographe doit absolument expliquer pourquoi le sujet se comporte comme il le fait, ce qui exige une certaine conception figée de sa personnalité. Que cette conception soit en fait expliquée en détail ou non par l'auteur, elle est toujours inhérente à l'interprétation qu'il fait des motivations de son héros et la description qu'il donne de ses sentiments profonds. Bien qu'il soit tout à fait possible d'écrire une biographie présentant peu d'attrait, et certains aspects de la vie de Riel tendent à être rébarbatifs, la plupart des biographes finissent par s'identifier pleinement à leur sujet. Une telle identification, après tout, est la façon typique d'écrire une biographie, car c'est ainsi que le biographe s'insinue dans l'âme de son personnage.

En raison de tous les dangers que comporte l'identification au sujet, et en raison de l'importance des difficultés d'ordre juridique qui ne sont pas toujours nécessairement éclaircies par ce qui se passe dans la tête de Riel, je ne souhaite pas écrire une biographie de Louis Riel. Je préfère rédiger une étude historique de Riel et de son temps, laquelle met l'accent sur sa longue confrontation, surtout juridique, avec le Canada. En ce qui me concerne, la différence entre biographie et histoire réside dans le fait que la biographie interprète la vie, alors que l'histoire interprète le contexte et l'époque dans lesquels cette vie s'est déroulée. Au lecteur ensuite de déterminer si cette approche aura réussi à éclairer un sujet aussi vaste et complexe que la vie de Louis Riel.

Cette recherche repose sur diverses sources primaires et secondaires. On trouvera la bibliographie complète sur le site www.plaines.mb.ca.

* James King, compte rendu du livre de G.E. Bentley, *The Stranger from Paradise: A Biography of William Blake*, dans *The Globe and Mail Books*, 7 juillet 2001, p. D9.

-1-

Un chef en puissance

Louis Riel voit le jour à Saint-Boniface, le 22 octobre 1844, dans l'une des familles métisses les plus influentes de la communauté. En effet, sa grand-mère maternelle est Marie-Anne Gaboury Lagimodière qui, après s'être laissée courtiser par le commerçant de fourrures Jean-Baptiste Lagimodière, à Maskinongé dans le Bas-Canada, l'épouse en avril 1806, puis l'accompagne jusqu'au fort Gibraltar au confluent des rivières Rouge et Assiniboine. Marie-Anne Gaboury est la première femme blanche à quitter le Québec pour s'établir dans l'Ouest, et la première à y fonder une famille, ce qui fait de Riel un descendant en droite ligne de la famille fondatrice (non-autochtone) de la région. En outre, en tant qu'unique femme catholique de la colonie en 1818, elle servira de marraine à plus d'une centaine de nouveau-nés autochtones et métis baptisés peu après l'arrivée des premiers missionnaires. Fidèle à ce qu'on attend à l'époque d'une bonne catholique, Marie-Anne transmet sa foi profonde à toute la famille. Le grand-père maternel de Riel, Jean-Baptiste Lagimodière, devient l'un des hommes de confiance de Lord Selkirk en 1812 et, en 1815, se rend célèbre en parcourant à pied la route qui le sépare de Montréal, afin d'y prévenir Selkirk de la menace qui pèse sur la colonie.

Les parents de Riel sont Julie Lagimodière-Riel et Louis Riel père, dont le mariage a été célébré en 1843 à la cathédrale de Saint-Boniface. Louis Riel père est un chef métis très respecté. Né dans ce qui deviendra la province de la Saskatchewan, il fait ses études dans le Bas-Canada. Après un bref séjour dans la communauté des Oblats, qu'il quitte faute d'avoir la vocation, il devient porte-parole des commerçants indépendants métis de la Rivière-Rouge, ou « hommes libres », en conflit avec la Compagnie de la Baie d'Hudson en 1849. Il milite également en faveur d'une représentation métisse au Conseil d'Assiniboia et de l'usage du français dans les cours de justice de la colonie.

Julie Lagimodière-Riel sait ce qu'elle veut. Très attachée à sa religion, elle rêve de devenir religieuse novice. Elle prie, et a une vision. Un vieil homme lui commande d'obéir à ses parents qui voudraient bien la marier. La fille de Julie raconte plus tard que cette dernière sortait de l'église lorsqu'« elle fut environnée de flammes. Éblouie, effrayée, elle lève la vue et là sur les nues, elle aperçoit un vieillard tout étincelant de clartés et entouré de flammes qui lui cria d'une voix forte : "Enfant désobéissante rends-toi à la maison et dis à tes parents que tu feras leur volonté." » Elle donnera à Louis Riel père onze enfants, dont neuf atteindront l'âge adulte.

Dans une de ses dernières lettres, Riel fils fait un portrait de sa mère qu'il a gardé de son enfance : « La prière en famille, le chapelet ont toujours été sous mes yeux. Et ils sont dans ma nature comme l'air que je respire. La figure recueillie de ma mère, les regards qu'elle dirige habituellement vers le ciel, son respect, son attention, sa dévotion dans les exercices de piété ont toujours fait et laissé sur moi les vives impressions du bon exemple. »

Les Métis

Les Métis de la Rivière-Rouge sont issus des rapports qu'ont entretenu les femmes autochtones et « sang mêlé » avec les voyageurs francophones à l'emploi de la Compagnie du Nord-Ouest. On en rencontre dans tout le pays de la traite des fourrures dans l'ouest du continent, de Détroit par la vallée de l'Ohio jusqu'au Mississippi, au sud des Grands Lacs, et de Sault-Sainte-Marie à l'Athabasca. C'est probablement à la Rivière-Rouge que se trouve la plus grande concentration de Métis dans l'ouest du pays. Ces derniers, tout comme les autres Sang-mêlé, n'entretiennent guère d'allégeances sur le plan national. Dès 1815, ils hissent un drapeau métis en signe d'opposition à la colonie de Selkirk manifestant ainsi, semble-t-il, leur sens de l'autonomie par rapport aux gouvernements en place. Après l'arrivée des missionnaires catholiques romains en 1818, les Métis deviennent de fervents catholiques.

Le territoire de la Compagnie de la Baie d'Hudson au nord du 49e parallèle, en particulier après la fusion de la CBH et de la Compagnie du Nord-Ouest en 1821, appartient à la Couronne britannique, et les gens qui peuplent ce territoire sont sujets britanniques. Le territoire de la CBH n'est toutefois sous la juridiction d'aucun gouvernement si ce n'est le Conseil d'Assiniboia établi autour de la colonie de la Rivière-Rouge par la Compagnie de la Baie d'Hudson, en 1835. Les habitants de la Rivière-Rouge célèbrent chaque année « le plus royalement du monde », comme le précise un observateur, le jour anniversaire de la Reine. Les Amérindiens qui occupent l'immense territoire de l'Ouest jouissent des droits reconnus aux autochtones, en particulier du droit de propriété, mais personne ne peut dire si ces droits s'appliquent aussi aux Métis. Bien qu'elle ait fait l'objet d'une discussion en 1861, à la Rivière-Rouge, cette question reste sans réponse.

Les Métis ne sont pas les seuls « sang mêlé » de l'Ouest, ni même de la colonie. On y trouve également des métis de langue anglaise, issus du croisement des femmes cries et des employés de la Compagnie de la Baie d'Hudson. Ces derniers sont surtout de religion anglicane. En plus de la langue et de la religion, le lieu de résidence différencie les deux groupes métis. Les Métis se sont regroupés au sud de la Fourche, sur les rives de la rivière Rouge; les Sang-mêlé anglophones vivent au nord de la Fourche, sur les rives de cette même rivière. Les deux groupes partagent les rives de la rivière Assiniboine, mais constituent deux entités bien distinctes.

On tend généralement à distinguer les deux groupes de Sang-mêlé de la colonie de la Rivière-Rouge par l'inclinaison des francophones pour la chasse au bison et des anglophones pour les travaux de la terre. Cette distinction finira toutefois par s'estomper avec le temps, tout comme se comblera le fossé entre les deux collectivités. Lorsque Johnny Grant, un Sang-mêlé né à Fort Edmonton, et qui a passé presque toute son enfance aux États-Unis, vient visiter sa famille à la Rivière-Rouge en 1867, des membres de sa parenté et des amis se retrouvent des deux côtés. La tante chez qui il habite s'appelle Mme James McKay. Il a pour oncle et tante Pascal Breland de la Prairie du Cheval Blanc et Mme Ross de Stone Fort. Grant se joint à un groupe de célibataires, dont font partie Bob O'Lone et Alfred H. Scott, tous deux barmen à Fort Rouge, et crée des liens d'amitié avec Pierre Léveillé et les trois frères Genthon. Il insiste pour dire que la venue des « Canadiens » a contribué à la réunification des Sang-mêlé.

La plupart des observateurs de l'époque aiment penser que les Métis sont moins « civilisés » que leurs cousins anglophones. Ce n'est pas le cas de tous cependant. Un correspondant du *Montreal Herald* écrit à l'automne 1869 :

> Presque tous les hommes de plus de vingt ans sont propriétaires fonciers, et auraient le droit de vote en vertu du droit de suffrage canadien. La plupart sont allés à l'école et presque tous ont fréquemment conduit leur propre bétail à St. Paul et St. Cloud au Minnesota. [...] Depuis quelques années, ils ont abandonné la chasse aux bisons et toutes les familles cultivent plus ou moins la terre. Ils se considèrent comme une race à part comparativement aux Indiens, et apprécient leur rang supérieur dans l'échelle des civilisations. Du fait qu'ils se rendent souvent aux États-Unis, ils n'éprouvent pas trop d'aversion pour l'institution démocratique. Les Canadiens ne les comprennent

pas toujours cependant, et il se pourrait que l'incompréhension des autorités génère éventuellement beaucoup de souffrances dans le pays.

Suite à la pétition que lui a fait parvenir Alexander Kennedy Isbister à la fin des années 1840, le gouvernement britannique évite de prendre une décision quant aux droits de propriété des Sang-mêlé. Ces derniers traversent tout naturellement la frontière américaine selon les circonstances. La chasse aux bisons, par exemple, se fait surtout au sud de la frontière.

Ce qui ne fait aucun doute par contre, c'est que les Métis, de la Rivière-Rouge en particulier, n'accordent guère leur loyauté, et ne se sentent guère liés aux provinces de l'Est de l'Amérique du Nord britannique qui formeront la Confédération en 1867. Leur unique lien avec l'Est, c'est le Québec, par le biais du clergé et des religieuses catholiques dont un grand nombre ont quitté le Bas-Canada pour se rendre à la Rivière-Rouge. Quelques Métis, dont Louis Riel, ont étudié au Québec. Mais la plupart des Métis n'ont pas plus de raisons historiques de s'attacher au Canada qu'au gouvernement des États-Unis à Washington, si ce n'est une franche loyauté et une réelle affection envers le symbole de la Couronne britannique.

La jeunesse de Riel

Louis est l'aîné des neufs enfants de la famille à avoir survécu. Ses parents souhaitent le voir accéder à la prêtrise. Il fréquente l'école de Saint-Boniface et, à sept ans, parle couramment le français, l'anglais et le cri. Il semble que ce soit dans la colonie qu'il ait appris cette dernière langue. Avec sa sœur cadette Sara, il passe son enfance dans les champs et les bois de Saint-Boniface. En 1857, Monseigneur A. -A. Taché choisit le jeune Louis, alors âgé de 13 ans, Daniel McDougall, Louis Schmidt et Joseph Nolin, et les envoie poursuivre leurs études à Québec. À la dernière minute, Nolin fait volte-face. Aucun des trois autres n'accédera à la prêtrise, ce qui laisse penser que, somme toute, l'éducation ne garantissait pas le dénouement escompté.

Au petit séminaire, celui du Collège de Montréal, Louis réussit très bien pendant les premières années. Il est généralement premier de classe. Le décès de son père en 1864 semble toutefois beaucoup l'affecter. Il est ébranlé par la disparition de ce père qu'il admirait beaucoup, si loin à la Rivière-Rouge. Il quitte le collège avant la fin de l'année scolaire et tente sa chance dans le monde.

C'est également durant cette période qu'il connaît, croyons-nous, une grande déception sentimentale. On ne sait trop s'il a rencontré

Marie-Julie Guernon avant ou après son départ du collège. Marie-Julie est la fille des voisins de l'oncle et de la tante de Louis, les Lee, qui habitent le village de Saint-Louis-du-Mile-End. Louis a déjà demeuré chez les Lee en 1864 et il s'installe chez eux après son départ du collège en 1865. Ce qu'on sait, c'est que les deux jeunes gens s'éprennent l'un de l'autre et s'écrivent des poèmes passionnés. Celui de Riel, intitulé « Mes premiers amours » dépeint son attachement pour une jeune fille nommée Marie. Le jeune couple signe un contrat de mariage le 12 juillet 1866 sans consulter les parents de la promise. Ces derniers s'objectent au moment de la publication des bans à l'église paroissiale. La cause est perdue. Nous ne comprenons pas pourquoi les Guernon n'ont pas voulu de Riel. Eux-mêmes ne sont pas riches et Louis représente un bon parti. Plusieurs biographes trouvent une explication dans le fait qu'il soit Métis. Le fait est, également, qu'il n'a pas encore d'emploi stable lorsque les parents de Marie-Julie mettent fin au projet des deux jeunes gens.

Comme cela se répétera à plusieurs reprises durant sa vie, Riel passe la plupart de son temps aux États-Unis pendant les deux années qui suivent son départ du Canada de son retour à la Rivière-Rouge en 1869. Comme la plupart des Métis, il semble à son aise au sud du 49e parallèle. Peut-être travaille-t-il surtout avec les charretiers de la Rivière-Rouge, bien qu'on fasse parfois mention d'un emploi qu'il aurait occupé dans un magasin général de St. Paul.

Le nom de Riel apparaît pour la première fois sur la place publique le 1er février 1869 dans un journal de Québec, *Le Nouveau Monde,* sous la forme d'une lettre au rédacteur signée par un Métis, *L.R.* Cette lettre aurait été rédigée en réponse à celle d'un nouveau venu à la Rivière-Rouge, Charles Mair, publiée dans plusieurs journaux de l'Ontario. Les commentaires condescendants de Mair sur les femmes métisses de la colonie lui avaient déjà valu une réplique cinglante, sous la forme de quelques coups de cravache administrés en public par Annie Bannatyne. Cette dernière est l'épouse métisse d'A.G.B. Bannatyne, maître de poste de la colonie. Mair suggère également que la seule raison qui puisse justifier les secours nécessités par la famine à la Rivière-Rouge en 1868 est l'indolence des Sang-mêlé. *L.R.* insiste pour dire que l'aide apportée en raison de la famine a été fournie aux gens de « toutes les couleurs »; et il ajoute qu'« il y a des Métis qui n'implorent pas la charité, comme il y a des Anglais, des Allemands et des Écossais qui la reçoivent chaque semaine ».

L.R. poursuit : « Ce n'était donc pas assez pour ces messieurs de venir insulter à la misère de notre pays en faisant travailler à vil prix des malheureux pressés par la faim, il fallait encore semer à l'étranger des mensonges, pour faire croire aux gens que les aumônes envoyées à la R.R. n'étaient pas nécessaires. » Il conclut par ces mots : « Dans toute autre circonstance que celle où nous sommes, je n'aurais pas relevé les mensonges de cette lettre. Nous sommes habitués à voir arriver chaque année, de ces étrangers qui viennent nous toiser du haut en bas et qui vont ensuite faire imprimer dans les journaux ou dans de gros livres, leurs réflexions plus ou moins biscornues sur nous et notre pays; mais après le fléau qui nous a frappés, obligés que nous sommes de recourir à la charité publique, j'ai cru qu'il était de mon devoir de protéger contre les mensonges qui pourraient en pays étrangers, faire regarder comme inutiles les aumônes envoyées à la Rivière-Rouge. » *L.R.* sont bien sûr les initiales de Louis Riel, et c'est la première fois que ses propos sont publiés. Sa réplique, reflétant probablement la pensée d'un grand nombre de Métis de la colonie, révèle une certaine susceptibilité aux stéréotypes raciaux et à la condescendance des nouveaux venus.

La lettre au *Nouveau Monde* montre que, non seulement Louis Riel est prêt à prendre la défense de son peuple, mais qu'à cette fin, il sait magnifiquement manier la prose en français. Toutefois, il y a toute une différence entre écrire une lettre de protestation et, peu de temps après, mener une rébellion! Au début de l'automne 1869, bien peu d'habitants de la Rivière-Rouge, francophones et anglophones, pourraient prédire l'ascension de Louis Riel à la tête des Métis dans leur résistance contre le Canada, résistance qui mènera à la création de la province du Manitoba. Riel lui-même ne nous laisse que peu d'indices sur sa vie intérieure pendant ces premiers jours à la colonie. Toute tentative d'attribuer des motifs à Riel durant cette période n'est pas sans dangers, et les biographes qui s'y risquent frôlent la catastrophe historique. Tous les témoignages à notre disposition ne sont guère plus qu'une description des actions de Riel.

L'un des premiers événements témoignant des objections des Métis contre les « Canadiens » survient le 5 juillet 1869, lorsque le résultat d'une réunion mène à l'organisation de patrouilles à cheval en vue de protéger le territoire métis contre les spéculateurs qui, dit-on, se préparent à acheter de grands lopins de terre inoccupés dans la région. Au cours de cette assemblée, on élit Jean-Baptiste Tourond président et J.-B. Lépine secrétaire. Une deuxième réunion suivra probablement au palais de justice de Fort Garry, le 29 juillet, à la demande d'un certain nombre de Sang-mêlé dont la plupart soutiendront plus tard John Christian Schultz contre Riel. William Dease, l'un de ceux qui avaient convoqué l'assemblée, veut discuter de la récente cession du pays au Canada par la CBH, et du « droit de la Compagnie de disposer des terrains sans le consentement des autochtones de la région ». William Hallett se lève afin de demander si le territoire appartient à la Compagnie ou aux Sang-mêlé et aux Indiens de la région. Plusieurs questions surgissent en même temps. Entre autres, on se demande si les droits des Indiens ont déjà fait l'objet d'un traité ou d'une vente. Le gouverneur de la CBH, William McTavish, rappelle avec insistance que Lord Selkirk avait acheté le territoire des Saulteaux. Mais cet achat, au mieux, ne comprend qu'une largeur de deux milles de chaque côté des rivières Rouge et Assiniboine. Les Saulteaux pour leur part affirment que le territoire avait été loué, et non vendu.

Selon Alexander Begg, on en viendra à dire, à la fin de cette assemblée, que la somme de 300 000 £ versée à la CBH appartient en fait aux Indiens et aux Sang-mêlé. William Dease avance également, mais sans recevoir autant d'appui que sur la question des droits des Indiens, que les Sang-mêlé devraient se doter d'un gouvernement indépendant afin de pouvoir négocier avec le Canada. Begg est d'avis que ce sont les spéculateurs qui ont suggéré cette stratégie, se disant qu'il serait plus facile d'obtenir les terrains des Indiens que du gouvernement canadien. Riel soutiendra plus tard avec énergie que c'est à l'ensemble de la collectivité que l'argent de la vente du territoire revient. Il vaut la peine de noter ici que la Rivière-Rouge sait très bien ce qui lui arrive en cet été 1869. La nouvelle du transfert fait les manchettes des journaux canadiens dont certains circulent librement à la Rivière-Rouge. Mais rien n'indique que Louis Riel soit actif à ce moment-ci.

L'ascension subséquente de Riel au pouvoir pourrait s'expliquer par trois principaux facteurs. Premièrement, la colonie de la Rivière-Rouge est une société fondée sur le respect et la famille. Les antécédents familiaux de Riel le disposent donc tout naturellement à prendre la tête du mouvement. Le deuxième facteur est l'absence d'un chef de file reconnu par les Métis plus jeunes et plus militants au début de la résistance officielle contre le Canada. Bon nombre de Métis plus âgés et influents, des personnages comme Roger Goulet et Pascal Breland, ont été cooptés au Conseil d'Assiniboia par la CBH, et ne sont guère tentés par de nouveaux changements. Alors que les hommes qui animent ces premières assemblées participeront aux événements ultérieurs de 1869 et 1870, ni Tourond ni Lépine n'assumeront jamais un rôle particulièrement important à la tête des Métis. William Dease et William Hallett, pour leur part, soutiennent le parti canadien. Riel est encore très jeune en 1869 bien que, à bien y penser, la plupart des principaux acteurs de la rébellion seront de sa génération ou juste un peu plus âgés. John Christian Schultz est né en 1840, James Ross en 1835, Charles Nolin en 1837, et Ambroise Lépine en 1840. Le dernier facteur enfin, c'est naturellement le vif désir de Riel d'accomplir quelque chose de louable. À la fin de l'été 1869, on a besoin d'un chef. Louis Riel saisit l'occasion. Il suffit d'observer la suite des événements pour constater l'ascension de Riel en tant que leader de l'opposition de la colonie à l'annexion de la Rivière-Rouge par les Canadiens.

L'annexion au Canada

La province du Canada (qui deviendra le Dominion du Canada) a longtemps considéré le territoire occupé par la Compagnie de la Baie d'Hudson comme son arrière-pays naturel. Dès 1850, le journal de George Brown, le *Globe* de Toronto, lance un appel à l'union des « destinées de cet immense pays » avec « les nôtres ». Les Canadiens demandent une enquête sur la CBH. Un ministre canadien, John Ross, sera l'un des premiers témoins à cette enquête en 1857. Au cours de son témoignage, John Ross, qui accorde son appui à Sir John A. Macdonald, déclare que le Canada ne veut pas que la CBH abandonne immédiatement l'administration de ce territoire. Selon lui, le Canada n'est pas encore en mesure d'administrer ou de gouverner l'Ouest, et ne le sera pas tant qu'on n'améliorera pas les communications. La réticence du Canada s'explique surtout par l'impression que les Sang-mêlé sont difficiles à gouverner. Selon Ross toujours, « les Sang-mêlé n'observent pas aussi bien les règles et le principe de la propriété que les blancs ». Ce type de réflexion plutôt raciste, combiné à l'ignorance, empoisonnera les négociations du Canada avec la Rivière-Rouge tout au long de la période précédant l'annexion. La grande coalition de Macdonald et Brown en 1866 véhicule cette conviction que « l'institution immédiate d'un gouvernement fort dans le Nord-Ouest est d'une importance capitale pour les intérêts futurs du Canada et de toute l'Amérique du Nord britannique ». De surcroît, il importe de mentionner que les populations française et anglaise de la province du Canada d'avant la Confédération ne manifestent pas le même intérêt pour l'expansion vers l'Ouest. L'enthousiasme pour le Nord-Ouest se manifeste surtout du côté ouest du Canada.

Le Canada avait prévu un mécanisme constitutionnel d'expansion à l'article 146 de l'Acte de l'Amérique du Nord britannique. On y désigne Terre-Neuve, l'Île-du-Prince-Edouard et la Colombie-Britannique par les termes « colonie » ou « province » dont, en vertu de cet article, l'admission repose sur une concertation entre leurs pouvoirs législatifs respectifs et le Parlement canadien. Par contre, l'Acte de l'Amérique du Nord britannique dont la rédaction définitive divise l'Ouest en deux parties, soit la Terre de Rupert et le territoire du Nord-Ouest, ne précise pas qu'il s'agit de colonies. Contrairement à la résolution de Québec de 1864 sur l'admission de nouvelles provinces, énoncée simplement comme suit : « admettre dans l'union, à des conditions équitables, Terre-Neuve, le Territoire du Nord-Ouest, la Colombie-Britannique et Vancouver » (les endroits de l'Amérique du Nord britannique non représentés à Québec), l'Acte de l'Amérique du Nord britannique fait une distinction entre provinces et colonies, et les deux entités du Nord-

Ouest dont l'admission dans l'Union relève uniquement du Parlement canadien sans être soumise aux règles énoncées dans la constitution. L'article 147 ne décrit pas la représentation au Sénat du Nord-Ouest comme pour les trois colonies ou provinces.

Le Canada et les Canadiens ont l'occasion de s'exprimer sur le Nord-Ouest à la fin de 1867, quand le Parlement canadien débat des huit résolutions présentées par William McDougall, alors ministre des Travaux publics. La troisième résolution se lit comme suit : « La prospérité d'une population peu nombreuse et largement dispersée de sujets britanniques d'origine européenne, déjà installés dans ces territoires éloignés et inorganisés, connaîtrait un essor notable grâce à l'établissement d'institutions politiques analogues, compte tenu des adaptations de circonstance, à celles des provinces du Dominion. » La cinquième résolution vise à demander à la Grande-Bretagne de permettre au Canada « d'assumer les fonctions gouvernementales et législatives pour ces territoires ». La septième reconnaît les demandes des « autochtones » dont il faudrait tenir compte et auxquelles il faudrait répondre selon des « mesures d'équité ». Les résolutions reconnaissent l'existence d'une population de sujets britanniques d'origine européenne et d'une population autochtone, mais ne font pas spécifiquement mention des Sang-mêlé. Elles passent également sous silence la question des droits de la CBH dans la région.

À l'occasion d'un débat ultérieur, le libéral David Mills s'objecte à la formulation de ces résolutions, car elles ne disent pas sur « quels principes nous avons l'intention de gouverner » ces territoires. Mills souhaite l'adoption de règles similaires à celles des Américains, spécifiant les termes selon lesquels les territoires sont organisés, puis admis comme états. Il veut, dit-il, « ajouter à la cinquième résolution des expressions qui garantissent aux peuples du nouveau territoire les mêmes droits que leur donne l'autonomie gouvernementale, sans contrôle fédéral, et dont jouissent les provinces appartenant déjà au Dominion ». Quand vient son tour de s'exprimer, le premier ministre Macdonald conclut que la constitution du territoire pourrait se décider plus tard, suivant la « sagesse du Parlement canadien », bien qu'il reconnaisse qu'on devrait immédiatement doter ce territoire d'institutions représentatives et que ses populations « devraient toutes être représentées au Parlement du Canada ». Par ailleurs, Macdonald observe que les autochtones de la région sont « incapables de se diriger eux-mêmes » et que, pour cette raison, il faut adapter la constitution définitive « aux exigences d'un pays en développement ». Par euphémisme, il laisse ainsi entendre que la constitution ne pourra être définitive tant qu'il ne se trouvera pas suffisamment de sujets britanniques d'origine européenne sur les lieux.

Au même moment, même si les députés originaires de Québec appuient le ministre en vertu du principe de la partisanerie, on ne s'enthousiasme guère au Québec pour l'expansion vers l'Ouest. La région est généralement considérée comme une terre désolée peu propice à la colonisation. Lorsqu'en 1869, Mgr A.-A. Taché publie son *Esquisse sur le Nord-Ouest de l'Amérique,* avec l'intention de faire connaître aux Québécois leur nouvelle possession, les journaux du Québec observent à quel point l'évêque décrit une région peu hospitalière. Un éditorialiste prétend qu'il serait prêt à considérer le Nord-Ouest comme une acquisition valable pour le Canada, mais soutient qu'il faut que le Québec retienne sa population, et que cette dernière devrait plutôt aller vers le nord coloniser les terres incultes. Un autre, appuyé par la faction provinciale de Cartier, soutient que le nouveau territoire pourrait se révéler rentable pour le Québec en générant une plus grande activité économique et en reliant la province à la côte du Pacifique. Cet argument s'avère nécessaire du fait que pour la plupart des Canadiens français l'Ontario a toujours été considérée comme le principal pourvoyeur en colons du Nord-Ouest. D'ailleurs, à la fin des années 1860, les francophones du Québec estiment que les Métis de langue française ne font pas partie intégrante du Canada français. La presse québécoise réagit le plus souvent aux premiers rapports de l'insurrection de 1869-1870 dans le même sens que celle de l'Ontario. Les journaux de l'opposition critiquent le gouvernement pour sa maladresse, mais la plupart des journaux considèrent les Métis comme des rebelles farouches.

Le gouvernement canadien finit par être frustré dans son espoir d'obtenir le Nord-Ouest sans avoir à traiter avec la Compagnie de la Baie d'Hudson. Les avocats de la Couronne décident que le transfert nécessite une formule spéciale faisant intervenir la CBH, et que cette procédure est exposée en détail dans l'Acte de la Terre de Rupert adopté par le Parlement impérial en juillet 1868. L'Acte habilite également le Parlement du Canada, une fois le transfert effectué, « à adopter pour ce territoire les lois et ordonnances, et à y mettre en place les institutions, tribunaux et personnels, nécessaires au maintien de la paix et de l'ordre dans ses limites ainsi qu'au bon gouvernement des sujets de Sa Majesté et des autres personnes qui y résident ». Une fois le transfert réalisé par le Parlement britannique, le gouvernement canadien entreprend unilatéralement de s'adjoindre l'Ouest. William McDougall, en tant que ministre des Travaux publics, autorise la construction d'une route entre le Lac des Bois et Upper Fort Garry. John Allan Snow doit superviser ces travaux.

La construction de cette route a officiellement pour objectif d'aider les habitants de la Rivière-Rouge en leur procurant des emplois. Ces derniers souffrent d'une terrible famine, et divers organismes (y compris des Églises canadiennes) recueillent des fonds pour leur venir en aide. Snow consulte le gouverneur de la CBH, William McTavish, comme on lui a dit de le faire, mais alors que McTavish est favorable au projet, le *London Committee* de la CBH s'indigne que le travail soit « entrepris par le gouvernement canadien en vertu de droits acquis, comme si le territoire traversé était canadien ». C'est en partie contre ces travaux que L.R. proteste dans sa lettre au *Nouveau Monde,* en février 1869. Le gouverneur d'Assiniboia autorise le début des travaux qui, de toute évidence, avantagent le Canada en plus de soulager les colons, en améliorant les liaisons par voie de terre. Le gouvernement canadien n'ignore pas, en 1868, que tout ce qui se rend à la Rivière-Rouge ou en provient, marchandises et communications, passe par les États-Unis.

Les termes du transfert, négociés en mars 1869, insistent sur le fait que le gouvernement canadien doit reconnaître les titres qui avaient été accordés aux habitants de la contrée par la CBH. Toutefois, on ne dispose pas de descriptions détaillées de ces titres. Comme l'a révélé au Parlement une enquête sur le fonctionnement de la Compagnie de la Baie d'Hudson dans l'Ouest en 1857, l'attribution des titres est plutôt compliquée à vérifier. Ce ne sont pas tous les titres qui sont dûment enregistrés, et on se demande souvent à quels terrains ils correspondent. Le territoire cédé par les autochtones occupe deux milles de chaque côté des rives de la rivière Rouge et de la rivière Assiniboine. Ces derniers réclament le terrain au delà de ces limites, mais les colons aussi, considérant qu'ils ont un « droit de pacage » sur ces lots riverains. Une fois le transfert décidé, c'est la CBH ou peut-être le Parlement impérial, qui aurait dû informer la population locale de ce qui se passait. Pour une raison qu'on ne saurait expliquer, cela n'a pas été fait. Le gouvernement canadien blâmera ensuite la Grande-Bretagne pour une grande part des difficultés ultérieures que cela entraînera dans le Nord-Ouest.

Sir John A. Macdonald se plaindra plus tard à George Stephen qu'« il appartient à la Compagnie de la Baie d'Hudson d'instruire ses représentants sur le territoire de Rupert, des accords, au fur et à mesure qu'ils sont conclus à Londres ». À George-Étienne Cartier, Macdonald ajoute : « Il semble que personne n'ait expliqué qu'un accord était intervenu pour remettre le Territoire entre les mains de la Reine et pour expliquer que Sa Majesté le transférait au Canada, en gardant aux colons les mêmes droits que ceux dont ils disposaient avant. Tout ce que savent ces pauvres gens, c'est que le Canada a acheté la région à la Compagnie de la Baie d'Hudson et qu'ils nous sont cédés comme un troupeau de moutons. » En fait, ce qui préoccupait vraiment ces gens n'avait rien à voir avec le transfert ni avec les droits qui leur avaient été accordés en tant que sujets britanniques, car ils trouvaient cette information dans les journaux, mais bien plutôt avec la politique que le gouvernement canadien entendait suivre après l'annexion. Par exemple, jusqu'à quel point la population serait consultée sur son sort éventuel et appelée à participer au nouveau gouvernement canadien. C'était la responsabilité du Canada, et non de la Compagnie de la Baie d'Hudson, de discuter de la nouvelle politique avec les habitants de la Rivière-Rouge.

Cette politique reflète parfaitement la personnalité du premier ministre du Canada, Sir John A. Macdonald. Comme la plupart des entremetteurs politiques, Macdonald préfère ne pas émettre sa politique par écrit (lui-même surnommait sa tâche de premier ministre de « *Cabinet maker* »). En évitant de trop détailler, il conserve en effet suffisamment de souplesse pour réagir à divers courants politiques. La procédure débute à Ottawa le 31 mai 1869, lorsque le Parlement « adopte une adresse » par laquelle il demande à la Couronne « de bien vouloir [...] unir la terre de Rupert et le Territoire du Nord-Ouest au Dominion ». Le 4 juin, Macdonald présente un projet de loi. Bien que la valeur constitutionnelle de cette loi sera remise en question en 1871, elle ne soulève aucun doute à l'époque. La loi concerne « le gouvernement provisoire de la terre de Rupert et du Territoire du Nord-Ouest après leur adhésion à l'Union ». Elle prévoit un poste de lieutenant-gouverneur seul responsable « d'adopter pour ce territoire les lois et ordonnances, et à y mettre en place les institutions, tribunaux et personnels, nécessaires au maintien de la paix et de l'ordre dans ses limites ainsi qu'au bon gouvernement des sujets de Sa Majesté et des autres personnes qui y résident ». Un conseil doit être établi et « chargé d'assister le lieutenant-gouverneur dans l'exercice du gouvernement ». Ce Conseil est composé de 7 à 15 personnes et ses pouvoirs conférés par décret, c'est-à-dire par le Cabinet canadien. Les lois régionales restent en vigueur et les fonctionnaires restent en poste jusqu'à nouvel ordre. Le premier ministre Macdonald insiste : la loi ne couvre que la période allant jusqu'à la « fin de la prochaine session ». Au bout d'un an, on doit remplacer les « mesures provisoires » par des « mesures à caractère plus durable » et, naturellement, cette insistance transparaît dans le préambule comme dans le dernier article.

Le Canada, à l'évidence, se doit d'instaurer un certain type de gouvernement provisoire dans le territoire qu'il s'apprête à acquérir. Les Américains pourraient très bien se sentir attirés par un territoire totalement laissé à l'abandon. Le Canada ne semble pas vouloir conserver le Conseil d'Assiniboia, peut-être parce que ce Conseil n'a juridiction que sur la Rivière-Rouge et non sur tout le Nord-Ouest. Comme l'exprime le premier ministre lui-même, on préfère plutôt que « le lieutenant-gouverneur soit pour l'instant une sorte de despote paternel, comme dans les autres petites colonies de la Couronne, son conseil uniquement consultatif et lui-même se laissant toutefois guider par les directives de l'administration centrale ». À Sidney Smith, il explique au début juillet que : « Nous avons tout simplement l'intention d'envoyer quelqu'un comme lieutenant-gouverneur pour tenir le gouvernail du navire », ajoutant : « Nous ne savons absolument rien de ce qui se passe là-bas, c'est l'obscurité totale. Nous ne savons pas ce que ces gens désirent ou souhaitent, ni en fait comment les choses se déroulent là-bas. » Au premier abord, un despotisme provisoire semble un à-propos raisonnable compte tenu de « l'obscurité totale » dans laquelle se trouve le gouvernement.

Par contre, devait-on se contenter de cette obscurité? Une consultation préliminaire officielle des habitants, avant le transfert, aurait pu présenter quelques difficultés certes, mais on aurait pu demander à quelqu'un d'Ottawa d'effectuer un peu de recherche sur l'histoire de la colonie. On avait beaucoup publié sur le sujet, sans compter le rapport de l'enquête parlementaire de 1857. Ou bien, on aurait pu envoyer quelqu'un s'entretenir de façon non officielle avec les habitants (comme Joseph Howe le fera plus tard, sans cesse rongé qu'il était par la culpabilité). Enfin, le gouvernement aurait pu consulter convenablement les chefs de la Rivière-Rouge de l'époque, dont deux se trouvaient dans la capitale nationale en juin et juillet 1869. Le gouverneur William McTavish, par exemple, s'était rendu à Ottawa au cours du mois de juin de cette année-là, afin justement de traiter du transfert. À son retour à la Rivière-Rouge, il confiera à Mgr Taché : « Je n'ai pu faire accepter par le gouvernement aucune de mes recommandations. »

Les Canadiens nieront plus tard que McTavish ait offert quelque conseil utile lors de sa visite en juin, et ce ne sera pas la seule occasion où le témoignage de Mgr Taché sera mis en doute par le gouvernement. Bien que le mensonge soit possible d'un côté comme de l'autre, il se peut également qu'on ait posé à McTavish les mauvaises questions ou que le gouvernement n'ait pas bien écouté ses réponses. Une lettre écrite au Gouverneur général du Canada par l'évêque anglican Robert Machray, en mars 1870, constitue une preuve indépendante à l'appui de ce que raconte Taché. Dans sa lettre, Machray affirme qu'il était à Ottawa en 1868 et n'a pas réussi à convaincre les membres du gouvernement qu'il y avait des raisons de s'inquiéter du transfert. Si vraiment McTavish était à Ottawa en 1869, on aurait pu lui demander en personne de faire partie du Conseil, ce qui n'a pas été fait. On aurait pu demander la même chose à Mgr Taché lors de l'un de ses deux voyages à Ottawa en juillet et septembre. En lieu et place, George-Étienne Cartier aurait balayé les appréhensions de Taché sur la politique du gouvernement en ces termes : « On connaît le sujet, et on a pris les dispositions nécessaires. »

Ce qui ressort en effet, c'est que le gouvernement canadien ne voulait pas vraiment être éclairé sur la Rivière-Rouge. L'obscurité dans laquelle il évoluait l'arrangeait bien. Les petites « colonies de la Couronne » auxquelles on comparait la Rivière-Rouge comptaient toutes une population indigène quelconque et, dans sa lettre à Sidney Smith, le premier ministre Macdonald ajoute sans ambiguïté : « Nous espérons que le lieutenant-gouverneur remette un rapport assez tôt pour disposer d'une législation quelconque à la prochaine session, et leur accorder une constitution qui convienne à la situation des quelques blancs qui s'y trouvent dispersés. » Le fait est que, selon la perspective canadienne, les « demi-castes » (comme le premier ministre Macdonald se plaisait à les appeler) ne comptaient pas vraiment comme des citoyens potentiels, et le délai devait permettre l'installation d'un plus grand nombre d'Européens. Macdonald écrit à J.Y. Bown en octobre 1869 : « D'ici une autre année, les habitants actuels seront inondés par l'arrivée d'étrangers souhaitant devenir de paisibles et vaillants colons. » Comme la plupart des gouvernements impérialistes, le Canada aime croire que les habitants de la Rivière-Rouge ne sont que des ignorants à moitié sauvages qui ne méritent pas un gouvernement autonome ou qui ne valent pas la peine d'être pris au sérieux. Dans une telle colonie, on pouvait simplement ignorer les indigènes jusqu'à l'arrivée en nombre suffisant de colons européens pour les remplacer. Louis Riel ne se trompe pas trop lorsqu'il prétend que les Canadiens n'ont aucun intérêt à tenir compte des Métis pour le gouvernement de la Rivière-Rouge.

La nature potentiellement désastreuse de la politique canadienne, au regard du Nord-Ouest, s'aggrave avec la nomination d'un gouverneur général. Le gouvernement arrête son choix sur William McDougall en raison de sa contribution à l'acquisition de cette région par le Canada, mais également parce qu'il est un véritable boulet politique dont on pourrait bien se passer. McDougall était libéral et avant la Confédération il a fait partie du Cabinet de coalition de Macdonald. Mais la coalition a pris fin en 1869, et les membres du parti conservateur de Macdonald se méfient de McDougall qu'ils considèrent comme un renégat. Au surplus, McDougall a été mêlé, plus tôt dans la décennie, à une affaire plutôt douteuse à l'île Manitoulin et dans laquelle on avait maltraité des autochtones. Le *Globe* de Toronto, de George Brown, s'oppose à McDougall, voyant en lui un traître libéral. Le *Montreal Herald* déteste depuis longtemps le politicien véreux qu'est McDougall. Ces deux quotidiens sont les journaux canadiens les plus lus à la Rivière-Rouge. Quand le gouvernement néglige d'expliciter sa politique sur la Terre de Rupert, ils ont de quoi se mettre sous la dent.

Ces deux journaux canadiens exagèrent délibérément l'abominable connivence des fonctionnaires qui entourent McDougall, dont seulement trois, en fait, ont été nommés d'avance : D. R. Cameron, A. N. Richards et J.A.N. Provencher. Les autres membres du Conseil de McDougall doivent être choisis une fois ce dernier en fonction. Le gouverneur McTavish et le greffier John Black, de même que d'autres fonctionnaires de la région, figurent en tête de liste des candidats possibles. Les journaux parlent de ces trois nominations comme s'il s'agit d'une bande plus imposante de profiteurs, en incluant dans leurs rangs des personnes (comme l'autre Alexander Begg) que McDougall a amenées avec lui afin d'aider le nouveau gouvernement. Ces personnes ont été embauchées en tant que fonctionnaires, et non comme conseillers. Le *Herald* parle d'un groupe de « six aventuriers canadiens partis faire fortune à la faveur d'une de ces ruées qui risquent toujours de se produire quand une région est riche de promesses : lots de canton, mines et, surtout, terres cultivables ».

La nomination de J. S. Dennis comme arpenteur du territoire en prévision de l'arrivée des colons rend encore plus suspecte les intentions des Canadiens aux yeux des habitants de la Rivière-Rouge. Bien sûr, il fallait arpenter le territoire si on voulait que les colons puissent recevoir une terre, mais comme la fin du gouvernement provisoire de McDougall dépend de l'arrivée de nouveaux colons, on a de bonnes raisons de se hâter. D'ailleurs, en vertu de l'Acte de la Terre de Rupert de 1868, « tous les titres fonciers conférés par la Compagnie jusqu'au 8 mars 1869 sont à confirmer ». Le Canada se comporte avec décence et consulte la CBH à Londres et dans la colonie sur les travaux d'arpentage. Mais une incompatibilité fondamentale existe entre la confirmation des titres fonciers existants et le nouveau type d'arpentage. Le Canada choisit d'adopter le système américain des lotissements rectangulaires, qui ne convient guère à la configuration habituelle de la Rivière-Rouge. Dennis ne se donne pas la peine d'expliquer à la colonie comment on parviendra à appliquer le nouveau type d'arpentage tout en conservant les titres existants. Étant donné la façon dont les Canadiens ont l'habitude de procéder, on n'a aucune raison de faire confiance à ce dernier lorsqu'il affirme que les intérêts de chacun seront protégés. Les Canadiens ont toujours été très doués pour jouer les innocents offensés, et rien dans leurs procédés ne porte à la confiance.

L'ascension de Louis Riel en tant que chef rebelle

Les témoignages divergent sur les activités de Louis Riel au début de l'automne 1869. L'abbé Noël Ritchot note qu'un « jeune homme », sans doute Riel, aide à regrouper quelques Métis dans le dessein d'étudier « la situation de la région et trouver des moyens de protester énergiquement contre l'injustice et les torts faits à la région par le Canada ». Mais les propos de Ritchot ne sont pas datés et on ne trouve pas beaucoup de repères chronologiques, sinon difficilement, dans ce qui reste de son témoignage. John Dennis, le chef des arpenteurs du Canada, aurait rencontré Louis Riel le 1er octobre 1869. C'est à cette occasion que Riel apparaît pour la première fois sur la scène publique. C'est que Riel voulait connaître les intentions du gouvernement canadien au sujet de l'annulation des droits ancestraux et la dispersion des terrains occupés par les colons. Dennis : « Il a dit qu'étant donné qu'il avait une certaine instruction, ses frères sang-mêlé en grand état d'énervement du fait qu'ils ignoraient ce qu'il allait advenir du pays, lui avaient demandé de venir me voir afin d'obtenir des explications à ce sujet. » On ne peut pas vraiment en déduire que Riel est ici plus qu'un simple porte-parole. De toute façon, Dennis lui répond que la population n'a pas à s'inquiéter, que le gouvernement se propose d'arpenter les terres déjà occupées et d'officialiser les actes de propriété sans frais pour les occupants. L'annulation des droits ancestraux se fera ainsi selon des principes d'équité.

Dennis se dit que ces mots rassurants suffiront à calmer les inquiétudes de Riel. Il écrira plus tard, dans le *Globe* de Toronto, que Riel « s'était dit ravi d'entendre que les intentions du gouvernement envers les occupants du territoire étaient justes et même libérales. Il m'a quitté en me promettant de profiter de toutes les occasions qui se présenteraient pour faire connaître ces intentions à la classe qu'il défendait. » Dennis entreprend d'arpenter les terres non cultivées d'Oak Point, n'imaginant même pas la possibilité que ses propos rassurants soient insuffisants pour prévenir l'opposition à de nouveaux travaux d'arpentage. Il insistera toujours pour dire que les travaux contestés plus tard, par des gens du pays en armes, ne s'effectuaient pas sur des « fermes cultivées » mais bien sur des lots frappés de « droits de pacage », terrains qu'on avait pris l'habitude de considérer comme faisant partie des fermes. Même le premier ministre admet que Dennis a mis un peu trop de zèle à exécuter la tâche qu'on lui a confiée. Le 20 novembre, il écrit à William McDougall que Dennis s'est montré « terriblement imprudent ». Macdonald ajoute à propos de Dennis « qu'on le tolère seulement dans le pays en attendant son prochain transfert au Canada : après avoir constaté le grand mécontentement des autochtones ou des colons, il aurait dû tout arrêter immédiatement et attendre votre arrivée ».

Quelques jours après la rencontre de Dennis et de Riel, le 6 octobre, une lettre en provenance de Saint-Boniface paraît dans le journal québécois *Le Courier de Saint-Hyacinthe* (publié par un confrère de Riel au Collège de Montréal). La lettre est signée d'un pseudonyme : « Deux habitants métis canadiens de la Rivière-Rouge. » Il est difficile de ne pas y reconnaître la plume de Riel. Dans cette lettre, les auteurs révèlent aux lecteurs du journal ce que les habitants de la Rivière-Rouge pensent de l'acquisition du territoire par le Canada. Ils leur font part des résolutions adoptées par la première assemblée du peuple de la Rivière-Rouge à laquelle participaient deux représentants de chaque paroisse. Ces représentants déclarent qu'ils sont sujets loyaux de Sa Majesté la Reine d'Angleterre et se reconnaissent redevables à l'honorable Compagnie de la Baie d'Hudson de la protection reçue. Plus loin, ils déclarent que les arpenteurs « ont méconnu le droit des gens en venant établir ici des travaux, au nom d'une autorité étrangère sans prêter aucune attention à l'autorité aujourd'hui existante dans le pays ». Cette affirmation n'était pas tout à fait exacte, car on avait consulté le personnel de la CBH sur place en ce qui a trait à l'arpentage. Par contre, le premier ministre le reconnaîtra lui-même plus tard en privé, on avait effectivement commencé les travaux sans attendre que le gouvernement canadien ait officiellement pris possession du territoire. Les auteurs poursuivent en réclamant le respect de leurs droits incontestables et des « prérogatives accordées si libéralement par la couronne d'Angleterre à n'importe quelle colonie anglaise ». La lettre des deux « habitants métis », qui ne sera pas publiée avant le 28 octobre à Québec, est soigneusement rédigée en vue d'attirer la sympathie des lecteurs de l'Est. Elle met l'accent sur la loyauté à la Reine et sur les droits du peuple de la Rivière-Rouge. Cette lettre constitue l'un des quelques indices de la pensée de Riel dont nous disposons pour cette période formatrice.

Le 9 octobre, le secrétaire d'État aux provinces, Joseph Howe, arrive à la colonie pour une visite non officielle. Howe est ce politicien de la Nouvelle-Écosse qui s'est opposé à la Confédération dans cette province, et ne s'est rallié aux Canadiens que tout récemment en échange de « conditions favorables ». Au Cabinet, il assume la responsabilité des territoires sur le point de devenir canadiens, ce qui pourrait symboliser l'assentiment de la Nouvelle-Écosse à la Confédération. On n'a jamais vraiment compris ce que Howe vient faire à la Rivière-Rouge. S'il était venu dans le cadre de ses fonctions officielles consulter les habitants de la colonie, sa visite aurait pu rendre bien des services. Mais il semble y être venu en mission de reconnaissance sans en avoir reçu l'autorisation officielle du Cabinet canadien, tout à fait ignorant de la possibilité d'une résistance à l'acquisition du territoire par le Canada.

Dès que Howe s'aperçoit que la population locale s'oppose à l'annexion au Canada, il s'empresse de se présenter comme un simple visiteur. Il refuse de prendre la parole en public, de toute évidence embarrassé par l'impossibilité de se référer à une politique canadienne spécifique au gouvernement de la Rivière-Rouge, en raison de son inexistence. Il réalise que toute déclaration publique viendrait ajouter une pierre à l'élaboration d'une politique gouvernementale, et qu'il risque ainsi de se mettre en mauvais termes avec ses collègues du Cabinet, en particulier avec Sir John A. Macdonald. Comme il l'avouera plus tard à ce dernier, il se contente de formuler la vague assurance « qu'on leur accordera éventuellement la même constitution qu'aux autres provinces; qu'on tiendra compte des sentiments et des intérêts de la population actuelle dans l'adoption des mesures provisoires; que leurs chefs feront d'emblée partie du gouvernement et que leurs jeunes hommes, peu importe leur origine ethnique, seront recrutés dans les services publics s'ils ont reçu l'éducation nécessaire pour occuper un poste de confiance et en recevoir la rétribution ». Compte tenu de ce que le Canada leur a réservé jusqu'à ce jour, quiconque croit ces paroles d'apaisement fait preuve d'une confiance peu ordinaire.

Howe passe deux jours à lire les dossiers et les lois du Conseil d'Assiniboia, au terme desquels il a recueilli un certain nombre de renseignements qu'il décrira plus tard comme des révélations. La colonie *a déjà* une histoire et une constitution; elle est familière avec le processus politique. Cette découverte est un choc pour un homme qui avait entendu les expansionnistes canadiens bornés dénigrer et railler le gouvernement de la colonie. Howe consulte les « chefs, lesquels représentent largement la population locale ». Il défend le Canada au domicile de William Kennedy qui, probablement, lui en met plein les oreilles sur le traitement injuste de la Rivière-Rouge par le Canada. La plupart de ces conversations ont probablement lieu au bar de l'hôtel Emmerling, là où il loge. Plus tard, dans un échange parlementaire avec William McDougall, Howe exprimera clairement à quel point il est familier avec les réserves d'alcool transporté par Dutch George.

Si Howe croit avoir « mis les choses au point » avec les Sang-mêlé tels que Kennedy, il se trompe misérablement. Sur ce qui nous préoccupe toutefois, Howe ne rencontrera aucun chef francophone au cours de ces dix jours, bien que le premier geste de résistance ouverte se produira durant cette période, et est connu du public grâce aux efforts de Louis Riel dans ce sens. On ne peut guère expliquer pourquoi Howe néglige de compter Riel, John Bruce, et l'abbé Ritchot parmi les représentants de la population locale, si ce n'est qu'il ne peut concevoir que les Métis fassent légitimement partie de la population. Le fait qu'il ne se soit pas entretenu avec les Métis signifie que rien n'a été mis au point avec cette partie de la collectivité.

Le séjour de Howe à la Rivière-Rouge constitue un parfait exemple d'une ignorance aggravée et même transformée par les événements. Même s'il n'a pas rencontré les chefs Métis, Howe quitte la Rivière-Rouge convaincu que le transfert ne pourra se faire de façon pacifique. Sur le chemin du retour, il rencontre William McDougall en route vers la colonie sur la piste qui relie Georgetown à Fort Abercrombie. Les deux hommes se croisent au beau milieu d'un blizzard aveuglant, et Howe ne parle pas au nouveau gouverneur de son séjour à la colonie, si ce n'est que pour l'avertir que les Métis sont exaspérés par le comportement des Canadiens. Le mauvais temps ne se prête pas à une longue conversation et Howe ne peut guère en dire plus. Il ne peut décrire en détail le point de vue des Métis puisqu'il ne leur a pas parlé. Jusqu'à un certain point, il sait jusqu'où les Métis sont prêts à aller. Il ne peut pas deviner, toutefois, qu'on empêchera McDougall d'entrer dans la colonie et de découvrir par lui même ce que lui réserve l'opinion publique. McDougall est convaincu que Howe lui a joué un mauvais tour et les deux hommes continueront de s'engueuler pendant de nombreux mois au Parlement canadien au sujet de cette rencontre. Au sens large, la visite de Howe représente une occasion manquée, car le ministre n'arrive pas sur place suffisamment préparé ni au courant de la situation. En conséquence, il n'est pas en mesure d'exploiter pleinement une situation dans laquelle il est parachuté.

Quelques jours après la rédaction de la lettre des « deux habitants métis », et alors que Joseph Howe se trouve encore à la Rivière-Rouge, les travaux d'arpentage de John Dennis sont abruptement interrompus le 11 octobre 1869 par 18 Métis ayant Louis Riel à leur tête. Les Métis ne font pas usage de violence, mais posent le pied sur la chaîne, empêchant la poursuite des travaux. Le lendemain, le gouverneur William McTavish rapporte les propos des Métis dans une lettre à la CBH, lesquels « considèrent que, si les Canadiens veulent venir ici, c'est avec le gouvernement d'ici qu'ils devront discuter des conditions de leur venue, c'est-à-dire avec le gouvernement que la population du pays reconnaît. »

Dans une note datée du 12 octobre, Dennis indique qu'il a parlé au docteur William Cowan, responsable du bon gouvernement de la CBH en l'absence de William McTavish retenu par la maladie. Il apprend ainsi que Cowan et Roger Goulet ont été dépêchés auprès de Louis Riel qui s'est contenté de répéter que le gouvernement canadien n'a pas le droit d'effectuer des travaux d'arpentage sur le territoire sans la permission des résidants. Le lendemain, McTavish écrit à la CBH une lettre dans laquelle il mentionne qu'il a parlé à un des meneurs dans l'affaire de l'arpentage, sans doute Riel, et que comme il s'en doutait, « les prêtres ont d'une façon ou d'une autre encouragé le mouvement ». À la mi-octobre, par conséquent, c'est avec Riel que le gouvernement de la CBH discute, sans toutefois qu'on puisse en déduire qu'il soit déjà le chef incontesté de son peuple. Par contre, donner la parole à Riel constitue une stratégie éminemment judicieuse, compte tenu de sa facilité d'expression en anglais et du rôle qu'a joué son père dans le procès Sayer en 1849, événement dont la CBH a gardé le souvenir. C'est probablement ce qui s'est produit.

Le 16 octobre, les Métis se réunissent à Saint-Norbert en vue de décider de ce qu'ils feront par la suite. Plus tard, l'abbé Ritchot fait état d'une coutume : « C'était un ancien usage que lorsque des difficultés nécessitaient une prise d'armes, les habitants, de leur propre mouvement, se réunissaient pour s'organiser, comme lorsqu'ils font leurs préparatifs de chasse dans les prairies. Cette pratique était commune aux Métis anglais et français. Ils avaient tous la coutume constante de se réunir et de se donner un gouvernement momentané, chaque fois qu'un intérêt commun le demandait. Ce gouvernement provisoire, d'un rouage simple, qui ne supportait pas d'émoluments, s'organisait partout où s'agglomérait une caravane assez considérable et cessait d'exister avec elle. Il s'organisait pareillement dans tout établissement métis où une assez grande diversité d'intérêts tendait à engendrer des difficultés, où il y avait des dangers à conjurer, des ennemis à repousser. » Au terme de cette assemblée qui durera plusieurs jours, John Bruce est élu président et Louis Riel, secrétaire.

Bruce a souvent été décrit comme un homme peu instruit et faible, l'homme de paille de Riel qu'on soupçonne d'avoir proposé le nom de son aîné. Mais les contemporains de ces derniers n'en sont pas aussi convaincus. Bruce se débrouille bien dans les nombreuses langues parlées à la Rivière-Rouge et « Justitia » (pseudonyme d'Alexander Begg) insistera plus tard pour dire qu'on le considérait comme au-dessus « du Sang-mêlé francophone ordinaire pour ce qui est de l'intelligence ». Le consul américain le décrit comme « un homme doté d'un bon jugement dans ce qui lui est familier ». Il se peut que Riel choisisse de rester dans l'ombre parce qu'il sait qu'un grand nombre de ses compatriotes préfèrent quelqu'un de moins instable à la barre, au moins à ces tous débuts du conflit. Ce « Comité national » se réunit souvent au cours des semaines suivantes, afin de discuter de la codification des « lois naturelles, sages et justes de la prairie » et de mettre sur pied une force militaire en vue de repousser les intrus. Le Comité apprend que William McDougall sera bientôt à Pembina et qu'il a apporté des armes dans ses bagages. Les armes en question avaient été entreposées par McDougall à Fort Abercrombie, mais les Métis ne le savent peut-être pas.

Les autorités de la Rivière-Rouge décident qu'ils ont fait tout ce qui était en leur pouvoir pour atténuer l'hostilité des Métis envers l'annexion au Canada. Le gouverneur rencontre le Conseil d'Assiniboia le 19 octobre en vue de rédiger un mot de bienvenue approprié à l'intention du gouverneur William McDougall, celui que le Canada a choisi pour diriger le territoire, et qui attend à Pembina le transfert officiel prévu pour le 1er décembre 1869. Ce même soir, des Sang-mêlé anglophones se sont réunis à l'école située près des rapides afin, eux aussi, de préparer un mot de bienvenue à l'intention de McDougall. Seul le capitaine

William Kennedy s'oppose au projet disant qu'il ne fait pas confiance à McDougall dont les antécédents témoignent d'un curieux caractère. Kennedy est un Sang-mêlé qui a réussi à l'extérieur de la colonie, guidant plusieurs expéditions à la recherche de Sir John Franklin, puis tentant de mettre sur pied un service de courrier entre la Rivière-Rouge et le reste du Canada. Kennedy prétend que la colonie, dans la position où elle se trouve, devrait adhérer à la Confédération selon des conditions justes avec le Canada. Étant donné que Kennedy est l'un de ceux qui a le plus défendu l'annexion, sa position illustre à quel point la politique canadienne suscite une profonde hostilité dans toutes les factions sur la question du statut de la colonie de la Rivière-Rouge.

Le 20 octobre, le constable James Mulligan informe John Dennis qu'une réunion a eu lieu au domicile de John Bruce. Cette réunion s'est conclue par la décision d'envoyer un groupe armé à la rencontre du gouverneur afin de l'empêcher de pénétrer sur le territoire de la colonie. C'est au cours de cette réunion qu'on compose cette courte missive à l'intention de McDougall, datée du 21 octobre : « Le Comité National des Métis de la Rivière-Rouge intime à Monsieur William MacDougall [sic] l'ordre de ne pas entrer sur le territoire du Nord-Ouest sans une permission spéciale de ce comité. » La lettre est signée « Par ordre du Président John Bruce - Louis Riel, Secrétaire ». Les Métis érigent ensuite une barricade à Saint-Norbert. « Nor-West » (pseudonyme) décrit le barrage dans une lettre au *Montreal Herald* datée du 30 octobre. « Devant la barricade se tenaient deux sentinelles armées. À l'approche d'un passant, un porte-parole s'avançait pour demander en français ce qu'il venait faire dans "notre pays". » Si la réponse lui convenait, il ouvrait la barrière. Nor-West s'est entretenu avec ce porte-parole qui insistait pour dire que les Métis n'auraient recours à la violence que si le gouverneur tentait de pénétrer sur le territoire. « Nous voulons nous gouverner nous-mêmes. Nous n'accepterons aucune concession. » Ce porte-parole est-il Louis Riel? Rien n'est sûr mais on reconnaît bien là sa manière.

À peu près à cette époque, Louis Riel et John Bruce se rencontrent à la maison du juge Thomas Sinclair de la paroisse St. Andrew. Les deux hommes tentent en vain de convaincre ceux qui s'y trouvent de se joindre aux Métis, afin d'empêcher McDougall d'entrer sur le territoire. La réponse qui leur sera faite correspond à peu près à ce que John Dennis racontera quelques jours plus tard au gouverneur en suspens, décrivant l'attitude des Sang-mêlé anglophones et des Écossais de la colonie. Les anglophones sont outrés du comportement des Métis, écrit Dennis, mais ne sont pas heureux non plus de la façon dont le Canada les traite. « S'il advenait qu'on fasse appel à une résistance armée, nous pourrions difficilement nous justifier d'avoir participé à un conflit qui, selon nous, aboutira à une guerre de nationalités et de religions à n'en plus finir. »

En bref, les Sang-mêlé anglophones ne sont visiblement pas prêts à s'engager dans une guerre civile au nom du Dominion.

Louis Riel prend la parole, seul, devant la communauté rassemblée dans la cathédrale catholique à la fin de la messe dominicale du 24 octobre. Il dit aux personnes présentes qu'il serait plus facile de laisser le gouverneur McDougall entrer sur le territoire de la colonie, mais que, dans ce cas, le peuple renoncerait à ses droits politiques. Le seul moyen de réveiller ce peuple « c'est de le forcer à faire ce à quoi il aspire ». Riel suggère, advenant que quelqu'un tombe au combat, de tremper un mouchoir dans son sang pour s'en faire un étendard. L'opposition aux changements qui s'annoncent « doit commencer quelque part », et il a été décidé qu'on commencerait par s'opposer à l'entrée du nouveau gouverneur. Dans son allocution, Riel assume un tout nouveau rôle, celui de démagogue.

John Bruce et Louis Riel assistent ensemble à la longue assemblée du gouverneur et du Conseil d'Assiniboia tenue le 25 octobre. Le Conseil condamne unanimement le barrage routier, mais espère que les personnes concernées ignoreront le caractère « hautement criminel » de leur geste. C'est Riel qui s'adresse au Conseil, leur présentant une liste de revendications en 12 points. Son discours est long et « plutôt décousu ». De façon typique, quand Riel prend la parole en public, il a tendance à parler pour ne rien dire. Riel insiste sur le fait que les Métis sont « parfaitement satisfaits du présent gouvernement et n'en veulent pas d'autres ». Son peuple s'oppose, dit-il, à tout gouvernement qui leur sera envoyé sans qu'on prenne la peine de discuter avec eux des conditions qui rendraient ce gouvernement acceptable aux Métis. Riel poursuit, dans la veine de sa conversation antérieure avec John Dennis, que ses pareils sont « non instruits et seulement à demi civilisés et ils croient que si les immigrants viennent en grand nombre, il n'y aura plus de place pour eux dans cette région qu'ils réclament comme la leur [...] Ils se savent en quelque sorte pauvres et insignifiants, et c'est justement parce qu'ils en sont conscients, qu'ils ont tellement réagi lorsqu'ils se sont sentis traités comme s'ils étaient encore plus insignifiants qu'ils ne le sont en réalité. » Une fois au pouvoir, affirme Riel, McDougall et les Canadiens seront difficiles à déloger. Les Métis ne s'attendent pas à ce que la population anglophone manifeste d'opposition, ajoute Riel, et elle est prête à traiter avec le parti canadien dans la colonie. Riel accepte de transmettre à son peuple les sentiments du Conseil et de revenir le jeudi suivant.

Riel et Bruce quittent l'assemblée qui se poursuit par une longue discussion sur le sujet. Comme le révélera Joseph James Hargrave dans une lettre au *Montreal Herald*, on finit par conclure que la colonie est « pas mal indifférente aux règles canadiennes, et le sentiment qui prévaut est que, comme ils n'ont pas encore vraiment eu à se prononcer en pratique, ils refuseront de se risquer vis-à-vis des autres colons à défendre un corps de fonctionnaires dont la nomination s'est effectuée sans les consulter, par un gouvernement qu'ils ne connaissent que par ouï-dire ». Le Canada, ayant négligé d'informer officiellement le gouvernement concerné de l'annexion du territoire, se retrouve en mauvaise posture. Le Conseil n'a aucune influence sur la décision du gouverneur McDougall de rester à Pembina. Au terme de la réunion, on décide également d'envoyer William Dease et Roger Goulet, tous deux membres du Conseil, accompagnés d'autant de Métis qu'ils réussiront à trouver, tenter de convaincre ceux qui ont érigé les barricades d'y renoncer. Ce sera, comme on peut s'en douter, peine perdue.

De Pembina, William McDougall écrit à Sir John A. Macdonald, le 31 octobre, qu'il est « charmé par les promesses offertes partout au regard du laboureur », mais l'informe qu'on parle d'insurrection à Pembina, fondée sur des fausses rumeurs selon lesquelles « toutes les lois seraient statuées par le gouvernement du Canada et que personne de Rivière-Rouge ne ferait partie de la loi (c'est-à-dire du Conseil) ». McDougall est en mesure de nier ces racontars qui, il n'en doute pas, proviennent de journaux canadiens, en particulier du *Globe*. À ce moment-ci, il ne se fait pas une idée juste de ce que les insurgés veulent vraiment, mais comme la plupart des Canadiens, il préfère croire les ragots les plus scandaleux, plus faciles à affronter que la réalité.

Vers la fin octobre environ, Louis Riel rencontre William McTavish, le gouverneur de la CBH, qui, atteint d'une maladie, est en phase terminale. McTavish commence par remémorer le souvenir de Riel père, et lui fait des compliments que Riel accepte : « Je vais essayer de l'imiter et, comme lui, de servir mon pays. » McTavish lui répond qu'il serait mieux de donner au gouvernement canadien une chance de faire ses preuves. Riel n'est pas d'accord. Les colons anglais permettront aux Canadiens de s'établir, dit-il, mais ce n'est pas ce que préfèrent les Métis. « Il me semble que ce n'est que prudence que d'essayer d'empêcher le loup d'entrer dans la bergerie; il nous semble plus aisé d'empêcher le loup d'entrer que de le faire sortir une fois qu'il y sera. Pour nous, le gouvernement canadien *est un loup,* et en bref, nous sommes déterminés à ne pas le laisser pénétrer dans ce pays où il n'a aucun droit. Nous sommes toujours de loyaux sujets de Sa Majesté, mais nous refusons catégoriquement de devoir reconnaître l'autorité du Canada. »

Cette affirmation ne reflète pas complètement la position adoptée par les Métis, mais elle s'en rapproche assez. La résistance à l'annexion au Canada repose sur une certaine loyauté à la Reine, mais les Métis sont également prêts à négocier les conditions de cette annexion avec les Canadiens, en fonction des droits des premiers habitants dont il aurait dû être question beaucoup plus tôt. Si Riel et les Métis veulent y parvenir en évitant un bain de sang, il est de toute première importance d'unifier toute la population de « sang mêlé » de la colonie en vue de pouvoir compter sur son appui lors des négociations. Ce n'est pas uniquement parce que les Métis ne pourraient parvenir seuls à leurs fins, mais aussi parce que l'alternative à l'unification serait la guerre civile. Riel envisage donc désormais le processus complexe de l'unification.

-2-

Unification des Sang-mêlé

Le soir du 1er novembre 1869, à l'occasion d'une réunion du Conseil des Métis, on propose que des patrouilleurs à cheval, armés et commandés par Ambroise Lépine, reconduisent les membres du gouvernement canadien du côté américain de la frontière. Ces derniers attendent juste au nord du 49e parallèle. C'est la première fois qu'on fait réellement appel aux patrouilleurs métis pour une telle tâche. D'après le gouverneur McDougall, des hommes armés l'ont ensuite forcé à traverser la frontière « au nom du gouvernement qu'ils se sont constitués ». McDougall demande à J.A.N. Provencher, parent éloigné du premier évêque à la Rivière-Rouge et qui s'exprime en français, de remonter vers le nord afin d'aller négocier avec les rebelles. Provencher se rend jusqu'à Saint-Norbert, et tente de convaincre un groupe de Métis rencontré à la barricade que « beaucoup de membres du nouveau Conseil seront choisis dans la population du pays, afin de représenter aussi complètement et loyalement que possible les intérêts variés de la population, et qu'ils pourront vérifier la politique du gouvernement canadien dans leurs échanges courants avec les autres provinces et dans les discours des ministres sur cette question bien précise ».

On ne peut guère imaginer affirmation plus simpliste. Comment ou pourquoi les habitants de la Rivière-Rouge iraient-ils sonder les relations du Canada avec les autres provinces, et pourraient-ils consulter les discours des ministres? Ce qu'on rapporte des pourparlers du Canada avec la Rivière-Rouge a une portée plus immédiate et suggère une tout autre interprétation. Provencher poursuit : « Les Canadiens seront trop contents de se décharger d'une partie de leurs responsabilités en vous accordant, dès que ce sera faisable, des institutions politiques indépendantes et l'autonomie politique. » Les Métis ne sont pas dupes et savent ce que cachent des propos comme « dès que ce sera faisable ». Qu'est-ce que le Canada attend? On répond à Provencher que ces assurances arrivent trop tard. Les Métis et les Sang-mêlé anglophones songent déjà à faire front commun en vue de négocier avec le gouvernement canadien. Provencher informe le gouvernement de ce qu'on lui a répondu à Saint-Norbert : « Si le gouvernement canadien est d'accord, ils [les Métis] sont prêts à entamer des négociations avec eux, ou avec toute personne investie du pouvoir de négocier les conditions de leur entrée dans le Dominion du Canada. » Provencher est ensuite poliment raccompagné jusqu'à la frontière. Il s'agit d'une démarche assez directe. Les insurgés ont exprimé à un représentant du gouvernement canadien ce qu'ils veulent, et le gouvernement canadien en est informé le 26 novembre, mais, malheureusement, n'entreprendra rien en conséquence.

Pendant que Provencher est ramené aux États-Unis après avoir essayé la diplomatie, le capitaine Donald Cameron tente une nouvelle approche fondée sur l'*a priori* anglo-saxon qui veut qu'un Britannique peut seul, armé uniquement de son panache, défier une bande d'indigènes en colère. Cameron, tiré par un attelage de magnifiques chevaux noirs, décide d'enfoncer la barricade haute de seulement trois pieds. Grommelant qu'il a « l'habitude de ces complications », il s'élance au galop et renverse littéralement un des rebelles avant qu'on puisse rattraper les chevaux et les arrêter. Cameron exige qu'on le laisse aller chercher des provisions à Winnipeg. Mais, escorté par des hommes armés, il sera repoussé et forcé de rejoindre Provencher à Pembina.

La Rivière-Rouge et les États-Unis

Le fait qu'on retienne le gouverneur McDougall et sa suite aux portes de la Rivière-Rouge, et qu'ils soient ainsi réduits à faire le pied de grue aux États-Unis, a quelque chose de très ironique. Bien que le développement vers l'Ouest ne se soit intensifié qu'après les années 1840, le lien entre la Rivière-Rouge et les États-Unis, en particulier St. Paul au Minnesota, devenait de plus en plus étroit. En 1869, les principales routes du commerce, du transport et des communications vers Fort Garry passent toutes par les États-Unis plutôt qu'en territoire britannique. Les charrettes de la Rivière-Rouge transportent en direction nord ou sud les cargaisons de marchandises de traite de la colonie, dont St. Paul constitue le principal marché et le centre d'approvisionnement. Le meilleur moyen de transport vers la Rivière-Rouge est l'*American Railway* jusqu'au terminal de Georgetown d'où, l'été, on poursuit sa route en bateau à vapeur. McDougall lui-même est venu occuper son nouveau poste en passant par les États-Unis. Le courrier de la Rivière-Rouge en provenance de l'Est et de l'Europe passe par Pembina, via le bureau de poste américain.

Des expansionnistes américains comme James Wickes Taylor (1819-1893) et le sénateur du Minnesota, Alexander Ramsey, ne doutent pas que, en temps et lieu, la Rivière-Rouge et le Nord-Ouest canadien finiront eux aussi par tourner dans l'orbite politique américaine. Lorsque la nouvelle du transfert du Nord-Ouest britannique au Canada atteint le Minnesota en 1869, le *Daily Press* commente ainsi le transfert de la Terre de Rupert : « Si ce territoire appartient au Canada du point de vue politique, aux points de vue géographique et commercial, c'est au Minnesota qu'il revient. Cloisonné et isolé du Canada par cette élévation rocheuse austère et sauvage qui disjoint les bassins de l'Hudson et du lac Supérieur, rien ne sépare cette région du Minnesota si ce n'est une ligne imaginaire. » Les expansionnistes se font un plaisir de rappeler que la population de la colonie est traitée comme du bétail. Le sénateur Ramsey ajoute lui-même un amendement au projet de loi annuel sur les crédits budgétaires alloués aux consulats, en vue d'ouvrir un consulat à Winnipeg. Le premier consul, Oscar Malmros, arrive en août 1869 et s'installe à l'hôtel Emmerling. George « Dutch » Emmerling est lui-même américain et son hôtel est le seul endroit en ville où on trouve des chambres décentes et un bar (sans parler des tables de billard). Cet endroit devient le point de rencontre de l'infime présence américaine à la Rivière-Rouge, composée de Malmros, d'une poignée de marchands et de visiteurs occasionnels en provenance du sud de la frontière comme, par exemple, Enos Stutsman qui souffre de malformation aux jambes, homme de loi du Dakota, agent du Trésor au bureau des douanes de Pembina et qui pratique à l'occasion sa profession d'avocat dans les tribunaux de la colonie.

Il ne fait aucun doute que les Américains viennent pêcher dans les eaux troubles du mécontentement qui règne à la Rivière-Rouge. Les Canadiens sont portés à la paranoïa face aux États américains, même quand tout va bien. Ils n'ont pas oublié les énormes revendications territoriales de ces derniers, au nord du 49e parallèle, après la guerre civile. Par contre, le gouvernement canadien ne peut faire autrement que de réaliser à quel point Ottawa est éloigné de la Rivière-Rouge sur le plan géographique. Tout est de nature à encourager le Canada à prendre beaucoup plus au sérieux qu'il ne le faudrait l'agitation américaine à la Terre de Rupert.

Plus que jamais, les Métis ont toutes les raisons de se sentir attirés vers les *Yankees*. Bien qu'on n'ait aucun moyen de savoir ce qui se passe dans la tête de Riel, il est assez probable qu'il ait exploité autant que faire se peut les appréhensions canadiennes, dans le dessein de favoriser les Métis dans ses négociations avec Ottawa sur les conditions de l'annexion.

À la fin de l'été et à l'automne 1869, la presse américaine de St. Paul suit assidûment les événements de la Rivière-Rouge. Son information est le plus souvent secondaire, recueillie aux postes d'écoute de Pembina où se trouve le bureau de poste américain, et à partir du début du mois de novembre, auprès du futur gouvernement canadien de la Rivière-Rouge en exil. Beaucoup d'exagérations sur les troubles de la colonie proviennent probablement des proches de McDougall. Le moyen le plus rapide pour McDougall de communiquer avec Ottawa est le télégraphe américain. Les journaux américains s'arrachent tout indice de mécontentement provenant de la colonie. Ils aiment exagérer l'influence *yankee* sur les Métis et, surtout, associer la résistance métisse à la grande agitation des Indiens de l'Ouest, consécutive à la rapidité de la colonisation américaine et au manque de finesse dans les relations entre les blancs et les autochtones. Le gouvernement canadien à Ottawa apprend habituellement ce qui se passe à la Rivière-Rouge par les journaux de St. Paul, lesquels sont « renseignés » plusieurs semaines avant les journaux canadiens. Les rapports en provenance de St. Paul tendent à présenter la résistance métisse comme ayant été orchestrée dans la capitale du Minnesota. Ce qui se passe à Fort Garry fait sûrement l'affaire des Américains.

La prise de Upper Fort Garry

Le 2 novembre, soit le même jour où on reconduit McDougall en territoire américain, un autre groupe composé de 120 courageux Métis armés pose un geste décisif au sein même de la colonie. Brandissant leurs armes, les Métis pénètrent dans le fort Garry par un portail resté ouvert, et prennent possession du poste de la CBH. Poli, comme toujours, Louis Riel s'adresse à l'officier responsable du fort, William Cowan, pour lui dire qu'il est désolé de cette irruption, pour l'assurer que la propriété de la Compagnie sera respectée et que personne ne sera molesté. Les responsables de la Compagnie ont déjà été avertis plusieurs fois du risque d'une telle incursion, au cours des derniers jours, mais ils n'ont pris aucune mesure préventive. C'est pourquoi un grand nombre d'habitants de la colonie en viendront à penser que l'occupation est le résultat d'une collusion entre les Métis et les responsables de la CBH, en particulier du gouverneur McTavish. William McTavish, alité et à l'article de la mort, souffrant de consomption, de même que William Cowan nieront avec véhémence qu'il y ait eu la moindre connivence. Cowan admettra toutefois, en 1874, que lui-même et McTavish avaient songé à défendre le fort, mais finirent par se dire que « ceux auxquels la Compagnie aurait fait le plus appel » étaient justement les insurgés. McTavish écrira plus tard à Joseph Howe que ni lui ni Cowan ne s'attendaient à ce qu'on s'empare du fort et que, même s'ils l'avaient soupçonné, ils « n'étaient pas en mesure de l'empêcher ». McTavish ajoutera que la colonie s'enorgueillissait de ses 26 soldats à la retraite du *Chelsea Pensioners* et du *Royal Canadian Rifles,* même s'ils étaient pour la plupart de « vieux bonhommes usés, et que ceux parmi eux qui étaient en meilleure forme avaient déjà répété en public qu'ils refusaient à la Compagnie le droit de leur faire prendre les armes en cas de troubles publics ».

Pendant que la troupe armée de Métis se dirige vers le fort, des rumeurs de toutes sortes circulent dans les environs du village de Winnipeg quant à leurs intentions. Le bruit court qu'ils s'en vont attaquer le magasin du Dr Schultz; d'autres disent que Schultz et le rédacteur du *Nor'Wester,* Walter Bown sont des cibles. D'après une autre rumeur, on veut faire prêter un serment d'allégeance à tous les « étrangers ». Mais les villageois découvriront bientôt que ceux qui occupent le fort observent une rigoureuse discipline. Ils entreprennent de patrouiller les rues, et un certain nombre d'ivrognes se retrouvent au cachot. « Jusqu'à maintenant, écrit un observateur, le Gouvernement est généralement perçu comme une amélioration sur celui de la Compagnie. »

Quoi qu'il en soit, Riel est parvenu sans effusion de sang à doter le mouvement d'une assise centrale et, semble-t-il, « un drapeau a été adopté représentant trois croix sur fond blanc, la croix du centre étant grande et mauve, les deux autres plus petites et dorées. Une frange dorée borde le fond blanc. » Un correspondant du *Montreal Herald* rapporte qu'on a réussi à rassembler 402 hommes, tous armés, et que 100 autres ont prêté serment pendant que Provencher se trouvait à Saint-Norbert. On ne sait pas si Riel s'est installé au fort. Les lettres au journal de Joseph James Hargrave, qui réside toujours au fort, suggèrent fortement que Riel s'y trouve. Selon l'une de ces lettres datée du 20 novembre, Riel et John Bruce occupent chacun un des logements du fort. Ce qui est sûr, c'est que les insurgés saisissent et fouillent tout le courrier qui circule dans les deux sens. Les lettres adressées au groupe de McDougall ne parviennent à Pembina qu'après quelques détours dans la prairie.

Pour ce qui est de William McDougall, il fulmine et écrit à tous et chacun, y compris au gouverneur McTavish, à quel point il trouve passifs les responsables de la Rivière-Rouge. Par contre, en notant que McTavish n'a pas lancé d'appel à l'aide à la collectivité, il reconnaîtra devoir « conclure que votre bonne connaissance des inclinations du peuple et des moyens à votre disposition pour exercer votre autorité sont de nature à vous convaincre qu'un appel à l'aide n'aurait servi à rien ». La réaction de McTavish vise à lui faire réaliser que les autorités locales n'ont reçu aucune information officielle sur l'annexion. McDougall presse McTavish de publier une proclamation qui déclare illégale l'opposition au Canada. La seule proclamation émise par la suite, datée du 6 novembre, sera signée « Par ordre du président - Louis Riel, secrétaire ».

La Rivière-Rouge est depuis toujours une véritable fabrique à rumeurs. La population, peu nombreuse et tissée serrée, véhicule une tradition orale irréductible. Dans cette région grande comme la main, on n'a pas accès aux nouvelles quotidiennes et les rumeurs vont bon train. Elles convergent habituellement vers l'un ou l'autre de ces trois endroits : au bar de l'hôtel Emmerling, au bureau de poste situé dans le magasin d'Alexander Begg et d'A.G.B. Bannatyne, où tout le monde vient chercher son courrier, et maintenant au poste de garde du fort Garry. En plus des rumeurs, à la fin de l'année 1869, la Rivière-Rouge voit l'information se propager par ce qu'on appellera un siècle plus tard des sources anonymes. On ne peut pas vraiment décrire autrement certains documents envoyés à cette époque aux journaux de l'Est par des correspondants de la Rivière-Rouge. Par exemple, ce passage d'une lettre sympathique aux insurgés envoyée au *Montreal Herald* sous le pseudonyme de « Fort Garry », dont l'auteur est généralement bien informé, et datée du 6 novembre :

> Il paraît qu'il va y avoir une proclamation, et que les raisons invoquées pour l'insurrection sont que le Canada ne leur a pas demandé leur accord et qu'ils ont été « vendus comme un troupeau de moutons »; que le gouvernement canadien aurait dû, avant de débuter les négociations avec la Compagnie de la Baie d'Hudson, consulter les autochtones du pays, et que si cela avait été fait, ils auraient écouté ce que les commissaires du gouvernement avaient à dire; mais d'avoir été transférés comme ils l'ont été, il ne reste rien à ces braves hommes que le sentiment d'avoir été insultés. Mon informateur [Riel lui-même?] n'était pas sûr qu'il n'y serait pas dit que si le gouvernement canadien avait encore l'intention d'envoyer un commissaire, on se donnerait la peine de l'entendre, mais qu'on n'écoutera personne envoyé en tant que gouverneur. Pour ce qui est de leurs intentions pour les jours qui viennent, je crois qu'ils veulent communiquer leur position au gouvernement britannique. Ils sont impatients de pouvoir faire comprendre clairement que leurs actions ne sont dirigées que contre les Canadiens et non contre le gouvernement impérial. Ils n'accepteront pas de devenir la colonie d'une colonie.

Vraisemblablement, il s'agit d'une « fuite » délibérée, de façon à ce que les Canadiens comprennent le message.

Le président et les représentants de la population francophone de la Terre de Rupert réunis en conseil invitent les habitants de la Terre de Rupert à envoyer 12 représentants « dans le but de constituer, avec le Conseil susmentionné, un organisme devant examiner la situation politique de la région et adopter toute mesure jugée bénéfique pour l'avenir de ladite région. » La date de la réunion est fixée au 16 novembre. Selon « Red River » (pseudonyme de Joseph James Hargrave dans une lettre au *Montreal Herald*), l'impression de cette proclamation ne se fera pas sans créer de remous. Lorsque Riel, en tant que secrétaire du comité des Métis, apporte la proclamation au Dr Walter Bown du *Nor'Wester,* propriétaire de la seule presse utilisable de l'endroit, ce dernier refuse de l'imprimer. Mais « le Secrétaire », écrit « Red River », ordonne à ses hommes armés de s'emparer du matériel de Bown, puis de trouver deux personnes sachant comment effectuer ce travail et qui, sous la supervision de James Ross (le chef sang-mêlé de la colonie) seront chargées de l'impression. On ne fait pas souvent mention de ce petit incident dans les biographies de Louis Riel.

Il est intéressant d'observer l'attitude déplaisante de Riel en ce qui a trait à l'indépendance de la presse, naissance d'un archétype qui se perpétuera durant les mois à venir. Les Métis sont en conflit avec le *Nor'Wester* depuis que John Christian Schultz en est le propriétaire. Pour Riel, il est clair que la presse est un instrument au service de ceux qui ont le pouvoir et qui ne doit être utilisé par le peuple que pour arriver à ses fins. L'incident Bown soulève des points peut-être encore plus intéressants sous certains angles. Il révèle d'abord un début de collaboration entre Louis Riel et James Ross, qui est revenu de l'Est à la Rivière-Rouge en août. Il indique ensuite que Riel se sent désormais suffisamment sûr de lui pour commander personnellement le recours à la force en vue de réaliser ce qu'il croit devoir être fait.

Le Conseil des vingt-quatre

Le 16 novembre, 12 représentants des collectivités de Sang-mêlé anglophones et 12 représentants des Métis francophones, se réunissent au palais de justice de la Rivière-Rouge afin de discuter de ce qu'il faut faire pour dénouer la crise avec le Canada. Les délégués arrivent à midi, et 150 hommes armés les escortent jusqu'à la salle du Conseil. Ces derniers tirent en l'air en guise de bienvenue, pendant qu'au fort on tire une salve d'artillerie de 24 coups. Ces salves d'honneur seront le premier sujet de discussion de la rencontre. Les délégués anglophones y voient une démonstration gratuite de force militaire, alors que les Métis prétendent ne pas avoir d'intentions hostiles, mais seulement l'envie d'exprimer leur joie. Les 12 anglophones présents offrent un échantillon de tout ce qu'il est possible de rencontrer dans cette collectivité. On y compte trois *Half-breed,* un Amérindien, six colons écossais de longue date, et deux nouveaux venus : un Canadien et un Américain reconnu pour sympathiser avec les annexionnistes américains.

Les Sang-mêlé anglophones de la colonie sont sous-représentés. D'autre part, on ne peut pas dire que les membres anglophones soient par avance en faveur de quelqu'un ou de quelque chose. De même pour la délégation francophone : aucun de ses 12 membres n'a de lien avec ceux qui, avant le mouvement de résistance, étaient considérés comme les chefs de file de la communauté métisse. En bref, il s'agit des représentants d'une nouvelle génération de Métis, pour la plupart originaires de familles qui ne sont pas des plus en vue. Nous ne disposons pas de suffisamment de renseignements sur les courants sous-jacents de la société et de la politique métisses pour savoir si ces nouveaux protagonistes métis ont tout naturellement fait surface en raison de la crise ou s'ils ont été soigneusement choisis par Louis Riel. Ni journalistes ni visiteurs ne sont admis à cette assemblée bien qu'il soit inévitable qu'elle donne lieu à des rumeurs.

Plusieurs observations peuvent être faites sur ces réunions. Tout d'abord, c'est surtout Louis Riel qui prend la parole du côté des Métis, et le fait qu'on le laisse dominer la discussion en dit beaucoup sur son influence et le consensus qui existe au sein de ce groupe, du moins parmi les délégués. Les anglophones sont moins homogènes au départ. Bien que les Sang-mêlé soient sous-représentés, l'un d'eux, James Ross, le principal interlocuteur de Louis Riel, est le fils d'Alexander Ross et vient tout juste de revenir à la Rivière-Rouge après une carrière journalistique en Ontario. Il se propose maintenant de lancer un journal qui fera compétition au *Nor'Wester.* D'autres aussi prendront la parole du côté anglais. Pourtant, toute la discussion repose sur le postulat, souvent exprimé explicitement par Riel, qu'il existe deux collectivités à la Rivière-Rouge, une francophone et une anglophone, et qu'elles doivent agir de concert.

Il se peut que Riel ne se soit pas très bien préparé pour ces réunions, mais comment savoir à l'avance ce qu'il devrait faire, en particulier au début alors qu'il n'a aucune idée de ce que pensent les anglophones ni des directives qu'ils ont reçues. Il est peut-être trop tôt pour tenir une telle assemblée, mais Riel doit tenir compte de la date limite imminente du 1er décembre. Si on ne réussit pas à unifier jusqu'à un certain point les deux principales communautés de la Rivière-Rouge avant la date du transfert officiel, les Métis auront du mal à résister. Riel gardera des notes de ces rencontres. Elles sont d'une écriture soignée et en français, ce qui suggère qu'elles ont été transcrites après coup, car sur place, elles auraient été rédigées à la hâte. Mais le point de vue détaillé de Riel est le seul dont nous disposons qui soit le plus rapproché de ces importantes discussions sur l'avenir de la Rivière-Rouge. Il se peut bien que Riel ait omis d'y inscrire un tas de choses, y compris d'autres interventions en accord avec les siennes.

Après le premier accrochage sur les salves d'honneur, on assiste à plusieurs rondes de combat. Les anglophones demandent de nouvelles élections, proposition à laquelle les francophones souscriront une fois les deux sections d'accord sur une ligne de conduite. Pour leur part, les francophones veulent qu'on mette devant l'assemblée les directives reçues des « constituants » afin que les « vraies intentions » des deux parties soient connues. Les Anglais se plaignent de la prise d'armes des Français, contre leur occupation du fort, contre leur opposition illégale à l'entrée de McDougall envoyé par la Reine. Les Français répondent que « cela a toujours été leur coutume de prendre les armes pour repousser les partis qui se présentent aux portes de la colonie avec des intentions redoutables », ajoutant « que la Compagnie a vendu ses droits de gouvernement ici. Et cependant, ni l'Angleterre ni la compagnie ne nous en ont avertis ». Bien que les Sang-mêlé ne soient pas d'accord avec tout ce que les Métis ont fait, ils n'iront pas jusqu'à quitter l'assemblée.

Au même moment, le secrétaire du gouverneur McTavish, Joseph James Hargrave, frappe à la porte, apportant une communication du gouverneur. Les anglophones veulent qu'elle soit lue immédiatement. Riel, se doutant qu'il s'agit probablement d'une proclamation déclarant la résistance illégale, propose qu'on la lise à la fin de la présente séance. La discussion se poursuit entre Louis Riel et James Ross sur l'occupation du fort. Ross prétend que le moyen employé par les Métis est anticonstitutionnel du fait que McDougall et McTavish sont des représentants de la Reine. Riel répond que les Métis « n'ont jamais refusé d'obéir à la Reine d'Angleterre » et qu'ils éprouvent de la considération pour monsieur McTavish. Bien, dit Ross, « vous n'avez donc pas d'objection à ce qu'on lise cette proclamation ». Riel le lui concède.

On lit donc la proclamation du gouverneur. Le texte ne correspond pas exactement à ce que William McDougall a exigé de sa terre d'exil à Pembina. McTavish relève le fait qu'un grand nombre de gestes illégaux ont été posés, y compris la déclaration de résistance au transfert du gouvernement de la Rivière-Rouge au Canada. Au lieu de faire appel à des moyens légaux et constitutionnels (ni McTavish ni personne d'autre ne leur a jamais expliqué comment on pouvait s'objecter de façon légale et constitutionnelle à ce que des gouvernements éloignés pouvaient décider) quelques personnes ont choisi d'adopter un comportement qui nous menace « des démons de l'anarchie et des horreurs de la guerre ». McTavish presse chacun de se disperser paisiblement de peur de provoquer une « crise dont pourrait venir un bien incalculable ou un mal considérable ». Le gouverneur ne condamne pas complètement la résistance, mais parle plutôt d'une crise qui pourrait aussi bien donner des résultats souhaitables que des résultats négatifs. Au terme de la lecture de ce document, suit un silence compréhensible.

De bien des façons, ce qui viendra après ce silence est un point tournant important, peut-être le plus important dans l'histoire de la Rivière-Rouge. Si les délégués anglophones étaient retournés chez eux à ce moment-là, la coopération entre les diverses collectivités n'aurait probablement jamais eu lieu. James Ross se lève et dit qu'il « attend avec confiance l'évacuation du Fort » par les Français. Riel répond : « Nous ne pouvons pas. » Ross : « Vous ne pouvez plus protester l'ignorance. » Riel : « Une protestation emphatique n'a pas encore effacé ce qu'il y a de juste dans nos prétentions. » Ross insiste : « Vos actes sont des actes de rébellion maintenant. » Riel fait appel à ses talents d'orateur : « Nous nous rebellons contre la compagnie qui nous vend et veut nous livrer et contre le Canada qui veut nous acheter. Nous ne nous rebellons pas contre le gouvernement Anglais; nous reconnaissons le gouvernement d'Assiniboia autant qu'il existe. » Et l'assistance se met à rire, ce qui en dit long sur ce que la colonie pense du gouvernement actuel.

Ross s'essaie une nouvelle fois : « Vous faites semblant de le reconnaître. » Riel se tourne vers ses compatriotes métis leur demandant : « Est-ce que nous faisons semblant de le reconnaître! Voyons parlez. » Les Métis répondent à l'unisson : « Non, Non. » Riel poursuit : « De plus, nous sommes fidèles à notre patrie. Nous la protégerons contre les dangers qui la menacent. Nous voulons que le peuple de la Rivière-Rouge soit un peuple libre. » Riel lance ensuite un appel à l'unité. Ross renchérit : « Aidons-nous les uns les autres. Nous sommes tous des frères et des parents. Ne nous séparons pas. » Il répète ensuite les mots de McTavish dans sa proclamation : « Voyez ce que dit Monsieur Mctavish. Il dit que de cette assemblée, et des décisions de cette assemblée peut venir un bien incalculable. [...] Voyez comme il parle. Est-ce étonnant, ses enfants sont des Métis comme nous. » Selon les notes de Riel, on ajourne ici l'assemblée. Que vont faire les Sang-mêlé? Le lendemain, les délégués anglophones arrivent au palais de justice à l'heure dite, soit à 10 heures du matin. Riel a gagné son pari.

Les délégués métis eux-mêmes n'arriveront pas avant midi pour la réunion du Conseil, mais les discussions de cette journée se dérouleront sur un ton plus amical. On s'entend encore difficilement toutefois. Le principal malentendu, c'est celui qui existe entre ceux qui veulent s'attaquer au Canada avant qu'il ne soit trop tard (les Métis), et ceux qui préfèrent négocier après le fait. D'après les notes de Riel, les anglophones tendent à vouloir « laisser entrer Monsieur McDougall sans opposition et une fois établi, de lui demander ce qu'ils veulent et si Monsieur McDougall ne veut ou ne peut leur accorder ce qu'ils demanderont alors nous le renverrons aussi ». Par contraste les francophones affirment que « si McDougall s'établit une fois, rien ne pourra le déloger ». Que McDougall gouverneur, aura toutes sortes de pièces officielles à leur présenter au nom de la Reine et que de fait « ce serait vraiment une rébellion de chercher à le chasser quand il serait établi ». Même si les deux collectivités ne s'entendent toujours pas sur ce point, elles continuent de discuter. Par contre, rien ne prouve que les Sang-mêlé seraient prêts à prendre les armes pour les Canadiens.

Le 17 novembre, Walter Bown sort un numéro spécial du journal intitulé *The Nor'Wester and Pioneer.* Il y publie une adresse au gouverneur McTavish ainsi que sa proclamation. Comme plusieurs signataires de lettres envoyées aux journaux de l'Est le feront remarquer par la suite, le cinquième point du gouverneur est manquant, apparemment parce que l'exemplaire qui a servi à la publication a été obtenu clandestinement. De toute façon, ce sera le dernier numéro du journal à paraître dans la colonie, puisque Riel interdit le *Nor'Wester* (et le *Pioneer*) au début du mois de décembre, et transforme ses locaux en poste de garde. Au cours de la période qui suivra les premiers jours de réunion entre les Métis et les Sang-mêlé, Walter Bown, le rédacteur du *Nor'Wester,* aurait réussi à se procurer une liste des « droits » rédigée par les Métis, peut-être par le même moyen qui lui a permis d'obtenir l'exemplaire de la proclamation. Bown fait parvenir cette liste à son frère en Ontario qui, à son tour, l'envoie à Sir John A. Macdonald. Nous n'avons absolument aucune idée de la provenance précise de cette liste, mais il s'agit probablement d'un autre texte « anonyme » de Riel ou d'un autre chef Métis qui, d'une façon ou d'une autre, a fini par aboutir dans les mains de Bown. Les demandes sont à la fois crédibles et sensibles, et nous font pressentir ce que le Comité national aurait dit au commissaire canadien s'il s'en était présenté un à la Rivière-Rouge à ce moment-là. Cette liste se lit comme suit :

1. Qu'on paie immédiatement le prix des titres ancestraux de tout le territoire.
2. Que, compte tenu des relations avec les Indiens, une certaine partie de cet argent leur soit versée.
3. Qu'on leur accorde immédiatement toutes les terres qu'ils réclament.
4. Qu'on accorde 300 acres à chacun de leurs enfants.
5. Qu'eux-mêmes et leurs descendants soient exemptés d'impôts.
6. Qu'on réserve une certaine portion du territoire au soutien de l'Église catholique et de son clergé.
7. Qu'on élise immédiatement les membres du Conseil.
8. Que le Dr Schultz et ses amis soient expulsés du territoire sans délai.

Il est dommage que Joseph Howe n'ait pas pris connaissance de ces conditions lors de son séjour à la colonie quelques semaines plus tôt, elles auraient peut-être bénéficié d'un certain *locus standi* à Ottawa. Là où on en est, même si cette liste est authentique, les Canadiens ne peuvent rien en faire.

De nos jours, ces demandes constituent l'énoncé le plus ancien de ce que les Métis ont exigé avant d'accorder au gouverneur McDougall la permission d'entrer dans le pays. Ces demandes avaient probablement déjà été exprimées avant que les Américains ne commencent à conseiller les Métis sur ce dont ils devaient insister. La liste est intéressante à la fois par ce qu'elle comprend et par ce qu'elle omet. De toute évidence, il importe de confirmer les demandes relatives au territoire, actuelles et en prévision de l'avenir, justifiées par les droits des Autochtones. Le Canada devra reconnaître que les Métis sont habilités à une part des droits des Indiens en ce qui a trait au territoire, ce que les Britanniques leur ont toujours refusé. Une fois réglé le problème des titres ancestraux, les Métis pourront faire confirmer leurs demandes relatives aux terres sur lesquelles s'exerce un « droit de pacage ». Une certaine reconnaissance légale de l'appui financier à l'Église catholique romaine, et son application occupent également une part importante des revendications. En outre, il s'avère essentiel d'élire sur-le-champ les membres du Conseil. On soupçonne que le bannissement des chefs du parti canadien se veut négociable. On ne fait pour l'instant aucune allusion au statut de province. Presque toutes ces revendications sont sous-entendues, sinon explicites, dans les gestes posés et les propos énoncés antérieurement par les Métis.

Ce dont on ne peut faire absolument abstraction, par contre, c'est que ces revendications vont bien au-delà de ce que les Canadiens sont prêts à offrir comme garanties aux résidants de la Rivière-Rouge. Si le Canada parle de garantir les titres existants, il ne parle pas de confirmer les droits des Métis sur le territoire comme faisant partie des droits ancestraux. Le Canada ne dit rien de la place occupée par l'Église catholique dans une colonie canadienne et ne songe pour l'instant qu'à désigner le Conseil. Les Canadiens n'ont aucune raison de croire que leurs garanties suffiront pour que le transfert se fasse sans problème, même si les Métis sont prêts à les écouter.

La réunion du Conseil est interrompue afin de céder la place à la Cour des sessions trimestrielles qui s'apprête à occuper le tribunal. On ne trouve à peu près aucun autre endroit public à la colonie, mis à part le fort Garry. J. J. Hargrave profite de l'occasion pour décrire à ses lecteurs de l'Est les travaux de la Cour à la Rivière-Rouge, mettant l'accent sur le fait qu'on y « administre généralement une justice fondamentale ». Ce jour-là, entre autres, on accuse de voies de fait grave quatre Canadiens employés à la construction de la route. Ils auraient saisi John Snow et l'auraient menacé de noyade au cours d'une dispute relative aux salaires.

Deux des hommes sont trouvés coupables et condamnés à une amende payable dans les 30 jours suivant la condamnation. Dans son journal, Alexander Begg laisse entendre que, mieux défendus, ces hommes auraient pu être acquittés. « Au moment où il sortait du tribunal, Scott cria avec défi que c'était dommage de ne pas avoir envoyé Snow à l'eau, parce que, finalement, il n'en avait pas eu pour son argent. » Il s'agit de la première mention de Thomas Scott dans les archives de la Rivière-Rouge. Malheureusement pour lui, ce ne sera pas la dernière.

Formation du gouvernement provisoire

Les deux parties se réunissent le 22 novembre et James Ross insiste sur « l'avantage qui résulterait de notre entrée dans la Confédération [...] L'union de ce vaste pays au Canada est nécessaire aux plus chers intérests [sic] de l'Amérique du Nord britannique. » Riel n'a rien contre, mais, ajoute-t-il, « si ce pays est indubitablement d'une haute importance pour l'achèvement de la Confédération canadienne, pourquoi ne pas le mettre immédiatement sur un pied tel que les habitants actuels continuent à y vivre avantageusement et que les étrangers puissent y trouver en venant l'habiter des institutions toutes prêtes à les rendre heureux en leur conférant les libertés dont toute l'Amérique aime à voir jouir ses enfants sans distinction. » Riel refuse toujours de permettre aux francophones de baisser les armes. D'autres événements surviendront ce même jour, comme la reprise du Conseil.

Ces assemblées de diverses collectivités de Sang-mêlé semblent servir de paratonnerre à d'autres intérêts. Le matin du 22, Enos Stutsman arrive au village en provenance de Pembina. Il régale les clients du bar de l'hôtel Emmerling de descriptions acerbes des fonctionnaires canadiens bloqués à la frontière. C'est probablement Stutsman qui rapporte avec lui un exemplaire du *St. Paul Daily Press* dans lequel on a publié une déclaration de l'homme d'affaire canadien W. E. Sanford. Ce dernier avait accompagné Joseph Howe à la Rivière-Rouge. Le journal rapporte les propos de Sanford selon lesquels on exagère beaucoup les rumeurs de rébellion. Ce dernier avouera plus tard avoir ainsi voulu décourager les trouble-fête américains qui auraient été tentés de se précipiter à la colonie.

C'est sûrement Stutsman aussi qui fait circuler une lettre du peuple autochtone Chippewa adressée au gouverneur McDougall, et datée du 26 septembre, en prétendant que cette lettre ne provient pas des autochtones puisque ces derniers ne veulent pas qu'on confonde leurs revendications avec celles des Métis. Les Chippewa veulent connaître, « les intentions du gouvernement que vous représentez pour ce qui est de notre peuple et de notre terre ». Dans cette lettre, ils se demandent quels droits les Canadiens ont achetés de la Compagnie de la Baie d'Hudson puisque les Indiens n'ont jamais vendu leur terre et ont seulement permis à la Compagnie d'occuper un certain district pendant un certain temps. Malgré tout, les hommes blancs du Canada ont commencé à diviser le territoire en lots sans consulter, ni négocier de traité. Cette affirmation des droits des Indiens sur le territoire, et les reproches qu'ils adressent aux Canadiens, ne mettent l'accent que sur la maladresse des procédés canadiens en vue de l'annexion.

Ce même jour du 22 novembre, le Dr Schultz fait circuler une pétition demandant au Conseil de laisser entrer les fonctionnaires canadiens. Le maître de poste A.G.B. Bannatyne refuse de signer la pétition parce que « ceux qui la proposent sont en très grande partie responsables de tous les troubles ». Bannatyne envoie une lettre au Conseil niant qu'il soit de mèche avec les rebelles et se défendant bien d'avoir touché au courrier. Il admet, cependant, qu'il sympathise avec les efforts des Métis qui défendent le « droit inviolable d'un peuple libre à se gouverner comme il le juge à propos ».

Le jour suivant au fort Garry, soit le 23 novembre, Louis Riel exige qu'on lui apporte à son « bureau » du fort tous les dossiers en lien avec les affaires publiques de la colonie. C'est J. J. Hargrave qui nous en révèle le plus sur cette saisie, dans une lettre au *Montreal Herald* signée « Red River Settlement ». Hargrave est sur les lieux et c'est en tant que témoin direct qu'il rédige sa lettre. Selon son récit, M. John H. McTavish, comptable de la CBH au fort Garry, est sommé de se rendre au bureau de Louis Riel, au fort, tôt en matinée. On lui dit de remettre à Riel les registres fonciers et comptables du Conseil d'Assiniboia. McTavish refuse et on l'escorte sous bonne garde armée au bureau de l'Administration publique, qui est la pièce voisine de celle que Hargrave occupe en tant que secrétaire du gouverneur. McTavish demande à Hargrave « de venir vite afin de pouvoir témoigner d'un geste illicite sur le point de se produire ». Riel exige encore une fois qu'on lui remette les dossiers relatifs aux affaires publiques de la colonie et, après un nouveau refus de McTavish, trouve lui-même les registres, et les fait porter à son propre bureau. Dans la plupart de ces livres sont consignées les transactions entre la CBH et les habitants de la colonie. Le registre foncier est le registre officiel des titres accordés à toutes les terres arpentées. Les hommes de Riel saisissent ensuite les dossiers relatifs aux douanes et menacent d'exiger le règlement de toutes les dettes des marchands de la colonie en ce qui a trait aux droits d'entrée. Toutes ces mesures, l'une à la suite de l'autre, en effraient beaucoup. Les délégués anglophones, sur le point de retourner au Conseil qui s'apprête à reprendre les débats, se demandent ce qu'ils devraient faire suite à ces actes d'agression, mais décident de poursuivre les discussions.

Lors de cette rencontre, les deux parties s'entendent sur le besoin d'un gouvernement fort, et sur la faiblesse du gouvernement d'Assiniboia au cours des dernières années. Les anglophones en déduisent que le gouvernement canadien est une nécessité. Riel répond qu'il « est temps que les habitants de la colonie songent à la formation d'un gouvernement provisoire pour leur propre protection et pour traiter avec le Canada et forcer celui-ci à nous donner un mode gouvernement [sic] responsable ». Même s'il n'en parle pas, ce que Riel a osé le matin même en s'appropriant les dossiers du gouvernement de la colonie découle très probablement de son intention de remplacer le gouvernement existant par un gouvernement provisoire. Riel invite les délégués anglophones à retourner dans leurs collectivités demander qu'on envoie des délégués habilités à se joindre aux Métis pour la mise sur pied d'un gouvernement provisoire. « Ross parle de la possibilité d'une expédition militaire contre nous si nous n'agissions pas avec modération. » Riel dit que « l'hiver nous protège avec ses neiges et ses tempêtes. [...] nous avons six mois devant nous. » Il ne se trompera pas beaucoup. Riel termine son compte-rendu par ces mots : « Ajournement. Pas d'entente, peu d'espoir d'une entente. »

Après l'ajournement, les Métis continuent de discuter jusqu'à tard dans la nuit. Louis Riel parle durant sept heures, dans un effort de convaincre son « comité national » d'accepter de former un gouvernement provisoire. On consulte un certain nombre d'Américains. Riel écrit : « Pas un n'était prêt. Que de craintes, d'hésitations à vaincre. C'est incroyable les répugnances que j'ai eu à leur faire surmonter. Ce qu'ils craignaient le plus, c'était les apparences d'une rébellion contre la Reine. Ce n'est qu'à force de leur montrer et de leur dire que nous restions fidèles à la Reine; que le gouvernement d'Assiniboia en se vendant s'est tellement affaibli qu'il n'a plus la force nécessaire pour nous protéger. Que si la Reine savait ce que voulons [sic], elle nous écouterait. » Riel se dit prêt à attendre le 1er décembre (date à laquelle le transfert au Canada doit entrer en vigueur) pour proclamer la création d'un gouvernement provisoire. On n'a jamais vraiment expliqué, toutefois, en quoi cette attente contribuait à atténuer la nature rebelle de ce geste.

Le Conseil de Fort Garry se réunit de nouveau le 24 novembre. Quand on lui demande ce que les Métis veulent faire, Riel répond en demandant aux anglophones s'ils s'allieront aux francophones pour surmonter les difficultés présentes. La réponse est évasive. Riel reprend en leur disant : « Vous sauriez en effet ce que nous voulons nous autres. Nous voulons ce que veulent toutes les paroisses françaises et elles ont voulu former un gouvernement provisoire pour notre protection et pour traiter avec le Canada. Nous vous invitons à nous joindre avec sincérité.

Ce gouvernement sera composé également de français et d'anglais. Il ne sera que provisoire. » Jusqu'à quel point la suggestion d'un gouvernement provisoire a frappé l'auditoire reste sujet à discussion. Quoi qu'il en soit, les anglophones demandent du temps pour consulter leurs paroisses respectives, car leurs directives ne les autorisent pas à agir ainsi. Le Conseil est ajourné jusqu'au 1er décembre.

Le 26 novembre, les habitants anglophones de la colonie se réunissent à Winnipeg au bureau de Bannatyne et Begg. Bernard Rogan Ross, le Dr Curtis Bird, Alexander Logan, A.G.B. Bannatyne, Alexander Begg, Oscar Malmros (le consul américain à Winnipeg) et W.B. O'Donoghue participent à cette réunion. Bien que ces derniers figurent parmi les résidants influents, cette assemblée est loin de représenter l'opinion publique de la colonie. Toutes les parties présentes s'entendent sur un plan qui permettrait de conserver l'ancien gouvernement de la CBH sous la forme d'un conseil législatif. Le peuple élirait le conseil exécutif pour traiter avec le gouvernement canadien. Ce plan a le grand mérite de maintenir en place le gouvernement légitime de la Rivière-Rouge, qu'on aurait beaucoup plus de mal à accuser de rébellion. Il a même plus de mérites que cette assemblée ne le réalise. Ce même jour, le gouvernement canadien fait parvenir un télégramme en Grande-Bretagne. Il s'agit d'une demande visant à retarder le transfert du territoire jusqu'à ce qu'il soit possible d'effectuer ce transfert « pacifiquement ». Bien que le plan du 26 novembre ne manque pas d'intelligence, on met trop de temps à formuler la proposition. Louis Riel a déjà choisi une autre option qu'il ne va pas abandonner de sitôt.

Le soir de ce même jour, Louis Riel prend la parole à une réunion publique qui se tient au poste d'incendie de Winnipeg. Son auditoire, anglophone, est surtout composé d'Américains et de Canadiens. On l'applaudit spontanément à son entrée dans la salle, accompagné d'un garde du corps. Michael Power, retraité, demande à Riel de qui il tient son autorité. Riel répond dans un anglais hésitant. Il dit qu'il tient son autorité du peuple, et que les Métis ne souhaitent pas imposer leur gouvernement provisoire à quiconque n'en veut pas. Il n'a pas d'argent et serait bien mieux de travailler pour faire vivre sa famille. Lui et ses partisans ne peuvent pas vraiment se permettre de donner autant de temps aux affaires publiques. Il conclut en affirmant avec vigueur que ce n'est pas l'Église catholique qui a suggéré la formation d'un gouvernement provisoire. Selon Alexander Begg, même les hommes de Schultz ponctuent les remarques de Riel d'applaudissements.

Power lui-même parle avec plus ou moins de clarté de la loyauté au drapeau britannique. Un cordonnier du nom de McPherson s'oppose au gouvernement provisoire et rappelle l'amusante aventure dont il a été victime sous la « république du Manitobah » de Thomas Spence en 1868.

Son récit, dans lequel il relate comment il aurait été poursuivi dans la neige vêtu seulement de ses sous-vêtements, provoque un éclat de rire général.

J. J. Hargrave rapporte qu'après cette réunion, il rencontre trois de ses amis et ridiculise la rumeur selon laquelle la plupart des participants à l'assemblée portent une arme. Il devra modifier son opinion et écrira plus tard : « chacun de mes amis a alors tiré un pistolet d'une ceinture qu'il portait sous son manteau. »

Le jour suivant, à l'occasion d'une autre réunion tenue à Winnipeg, on remet en question le mode de sélection des délégués à l'assemblée des deux groupes de Sang-mêlé. On avait précédemment décidé que tout locataire, tout propriétaire et toute personne résidant à la colonie depuis au moins sept mois auraient droit de vote à des élections ultérieures. John Christian Schultz demande qu'on ramène cette période à une semaine, mais sa motion est rejetée par 19 voix contre 13, ce qui nous révèle le nombre de personnes présentes à la réunion. À peu près au même moment, Louis Riel écrit à Schultz qu'on soupçonne sa maison d'être le centre de dissidence. Riel complète son accusation d'une menace sous-entendue, ajoutant qu'il serait désolé de devoir prendre des mesures énergiques contre le Canadien. Le conflit s'envenime du fait que Schultz a emmagasiné chez lui de la viande de porc appartenant au gouvernement canadien, et dont Riel aimerait bien s'emparer. Il ne veut surtout pas voir ce porc transféré au Stone Fort (Lower Fort Garry).

Riel commence par accepter la proposition de conserver l'administration de la CBH puis, le 30 novembre rejette la proposition. Le gouvernement de la CBH est « moribond » soutiendra-t-il plus tard « et, par conséquent, n'a ni la force ni la capacité de protéger le peuple ». Riel tient pour acquis que le transfert se fera et que le gouvernement de la CBH sera remplacé. C'est ce même jour que le gouverneur général du Canada, Sir John Young, reçoit du secrétaire de la colonie britannique la réponse à la demande du Canada de retarder le transfert. Lord Granville soutient qu'on n'a jamais prétendu que le transfert de la Rivière-Rouge se déroulerait de façon pacifique. Il accuse plutôt William McDougall d'avoir causé les troubles par son attitude. Granville ajoute cette remarque acerbe : « Le gouvernement canadien ayant, par cette mesure, créé les conditions favorables à des manifestations de violence dans un territoire dont il s'est engagé à prendre possession, réclame maintenant, semble-t-il, le droit de remettre indéfiniment l'application de cet engagement envers la Compagnie et d'imposer au gouvernement de Sa Majesté la responsabilité de calmer la résistance qu'il a provoquée. » Les Britanniques ne peuvent maintenant accepter que la Compagnie de la Baie d'Hudson leur cède le territoire. La Compagnie se trouve toujours légalement responsable de la Rivière-Rouge.

Riel, quoique son erreur soit compréhensible, s'est trompé en refusant d'œuvrer de concert avec l'administration de la CBH. C'est qu'en effet la prise en charge du Conseil d'Assiniboia par les résidants aurait simultanément préservé les insurgés de l'accusation de rébellion contre la Reine, et uni les deux factions de la colonie. Des leaders anglophones, réunis le 30 novembre en vue de la reprise du Conseil le jour suivant, souscrivent à l'idée de prendre le pouvoir du Conseil d'Assiniboia. Personne dans la colonie ne met en doute la nécessité d'obtenir de meilleures conditions. La décision de Riel de faire accepter la formation d'un gouvernement provisoire s'avère encore plus maladroite si l'on songe que le Canada renoncera à annexer l'Ouest le 1er décembre et qu'en conséquence, c'est toujours le gouvernement de la CBH qui est en place après cette date. Mais aux yeux de Riel, la solution de réformer le Conseil d'Assiniboia après que McDougall ait déclaré la prise de possession du territoire par le Canada, ne lui paraît pas moins radicale que la déclaration d'un gouvernement provisoire, et serait pas mal moins satisfaisante.

Toute la question de la légitimité du gouvernement de la CBH est une affaire délicate. Le gouvernement existant assume toujours la responsabilité d'administrer le territoire du fait que, le 1er décembre, les Canadiens n'exercent pas l'autorité tel que prévu. Par contre, personne à la Rivière-Rouge et à Pembina n'est au courant que le transfert n'a pas eu lieu. À la fin novembre, dans une lettre que le gouverneur en suspens ne recevra qu'au milieu du mois de décembre, le premier ministre, Sir John A. Macdonald, écrit à William McDougall pour l'avertir des dangers d'un geste précipité : « Si vous tâchiez de créer un gouvernement, vous mettriez automatiquement fin à celui des autorités de la Compagnie de la Baie d'Hudson [...] Il n'existerait plus alors, si vous étiez incapable d'entrer dans le pays, aucun gouvernement légal et l'anarchie ne manquerait pas de s'installer. Dans ce cas, et quelle que soit la cause de cette anarchie, le droit des nations reconnaît aux habitants le droit de former un gouvernement *ex necessitate* pour protéger leurs vies et leurs biens. La *Jus gentium* reconnaît certains droits souverains à pareil gouvernement. Ce qui risque de faire très bien l'affaire des États-Unis mais pas du tout la vôtre. » Naturellement, McDougall n'a pas reçu cette lettre, ni l'avertissement antérieur de Joseph Howe daté du 19 novembre. Ce dernier lui rappelait qu'il n'avait pas d'autorité sur le territoire jusqu'à ce qu'on la lui confère officiellement. L'avertissement de Howe confirme simplement à McDougall son engagement antérieur de ne pas usurper l'autorité sans l'approbation d'Ottawa.

Cette longue série de méprises nous a habitués aux graves problèmes de communication entre William McDougall et Ottawa. McDougall tient pour acquis que ses engagements et les avertissements d'Ottawa se rapportent au fait d'assumer l'autorité prématurément, avant la date du transfert qu'il croit être le 1er décembre 1870. Il ne vient pas à l'idée de l'homme nommé pour être lieutenant-gouverneur que le gouvernement canadien puisse retarder cette date, surtout si près du but, alors qu'il ne reste plus assez de temps pour en avertir Pembina. Le jour du transfert, William McDougall passe du côté nord de la frontière dans une attitude de défi, et lit une proclamation qui est supposée faire officiellement de lui le lieutenant-gouverneur des Territoires du Nord-Ouest. Il fait ensuite publier et circuler dans la colonie ce texte qui, au nom de la Reine, proclame McDougall lieutenant-gouverneur des Territoires du Nord-Ouest, ce dont « nos sujets bien-aimés sont par les présentes requis de prendre note pour en tenir compte dans leur conduite ». Même si le document est tout à fait illégal, on peut comprendre que McDougall veuille s'approprier le pouvoir.

En passant, il vaut la peine de raconter l'histoire de l'impression et de la diffusion subséquentes de ce document. Louis Riel avait interdit les journaux locaux et saisi la presse, en partie en vue d'empêcher les documents canadiens de circuler dans la colonie. Néanmoins, le colonel John Dennis introduira en fraude à la Rivière-Rouge un exemplaire de la proclamation, et réussira à en faire imprimer plusieurs exemplaires à la main, en grosses lettres, en français et en anglais. Il faut ensuite trouver des caractères de typographie et une presse. George Winship, un jeune Canadien qui a travaillé pour le *Nor'Wester,* réussit sous prétexte de nettoyer les bureaux du journal à s'emparer de suffisamment de caractères pour imprimer la proclamation, et ce sous le nez des gardiens. Avec Patrick Laurie, un autre employé du *Nor'Wester,* Winship trouve une ancienne presse à main, ainsi que des boîtes de carton dans lesquelles disposer les caractères de typographie. Il réussit à imprimer 300 exemplaires du document. Les exemplaires originaux ayant survécu illustrent les difficultés d'impression et l'absence de certains caractères. Par exemple, l'imprimeur a dû utiliser des virgules inversées pour les apostrophes. McDougall confie également un mandat au colonel John Dennis qu'il désigne sous les titres de « mon lieutenant et conservateur de la paix dans les Territoires du Nord-Ouest ». McDougall compte sur Dennis pour lever une armée suffisante pour « attaquer, arrêter, désarmer et disperser » tous les hommes commettant des actes de violence illégaux. C'est ce que Dennis tentera de faire pendant les jours suivants. Toutefois, il ne réussira à recruter que Charles Arkoll Boulton, qui ne demande pas mieux. Il semble qu'il ait produit d'autres exemplaires de la proclamation, toujours sur la même vieille presse, qu'il aurait transportée jusqu'au Stone Fort dans une tempête de neige aveuglante.

Bien que le premier ministre canadien ne l'eût jamais admis en public, il se peut que McDougall ait ouvert une boîte de Pandore. Il avait revêtu les ornements de sa charge, à tort, mais était incapable d'exercer l'autorité. Ce faisant, il avait rendu caduc le gouvernement de la CBH et créé l'anarchie. Même Macdonald arrivera à la conclusion que McDougall avait ainsi légitimé l'établissement d'un gouvernement provisoire. Lorsque les gouvernements canadien et britannique soutiendront par la suite, qu'officiellement, il n'y avait pas eu d'interruption de gouvernement à la Rivière-Rouge puisque l'administration de la CBH restait en place, les deux gouvernements oublieront commodément que la proclamation de William McDougall avait effectivement mis fin au règne de la CBH, au moins pendant la période de temps où la colonie ne savait pas que le Canada avait refusé d'en assumer l'autorité. Cette période couvrait la plus grande partie du mois de décembre, soit de nombreux jours à croire qu'il n'y avait pas de gouvernement. Techniquement, la CBH était encore au pouvoir, mais il s'agissait d'un pouvoir fictif. C'est durant cette période qu'a été proclamé le gouvernement provisoire.

Les Sang-mêlé francophones et anglophones reprennent leurs discussions le 1er décembre. Riel soutient que cette proclamation ne change rien. Tout ce que McDougall a à faire est de « nous prouver son désir de bien nous traiter. [...] S'il garantit nos droits, je suis un de ceux qui iront à sa rencontre pour l'escorter jusqu'au siège de son gouvernement. » Enfin, dit Ross : « Que lui demandons-nous? » La discussion se poursuit à bâtons rompus et les francophones demandent deux heures pour formuler ce qu'ils veulent, soit un ajournement jusqu'à six heures du soir. Riel aurait, semble-t-il, consulté plusieurs Américains qui se tenaient dans l'un des hôtels de la région, et produit un document comprenant quatre clauses d'une déclaration des droits du Dakota qu'on avait fait parvenir un mois plus tôt au *St. Paul Daily Press.*

Ce document, la première « Liste des droits » de la Rivière-Rouge, est daté du 4 décembre au moment de son impression sur l'une des presses détenues par Riel. Le texte commence par rappeler le droit des peuples à élire leur propre autorité législative, laquelle a le pouvoir d'adopter toutes les lois locales, deux tiers de majorité surpassant le droit de veto de l'exécutif. Ce texte est donc beaucoup plus détaillé, et beaucoup plus américain que la précédente liste des droits envoyée au premier ministre par le Dr Bown. On ne parle plus du soutien permanent à l'Église catholique; et on ne parle plus de l'insistance des Métis à réclamer les mêmes droits que les autochtones. Dans cette version, le Parlement du Dominion ne peut adopter aucune loi locale liant le territoire sans le consentement de l'Assemblée législative. Tous les fonctionnaires locaux (shérifs, magistrats, constables) sont élus par le peuple. Le document prévoit une loi sur les *homestead* gratuits et l'appropriation des terres (très américain), et sur le bilinguisme (français et anglais) à l'Assemblée législative et dans les cours de justice (très canadien). Le texte prévoit également une représentation complète et équitable de la Rivière-Rouge au Parlement canadien, et la conservation de « tous les privilèges, coutumes et usages en vigueur au moment du transfert ». Il est difficile de savoir si les conditions antérieures des Métis ont été modifiées sous l'influence des Américains ou par la nécessité d'attirer une collectivité métisse plus étendue. Les deux arguments ont probablement joué. De toute façon, les nouvelles exigences en vue d'ouvrir les négociations avec les Canadiens sont plus politiques que les anciennes. Les délégués au Conseil discutent de ces clauses *seriatim,* et on s'entend des deux côtés pour les trouver « équitables ».

Cette version particulière des « droits » de la Rivière-Rouge insiste sur les exigences constitutionnelles et politiques, en particulier celles qui doivent s'appliquer après le transfert au Canada. Toutefois, mis à part les exigences relatives aux *homestead* et au droit de préemption, la liste ne précise guère celles ayant trait au territoire et aux droits des Autochtones. Alors que les délégués anglophones souhaitent qu'on envoie au plus vite des représentants négocier ces conditions avec McDougall, Riel met un frein à leur enthousiasme en affirmant que les Métis ne se contenteront pas de promesses, que ce soit sous forme écrite ou verbale. Qu'il garantisse ces droits au peuple de la Rivière-Rouge en faisant adopter une loi par le gouvernement canadien, soutient Riel. « Ensuite, nous pourrons laisser entrer McDougall dans la colonie. » Les délégués anglophones refusent de rencontrer McDougall dans ces conditions, qui leur paraissent farfelues. Riel répond : « Allez, retournez-vous en paisiblement sur vos fermes. Restez dans les bras de vos femmes, donnez cet exemple à vos enfants. Mais regardez-nous agir. Nous allons travailler et obtenir nos droits et les vôtres. Vous viendrez à la fin les partager. »

Comme « Justitia » l'écrira plus tard dans le *Globe*, assez tristement, l'« idée de faire adopter une loi par le Parlement met fin à la rencontre sans qu'on parvienne à un accord, comme on s'y attendait ». Mais cette mésentente n'a pas vraiment été causée par une question secondaire, elle prolonge simplement sous une autre forme l'impasse qui oppose les deux parties depuis le début. Les anglophones seraient prêts à supplier les Canadiens de respecter leurs droits, alors que Riel veut négocier en position de force. Au bout du compte, aucune des deux approches ne donnera de résultats. Riel ne se trompe certainement pas en prétendant qu'on ne peut se fier aux politiciens canadiens. Par contre, bien que personne dans la colonie ne s'en rendra compte, les Canadiens eux-mêmes sont bien en retard sur les événements dans leur démarche de réflexion sur la politique à adopter à la Rivière-Rouge.

Le 4 décembre 1869, Joseph Howe, en tant que secrétaire d'État canadien aux affaires provinciales, apprend au grand vicaire

Jean-Baptiste Thibault qu'il est l'un des émissaires choisis pour se rendre à la Rivière-Rouge afin de « mettre fin au mouvement illégal du peuple de la Rivière-Rouge, et obtenir l'accès au Nord-Ouest pour les autorités canadiennes ». Thibault a passé de nombreuses années à la Rivière-Rouge et est bien connu des Métis. L'autre représentant du gouvernement qui accompagne Thibault est Charles de Salaberry. Ce dernier est le fils du héros de la guerre de 1812. Il parle français sans toutefois qu'on lui connaisse d'autres liens avec la colonie. Dans leurs directives, on leur fournit une foule d'arguments que Thibault a, de toute évidence, l'intention de répéter aux Sang-mêlé qui doivent être informés qu'au Canada, « les hommes de toutes origines, de toutes croyances et de toutes opinions se situent tous à égalité aux yeux du gouvernement et de la loi ».

Sans contredit, c'est ce à quoi on est en droit de s'attendre, mais à la condition d'ignorer le traitement que le Canada a autrefois réservé aux autochtones. Howe conçoit qu'on puisse blâmer le gouvernement britannique pour une partie des problèmes reliés au transfert, mais soutient qu'on a habilement trompé les habitants de la région. D'après lui, les directives envoyées le 28 septembre à McDougall révèlent à quel point les soupçons de traitement injuste largement diffusés par certains journaux canadiens sont sans fondement. Par contre, le secrétaire d'État ne précise pas quels sont ces soupçons non fondés, et sa lettre à Thibault spécifie clairement que le Canada prévoit toujours une « période de probation jusqu'à ce que la croissance de la population et une certaine initiation à la politique » ait préparé la Rivière-Rouge au « gouvernement responsable ». Il s'appuie sur l'exemple américain. On n'autorise Thibault qu'à rassurer les habitants de la colonie en leur rappelant « que le Gouverneur général et son Conseil accueilleront avec empressement ce moment où la Reine pourra accorder à ses sujets de la région, avec leur entière approbation, le degré maximal de gouvernement responsable qui permette de préserver les intérêts britanniques sur ce continent et l'intégrité de l'Empire ». On ne peut guère se surprendre qu'un gouvernement provisoire héritier de la « Liste des droits » du 1er décembre ait trouvé une telle attitude et de telles assurances à la fois inutiles et condescendantes au moment où Thibault arrive à la colonie.

Le 7 décembre, Howe fait parvenir à William McDougall une nouvelle version, à peine modifiée, de la ligne de conduite alors adoptée par le gouvernement canadien. L'envoi comprend un certain nombre d'exemplaires des directives précédemment envoyées au gouverneur, afin qu'elles soient distribuées dans la colonie. Cette diffusion a pour but de prouver que les soupçons des habitants sont sans fondement. L'envoi comprend également des exemplaires à distribuer d'une proclamation du Gouverneur général. Comme nous le verrons, il est peu probable que les habitants de la colonie aient jamais reçu ces documents. McDougall s'apprête maintenant à rassurer la population du Nord-Ouest sur le respect de leurs libertés civiles et religieuses, et la préservation des privilèges, « biens, droits et considérations d'équité de toutes sortes dont ils jouissaient sous le gouvernement de la Compagnie de la Baie d'Hudson ». On l'autorise toutefois à déclarer que la politique de gestion des terres voulant qu'on accorde des titres aux terres occupées est, sans plus de précision, des plus généreuses; que le Conseil du gouverneur sera en mesure de mettre sur pied un gouvernement municipal responsable sur-le-champ « de la façon qui, selon lui, bénéficiera le mieux au pays »; et que les droits de douane resteront en vigueur tels quels pendant deux ans (sauf pour les boissons alcoolisées).

On ne sait trop au juste à quoi correspond la concession sur le gouvernement municipal. Le Conseil d'Assiniboia est parfois perçu comme le gouvernement municipal de ce qu'on nomme souvent le « District municipal d'Assiniboia ». Mais on ne trouve aucun autre gouvernement municipal dans la colonie. Dans leurs débats, les pères de la Confédération se servaient souvent de l'appellation « gouvernements municipaux » pour faire référence aux gouvernements provinciaux. Sir John A. Macdonald soutiendra plus tard que, dans l'Acte concernant le gouvernement provisoire de la Terre de Rupert et du Territoire du Nord-Ouest après que ces territoires furent unis au Canada, il était question de conserver le Conseil d'Assiniboia. Ainsi donc, les Canadiens sont maintenant prêts à adopter un système de gouvernement à deux paliers pour la Rivière-Rouge, un arrangement qui ne transparaît pas de façon évidente dans la documentation, et n'a jamais été clairement expliqué à qui que ce soit.

Un gouvernement à deux paliers est une bonne idée pour les Canadiens, bien sûr, puisqu'ils ont l'intention de prendre possession et de gouverner les Territoires du Nord-Ouest, immense territoire dont la Rivière-Rouge n'occupe qu'une infime partie. La plupart des habitants de ce vaste territoire sont des autochtones nomades sauf à la Rivière-Rouge qui se démarque nettement. Si le Canada songeait à doter la Terre de Rupert d'un gouvernement territorial sans assemblée élue, et la Rivière-Rouge d'un gouvernement municipal dont les membres du conseil sont élus, il aurait dû le dire beaucoup plus clairement, surtout que les membres du Conseil d'Assiniboia actuel qui devaient, selon Macdonald, rester en place en vertu de l'Acte concernant le gouvernement provisoire, n'étaient pas élus. McDougall allait tout probablement et tout simplement conserver le Conseil d'Assiniboia. Il est bien possible que les Canadiens aient été aussi victime de confusion à propos du « gouvernement municipal » en 1869, tout comme ils l'avaient été auparavant à propos des formulations de l'Acte de l'Amérique du Nord britannique. Quoi qu'il en soit, Howe dans sa lettre à McDougall, insiste sur le fait que le mode de gouvernement reste temporaire. On bénéficiera éventuellement d'une constitution libérale, mais pas tout de suite. En bref, les Canadiens souhaitent conserver au territoire le statut de colonie, et s'attendent à ce qu'on se fie à leur bonne volonté.

Il semble qu'en réponse à la proclamation de McDougall, bon nombre de jeunes Canadiens des environs de Winnipeg se rendent à la maison du Dr John Christian Schultz y attendre l'arrivée des nombreux renforts recrutés par John Dennis, en aval de la rivière, auprès des Sang-mêlé anglophones. Lorsqu'il devient évident qu'il n'y aura pas de renfort, la meilleure réaction serait d'évacuer la maison, mais avant que cette décision ne soit prise, cette dernière est encerclée par des centaines de Métis armés. Le matin du 7 décembre, Riel s'avance devant la maison de Schultz. Il lit à voix haute la proclamation dont Dennis s'est prévalu le jour précédent et qui invite les hommes attachés à sa cause à prendre les armes, « puis la jette par terre et la piétine, sous les applaudissements de ses partisans ». Certains Canadiens feront grand cas de cet outrage à la proclamation, car Riel ne sait pas encore qu'elle est illégale. Mais peu d'entre eux reconnaîtront qu'on puisse en déduire l'état d'anarchie qui règne à la colonie, si ce n'est le trait de caractère que révèle le comportement de Riel. Les Canadiens assiégés se choisissent trois délégués, y compris Thomas Scott, pour obtenir que les dames puissent se retirer. Ces derniers reviennent bredouilles, Riel refuse de conclure une entente. Tous ceux qui se trouvent dans la maison se rendent donc sans conditions, assurés seulement de leur protection. Les prisonniers, tous Canadiens sauf un, sont amenés au fort Garry. Parmi eux se trouvent John Christian Schultz, John O'Donnell, Charles Mair et leurs épouses, Thomas Scott, et plus d'une quarantaine d'autres prisonniers.

Le lendemain, on publie en anglais et en français une proclamation signée par John Bruce et Louis Riel sous le titre de « Déclaration des habitants de la terre de Rupert et du Nord-Ouest ». Elle a été imprimée par William Coldwell dans les bureaux du *Red River Pioneer*. Coldwell dit à John Dennis qu'il a agi sous la « menace d'hommes armés ». Le texte de la Déclaration fait preuve d'une grande érudition, et témoigne d'une familiarité avec la complexité de la théorie politique et du « Droit des gens ». La version française de la Déclaration fait référence à plusieurs théoriciens politiques royalistes obscurs. On note quelques petites différences entre le manuscrit en français, dont le brouillon a pu avoir été rédigé par l'abbé Georges Dugas, et la version anglaise imprimée. La Déclaration commence par revendiquer le droit pour un peuple, lorsqu'il n'existe pas de gouvernement qui « ordonne l'obéissance et le respect de ses sujets, d'établir le type d'administration qu'il désire, d'accepter ou de refuser celle qui lui est proposée ». Ce raisonnement *ex necessitate* est celui qu'avait prévu le premier ministre dans sa lettre du 27 novembre à

William McDougall. Chose curieuse, la suite de la Déclaration évite une justification par la proclamation de McDougall lue le 1er décembre. On soutient plutôt que la CBH a laissé tomber la population en cédant tous ses droits au Canada « par une transaction dans laquelle la population ne valait pas la peine d'être mise au courant ». Implicitement donc, la Rivière-Rouge est en état d'anarchie depuis mars 1869, bien que le peuple ne décidera par quelle forme de gouvernement remplacer celui de la CBH que le 24 novembre 1869, soit au moment où on choisit d'adopter un gouvernement provisoire.

Puis, on exprime le refus de reconnaître l'autorité du Canada qui cherche à imposer sur la population une forme despotique de gouvernement, et on insiste pour dire que le gouvernement provisoire est désormais la seule autorité légale à la Terre de Rupert et dans le Nord-Ouest. Le document se termine en ces termes : « Nous nous tenons prêts à entreprendre avec le gouvernement canadien toute négociation pouvant être favorable au bon gouvernement et à la prospérité de cette population. » La prise de pouvoir antidatée du 1er décembre n'annule pas la prise de pouvoir après le 1er décembre, lorsque McDougall a carrément poussé la colonie dans l'état d'anarchie en assumant une autorité qu'il n'avait pas le droit d'exercer. Ceux qui ont publié la Déclaration ne savent pas encore que le geste de McDougall est prématuré, et pour une raison quelconque ne font pas confiance à l'argument voulant que, même si McDougall a réclamé le pouvoir, il ne peut toujours pas pénétrer sur le territoire ce qui, de toute évidence, crée un vide politique. Cela surprend, puisque la stratégie de Riel se fonde surtout sur l'anarchie provoquée en paralysant le nouveau gouvernement. L'explication la plus plausible veut que Dugas soit le théoricien politique, et non Riel. Quoi qu'il en soit, la situation est encore plus compliquée du point de vue légal par le fait que le Canada a déjà annulé le transfert à l'insu du peuple de la Rivière-Rouge, et a explicitement conservé l'administration de la Baie d'Hudson et le Conseil d'Assiniboia comme gouvernement officiel de la colonie. Durant tout ce temps, personne à la colonie ne doute que le gouvernement existant soit moribond. Tout ceci ressemble à de l'ergotage juridique, mais en très grande partie, l'histoire ultérieure de Louis Riel évolue autour de cette question à savoir si le gouvernement provisoire dont il est le chef est bien le gouvernement légitime de la colonie.

Le 10 décembre, une cérémonie a lieu à la Fourche. Riel prend la parole et s'adresse aux Métis du fort Garry. Il espère que tous ses hommes sont loyaux à la Reine et qu'ils le resteront au nouveau drapeau du gouvernement provisoire jusqu'à ce que leurs droits en tant que « sujets nés libres de la Reine Victoria » soient reconnus. À 16 h, on hisse le drapeau du nouveau gouvernement pour la première fois au mat du fort Garry. Le drapeau est orné d'une fleur de lys et d'un trèfle, prétendument en l'honneur de M. O'Donoghue (et non en référence aux Fenians). Le gouverneur McTavish arrive juste à temps pour voir le drapeau s'élever. Il s'exclame : « Pauvres fous! Pauvres fous! » Après la montée du drapeau, la fanfare des garçons de Saint-Boniface, dirigée par l'abbé Dugas, joue quelques morceaux, et on tire une salve « jusqu'à ce qu'ils pensent avoir dépensé suffisamment de poudre ». La fanfare continue de jouer tout en avançant sur la rue principale jusqu'à l'hôtel de « Dutch George » où on distribue des gâteaux à la foule. Le consul américain Oscar Malmros écrit à Washington : « Les révolutionnaires assument la principale fonction d'un gouvernement, soit de protéger les personnes et la propriété, d'une façon très satisfaisante. » Tout comme Louis Riel, personne à la Rivière-Rouge ne doute que le gouvernement provisoire soit son œuvre et qu'il en assume complètement la charge. Louis Riel est devenu un leader rebelle.

Jusque-là, la performance improvisée de Riel a été assez remarquable. Sa seule erreur importante a été de refuser l'autorité de la Compagnie de la Baie d'Hudson *de facto*, et cette erreur est assez compréhensible. Plus important encore, Riel a mené une colonie à la rébellion sans qu'on n'ait eu à déplorer une seule perte de vie.

-3-

Tentative de négociation avec le Canada

Par la proclamation du gouvernement provisoire, le 10 décembre 1869, Louis Riel vient de franchir le premier d'une longue série d'obstacles sur la route vers une résolution acceptable à la crise de la Rivière-Rouge. À la suite de la cérémonie pendant laquelle on a hissé le drapeau métis, le consul américain, Oscar Malmros, écrit à Washington : « Les révolutionnaires remplissent la principale fonction d'un gouvernement, soit la protection des personnes et des biens, d'une façon tout à fait satisfaisante. »

Dans des situations explosives et en constante évolution, Riel a su improviser. Il s'en tient à des objectifs et à une stratégie simples. L'objectif consiste à forcer le Canada à reconnaître que les Métis, les Écossais et les Sang-mêlé anglophones, en tant qu'habitants de longue date de la Rivière-Rouge, ont des droits qu'on ne peut tout simplement pas écarter de la voie menant à l'annexion. Bien qu'il ait demandé conseil aux Américains et qu'il ait consenti à de vagues discussions sur la possibilité d'une annexion aux États-Unis, rien ne prouve que Riel ait eu une autre intention que celle de se joindre au Canada. Sa stratégie en vue d'atteindre cet objectif est d'amener les collectivités de « sang mêlé » à faire front commun ou tout au moins d'empêcher les anglophones, y compris de nombreux colons écossais, de tomber dans les bras grand ouverts du parti canadien. C'est tout ce qu'aura réalisé le premier gouvernement provisoire composé uniquement de Métis. On peut comprendre que Riel n'ait guère hésité à traiter durement les Canadiens récalcitrants de la région. Il est impossible d'affirmer avec certitude si c'est consciemment qu'il a fait l'effort de mener la rébellion sans verser une goutte de sang, mais jusqu'ici, lui et ses partisans y sont parvenus.

Les premiers pas du gouvernement provisoire

En décembre 1869, Riel et son gouvernement provisoire doivent régler un certain nombre de problèmes. Il faut d'abord doter la colonie d'un gouvernement efficace. S'ils laissent s'installer le chaos ou l'anarchie, ils mettent en péril la crédibilité de la rébellion. Ils doivent donc disposer d'une source de revenus pour défrayer, entre autres, les frais de réorganisation du fort Garry qui loge les « soldats » métis et les prisonniers canadiens. Le 22 décembre, Riel tente d'emprunter de l'argent à la CBH. Mais le gouverneur McTavish refuse. Riel et W.B. O'Donoghue s'emparent donc de tout l'argent comptant qui se trouve dans le coffre de la Compagnie, ce qui leur permettra de verser une partie des salaires aux Métis du fort. Le bruit se répand que le comptable John McTavish, qui en avait la clé, se serait laissé fouiller.

Au sein même de la colonie, Riel se doit d'élargir l'appui à son gouvernement provisoire et trouver un meilleur système de gouvernement que la loi martiale. La solution qui s'impose consiste à y admettre des anglophones. Lors d'une réunion privée avec un colon écossais de Kildonan, un peu avant Noël, Riel suggère de former un Conseil de 24 délégués, lequel comprendrait 12 membres francophones et 12 membres anglophones. Le président serait élu par le Conseil, et ce dernier servirait de cour de justice aux procès en matière civile. Les débuts sont difficiles. La majeure partie du mois de décembre est employée à chercher un moyen de relâcher les prisonniers. La plupart d'entre eux refusent de prêter serment d'allégeance au nouveau régime ou du moins de promettre de ne pas s'y opposer. Une certaine dissension éclate parmi les prisonniers lorsque ces derniers découvrent qu'ils se sont enrôlés au service du Canada sous de faux prétextes, puisque ce dernier n'a pas pris possession du territoire le 1er décembre tel que prévu.

Les difficultés externes sont multiples. D'abord, des bruits courent sans arrêt sur la possibilité d'une guerre contre les Indiens. Jusqu'à un certain point, on met fin à ces rumeurs par une rencontre à Silver Heights, à la fin du mois, avec une bande de Sioux qui viennent d'arriver en visite à la colonie. Riel leur distribue 25 livres de tabac et chacun d'eux est autorisé à toucher le fil sous tension branché à une grosse pile galvanique. S'ensuit un grand éclat de rire chez les Sioux et la menace indienne semble endiguée. On craint cependant l'annexion américaine, bien que Riel et le Conseil métis n'aient presque rien fait pour laisser croire à une telle éventualité. Enfin, il y a l'impasse avec le Canada. Il faut s'empresser de faire respecter les droits du peuple de la Rivière-Rouge au sein de la Confédération, au moyen de la négociation, sinon les Canadiens durement ébranlés dans leur honneur et leur fierté vont sûrement essayer de régler la question par la force.

Tentative de négocier avec le Canada

Le principal problème, en ce qui a trait à la négociation, est la nécessité de trouver une personne autorisée à négocier. Cela fait des mois que les Métis envoient des signaux au gouvernement canadien lui indiquant qu'ils veulent discuter, mais personne ne semble vouloir réagir. Le gouverneur McDougall et presque tous ses partisans ont quitté Pembina à la mi-décembre. Contrairement à une croyance populaire, qui a régné à l'époque et persistera plus tard, McDougall n'a pas été rappelé en disgrâce, mais il est reparti chez lui en apprenant que la date du transfert avait été remise à plus tard. Quoi qu'il en soit, lui et son entourage ne font plus partie du tableau. Riel a pourtant dit qu'il négocierait avec McDougall, mais pas avant son admission sur le territoire, condition que ce dernier n'aurait pas acceptée. Par la suite, on voit arriver un certain nombre d'émissaires canadiens, mais aucun d'eux ne semble jouir d'une réelle autorité pour traiter avec les rebelles. Le colonel Charles de Salaberry et le père Jean-Baptiste Thibault sont francophones, mais aucun d'eux n'est Métis et ils n'exercent que peu d'influence dans le milieu. Du reste, leurs directives consistent uniquement à s'entretenir avec les Métis et, « si possible, à leur débarrasser l'esprit des impressions erronées qu'on a laissées sur eux ».

La proclamation du gouverneur général, Sir John Young, que de Salaberry et Thibault ont dans leurs bagages, parle d'incompréhension et de redressement de tous les griefs légitimes. Young assure les habitants de la Rivière-Rouge du respect de leurs droits civils et religieux, ainsi que de leurs privilèges. Il affirme que, comme par le passé, le pays sera gouverné en vertu des lois britanniques et de l'esprit de la justice britannique, et qu'on protégera la propriété. Tous seront pardonnés, ajoute Young, pourvu que les insurgés cessent immédiatement toute résistance et s'en retournent chez eux. On débattra longtemps sur le sort de cette proclamation qui, apparemment, a été saisie par les rebelles et n'a jamais été lue aux habitants de la région. Mais cette dernière révèle que les Canadiens ne comprennent toujours pas la situation. Il aurait fallu rassurer la population avant d'envoyer McDougall et son gouvernement colonial. Au demeurant, il n'est aucunement question de pouvoir, ce qui laisse la majorité métisse sans mécanisme par lequel prendre en main sa propre destinée.

Donald A. Smith, un dirigeant de la CBH aux idées bien arrêtées, dont la carrière s'est presque totalement déroulée dans le Labrador, arrive au fort Garry le 27 décembre accompagné de son beau-frère. Il a laissé ses documents officiels à Pembina, dit-il, mais apporte une commission de la part du gouvernement canadien qu'il voudrait présenter en temps opportun. Riel soupçonne probablement Smith de n'avoir aucun pouvoir de négocier. Dans sa première lettre au premier ministre, datée du 28 décembre, Smith rapporte que, s'il se fie à sa brève visite à Pembina, le « vent tourne sans contredit vers l'annexion ». Smith s'est entretenu avec Enos Stutsman qui ne doute pas un instant de l'annexion de la colonie aux États-Unis.

L'arrivée de Charles Tupper au fort Garry, le 28 décembre, semble plus prometteuse. Ce dernier figure parmi les principaux pères de la Confédération. Il ne fait pas encore partie du Cabinet, mais cela ne saurait tarder. Il a la réputation à Ottawa d'être un homme de pouvoir. Il avait accompagné Smith jusqu'à la frontière, en provenance de l'Est, mais s'y était arrêté pour rendre visite à sa fille mariée à l'un des compagnons du gouverneur McDougall. Tupper soutient que sa visite à la Rivière-Rouge n'a qu'un caractère privé, ayant l'intention de ramener sa fille en Nouvelle-Écosse. On n'a aucun moyen de prouver qu'il est en fait envoyé par le gouvernement canadien, mais Sir John A. Macdonald écrira plus tard, en termes favorables, à propos de sa venue. Tupper se rend au fort Garry afin de reprendre les bagages de sa fille, confisqués par les Métis lorsque son mari a foncé sur la barricade avec son attelage au nord de la frontière. Tupper rencontre l'abbé Ritchot et même Riel. Dans ses mémoires, il mentionnera qu'à l'arrivée de Riel, il a « évité tous les sujets, s'en tenant à des généralités ».

Nous ne savons pas comment Riel s'explique qu'en l'espace de trois mois, deux politiciens canadiens, Howe et Tupper, se rendent à la colonie isolée de la Rivière-Rouge. Singulièrement, tous deux prétendent ne pas vouloir s'adresser officiellement aux insurgés. Plusieurs explications sont possibles. Les deux Canadiens sont originaires de la Nouvelle-Écosse et représentants élus d'une province encore désireuse de se retirer de la Confédération. On les considère toujours à Ottawa comme des politiciens étrangers, même si Howe fait partie du Conseil des ministres. Ce dernier aura beaucoup de mal à expliquer au Parlement sa visite à la Rivière-Rouge, et devra répondre à l'accusation d'avoir « encouragé » les insurgés. Par ailleurs, les Canadiens n'ont au départ aucune intention de négocier avec la population de la colonie. Louis Riel ne comprend probablement pas toutes les nuances de l'attitude des Canadiens. Ce qu'il comprend par contre, c'est que ces derniers continuent de refuser de légitimer la rébellion en ne négociant pas avec les rebelles, en particulier s'il faut les considérer comme le gouvernement *de facto*. Riel et Donald A. Smith ont déjà eu une vive discussion sur cette question à savoir si le gouvernement provisoire est légal ou illégal. On rapporte à Tupper que Smith s'est dit « prêt à reconnaître le seul gouvernement qu'il a trouvé dans le pays », une interprétation de la position de Smith que l'homme de la CBH niera avec vigueur.

Sur le chemin du retour vers Ottawa, Tupper écrit de Pembina à Sir John A. Macdonald qu'il croit possible une entente à l'amiable à la condition d'envoyer à la Rivière-Rouge un « homme d'État ayant la qualité et l'habileté d'agir, et muni d'un pouvoir discrétionnaire étendu ». Tupper a probablement raison. Il serait possible d'en arriver à un règlement, à la condition toutefois que le gouvernement canadien accepte de négocier. Mais rien n'indique, toutefois, qu'il y soit disposé. Du point de vue canadien, William McDougall aurait dû être admis sur le territoire, en prendre possession, puis s'occuper d'une façon toute paternelle des requêtes des habitants de la région. Bien que Riel ne le sache pas, le premier ministre Macdonald a déjà déclenché les procédures visant à rassembler et à envoyer une expédition militaire conquérir la Rivière-Rouge de force. L'année 1869 s'achève, et le plus gros problème de Riel, qu'il en soit conscient ou non, mais il l'est probablement, est de trouver une façon d'amener les Canadiens à la table des négociations.

Le premier jour de l'an 1870, Riel se rend à cheval à Oak Point, sur la rive sud-est du lac Manitoba. Il s'adresse à un groupe de Métis qui n'appuient pas plus qu'il ne le faut le gouvernement provisoire, en leur disant qu'il est un loyal sujet britannique qui ne désire que le bien de la colonie. Certains rapporteront qu'il a désavoué l'annexion aux États-Unis, et d'autres qu'il s'est « compromis pour le Canada en termes propres ». Peut-être a-t-il fait les deux.

Le lendemain, le premier ministre Macdonald écrit d'Ottawa à Donald A. Smith. Il dit avoir lu les requêtes des Sang-mêlé rebelles. On ne sait trop s'il s'agit de la liste soumise à Macdonald par Walter Bown ou de la liste des droits imprimée à la colonie le 4 décembre, mais cette dernière est la plus probable. Grâce à leurs correspondants de la Rivière-Rouge, le *Montreal Herald* et le *Toronto Globe* ont publié la Liste des droits le 31 décembre 1869. Ainsi, Macdonald a dû avoir accès à la dernière version. Le premier ministre trouve certaines demandes « parfaitement inadmissibles ». Il décrit à l'intention de Smith ce qu'il serait prêt à concéder, et qui est bien en deçà des exigences des Métis. Pourtant, il suggère, pour la première fois, une certaine action de la part du gouvernement. Dans sa lettre à Smith, il affirme que le Canada a toujours eu l'intention de conserver l'actuel Conseil d'Assiniboia, dont les deux tiers des membres pourraient être choisis parmi les habitants de la colonie. Avant de procéder aux élections, il faudrait attendre les recommandations à cet effet. On doterait éventuellement la Terre de Rupert d'institutions représentatives « dès que le territoire sera en position de porter le fardeau et d'assumer les responsabilités de telles institutions ». Macdonald concède que, si le Conseil le souhaitait, on pourrait immédiatement mettre en place des institutions municipales et des conseils scolaires élus, comme en Ontario et au Québec.

Smith est autorisé à inviter une délégation d'au moins deux habitants de la Rivière-Rouge à se rendre à Ottawa présenter les demandes et défendre les « intérêts de la Terre de Rupert ». Pour la première fois, le gouvernement canadien manifeste la volonté de discuter avec les habitants de la colonie. Si cela s'était produit un an ou même six mois plus tôt, toutes les difficultés auraient pu être évitées. Les dépenses du gouvernement de la Terre de Rupert seraient, pour le moment, défrayées par le Dominion, et on conserverait le tarif douanier en vigueur pendant deux ans. Les revendications des Indiens, « y compris celles des Sang-mêlé qui vivent avec et comme des Indiens », seraient traitées de façon équitable. Macdonald est donc disposé à reconnaître certaines revendications des Sang-mêlé aux droits autochtones, mais seulement si ces derniers sont à toutes fins pratiques Indiens. Toutefois, la plupart des habitants de la Rivière-Rouge n'entreraient pas dans le cadre de cette définition. Pour les habitants de la Rivière-Rouge, ajoute-t-il, on confirmera tous les titres correspondant aux terrains obtenus pacifiquement. Enfin, on ne peut qu'émettre des hypothèses sur les derniers mots du premier ministre écrivant à Smith qu'il honorerait « tous les arrangements pécuniaires que vous feriez avec des individus, de la façon dont nous avons parlé ». On serait bien porté à y voir, toutefois, une autorisation à faire usage de corruption, et les rapports ultérieurs de Smith révèlent qu'il y a certainement eu recours à quelques reprises.

Quelques jours plus tard, le Conseil du gouvernement provisoire se réunit afin de discuter de la possibilité d'un Conseil uni, comprenant un nombre égal de représentants des deux groupes linguistiques. Alexander Begg est d'avis qu'il sera difficile de gagner les anglophones à leur cause, mais ajoute que « pour être capable de traiter comme il le faut avec les commissaires du Canada, le peuple doit être uni [...] et si nous ne traitons pas avec ces commissaires maintenant, nous laisserons passer une belle occasion, et Dieu sait où s'en ira le pays ». Riel commence à parler d'unifier la colonie en vue de dresser une liste de revendications que les commissaires pourront rapporter à Ottawa. Il soupçonne de plus en plus ces visiteurs de n'être tout simplement pas autorisés à traiter, ce qui est le cas, et de n'avoir « aucun pouvoir d'accorder au peuple ce qu'il demande ». Riel réussit à faire entrer A.G.B. Bannatyne dans le gouvernement à titre de receveur des postes et chef des tribunaux, et l'entrée de James Ross, le chef des Sang-mêlé, est sur le point de se concrétiser.

Le premier numéro du journal *The New Nation,* le journal autorisé par Riel pour remplacer le *Nor'Wester,* paraît le 7 janvier. Enos Stutsman et le colonel Henry Robinson ont acheté la presse du *Pioneer* à la fin du mois de décembre, et l'Américain Robinson en est le rédacteur en chef.

L'éditorial du premier numéro prend clairement parti pour l'annexion aux États-Unis, ce qui met Riel extrêmement mal à l'aise. Le consul américain à Winnipeg, dans un rapport à Washington, insiste pour dire que très peu de personnes se rangent du côté du Canada à la Rivière-Rouge, parce que d'un point de vue historique, les Métis n'ont aucun lien avec le Canada et qu'ils craignent que l'arrivée en masse de colons anglophones protestants les repousse vers les plaines. Quoi qu'il en soit, des réunions tenues dans certaines paroisses anglaises commencent à générer de ce côté un appui au gouvernement provisoire, en vue d'une plus étroite collaboration.

Quelques prisonniers du fort Garry se sont évadés à la mi-janvier. Leur mode d'évasion nous en dit long sur l'état d'esprit des prisonniers. C'est dans le journal d'Henry Woodington que nous apprenons que, par une nuit froide de janvier, lui-même et Thomas Scott se sont échappés par la fenêtre de la pièce où ils se trouvaient. Selon Woodington, le son produit par la démolition du cadre de la fenêtre a été couvert par l'empilement des prisonniers sur Joseph Coombs. Avec les échecs, les cartes et les dames, il s'agit de la principale distraction des prisonniers. C'est effectivement leur jeu préféré. « Cela commençait, explique Woodington, lorsque l'un d'entre nous en attrapait un autre et le jetait par terre ou contre un mur en criant : "*pile on*". Tous se jetaient alors sur le pauvre malheureux. » La popularité d'un jeu aussi puéril et grotesque en captivité nous rappelle que la plupart des prisonniers sont de très jeunes hommes « en bonne santé ». Outre le fait d'aller au fond du corridor se soulager, il semble que ce soit le seul exercice qui plaise aux prisonniers. On y joue fréquemment, de toute évidence, puisque les gardiens métis ne prendront même pas la peine de venir vérifier ce qui se passe dans la pièce.

La plupart des fuyards sont vite encerclés puis ramenés au fort. Mais Charles Mair et Thomas Scott réussissent à s'échapper. Riel trouve que la présence de ces hommes dans la communauté est inquiétante, car c'est autour de ces Canadiens que pourrait s'organiser une résistance au gouvernement provisoire. Il fera tout ce qu'il peut pour capturer les fugitifs jusqu'au dernier, mais sans y parvenir. Après s'être entretenu avec le colonel de Salaberry et l'abbé Thibault, c'est un Riel en colère qui ordonne à ces derniers de quitter la colonie. Ces représentants du Canada n'ont jamais pu circuler librement, probablement parce que Riel ne veut pas qu'ils puissent convaincre la population de la bienveillance des Canadiens. Il sait pertinemment qu'un grand nombre de colons, y compris ceux de son propre parti, seraient assez disposés à accueillir les Canadiens sur la foi de vagues promesses d'un traitement équitable.

Traiter avec Donald A. Smith

Ce qui risque de survenir en la personne de Donald A. Smith est une tout autre histoire. Smith n'a pas tant été envoyé par le gouvernement canadien comme émissaire que pour susciter une opposition à Riel en distribuant adroitement de l'argent. Il n'est muni d'aucun pouvoir de négocier quelque entente que ce soit. On pourrait même le considérer comme un agent provocateur. Riel a séquestré Smith dès son arrivée à la colonie. Mais bien que ce dernier ne puisse circuler librement, il peut recevoir des visiteurs et s'entretenir avec eux. Le 14 janvier, Riel fait venir Smith et demande à voir sa commission, faisant observer que Thibault et de Salaberry n'ont pour directives que de « calmer les Sang-mêlé ». Le rapport de Smith lui-même sur cette discussion fait clairement ressortir l'affrontement entre deux hommes déterminés. Au bout du compte, on fait venir les documents de Pembina, et on en prend connaissance dans la maison du Dr James Cowan au fort Garry, en présence d'une grande foule. Plusieurs participants rapportent qu'on s'est pas mal bagarré en cours de route, au sujet de ces papiers, plusieurs Métis ayant été embauchés par Smith pour les protéger, et Riel et ses partisans essayant désespérément de s'en emparer. Documents officiels en mains, Smith réclame qu'on le libère et qu'on l'autorise à s'adresser à la population. Il admet avoir pour objectif « de bien informer la population francophone comme anglophone de la vision libérale du gouvernement canadien, afin que le transfert du territoire puisse s'effectuer de façon pacifique ». La discussion est vive à la maison du Dr Cowan en ce qui a trait à la demande de Smith. Riel ne jouit pas de l'appui de tous. On finit par s'entendre pour envoyer des messagers aux quatre coins de la colonie afin d'inviter la population à une assemblée publique au fort Garry pour entendre Smith faire la lecture de ses documents.

Pendant que tous attendent de voir ce que Donald A. Smith a à leur dévoiler, un curieux sinon révélateur incident se produit au Upper Fort Garry. Le fait rapporté dans le *Globe* du 28 janvier nous en dit long sur ce que le Canada pense de Riel et des Métis, et sur la façon dont ils sont traités par la presse canadienne. Deux journalistes canadiens, Robert Cunningham du *Globe* (et du *Montreal Gazette*) et John Ross Robertson du *Telegraph* arrivent finalement à la Rivière-Rouge en vue de décrire ce qui s'y passe, complétant par leurs reportages les lettres des correspondants publiées par ces journaux. Les journalistes se rendent directement au fort afin de rencontrer Louis Riel. Ils attendront toute la nuit au poste de garde. On se serait pourtant attendu à ce que Riel mette tout de côté pour aller rencontrer les représentants de la presse!

Dans son article, Cunningham soutient avoir réalisé qu'on a outrageusement calomnié les « Sang-mêlé francophones ». Ils se font une « assez bonne idée du système politique en vigueur dans les états et les territoires des États-Unis » soutient le journaliste de Toronto, et ont une « certaine compréhension des droits naturels qui leurs sont dévolus peu importe et quelles que soient leurs relations ». Il cite au long des bouts de conversation qu'il a eus avec les Métis du poste de gardien au fort. L'un de ses informateurs s'exprime en ces termes : « Nous voulons être traités comme des hommes libres. Votre gouvernement canadien a offert 300 000 £ à la Compagnie de la Baie d'Hudson pour le territoire de la Rivière-Rouge. Maintenant, ce que nous voulons savoir, et nous ne baisserons pas les armes tant que nous n'aurons pas eu de réponse, c'est ce qu'ils ont l'intention d'acheter. Est-ce la terre? Dans ce cas, qui a donné à la Compagnie de la Baie d'Hudson la permission de vendre la terre? Lorsque le gouvernement canadien a acheté la terre, a-t-il acheté ce qu'il y avait dessus? Nous ont-ils achetés? Sommes-nous des esclaves de la Compagnie de la Baie d'Hudson? » Ce sont de bonnes questions oratoires, et qui laissent entrevoir une familiarité avec le concept voulant que les droits des Autochtones s'appliquent aussi aux Métis.

L'informateur poursuit : « Nous ne sommes pas les meurtriers cruels qu'on a décrits. Nous ne voulons tuer personne dans cette querelle. Nous n'avons encore fait aucun blessé, et nous n'avons pas l'intention d'en faire. » Au moins, l'un des deux a une idée exacte de ce que les Canadiens pensent généralement des Métis. Par ses agissements, Riel finira par correspondre, plutôt plus que moins, au portrait négatif qu'on a fait de lui. Pour l'instant toutefois, le gardien insiste : « Que le gouvernement canadien vienne traiter avec nous comme avec des hommes libres et nous abaisserons les armes, et nous retournerons chez nous. » Le journaliste conclut en écrivant que les « Sang-mêlé sont loin d'être des sauvages » et que, « traités comme du monde, ils pourraient former un peuple vaillant, tout à fait paisible et inoffensif ».

C'est la première fois que Riel est exposé aux représentants des médias de l'extérieur. C'est aussi la première fois qu'un journaliste en provenance de l'Est écrit sur lui. Le portrait qu'on trace de Riel est beaucoup moins sympathique que les descriptions antérieures de J. J. Hargrave ou d'Alexander Begg, ou celles encore publiées dans les journaux de St. Paul. Le *Globe* du 1er décembre 1869 publie un article paru dans le *St. Paul Dispatch,* lequel commence par mettre en doute un commentaire précédent selon lequel Riel n'est doué « d'aucune aptitude mentale particulière » et que ses propres amis et connaissances ont été stupéfaits de le voir accéder à une position de leader. L'auteur de l'article se décrit comme une connaissance de Riel et soutient que ce dernier est « mentalement très doué et très instruit pour son âge; qu'il se montre très ambitieux, mais dans les limites de ses capacités ». Dans cet article, on apprend que Riel est issu d'une famille pauvre, et qu'il a travaillé en tant que commis dans des épiceries du Minnesota. « Justitia » (Alexander Begg) rédigera par la suite pour le *Globe* (dans une lettre publiée le 6 janvier 1870) une description du groupe à la tête duquel Riel a mené la rébellion : John Bruce, W.B. O'Donoghue et l'abbé Ritchot. Il y fait remarquer que Riel est un habile orateur dont l'éloquence a permis d'unifier les Métis. Son père a été un dirigeant politique, mais « le fils donne l'impression d'être plus persévérant, plus intelligent et plus énergique que son père ».

Le texte du journaliste de Toronto, portant sur sa rencontre avec W. B. O'Donoghue et Riel, diffère beaucoup. C'est, du début à la fin, une véritable œuvre de démolition. Il est vrai que Riel finira par expulser sommairement les journalistes de la colonie, et qu'il forcera Cunningham à aller rédiger son rapport à Pembina. Mais aucun journaliste du CNN décrivant sa rencontre avec Saddam Hussein n'aurait pu être plus mordant. C'est un véritable assassinat littéraire. Dans sa description des leaders métis, Cunningham n'essaie même pas de faire une évaluation équitable des deux hommes. Il offre plutôt au lecteur, dès les premiers mots, un portrait à la plume imprégnée de venin et d'hostilité. Sans même se justifier, Cunningham fait de O'Donoghue un portrait à la « Uriah Heep, avec son allure à moitié sacerdotale et ses cheveux blonds, rasé de près, un être fourbe et servile ». Il dépeint Riel comme « un homme dans la trentaine, cinq pieds et sept pouces environ, et plutôt bien bâti. Il a une tête de Juif, au front très petit et fuyant, recouverte d'une crinière bouclée et de teinte foncée. » Cunningham prétend avoir essayé de voir en lui un Napoléon, mais n'avoir réussi qu'à entrevoir un petit marchand de toile vêtu d'un léger manteau de tweed et d'un pantalon noir. Il réussit même à répéter la rumeur répandue dans la colonie selon laquelle Riel aurait acheté ces vêtements en vendant l'unique vache de sa mère. La référence aux Juifs et à Napoléon a pour but de susciter des réactions négatives chez ses lecteurs.

Cunningham soutient qu'au cours du bref entretien qu'il a eu par la suite avec Riel, il parvenait mal à le comprendre, car il « parlait un mauvais anglais ». Ce commentaire a de quoi surprendre, car pour qui connaissait Riel, son anglais était fort acceptable. Le Canadien conclut en disant que ceux qui ont attribué à Riel un génie militaire et de l'ambition le connaissent mal, négligeant de voir en lui « une créature vaniteuse tellement satisfaite du poste qu'elle a réussi à occuper que la moindre parcelle de bon sens dont elle aurait pu être dotée l'a quitté ». Cunningham ajoute que Riel « n'est que l'homme de paille d'un certain parti », probablement des Américains « qui l'utilisent afin d'atteindre leurs propres objectifs tout en se moquant de ses discours ». Le long rapport de Cunningham révèle surtout au lecteur la manière condescendante avec laquelle les Canadiens considèrent Riel et les Métis, et comment ils aimeraient traiter avec eux. On peut comprendre que Riel l'ait envoyé promener.

À la mi-janvier, les Métis sont convoqués en dernière heure à une rencontre qui attirera une foule considérable. L'assistance compte plus d'un millier de personnes et l'assemblée doit se tenir à l'extérieur, dans la cour du fort Garry. Le thermomètre se maintient à moins 30° C. C'est une température tout à fait courante dans les prairies au mois de janvier : le ciel est bleu, le soleil brille, le temps est clair et le vent glacial. Un grand nombre vont se blottir à l'intérieur des maisons de la Compagnie donnant sur la cour. Ce n'est donc pas tous les participants à la fois qui sont dehors pendant que la réunion bat son plein. Ceux qui se trouvent à l'extérieur rentrent de temps en temps, sous prétexte de se réchauffer, mais également pour consommer un carburant liquide destiné à les ragaillardir et à protéger leur organisme du froid mordant. Tout le monde est bien emmitouflé, les anglophones dans leur manteau et leur toque de fourrure, les francophones dans leur capote serrée à la taille par une ceinture de laine aux couleurs vives. À l'extérieur du fort sont rangées un certain nombre de carrioles, et les chevaux attendent patiemment, leur haleine givrée rendue visible dans l'air glacé. Le meilleur sténographe de la colonie, William Coldwell, est sur place pour le compte du *New Nation* afin de rédiger un compte-rendu des débats.

Riel se voit encore une fois obligé de manœuvrer dans le contexte d'une assemblée publique désordonnée. Et celle-ci est beaucoup plus imposante que celles de novembre et du début décembre. Pendant les heures qui ont précédé ce rassemblement de toute première importance, les partisans de Riel ont travaillé avec acharnement, en coulisse, afin de s'assurer que la colonie fera front commun en présence de Donald A. Smith. Dès les premières minutes de l'assemblée, Riel se lève pour proposer que Thomas Bunn en soit le président. Sa proposition est appuyée par Pierre Léveillé. Smith reconnaît lui-même l'importance de ce qui pourrait sembler une banale intervention. Bunn est un Sang-mêlé anglophone originaire des colonies situées plus bas le long de la rivière, et Léveillé est l'un de ceux qui critiquent le plus la politique de Riel. Le père Lestanc et le grand vicaire Thibault semblent avoir persuadé les dissidents de rallier les rangs. Smith considère cette réconciliation comme un « coup de malchance » pour le Canada, mais il se doit de continuer. La tâche de Riel est d'empêcher Smith de mettre la foule de son côté par des expressions comme « loyauté à la Reine » ou « bienfaits de l'annexion définitive au Canada ». Théoriquement, il lui faut également empêcher la foule de joindre ses efforts aux siens pour réclamer la libération des prisonniers du fort Garry.

Bunn débute la rencontre, en la qualifiant de « la plus importante assemblée jamais tenue à la colonie ». La première question à régler est l'élection d'un interprète. La plupart des personnes présentes reconnaissent l'importance de ce choix, car jusqu'à un certain point, c'est lui qui exerce un contrôle sur la façon dont les arguments exprimés dans une langue seront présentés dans l'autre. On choisit Louis Riel, proposé par Charles de Salaberry. C'est un autre coup de massue pour Smith et ce, pour différentes raisons. D'abord, Smith soutient que Riel n'a pas dévoilé tous les renseignements importants aux colons francophones. Et c'est Riel qui interprétera en français ses paroles. Smith espérait que de Salaberry aurait accepté de jouer le rôle d'interprète, mais ce dernier se fait excuser et suggère Riel. Non seulement les collègues canadiens de Smith refusent-ils de le rejoindre sur l'estrade, mais ils sont de connivence avec l'opposition. La nomination du juge John Black comme secrétaire de l'assemblée complète la tribune. Un autre anglophone, d'abord indécis, semble lui aussi avoir choisi le camp des rebelles. Smith fait un dernier effort pour garder le contrôle en répétant qu'il faut que les hommes déposent les armes et qu'on remplace le drapeau du gouvernement provisoire, qui flotte au mat du fort, par le symbole britannique. Le président propose de s'en occuper plus tard, ce qui n'arrivera jamais.

Le président présente Donald A. Smith qui commence par lire sa lettre de nomination, datée du 10 décembre, et signée par Joseph Howe. Ce dernier lui confie la mission d'enquêter et de faire rapport sur les causes de mécontentement et d'insatisfaction dans la contrée. Smith doit exposer aux habitants « les principes en vertu desquels le gouvernement du Canada entend gouverner le pays », et redresser tout malentendu sur ce point. Il doit également, de concert avec M. McDougall et le gouverneur McTavish, prendre des mesures pacifiques en vue du transfert du territoire au Canada. Un certain nombre de documents accompagnent cette lettre : un exemplaire des directives envoyées à McDougall le 18 septembre; une autre lettre à McDougall datée du 7 décembre; et un exemplaire de la proclamation du gouverneur général du 7 décembre, contenant une promesse d'amnistie aux colons abusés qui déposeront les armes immédiatement. Parce qu'Ottawa ne dispose pas de toute l'information, Smith n'a pas reçu de directives spécifiques, sauf celle de se fier à son bon jugement. Après lecture faite en anglais, Louis Riel traduit la lettre en français. Ce dernier sait désormais que Smith ne jouit d'aucun pouvoir de négocier une entente avec les rebelles.

Smith lit ensuite une lettre qui lui a été personnellement adressée par le gouverneur général. Riel demande s'il s'agit d'une lettre privée ou d'intérêt public. On lui répond qu'elle a été envoyée à Smith à titre officiel. En entendant ces mots, la foule s'agite. Le président ordonne que la lettre soit lue. Le gouverneur général indique qu'il a fait parvenir des lettres au gouverneur McTavish et aux dirigeants des Églises anglicane et catholique de la colonie. Sont joints à cette lettre des exemplaires du message que le gouvernement de Sa Majesté lui a fait parvenir par télégramme. Sir John Young fait remarquer que tous ceux qui ont des plaintes à formuler peuvent le lui en faire part en qualité de représentant de la Reine. Le gouvernement impérial souhaite agir de bonne foi envers les habitants de la Rivière-Rouge, ajoute Young. Les différentes dénominations religieuses seront respectées et protégées (l'assemblée applaudit énergiquement); les titres de toutes les propriétés seront garantis (nouveaux applaudissements); et toutes les concessions actuelles ou celles « pour lesquelles la population se révélera qualifiée » seront conservées ou conférées. L'ancienne formule « *Right shall be done in all cases* ». peut s'appliquer sans risque. Riel soulève l'objection que la lettre n'est pas signée « gouverneur », mais Smith répond que la signature débutant par « en ma qualité de représentant de Sa Majesté » signifie la même chose. Riel traduit la lettre en français pour la foule.

On aborde ensuite des sujets plus intéressants. Smith demande au grand vicaire Thibault de présenter les exemplaires des lettres qui lui ont été confiées, en particulier celles du Canada au gouverneur McTavish. Riel proteste, mais la foule manifeste bruyamment son désir qu'on en fasse lecture. Le juge Black s'objecte à ce qu'on prive l'assemblée de certains documents. Une voix s'élève : « Qui a les documents? » Une autre voix répond : « C'est M. O'Donoghue! » Après maints affrontements verbaux, A.G.B. Bannatyne propose de demander à O'Donoghue, « au nom du peuple de la Rivière-Rouge », de présenter les documents. Pressentant l'état d'esprit de la foule, Riel lui-même appuie la proposition. O'Donoghue et Pierre Léveillé vont chercher les documents en question, mais la proclamation du gouverneur général du 7 décembre reste introuvable. Smith doit se contenter d'un télégramme de Lord Granville à Sir John Young débutant ainsi : « Faites le meilleur usage qui soit, selon vous, de ce qui suit », suivi de formules exprimant la réaction royale telles que : « C'est avec surprise et regrets que la Reine a entendu parler [...] » des « gestes déraisonnables et illégaux qui ont été posés » et pour lesquels elle éprouve « tristesse et déplaisir ». Ces mots ne suffisent pas à ébranler la foule, debout au froid depuis cinq heures. À la fin de l'assemblée, M. John Burke propose qu'on réclame la libération des prisonniers. Sa proposition est rejetée.

Il fait moins froid le jour suivant. L'assemblée, qui devait débuter à 10 h, ne commence pas avant midi. Selon *The New Nation*, l'auditoire est d'avis qu'« il serait prématuré de relâcher les prisonniers compte tenu de l'état incertain des débats en cours ». Les intéressés sont venus en plus grand nombre. Smith lit ses lettres destinées à assurer la population de la

Rivière-Rouge des intentions honorables du Canada. De telles déclarations arrivent un an trop tard et ne réussissent pas à convaincre tout le monde. Selon Thomas Bunn, lors de son témoignage à une enquête parlementaire en 1874, la proclamation du gouverneur général, exigeant que la population dépose les armes et se disperse, n'a pas encore été lue. Smith parle longtemps, affirmant que les intérêts du Canada et de la Rivière-Rouge sont les mêmes. Il lit une lettre de directives adressée à William McDougall, en prévision de son entrée en fonction, qui énumère toutes les questions sur lesquelles enquêter. Smith prétend vouloir présenter toutes les plaintes à Ottawa. On prend une pause de 30 minutes.

À la reprise, Louis Riel, appuyé de A.G.B. Bannatyne, propose « d'élire vingt hommes dans les paroisses anglaises et vingt des paroisses françaises en vue d'une rencontre le mardi 25 à midi, au tribunal, avec pour objectif d'examiner la commission de M. Smith et de décider de ce qui est le mieux pour le pays ». La proposition est tout de suite acceptée. On applaudit le père Lestanc, l'évêque Machray, l'abbé Ritchot, Louis Riel, W.B. O'Donoghue, et les commissaires. Une voix se fait entendre dans l'auditoire : « Cette proposition semble mettre en doute la commission de M. Smith. » Riel répond : « Nous croyons que la commission est authentique. Nous voulons simplement discuter de ce qu'il faut faire après. » Sur la proposition du juge Black, appuyé de O'Donoghue, on forme un comité chargé de répartir la représentation anglophone à la convention proposée, et de décider comment procéder à l'élection. Le comité est impressionnant, formé de Thomas Bunn, du juge John Black, de l'évêque Machray, de John Sutherland et de John Fraser. L'abbé Ritchot félicite les participants pour le caractère œcuménique de l'assemblée qui vient de se terminer. Le discours de l'évêque Machray va dans le même sens. Il est d'avis que toutes les personnes présentes ont pu se mettre d'accord sur « toutes les propositions raisonnables » et espère que la réunion de la semaine suivante « sera le théâtre d'un heureux dénouement des affaires publiques » (applaudissements), puis ajoute : « J'espère que nous resterons aussi unis dans l'avenir que nous l'avons été dans le passé. » Cette remarque, si on se fie aux journaux, soulève un tollé d'applaudissements et une véritable ovation.

C'est Louis Riel qui prend la parole le dernier. Dans son discours de clôture, il avoue être arrivé inquiet à la réunion, se demandant s'il ne naîtrait pas une certaine animosité entre les deux peuples de la Rivière-Rouge, négligeant de mentionner, bien sûr, sa crainte que Smith l'emporte haut la main. Il constate à présent que les deux parties ont des « droits justes » en commun. À maintes reprises interrompu par des applaudissements, il renchérit : « Nous ne demandons pas des demi-droits, mais bien tous les droits qui nous appartiennent. Ces droits, ce sont nos propres représentants qui vont les rédiger et, ce qui est encore mieux, messieurs, nous les obtiendrons. » Bien que la réunion ait eu du mal à démarrer, et ait été de toute évidence soigneusement orchestrée par l'élite de la colonie, elle se termine néanmoins par un triomphe pour Riel et sa politique. Les colons ne se sont pas laissés éblouir par la générosité et la sincérité canadiennes quand on les a finalement exposés aux « garanties » du Canada. Ils n'ont pas été scandalisés par l'écart entre ce qui se passe chez eux et les préférences exprimées par la Reine. Et ils n'ont pas exigé la libération immédiate des prisonniers politiques. De toute évidence, Donald A. Smith jouit d'un peu plus de pouvoir pour négocier une entente entre le gouvernement provisoire et le Canada que les deux émissaires canadiens précédents. En revanche, si les deux peuples de la colonie réussissent à adopter une position commune, lui et les autres commissionnaires pourront certainement en faire rapport à Ottawa, rapport qui devrait exercer un impact moral considérable sur le gouvernement canadien, et que celui-ci n'aura pas la possibilité d'ignorer.

La convention des Quarante

Le froid persiste pendant tout le mois de janvier, alors que la colonie se prépare pour la « convention des Quarante », comme on l'appellera souvent. Un comité assigne les délégués anglophones qui participeront à cette rencontre. On profite des réunions d'élection ultérieures tenues dans les diverses paroisses pour donner des directives et suggérer indirectement des conditions aux délégués. Néanmoins, des délégués sont choisis. Pendant tout ce branle-bas, John Christian Schultz s'évade du fort Garry, peut-être grâce à un couteau et à une vrille dissimulés dans un pouding envoyé au chef du parti canadien par son épouse. Il laisse un mot au gardien, lui demandant d'offrir du rhum à tous les prisonniers, à ses frais. La boisson passera d'une cellule à l'autre dans un seau. C'est le genre d'exploit que Riel, qui ne boit pas, exècre. Lorsqu'il apprend la nouvelle de l'évasion de son pire ennemi, Riel s'enflamme, visitant les cellules et traitant les prisonniers de « racaille et d'ordures ». Lorsque William Hallett lui répond que c'est lui la racaille, le chef métis explose : « Messieurs, tous ceux qui soutiendront cet homme mourront en moins de cinq minutes. » Les prisonniers flanchent, mais Riel tendra à abuser de plus en plus de telles menaces de mort au cours des quelques semaines qui suivront. On peut en déduire qu'il trouve difficile de tenir les rênes de la rébellion. Riel se prépare à une autre assemblée publique, jouant tour à tour les rôles de geôlier au fort Garry et de président du gouvernement provisoire. La capture du Dr Schultz devient une idée fixe, celui-ci ayant réussi à lui échapper depuis plusieurs semaines après avoir trouvé refuge chez les Écossais de Kildonan.

Le mercredi 26 janvier 1870, Riel donne le coup d'envoi à la première réunion de la convention, au tribunal de Fort Garry. Cette assemblée, peu importe dans quelles conditions elle a été convoquée et les délégués élus, est ce qui se rapproche le plus d'un gouvernement représentatif depuis que la Rivière-Rouge a vu le jour. Il vaut la peine de s'y attarder. Une énorme tempête de neige force les organisateurs à remettre la rencontre. Annonçant aux délégués anglophones que la réunion est remise, Riel ajoute : « Nous avons attendu longtemps que vous vous joigniez à nous [...] » Au début de la réunion, Riel propose que le juge John Black soit nommé président. William Coldwell est nommé secrétaire anglophone et l'ancien camarade de classe de Riel, Louis Schmidt, est nommé secrétaire francophone. James Ross sert d'interprète du français vers l'anglais, et Riel lui-même est interprète de l'anglais au français. Tout comme les dirigeants de la convention, les délégués constituent un échantillon représentatif de l'élite de la colonie. Mais les Sang-mêlé sont encore sous-représentés. On y retrouve cependant le premier délégué Amérindien, le révérend Henry Cochrane, ministre ojibwé représentant St. Peter. Après avoir réglé les élections controversées, Louis Riel confie une proposition à Thomas Bunn. La proposition se lit comme suit : « Que malgré les insultes et les souffrances endurées par la population du Nord-Ouest jusqu'ici, et les souffrances qu'elle endure encore, le peuple du Nord-Ouest reste fidèle à la Couronne britannique pourvu que ses droits, ses biens, ses usages et ses coutumes soient respectés, étant assurés qu'en tant que sujets britanniques, de tels droits, biens, usages et coutumes seront respectés. » La proposition est acceptée à l'unanimité.

On forme ensuite un comité en vue de rédiger une liste des droits pour le lendemain. Les délégués francophones soutiennent que seuls les « natifs du pays » devraient pouvoir siéger à ce comité, qui est finalement composé de Riel, de Schmidt, et de Charles Nolin du côté francophone, et de James Ross, du Dr Curtis James Bird (qui n'est pas un Sang-mêlé mais un Amérindien) et de Thomas Bunn du côté anglophone. C'est à ce moment que James Ross demande qu'on fasse lecture de la proclamation du gouverneur général du 7 décembre. L'avait-on lue? Et dans ce cas, le comportement de toutes les personnes encore présentes n'aurait-il pas été considéré comme nettement subversif? La stratégie de Ross est restée inexpliquée. Elle n'a pas été dictée par ses électeurs. Heureusement pour Riel, la demande de Ross ne sera pas appuyée et ce dernier y renoncera momentanément.

Le comité de rédaction de la liste des droits, présidé par James Ross, prend presque deux jours à composer un brouillon du document. Selon Alexander Begg, le comité a eu beaucoup de mal à se mettre d'accord et, de toute façon, ne s'était pas accordé suffisamment de temps pour produire un document aussi important. Lorsque Ross en fait la présentation le 29 janvier, il fait observer que le comité, pressé par le temps, s'est vu obligé de « présenter un document très rudimentaire ». La convention se réunit au milieu de la matinée et poursuit les délibérations jusque tard dans la soirée, après avoir adopté les quatre premiers articles de ce qu'on appellera la « Liste des droits ». « Justitia » offre ensuite aux lecteurs du *Globe* le texte des articles enrichi d'une glose qui semble résumer les débats de la convention. Les quatre premiers articles diffèrent assez de la « Liste des droits » adoptée à la réunion des deux factions au début du mois de décembre, bien qu'on puisse détecter une certaine parenté entre les deux documents. Lorsque le comité s'excuse d'avoir présenté un brouillon rudimentaire, il fait probablement moins référence à la composition des articles qu'à l'ordre, plus ou moins logique, dans lequel ils sont rédigés. Ce pourrait être le résultat des désaccords au sein du comité ou de l'empressement à avoir quelque chose à présenter à la convention. Quoi qu'il en soit, un coup d'œil rapide au brouillon suffit à découvrir à quel point les habitants de la Rivière-Rouge, tout au moins leurs chefs, ont une notion assez raffinée de ce qu'est un gouvernement, beaucoup plus que ce à quoi le gouvernement canadien pouvait s'attendre d'une population qu'il croyait devoir garder sous sa tutelle. Bien qu'on répète que huit articles de la première liste des droits se répètent plus ou moins dans la nouvelle liste, le langage utilisé est devenu moins américain et plus acceptable du point de vue britannique. Un certain nombre d'articles ont été éliminés.

À l'article 1 de la version préliminaire rédigée par le comité, on insiste pour que les droits d'importation restent tels quels pendant trois ans, ou aussi longtemps qu'il n'y aura pas de liaison ferroviaire directe entre la Rivière-Rouge et St. Paul, ou le lac Supérieur, ce qui a déjà été concédé par Macdonald. Selon « Justitia », cet article découle du coût élevé du transport, et de l'incapacité du marché d'absorber des coûts plus élevés sous la forme d'une hausse des droits.

À l'article 2, on demande une exemption de l'imposition directe sauf pour ce qui serait demandé par l'Assemblée législative locale, aussi longtemps que la contrée demeurera territoire du Canada. Macdonald a aussi concédé ce point, en déclarant que le Canada paierait la note du territoire. En raison de son isolement et de l'absence de nombreuses commodités devenues courantes plus à l'Est, les participants à la convention sont d'avis qu'il ne faudrait pas taxer lourdement la Rivière-Rouge, surtout que sa population n'est pour rien dans le degré de taxation du Canada.

À l'article 3, on réclame que les dépenses publiques soient assumées par le Dominion tant que la région sera un territoire. Ceci a également été concédé par Macdonald et équivaut simplement, se dit-on, à un investissement de la population canadienne dans l'avenir du pays.

À l'article 4, on exige que le gouvernement du territoire soit assumé par un lieutenant-gouverneur et une assemblée législative locale élue (quoique le comité de rédaction semble songer à un conseil plutôt qu'à une assemblée) dont trois des administrateurs généraux seront nommés par le gouverneur général canadien. Selon « Justitia », la convention concède au Canada une certaine suprématie politique tant que ce dernier paiera encore la note, mais insiste pour dire qu'au moins quelques représentants du gouvernement territorial devront être choisis parmi les habitants. L'adoption de ces quatre clauses ne semble pas avoir soulevé de litige parmi les délégués. Par contre, trois de ces clauses supposent que la Rivière-Rouge sera d'abord un territoire du Canada, et non une province. Ce même jour, celui où les débats sur la liste des droits ont débuté, on publie un autre numéro du *New Nation*, lequel est beaucoup moins porté que le premier sur l'annexionnisme américain. Le journal, qui est distribué gratuitement à la colonie, couvre abondamment la convention selon Alexander Begg.

Les débats sur la liste des droits reprennent le lundi 31 janvier, la convention ayant été convoquée pour 13 h. À l'article 5, on réclame que la contrée soit admise au sein du Canada à titre de province dès que le nombre d'habitants le justifiera. À l'article 6, on insiste pour que le Parlement du Dominion n'interfère pas plus dans les affaires locales du territoire qu'ailleurs au Canada. À l'article 7, on propose que le pouvoir législatif du territoire puisse adopter des lois locales, le droit de veto du lieutenant-gouverneur pouvant être annulé par un vote des deux tiers des députés. Ce dernier article est singulièrement d'inspiration américaine. « Justitia » admettra qu'un tel article « ne concorde pas exactement avec la constitution britannique ou canadienne », mais ajoute-t-il, « la Rivière-Rouge sera l'unique territoire du Canada et pourra être perçue comme une exception ». Le manque de confiance dans le lieutenant-gouverneur McDougall explique sans doute en partie cette clause. Dans l'article 8, on revendique l'adoption d'une loi sur le droit de préemption et le *homestead*, un autre concept typiquement américain importé de la précédente « Liste des droits ». Cette loi est évidemment souhaitable dans un pays qui vient d'être colonisé, mais le premier ministre Macdonald la considérera comme inacceptable.

Les articles 9 et 10 concernent les dépenses publiques. L'article 9 soutient qu'une somme de 25 000 $ par année est appropriée pour les écoles, les routes et les ponts. Selon l'article 10, tous les édifices publics seront sous la responsabilité du gouvernement du Dominion aussi longtemps que le Nord-Ouest demeurera un territoire. « Justitia » prétend que la population de la Rivière-Rouge est habilitée à suggérer comment le Canada doit dépenser les grosses sommes déjà votées pour le territoire. En outre, dit-il, la population de la colonie a l'impression qu'une grande partie de cet argent déjà dépensé, sur la construction des routes par exemple, a été gaspillée. L'article 11, le dernier à être approuvé le 31 janvier, demande que la liaison à vapeur entre le fort Garry et le lac Supérieur soit désormais ininterrompue et que cela se réalise en moins de cinq ans, et que la voie ferrée soit reliée au chemin de fer américain aussitôt que ce dernier atteindra la ligne internationale. Bien qu'on puisse ergoter sur le calendrier (comme en Colombie-Britannique), « Justitia » ne se trompe pas beaucoup en insistant sur l'absolue nécessité de telles communications. Aucune de ces clauses ne soulève de problèmes particuliers et elles sont adoptées assez facilement par la convention. Le journal d'Alexander Begg nous révèle que James Ross est visiblement enivré durant toute cette journée de délibérations.

La convention reprend le 1er février, vers 10 h, avec le premier article litigieux. À l'article 12, en effet, on réclame qu'une « force militaire », ou plutôt quelque chose comme un service de police, maintienne l'ordre dans le pays. Cette milice serait composée de natifs du pays en service par périodes de quatre ans. L'article est rejeté par un vote de 23 contre 15. Bon nombre de délégués s'opposent aux dépenses que cela occasionnerait, alors que d'autres refusent qu'on arme les hommes. D'un autre côté, des troubles pourraient se manifester si des volontaires canadiens étaient chargés de cette tâche. « Justitia » suggère que les volontaires soient choisis parmi les habitants, et qu'ils soient aidés d'un régiment britannique. Les articles 13 et 14 concernent le bilinguisme à l'Assemblée législative et à la cour de justice. À l'article 13 on exige que tous les documents publics et les lois soient publiés en français et en anglais, et dans l'article 14 on insiste pour que les juges de la Cour suprême parlent les deux langues. « Justitia » fait remarquer que ces clauses visent à attirer des immigrants du Canada français, de même qu'à préserver la situation des Métis francophones à la Rivière-Rouge. Quoi qu'il en soit, ces articles ne soulèvent aucun litige. À l'article 15, on demande la conclusion rapide des traités entre le Canada et les tribus indiennes de la région. À l'article 16, on recommande un représentant au Sénat et trois à la Chambre des communes, « jusqu'au temps où l'accroissement de la population de ce pays nous ait donné droit à plus ». Les délégués sont conscients que le Dominion va probablement résister à cette demande, ayant refusé d'augmenter la représentation de l'Île-du-Prince-Edouard lors de la Conférence de Québec. Ils sont toutefois d'avis que ça vaut la peine d'en faire mention.

À l'article 17, on peut y lire que « toutes les propriétés, tous les droits et privilèges possédés par nous soient respectés, et que la reconnaissance et l'arrangement des coutumes, usages et privilèges soient laissés à la décision de la législature locale seulement ». « Justitia » croit que les Canadiens ont déjà garanti cette clause, mais ne voit pas d'inconvénient à ce qu'on la leur rappelle. La façon dont elle sera interprétée est de toute première importance bien sûr. Louis Riel reste relativement calme durant presque toute la discussion sur les articles. Il réagit à l'article 17, toutefois, et un débat s'ensuit entre James Ross et lui. Riel parle des « droits des Sang-mêlé » alors que Ross refuse de confondre les droits des Sang-mêlé avec ceux des Indiens. Ce désaccord est au cœur du différend qui divise Métis et Sang-mêlé. « Le fait est, dit Ross, qu'il nous faut choisir : nous sommes soit des Indiens et, dans ce cas, nous devons demander des privilèges d'Indien, comme des réserves et une compensation annuelle en couvertures, poudre et tabac [rires]; ou bien nous devons nous comporter comme des hommes civilisés et demander des droits d'hommes civilisés. Nous ne pouvons nous attendre à jouir des droits et privilèges des Indiens et des hommes blancs tout à la fois. » Ross affirme clairement qu'il serait assez heureux de faire partie des « hommes civilisés ». Le premier ministre canadien serait d'accord avec Ross. La position des Métis, défendue par Riel, a longtemps été que les Sang-mêlé ont droit de propriété sur le territoire, tout comme les Amérindiens en vertu de leurs racines autochtones, sans se départir des mêmes droits que les Européens.

L'article 18 qui, de notre point de vue moderne, peut sembler secondaire par rapport au précédent, est reporté jusqu'au lendemain en raison de son caractère litigieux. Le 2 février, les débats de la convention ne porteront que sur la clause 18, selon laquelle le détenteur d'un droit de pacage de deux milles deviendrait simplement propriétaire du terrain concerné. L'enjeu ici n'est pas tant le droit de pacage que tout le concept de propriété sur le territoire. L'assemblée adopte finalement, par un vote de 21 voix contre 18, une version amendée de la clause sur le droit de pacage, laquelle demande que l'Assemblée législative ait le contrôle absolu sur toutes les terres dans un rayon allant de Fort Garry à la frontière américaine, soit environ 60 milles. Cette clause vise à neutraliser la spéculation des terres de la colonie, et à empêcher qu'on morcelle la propriété des colons en vue de construire des voies ferrées. Le vote est assez compartimenté. Selon Alexander Begg, McKenzie de Portage la Prairie s'abstient de voter, et Alfred H. Scott de Winnipeg appuie la majorité francophone. Ce type de vote suggère que les francophones sont un peu plus disciplinés que les anglophones, mais que tout au long des débats, les deux côtés sont assez bien organisés. Les Métis pensent de toute évidence qu'il vaut mieux traiter de telles questions à l'Assemblée législative locale plutôt que de les laisser entre les mains du gouvernement canadien.

Avec le temps, la convention devient de plus en plus tapageuse. Les délégués sortent de temps en temps prendre l'air et vont au « bar » : un amoncellement de neige où on a mis au frais quelques bouteilles de boisson alcoolisée. Les délégués sortent de plus en plus souvent. Néanmoins, à la fin de l'après-midi du 2 février, les délibérations sur la liste des droits ont pris fin. À l'article 19, on définit le citoyen comme suit : est émancipé sur le territoire, tout « homme autochtone, à l'exception des Indiens non civilisés et non sédentaires », qui a atteint l'âge de 21 ans, de même que tout sujet britannique occupant une maison depuis trois ans. Les sujets non britanniques (surtout américains) peuvent prêter un serment d'allégeance. « Justitia » soutient que cette clause précise à qui la Rivière-Rouge fait acte d'allégeance. « Nous sommes britanniques, et nous avons l'intention de devenir Canadiens, et tous les étrangers qui désirent voter avec nous doivent d'abord jurer allégeance à la Reine. » À l'article 20, on allègue que le territoire ne soit pas tenu responsable du montant versé à la Compagnie de la Baie d'Hudson, ni de la dette publique du Canada contractée avant l'entrée du territoire dans la Confédération.

La rédaction de la liste des droits a été menée à terme, et cette dernière représente les conditions minimales de négociation avec les Canadiens, sur lesquelles on s'est mis d'accord. On propose ensuite d'inviter Donald A. Smith à la convention le jour suivant. Louis Riel se lève. Il dit que le comité de rédaction de la liste des droits a établi deux listes, l'une qui traite de l'admission en tant que territoire, et l'autre en tant que province. Ce qu'il omet de dire, c'est que le comité semble préférer celle qui traite de l'admission en tant que territoire. Mais puisque la législation sur la Confédération fait état des modalités du statut de province, Riel suggère d'envisager cette possibilité, ajoutant qu'il vaudrait mieux en discuter avant de rencontrer Smith. James Ross tente de faire activer les choses, mais la convention penche du côté de Riel. Le soir du 3 février, Riel rend visite à Donald A. Smith et lui demande si le gouvernement canadien accepterait d'admettre la Rivière-Rouge en tant que province. Smith répond évasivement. Il ne peut rien affirmer avec certitude, dit-il, car la question n'a pas été soulevée à Ottawa. Nul doute que le Canada songe à admettre le Nord-Ouest en tant que territoire d'abord, avec possibilité d'en faire une province dans quelques années. Riel réagit péremptoirement : « Cela signifie que la Compagnie de la Baie d'Hudson n'est toujours pas en sécurité », laissant probablement entendre que la rébellion n'est pas finie. Smith répond que de telles menaces ne l'influencent pas le moins du monde.

Bien que ni Riel ni la Rivière-Rouge ne peuvent le savoir à l'époque, le Cabinet canadien se réunit le vendredi 4 février afin de discuter de l'échec possible des missions envoyées à la colonie. Les ministres savent fort bien que messieurs Smith et les autres ne peuvent accomplir beaucoup, à moins que les colons décident d'eux-mêmes de cesser toute résistance, puisque les négociateurs ne sont guère autorisés à faire de réelles concessions. On songe alors à une intervention militaire. Comme cela a toujours été le cas, le Canada n'est pas vraiment intéressé à négocier l'annexion de la Rivière-Rouge. Au Cabinet, par conséquent, on parle le moins possible de compromis ou de stratégie de marchandage. On aborde sans préambule le recours à la force. Dans une note déposée sur la table en tout début de réunion, le premier ministre Macdonald dit qu'il serait préférable d'envoyer à la Rivière-Rouge un contingent anglo-canadien. On avance trois bonnes raisons à l'appui d'une expédition « entérinée, organisée, commandée et envoyée sous l'autorité du gouvernement de Sa Majesté ». Selon la première, l'envoi des troupes parviendrait à convaincre les États-Unis de l'attachement de la Grande-Bretagne à l'Amérique du Nord. On pense également que les soldats de la force régulière britannique seraient plus intimidants que des volontaires canadiens non expérimentés, et qui n'ont guère brillé contre les Fenians. Enfin, les Métis se montreront moins hostiles envers les « habits rouges » qu'envers les volontaires canadiens. Les Britanniques avaient justement l'intention de retirer toutes leurs troupes de l'Amérique du Nord à ce moment-ci et ce ne sera pas facile de les convaincre de prendre part à cette expédition. Par contre, aucun membre du Cabinet ne met en question l'idée du recours à la force.

Par conséquent, alors que les Canadiens songent à envoyer des troupes à la Rivière-Rouge, les 40 membres de la convention se demandent si la colonie devrait être annexée au Canada en tant que territoire ou en tant que province. Le débat révèle, encore une fois, à quel point ces délégués sont avancés au point de vue politique. Louis Riel préfère très certainement le statut de province, mais ne semble pas avoir réussi à influencer le comité dans ce sens. Donald A. Smith écrit ce qui suit à Sir John A. Macdonald, le 1er février, soit immédiatement après la présentation par le comité de son rapport à la convention : « Nous avons réussi à faire repousser certains points inadmissibles dans leurs demandes. » Puisque la plupart des points auxquels on s'est objecté concernent le statut de province, c'est probablement ce à quoi Smith fait allusion par « point inadmissible ». De toute façon, dans le cadre des travaux de la convention du 4 février, Riel défend activement l'idée de demander le statut de province. Il commence par lire l'Acte de l'Amérique du Nord britannique afin de faire ressortir le pouvoir conféré aux provinces. Il s'attarde en particulier à l'article 5 sur la gestion et la vente des terrains publics dévolus aux provinces. Riel admet que le Nord-Ouest n'est pas aussi peuplé que les provinces actuelles, mais souligne que le territoire est beaucoup plus vaste. Il y aurait avantage à faire annexer le territoire en tant que province du fait que les droits et privilèges de sa population seraient ainsi mieux protégés, les Canadiens étant tenus entièrement à l'écart des affaires locales, en particulier de la gestion des terrains publics et des ressources naturelles. Riel se méfie depuis longtemps des Canadiens, et est porté à croire que moins on en laisse à l'option canadienne, mieux ça vaut, ce qui a de toute évidence influencé son penchant pour le statut de province. À un moment donné des débats, il observe que le Canada veut que le Nord-Ouest « lui rapporte ». S'il avait su que le Cabinet était en train de discuter de l'envoi des troupes à la Rivière-Rouge, Riel y aurait vu un autre exemple de la duplicité canadienne. James Ross s'objecte au statut de province, surtout en raison du fait que les autres provinces sont entrées dans la Confédération dotées d'une infrastructure complète, alors que la Rivière-Rouge n'en a toujours pas. Du reste, ajoute-t-il, tout cela est trop soudain. Ce serait un pas trop grand à franchir que de passer à un statut de province alors qu'on n'a même pas de gouvernement.

Le président John Black intervient ensuite, en partie pour se plaindre du fait qu'on reprend les discussions au moment même où il pensait en avoir fini. Selon lui, l'idée de faire admettre le territoire immédiatement en tant que province est « tout à fait illusoire ». Son meilleur argument est que la Rivière-Rouge ne peut se permettre la dignité de province. « En toute conscience, je me dois d'admettre que le mieux qu'on puisse espérer, c'est que ce pays soit annexé en tant que territoire selon des principes justes et équitables. » Après la pause de midi, Riel tente de reprendre la discussion en proposant un amendement à cette fin, lequel sera adopté par un vote de 20 voix contre 19, suggérant fortement qu'il s'agit désormais d'un thème qui relève des partis. James Ross revient sur la question, faisant remarquer que personne à la Rivière-Rouge ne possède suffisamment de biens pour être nommé sénateur. D'autre part, la colonie sacrifierait les quatre représentants qu'elle demande en tant que territoire, puisque sa population au recensement de 1871 ne lui donnerait droit qu'à un seul. Ross insiste encore en ajoutant, avec plus ou moins d'exactitude, que les électeurs de la Rivière-Rouge, si cette dernière devenait une province, seraient soumis aux conditions fédérales d'admissibilité à l'électorat. Son principal argument est que les habitants d'un territoire paieraient moins d'impôts que ceux d'une province. W.B. O'Donoghue parle assez longuement, surtout avec l'intention de convaincre l'auditoire qu'on pourrait doter une province, aussi bien qu'un territoire, d'une réglementation distinctive.

Riel sera incapable d'orienter la convention dans le sens de ses idées. Les délégués anglophones (sauf Alfred H. Scott) s'y opposent fermement, et sont appuyés en cela par au moins cinq francophones, dont semble-t-il, Charles Nolin, Thomas Harrison de Oak Point et George Klyne de Pointe-à-Grouette, qui voteront contre la proposition. Les délégués francophones qui ont voté contre leur parti ont probablement toujours été moins radicaux que la plupart des autres

Métis. Ils sont originaires de districts plus conservateurs situés au nord de l'Assiniboine. Au moment du vote, 24 délégués se prononcent en faveur de la proposition d'entrer en tant que territoire contre 15 qui la rejettent. Riel a perdu la partie, ce qui dévoile la difficulté qu'il a encore à rallier son peuple, et nous montre l'abîme qui sépare son propre militantisme de celui des Sang-mêlé anglophones (et de certains Métis francophones).

Riel a une autre proposition radicale à faire, et soutient qu'il faut que la convention en discute avant de rencontrer Donald A. Smith. Il propose qu'on demande l'annulation de l'entente entre le gouvernement britannique et la Compagnie de la Baie d'Hudson. L'idée n'est pas bête. Les négociations en vue du transfert du territoire, soutient Riel, devraient se faire entre le Parlement canadien et le peuple de la Rivière-Rouge, et non entre la CBH et les Canadiens. Ceci aurait pour effet de mettre fin à tout paiement en territoire ou en argent à la CBH, tout en permettant réellement au peuple d'obtenir la souveraineté. Smith a l'impression que Riel s'attaque à la Compagnie afin de faire pression sur lui (en tant qu'employé de la Compagnie). Jusqu'à un certain point, Riel est de plus en plus convaincu que l'opposition croissante à son leadership est orchestrée par la CBH, et qu'il faut écarter complètement la Compagnie de la scène. Cette proposition est une suite logique au refus précédent de Riel de prendre en mains l'administration de la CBH plutôt que de former un gouvernement provisoire. Riel prend la parole le 5 février afin de présenter sa proposition. Il rappelle la façon dont la CBH a agi envers les générations précédentes. Ce qu'il dénonce surtout, naturellement, c'est qu'« une compagnie d'étrangers, qui vivent au-delà des mers, ont l'audace d'essayer de vendre le peuple qui vit sur cette prairie ». Ses partisans l'applaudissent lorsqu'il déclare qu'il faut mettre fin à l'influence de la Compagnie. Le président Black intervient pour défendre la Compagnie, et les délégués anglophones, dont un bon nombre sont d'anciens employés de la CBH, ne manifestant pas plus d'enthousiasme pour cette proposition de Riel relative au statut de province, que pour la précédente.

C'est ce qu'illustrera le vote final, plus ou moins identique au précédent. Seul Alfred H. Scott, qui a déclaré qu'il quitterait sous peu la Rivière-Rouge, vote à l'opposé du bloc anglophone, alors que messieurs Nolin, Harrison, et Klyne votent contre Riel. Ce dernier est hors de lui. Il s'obstine : « Le diable l'emporte, c'est nous qui allons gagner! Votez comme vous voudrez, mais cette mesure qui vient d'être rejetée doit être adoptée. C'est une honte d'avoir perdu, et c'est d'autant plus honteux que c'est à cause de ces traîtres-là », pointant du doigt Nolin, Harrison et Klyne. Nolin se met en colère et répond en français : « Je n'ai pas été envoyé ici, monsieur Riel, pour voter sous votre dictée. Je suis venu voter selon ma conscience. Même si nous blâmons la Compagnie pour un tas de choses, il y en a beaucoup d'autres pour lesquelles nous devons lui être reconnaissants. Je ne dis pas que la Compagnie n'a pas eu de torts, mais je dis que nous lui sommes redevables de l'aide et de la bonté qu'elle a souvent eues envers nous lorsque nous étions dans le besoin. »

Pouvant à peine se contenir, Riel s'obstine, affirmant que la proposition se doit d'être adoptée et « qu'elle finira par l'être ». Il prévient l'assemblée que ses amis du gouvernement provisoire vont prendre sur eux de l'ajouter à la liste et, se tournant vers ceux qui ont voté contre lui, ajoute : « Vous autres, vous avez perdu votre influence par ici en tant qu'hommes publics. » Nolin, en colère, répond à Riel qu'il n'a pas réussi à empêcher son élection, et qu'il reviendra. Sur cette note de dépit, la convention est ajournée non sans avoir ébranlé, au cours des dernières heures, le front commun des Sang-mêlé qu'elle avait réellement réussi à former. Mais pire encore, pour la première fois, Louis Riel n'est plus maître de lui. Il s'était déjà mis en colère en public, précédemment, comme lorsqu'il avait piétiné la proclamation du lieutenant-gouverneur à la porte de la maison du Dr Schultz, mais sa colère s'était alors manifestée par un comportement plutôt théâtral. Ce qui l'irrite cette fois, c'est de ne pas pouvoir faire avancer les choses à sa façon. Ce n'est pas une attitude très judicieuse pour un homme qui aimerait attirer le peuple à sa suite.

Il n'est pas facile d'interpréter l'attitude de Riel durant tout le mois de février. De bien des façons, ses interventions suggèrent qu'il évacue continuellement un trop-plein de colère, peut-être engendrée par la frustration de ne pas pouvoir persuader tout le monde de faire ce qu'il veut. Le 6 février, on hisse au mat du fort une nouvelle version du drapeau, plus grande. Ensuite, Riel s'en prend aux divers représentants de la CBH sous son contrôle. Il met le gouverneur McTavish agonisant sous bonne garde, et le menace de le tuer avant minuit. Il se met à la recherche du Dr Cowan et l'engueule de la plus belle façon pour son opposition aux Métis. Il donne ensuite trois heures à Cowan pour jurer allégeance au gouvernement provisoire sous peine d'être exécuté. Cowan répond qu'il ne doit allégeance qu'à la Grande-Bretagne, avant d'aller rejoindre William Hallett dans sa cellule (ce même Hallett qui avait vexé Riel au moment de l'évasion de Schultz, qui est toujours sous les verrous). Non seulement les efforts d'A.G.B. Bannatyne pour s'assurer de la sécurité de la famille McTavish sont-ils accueillis avec hostilité, mais lui-même est jeté en prison le 6 février. Puisque Bannatyne figurait parmi les principaux fervents défenseurs de Riel au sein des marchands anglophones, cette rupture est empreinte de gravité aux yeux de la communauté. Une échauffourée s'engage entre les hommes de Riel et les frères Nolin. Des coups de feu sont tirés, mais le pistolet et le mousquet ratent la cible et personne n'est blessé.

Nouvelle rencontre avec Donald A. Smith

C'est dans cette atmosphère volatile que les 40 membres de la convention sont convoqués en vue de rencontrer Donald A. Smith. Les délégués anglophones se demandent s'ils doivent participer à une telle rencontre, puis finissent par décider d'y aller. Dans son rapport ultérieur aux autorités canadiennes, Smith affirme avoir reçu, à 11 h le 7 février, une version préliminaire de la Liste des droits ainsi qu'une série de questions la concernant, et qu'on lui a accordé jusqu'à 13 h pour préparer sa réponse. Smith se plaint qu'on ne lui fournit aucune référence à aucun autre document, et qu'il est étroitement surveillé pendant qu'il écrit. Louis Riel accompagné d'Ambroise Lépine arrivent juste au moment où Smith finit de rédiger sa réponse. Il vaut la peine de noter que le compagnon de Riel et son bras droit à partir du début février est maintenant Lépine, alors qu'au début janvier (selon le témoignage du journaliste Robert Cunningham) c'était W.B. O'Donoghue. Riel exige que Smith réponde aux questions qu'on lui a posées « par un simple oui ou non ». Smith refuse. Lorsque la convention reprend ses délibérations, Smith soutient qu'il a plus de pouvoir que DeSalaberry ou Thibault, mais de toute évidence, n'a pas celui de négocier, ce que Riel évoque sans arrêt, impitoyablement.

Riel est à son meilleur ce jour-là, dévoilant brutalement la faiblesse de la position de Smith. Dès le début de la rencontre, Riel maintient que ce n'est pas ce que « M. Smith pense qui importe, mais ce qu'il est en mesure de garantir. Je veux des certitudes, pas seulement l'expression d'une opinion sur ce que nous désirons. Nous sommes maintenant en position d'exiger. Jusqu'à quel point l'émissaire peut-il offrir des garanties au nom du gouvernement canadien? » James Ross suggère qu'on laisse Smith réagir à la Liste des droits, article par article. Riel n'est pas d'accord. Il veut d'abord savoir si Smith peut, en tant qu'émissaire, « garantir un seul des articles de la liste ». Smith tourne autour du pot, naturellement, puisque lui-même et Riel savent pertinemment qu'il n'a aucun pouvoir de prendre des engagements au nom des Canadiens. La réponse de l'émissaire est un chef d'œuvre d'obscurantisme officiel, et de verbiage diplomatique, révélant par là qu'il irait loin dans le corridor du pouvoir. « Je pense que mes pouvoirs me permettent de garantir certains articles de cette charte, en autant qu'il soit possible de garantir ce que le Parlement n'a pas encore adopté. » Riel va droit au but : « Il vous est donc impossible de garantir un seul des articles? » La réponse va de soi.

Riel cesse finalement de s'acharner sur l'envoyé canadien. « Vous êtes embarrassé, répondit Riel. Je vois que vous êtes un gentleman et je ne veux pas vous bousculer. Je vois que le gouvernement canadien ne vous a pas accordé toute la confiance qu'il aurait dû placer entre vos mains. » Mais le chef métis a réussi à faire passer le message. « Je vois que le gouvernement canadien ne vous a pas donné toute la confiance qu'il aurait fallu », dit-il dans un de ses euphémismes caractéristiques. Riel fait ressortir deux points qui sont en lien l'un avec l'autre. Le premier est que le gouvernement canadien s'est encore révélé incapable de prendre la Rivière-Rouge au sérieux, en supposant qu'il le veuille; et deuxièmement, on ne peut rien régler à ce moment-ci. En conséquence, le gouvernement provisoire peut difficilement se permettre de disparaître, et la colonie d'abandonner son militantisme. « Nous vous écouterons, bien que nous soyons convaincus que votre mandat ne vous permet pas de nous accorder ni de nous garantir quoi que ce soit. »

Donald A. Smith reprend chaque article de la Liste des droits, un par un. En réponse à certains il offre des « assurances formelles » et à d'autres, il se sert d'expressions comme « le plus grand respect » et « pleine et entière justice ». En revanche, il ne formule aucun réel engagement. La plupart des membres de la convention semblent se satisfaire de ses réponses, notera-t-il plus tard. Il faut toutefois se rappeler que Louis Riel a éventuellement mis fin aux commentaires désobligeants qui faisaient ressortir le manque d'autorité de l'émissaire canadien. Smith termine l'entretien, rapporte-t-il plus tard à Ottawa, en invitant la convention à « envoyer des délégués en vue d'effectuer un transfert rapide du territoire au Dominion ». Peut-être est-ce ce qu'il voulait vraiment dire. Selon *The New Nation*, et les notes prises à la hâte par le journaliste, il aurait dit qu'« il était autorisé à offrir un accueil chaleureux aux délégués que cette région pourrait envoyer à Ottawa », et qu'il était confiant que le résultat serait « à l'entière satisfaction du peuple du Nord-Ouest ». Beaucoup de travail et d'efforts n'auront abouti qu'à la visite de Smith, envoyé du gouvernement canadien venu s'adresser à la convention. Et encore, rien de ce qu'il a dit n'a lié le gouvernement en quoi que ce soit, en supposant qu'il ait dit quelque chose.

L'invitation lancée d'envoyer les délégués à Ottawa a de quoi contenter les membres de la convention. Riel sait trop bien que sa tâche ne fait que commencer. Il faut s'occuper de la colonie en attendant de pouvoir négocier avec le Canada. Les membres de la convention ne peuvent pas savoir que, plus tard dans ce même mois, le gouvernement canadien considérera la deuxième liste des droits comme « acceptable dans l'ensemble ». La convention ne peut que consentir à se réunir le jour suivant afin d'étudier la mise sur pied d'un gouvernement de transition et de choisir des délégués.

La convention se réunit donc et passe la matinée à discuter de la question des négociations. On s'entend unanimement sur une proposition de James Ross, appuyée de Louis Riel, voulant qu'on accepte l'invitation des émissaires canadiens de discuter avec le gouvernement canadien des affaires de la région, et qu'on avise les commissionnaires de cette décision. Le colonel de Salaberry est resté à la Rivière-Rouge, rapporte « Justitia », « au cas où il pourrait glaner quelque dépêche importante pour le Conseil d'Ottawa ». On se penche ensuite sur la question du gouvernement autonome « jusqu'à ce qu'on reçoive des nouvelles d'Ottawa ». Louis Riel soutient qu'il est nécessaire de se doter d'un gouvernement provisoire, faisant remarquer que la Compagnie de la Baie d'Hudson n'administre pas la justice et, selon les mots mêmes d'Alexander Begg, est « sinon morte, à tout le moins complètement impuissante ». Les délégués anglophones continuent de s'inquiéter de la légalité d'une telle solution, ne voulant pas être ouvertement étiquetés de rebelles contre la Reine. Ils auraient préféré remettre sur pied et prendre en mains le Conseil d'Assiniboia qui, dans leur esprit, constitue toujours l'autorité à la Rivière-Rouge.

Louis Riel défend l'idée de conserver le gouvernement provisoire plutôt que le gouvernement de la CBH. Riel insiste : « Le gouvernement provisoire est un fait. Pourquoi ne pas le reconnaître? En réalité, vous l'avez pratiquement reconnu par vos intentions dans cette assemblée. Cela a donné de bons résultats. Continuez ainsi. » On suggère d'envoyer quelqu'un demander au gouverneur McTavish ce qu'il en pense. La réponse figure dans la preuve du procès d'Ambroise Lépine en 1874, pour le meurtre de Thomas Scott, alors que la cour se demande si on avait besoin d'un gouvernement *de facto.* McTavish refuse catégoriquement de remettre ses pouvoirs à un gouvernement provisoire, ce qui aurait simplifié les choses. Par contre, à bout de patience, il s'écrie : « Formez votre gouvernement, pour l'amour de Dieu, et rétablissez la paix et l'ordre dans la colonie. » Si l'on songe aux bruits qui courent en dehors de Fort Garry sur la violence et la guerre civile, les délégués ne peuvent guère faire autrement que de trouver ce conseil judicieux.

-4-

Les p'tits gars de Portage

C'est en février 1870 que la paix à la Rivière-Rouge est la plus menacée. Le danger vient du côté de Portage la Prairie, à environ 100 kilomètres à l'ouest de Winnipeg. La population de Portage occupe surtout l'espace entre la rivière Assiniboine et le lac Manitoba. Fondée en 1851 par le missionnaire anglican William Cochrane, cette colonie à proximité de la rivière Assiniboine se situe à l'extérieur des limites officielles du district municipal d'Assiniboia. Elle n'est jamais parvenue à faire totalement partie de la colonie de la Rivière-Rouge. Se sont installés à Portage les nouveaux colons venus du Canada, et un certain nombre de Sang-mêlé et de Métis qui ont commencé à se déplacer vers cette région au début des années 1850.

Dans son témoignage devant un comité parlementaire en 1874, Thomas Spence, un Canadien d'origine écossaise récemment arrivé dans l'Ouest, raconte qu'en 1867, il a « établi un gouvernement provisoire sur une partie du territoire occupée par environ quatre cents personnes ». Il a ensuite présenté une requête aux autorités impériales pour la reconnaissance de la « République du Manitobah ». Londres a répondu qu'une telle procédure était illégale et la république n'a pas fait long feu. Par la suite toutefois, de nouveaux arrivants canadiens se sont établis sans permission dans les environs de Poplar Point, sur une terre que les Autochtones revendiquaient comme la leur. Il leur a fallu convaincre les Indiens de les laisser rester. Le poète Charles Mair a visité la région à l'ouest de la Rivière-Rouge en 1868, et rédigé à l'intention des journaux canadiens des lettres enthousiastes sur ses possibilités : « C'est une contrée magnifique, qu'on ne pourrait épuiser, inconcevablement riche. Cultiver la terre ici est un plaisir. »

À la fin des années 1860, la Cour des sessions trimestrielles d'Assiniboia y administrait une justice précaire à Portage la Prairie. En

1868, un certain procès pour meurtre eut lieu impliquant un des nouveaux colons canadiens, Alex McLean, et un Métis nommé Francis Desmarais. Ce dernier, sous l'effet de l'alcool, avait menacé la famille McLean, y compris la sœur d'Alex, à leur ferme. Il avait brandi un fusil et même tiré un coup de feu avant de s'enfuir. Le jeune McLean, qui travaillait tout près, est arrivé à temps pour le voir déguerpir. Il a sorti son revolver et a atteint Desmarais dans le dos. McLean a été défendu par l'avocat américain Enos Stutsman qui n'a fait qu'une bouchée du juge Black et a facilement obtenu l'acquittement du jury. C'était la première fois qu'un avocat dûment formé plaidait à la cour de la Rivière-Rouge. Mais ce que ce procès nous apprend d'intéressant, dans le cadre de cet ouvrage, c'est que les colons de cette région étaient armés, même au travail, et qu'un jury local de Portage, composé entièrement de Canadiens, n'a pas considéré comme un meurtre le fait de tirer dans le dos d'un Métis.

Au début de l'année 1870, plusieurs des prisonniers détenus à la maison de John Christian Schultz s'échappent du fort Garry, et trouvent refuge à Portage la Prairie en dehors de la juridiction du gouvernement provisoire. Thomas Scott, Charles Mair et John Christian Schultz sont au nombre des fugitifs, qui ont rejoint les réfugiés canadiens ayant fui l'agitation de la Rivière-Rouge. Au sein de cette collectivité fondamentalement hostile à la Rivière-Rouge, comme à Louis Riel, on retrouve l'arpenteur C. A. Boulton. Les arpenteurs canadiens se sont terrés dans un bar tenu par un Américain du nom de House. Les nouveaux venus se plaignent haut et fort du traitement qu'ils ont subi en captivité. Scott semble être celui qui parle le plus fort, parvenant à persuader les jeunes têtes chaudes du coin que les prisonniers doivent être libérés, par la force s'il le faut. La plupart des Canadiens de la colonie sont de jeunes célibataires dans la vingtaine. Les « p'tits gars » ont de l'énergie à revendre et sont venus à la Rivière-Rouge en quête d'aventure.

Les prisonniers du fort Garry deviennent vite un grave problème pour Riel et pour son gouvernement. Sur le peu qui se sont évadé, guère plus ont été libérés et la plupart de ceux qui restent refusent obstinément de jurer allégeance au gouvernement ou de promettre qu'ils ne prendront pas les armes contre lui. Comme leur capture a eu lieu au moment où ils prenaient les armes contre les Métis, ces derniers font simplement preuve de prudence en ne les relâchant pas carrément dans la collectivité. Par contre, ils coûtent cher à nourrir et à garder, et la population de la Rivière-Rouge et des environs commence à se demander pourquoi en ne les laisse pas partir.

Clôture de la convention

La question des négociations avec le Canada étant réglée de façon acceptable pour le moment, Riel peut s'occuper de parfaire son gouvernement provisoire en vue d'y adjoindre des Sang-mêlé anglophones. Lorsque la convention reprend ses travaux le 10 février, James Ross parle avec passion de coopération. « Le fait est, soutient Ross, que nous n'avons pas le choix. Nous devons restaurer l'ordre, la paix et le calme à la colonie. »

Le même comité qui avait été chargé de rédiger une première version de la Liste des droits prépare une esquisse du nouveau gouvernement qu'il présente à la convention tard dans la soirée du 10 février. Le nouveau conseil serait formé de 24 membres, 12 de chacun des groupes linguistiques, et d'un président. Chaque section élirait ses propres membres, par les moyens de son choix. Plusieurs recommandations sont faites, mais la majorité des postes de moindre importance seraient occupés par des anglophones. James Ross est pressenti pour le poste de juge, Henry McKenney pour celui de shérif, le docteur Curtis Bird deviendrait coroner, A.G.B. Bannatyne maître de poste, John Sutherland et Roger Goulet collecteurs des douanes, et Thomas Bunn secrétaire. Du côté francophone, Louis Schmidt serait secrétaire adjoint, W.B. O'Donoghue trésorier, Ambroise Lépine adjudant général, et Louis Riel serait nommé président du conseil. Le droit de veto du président serait annulé par un vote des deux tiers de la majorité. Le comité recommande que William Dease soit remplacé en tant que juge de paix, mais que les autres magistrats restent en poste. Le comité recommande également que l'on conserve la Cour générale des sessions trimestrielles et cinq cours mineures situées à peu près aux mêmes endroits que du temps de la Compagnie de la Baie d'Hudson. Il y aurait donc une étroite continuité entre l'ancien Conseil d'Assiniboia et le nouveau gouvernement, particulièrement en ce qui a trait à l'administration de la justice.

L'une des conditions les plus importantes avancées par les délégués anglophones pour consentir à cette coopération, est la promesse de Louis Riel de relâcher les prisonniers du fort Garry. Le gouverneur McTavish, le docteur Cowan, et A.G.B. Bannatyne doivent être relâchés immédiatement, les autres prisonniers au cours des quelques jours suivants. Riel tient la première partie de sa promesse le jour même, immédiatement après la fin de cette réunion. McTavish, Cowan, et Bannatyne sont libérés, et les hommes du fort tirent une salve d'honneur afin de marquer l'occasion. Le village de Winnipeg tout entier célèbre. On sort les feux d'artifice prévus pour l'arrivée du gouverneur McDougall, on allume d'immenses feux de joie et on tire des coups de fusil en l'air.

On fêtera jusqu'à quatre heures du matin, « véritable beuverie [...] à laquelle tous semblèrent participer ». Louis Riel ne prend pas part aux festivités, mais selon Begg, vide « une bonne corne de brandy » avec Bannatyne avant de le relâcher. On libère plusieurs autres prisonniers au cours des jours suivants et Donald A. Smith rapporte au premier ministre canadien, qu'en sa présence, on a informé le docteur Cowan que les pièces occupées par les prisonniers allaient sous peu être rendues à la Compagnie. Riel ajoute qu'il les fera nettoyer soigneusement.

Au cours de la dernière séance, Louis Riel fait part aux membres de la convention qu'il est loisible à quiconque d'abattre le docteur Schultz. L'assemblée parvient finalement à choisir les délégués qui iront négocier avec le Canada. Ces trois hommes sont l'abbé Noël Ritchot, le juge John Black, et Alfred H. Scott. Il y a eu consensus pour le choix de Ritchot et de Black, lesquels appartiennent à chacun des deux groupes linguistiques, mais le choix de Scott a été plus problématique. Louis Riel refuse d'être délégué. Scott est anglophone. Il s'agit de l'Américain qui, à plusieurs reprises, a voté à la convention du côté des Métis. Il aurait pu y avoir de meilleurs candidats, mais le choix de Scott constitue un compromis acceptable.

Le jour où la convention se termine, il est question de la Rivière-Rouge au Cabinet canadien. Le Cabinet accepte de recevoir les délégués. Mais plusieurs de ses membres, y compris le premier ministre, n'ont guère envie de négocier avec les Métis, car plusieurs les considèrent toujours comme des êtres perfides à qui on ne peut faire confiance. D'un autre côté, le Cabinet s'entend pour ne pas se laisser impressionner par la menace d'annexion aux États-Unis. Dans le procès-verbal de cette rencontre on lit : « Il ne faut pas oublier que les chefs de l'insurrection se sont déjà dits en faveur de l'annexion aux États-Unis, et même s'ils ont été contraints par l'opinion publique d'accepter la proposition d'envoyer des délégués de la Rivière-Rouge en mission à Ottawa, leur bonne foi est plus que douteuse. » Ce portrait biaisé de la situation est en partie dû au rapport de Donald Smith à son arrivée à la colonie, et en partie au fait que le gouvernement de Sir John A. Macdonald ne veut tout simplement pas faire confiance à ces gens « à moitié indiens ». Comme nous l'avons vu, Louis Riel et ses partisans ont mis des mois à obtenir cette mission à Ottawa. Si les négociations échouent — ce à quoi de toute évidence un certain nombre de ministres s'attend — on s'accorde à dire qu'il faudra à la Rivière-Rouge une intervention militaire immédiate.

Dans le procès-verbal de cette réunion, on reconnaît que toute expédition militaire devra être menée par les Britanniques puisque le Canada n'a « aucune autorité en dehors de ses propres frontières ». Le refus de prendre possession du territoire le 1er décembre s'avère maintenant une sage décision. Le Cabinet demande alors au gouverneur général d'informer le secrétaire colonial de la nécessité d'une action immédiate. L'expédition devrait recevoir le feu vert dès que les possibilités de navigation le permettront au printemps. Tenant pour acquis que la voie sera ouverte au Sault vers le 25 avril, tout devrait être prêt à Fort William avant le 1er mai. Le gouvernement ne semble pas voir d'incompatibilité entre son refus de se laisser impressionner par les menaces de la Rivière-Rouge de négocier avec les Américains, et sa propre menace aux délégués de la Terre de Rupert d'envoyer un important contingent militaire. Ici encore, comme dans tout ce qui a généralement trait à la Rivière-Rouge, le Canada ne veut pas vraiment se montrer conciliant, ni raisonnable, ni même faire la moitié du chemin en direction d'un rapprochement avec les Métis. Ceci s'explique surtout du fait que cette poignée de « Sang-mêlé » dérange les Canadiens en risquant de mettre un terme à leur inexorable destin qui est de posséder l'Ouest.

Le 12 février, Riel tient la promesse faite à la convention et commence à relâcher des prisonniers. Il fait tout ce qu'il peut pour réduire le risque qu'ils aillent former une opposition armée, en insistant pour qu'ils jurent de rester tranquilles et de respecter les lois de la contrée. Certains acceptent, mais un bon nombre de « jeunes coqs » refusent ce qui leur semble être des conditions injustes. A. W. Graham, dans son journal, rapporte qu'on lui a offert, ainsi qu'à ses compagnons, « la liberté en échange d'un serment d'allégeance au gouvernement de Riel » et que la plupart ont refusé. Graham décrit la scène qui se déroule au fort. Les prisonniers sont gardés dans une petite pièce puis escortés à l'étage un à la fois afin de rencontrer Riel et W.B. O'Donoghue. Riel fait les cent pas dans la pièce pendant que O'Donoghue et un assistant, assis à une table, lisent le serment au prisonnier. Graham écrit avec colère : « Je suis sujet britannique, sur un sol britannique, et je ne m'engagerai envers aucun autre gouvernement. » On le ramène à sa cellule comme un certain nombre de récalcitrants. Ce même jour, l'évêque anglican Robert Machray compose une lettre lugubre à l'intention de Londres, se plaignant de ces « temps difficiles et désagréables dans ce pays, où on ne sait jamais quelle calamité nous réserve le lendemain ». Machray n'aime pas les Métis, mais il passe l'hiver à conseiller à ses paroissiens sang-mêlé de collaborer avec eux, solution préférable à un bain de sang. Dans cette lettre il ajoute : « On entrevoit quelquefois l'espoir d'en arriver à un règlement pacifique, puis cet espoir s'évanouit et les choses sont encore pire qu'avant. »

Il ne sait guère à quel point il dit juste, car ce même 12 février, les « gars » de Portage la Prairie se mettent en mouvement vers Winnipeg. À Portage la Prairie, on ne sait pas encore que Riel a promis de relâcher tous les prisonniers et que cette expédition n'a plus sa raison d'être. On leur fait dire de s'arrêter jusqu'à ce que la convention ait terminé ses travaux, mais il semble qu'ils n'aient jamais reçu le message.

L'« invasion » et le rassemblement à Kildonan

Les 60 jeunes hommes ayant quitté la colonie avec enthousiasme par un froid cinglant de février sont menés tant bien que mal par Charles Arkoll Boulton, un Canadien ayant fait partie de l'armée britannique à Gibraltar avant de se joindre à l'équipe d'arpenteurs de John Dennis. Boulton voit dans cette entreprise le coup d'éclat stupide qu'elle est réellement. Comme il l'écrira plus tard dans ses mémoires, il prétend en avoir entendu parler seulement à la dernière minute, et avoir accepté de mauvaise grâce d'en être le chef pour « tâcher de faire en sorte qu'ils s'en tiennent au projet légitime pour lequel ils s'étaient organisés ». La plupart de ceux qui ont quitté Portage la Prairie ne possèdent ni fusil ni mousquet. Ils ne sont armés que de masses en chêne. Ils ont peu de nourriture, et encore moins d'argent, étant apparemment assurés que les loyaux partisans du Canada les nourriront en route. Le second du major Boulton est le Sang-mêlé William Gaddy. Bien que Thomas Scott fasse partie du contingent, rien n'indique qu'il en soit l'un des meneurs. Le groupe avance « gaiement sur la neige gelée, pendant près de neuf heures sans arrêt » atteignant finalement Headingley, une colonie située à environ 30 kilomètres de Winnipeg. Boulton écrit que l'idée d'aller libérer leurs camarades leur donne de l'entrain, bien qu'il ne soit pas impossible que leur bonne humeur ait été alimentée par de généreuses portions de boissons alcooliques. Le long de la route, la petite armée capture plusieurs prisonniers, dont l'un est soupçonné d'espionnage. Il s'agit d'un Métis appelé Norbert Parisien. De plus, d'autres hommes se joignent à eux à Poplar Point et à High Bluff.

À Headingley, les jeunes hommes sont logés chez des colons pour ce qui devait être une brève période de repos, puisqu'ils ont l'intention de poursuivre leur route dans le dessein d'assiéger Upper Fort Garry à l'aube. Un blizzard aveuglant et subit les retarde de 48 heures. On profite de cette halte forcée pour organiser une réunion à la maison de John Taylor, un Sang-mêlé anglophone qui s'est joint à l'expédition. C'est au cours de ce rassemblement que Boulton démissionne en tant que commandant de la troupe, car il a l'impression que beaucoup l'accusent intérieurement de ne pas faire preuve d'assez d'ardeur à la tâche. À sa grande surprise, il est réélu après avoir simplement promis de conduire les hommes à leur objectif légitime sans prendre de risque inutile. Pour une raison quelconque, le retard provoqué par la tempête de neige amène Boulton à changer de plan. Au lieu d'attaquer immédiatement l'Upper Fort Garry, le contingent se propose maintenant de traverser le village de Winnipeg et de se rendre à l'église de Kildonan où ils espèrent que des citoyens loyaux viendront grossir leurs rangs.

La troupe de Boulton quitte Headingley à 20 h, par une belle nuit de lune, et réussit à entrer dans l'Upper Fort Garry tôt le matin du 15 février. Les gardiens du fort tirent pour donner l'alarme, mais sans plus. Comme si elle voulait faire la preuve de son incompétence, la petite armée s'approche du fort sans grande difficulté, puis s'arrête dans le village de Winnipeg à la maison d'un homme connu pour être un parent de Louis Riel. Les soldats encerclent la maison pendant que Boulton et Thomas Scott entrent à l'intérieur dans l'espoir d'y trouver Riel. Quand ils comprennent que le chef des Métis n'est pas à l'intérieur, ils poursuivent leur route. On peut seulement imaginer le malaise ressenti par les habitants de la maison lors de cette incursion. Alors que Boulton soutiendra que les visiteurs se sont retirés dès qu'ils ont compris que Riel n'y était pas, d'autres, dont Louis Riel raconteront les faits d'une façon toute différente. Riel se servira de cet incident pour prouver que les « gars » de Portage la Prairie ne cherchaient pas seulement à libérer les prisonniers, comme ils l'affirmeront toujours. L'armée déjeune bruyamment à Winnipeg. Cela tient du miracle que les Métis n'aient pas réussi à les rattraper. À la maison de William Dease, les Métis capturent William Gaddy et un certain nombre d'autres Sang-mêlé qu'on soupçonne, très justement, de fomenter des troubles. Dease s'évade par la fenêtre, et la plupart des nouveaux captifs seront vite relâchés, sauf Gaddy.

Alors que la petite armée, maintenant composée d'une centaine de combattants, se rapproche de Kildonan, Boulton commence à se rendre compte qu'elle n'est pas très bien accueillie, si ce n'est avec consternation. La population, écrira-t-il plus tard, avait le sentiment que la situation allait bientôt se résoudre de façon pacifique et que « l'arrivée d'une autre force armée sur la scène allait faire s'envoler tous leurs espoirs ». Boulton tente de se justifier en prétendant que le contingent de Portage la Prairie n'avait aucune idée de ce qui se passait à la Rivière-Rouge lorsqu'il s'était organisé, et qu'il s'y trouvait encore des prisonniers à libérer. (Comme si quoi que ce soit pouvait motiver un projet assez insensé pour provoquer une guerre civile.) Les soldats de Boulton s'empressent de gagner l'église de Kildonan ou ils espèrent être attendus par une autre troupe menée par le docteur John Christian Schultz. Un témoin oculaire rapporte qu'il aurait été question de s'emparer du fort Garry, de libérer les prisonniers et de former un gouvernement dirigé par Donald A. Smith.

L'arrivée de la troupe bigarrée de Portage la Prairie donne l'allant à une autre tentative de négocier avec Louis Riel la libération des derniers prisonniers. Cette fois, c'est Mlle Victoria MacVicar de Fort William qui prend l'initiative. « Vickie » MacVicar passe l'hiver chez des connaissances à la Rivière-Rouge. Sa famille est une famille bien en vue à Lakehead, dans le commerce des fourrures. C'est une jeune femme pleine d'entrain dont le cousin, George MacVicar, figure parmi les prisonniers restants. Vickie leur a souvent rendu visite durant leur incarcération, et a même introduit des lettres en fraude dans le fort. Elle s'assure maintenant le concours d'A.G.B. Bannatyne, lui-même récemment libéré, en l'informant que près de 600 hommes sont rassemblés à l'école de Kildonan, bien décidés à attaquer Fort Garry et à libérer les prisonniers. Tous deux s'en vont voir Riel, s'ajoutant ainsi aux nombreuses personnes déjà venues demander la libération des derniers prisonniers.

Lorsque MacVicar et Bannatyne arrivent au Upper Fort Garry, Louis Riel est en train de faire prêter serment aux prisonniers leur enjoignant de respecter la paix. Il n'y parvient pas vraiment. Bon nombre de ceux qui restent encore se sont mis d'accord pour adopter le même comportement. Les deux visiteurs réussissent à persuader Robert Smith de signer, et ce dernier sera suivi en cela par les autres. Même le plus récalcitrant, le docteur James Lynch, après avoir consenti à lire le serment, décide de le signer. Riel refuse de laisser James Farquarson signer, sous prétexte qu'il a déjà rompu son serment à maintes reprises. Il ordonne aux gardes de le jeter en dehors du fort dans la neige. Pendant que les prisonniers sont occupés à signer le serment, Riel fait les cent pas autour de la pièce. Lorsque les prisonniers sont finalement tous partis, Riel se tourne vers mademoiselle MacVicar et A.G.B. Bannatyne. C'est Alexander Begg qui raconte la suite dans son journal, ce dernier ayant sans doute entendu son partenaire lui raconter les faits. Riel dit : « Je sais qu'il y a autre chose derrière tout cela. Schultz va essayer d'attaquer le fort; mais laissez-le venir; j'espère qu'il viendra. » Les deux visiteurs répondent que les anglophones se sont armés uniquement parce que les prisonniers n'avaient pas encore été libérés, et qu'ils vont maintenant se disperser. « Bien, bien, dit Riel, c'est bien la dernière chose que je vais accorder à mes rivaux. » Maintenant que tous les prisonniers du Upper Fort Garry sont libérés, MacVicar et Bannatyne doivent persuader une délégation rassemblée au petit fort Garry et composée de Maurice Lowman, de James Ross, et de Colin Inkster, de ne pas ruiner leur chance en exigeant une amnistie générale pour tous les Canadiens, dont le docteur John Schultz. Riel refuse de recevoir ce contingent et dit à Ross que « s'ils le demandent encore, ils vont avoir affaire à lui immédiatement ». Quoi qu'il en soit, une autre crise semble avoir été évitée.

Toutefois, comme cela se déroule toujours à la Rivière-Rouge en cet hiver mouvementé, aussitôt qu'on réussit à esquiver un boulet, un autre s'annonce. Le matin du 16 février, un grand nombre d'anglophones se trouvent toujours rassemblés autour de l'église presbytérienne de Kildonan. La plupart d'entre eux tournent en rond sans but précis. Quelques enthousiastes ont installé sur l'école une grande enseigne rouge illustrant le drapeau britannique et portant l'inscription : « Dieu sauve la Reine ». Mais la plupart sont plus gelés et affamés que militants. Plusieurs sont d'accord avec James McKay qui avoue : « Je ne peux pas prendre les armes contre mon propre peuple. » Le clergé conseille la prudence, attitude qui sera dénoncée plus tard par un correspondant du *Globe* : « la paix, la paix, on est loin d'y être! » Le « révérend Quartette » soutiendra-t-il, a désamorcé la situation à lui tout seul. Victoria MacVicar est arrivée la veille de Winnipeg, en carriole, apportant la nouvelle que les prisonniers ont maintenant tous été relâchés. La foule compte les 100 hommes de Portage, plusieurs centaines d'autres de St. Andrew et Mapleton recrutés par le bon docteur Schultz qui les a menés au rendez-vous, et un grand nombre d'Indiens de la colonie en provenance d'aussi loin à l'est que du Lac des Bois. Les Amérindiens, dans leurs plus beaux atours, portent leur peinture de guerre. Certains avancent un chiffre allant de 600 à 700 hommes au total qui se seraient rassemblés à Kildonan, à peu près sans armes et sans provisions.

Lorsqu'on apprend à Kildonan que les prisonniers ont été relâchés, la plupart se réjouissent. Quelques-uns sont déjà retournés chez eux, car la nourriture est rare et il fait très froid. C'est à ce moment que Norbert Parisien, l'un des « espions » capturés par les gars de Portage en route vers Kildonan, s'enfuit de l'église. Parisien réussit à s'emparer d'un fusil et se dirige vers la rivière, poursuivi par ses geôliers. C'est là qu'il rencontre John Sutherland, le fils de Hugh Sutherland, l'un des plus fidèles partisans des Métis chez les Sang-mêlé. Le jeune Sutherland, un ami de Norbert, est à cheval. Peut-être craint-il d'être rattrapé par le cavalier? Parisien fait feu plusieurs fois sur Sutherland qui tombe du cheval. On le conduit chez le révérend John Black. La blessure est mortelle, et en dépit des soins du docteur Schultz et des autres, Sutherland rend l'âme peu après. Les gardes poursuivent toujours Parisien, le rattrapent et le ramènent à l'église où il sera violemment battu. Parisien vivra plus longtemps que Sutherland, mais ne survivra pas. L'événement a probablement modéré l'ardeur des troupes. Charles Mair rappellera plus tard qu'il s'attendait à ce que le décès de Sutherland « ravive les ardeurs de tous et chacun », mais c'est justement le contraire qui se produit. Il assiste à une « scène ahurissante qui fait si peine à voir qu'elle est presque impossible à décrire, manifestant une mollesse tout à fait stupéfiante de la part des gens de Kildonan ».

Après la fusillade et la capture de Parisien, les principaux responsables de Kildonan se réunissent, dont Schultz, Boulton, le révérend John Black, le juge John Black et l'évêque Robert Machray.

Le Conseil avait été convoqué en vue de dresser une liste d'exigences, avant qu'on sache que les prisonniers avaient été relâchés. Les événements de la matinée ont retardé la réunion. Le major Boulton veut seulement qu'on relâche les prisonniers, ce qui est déjà fait d'après les nouvelles que Victoria MacVicar vient de leur apporter. Parmi les autres meneurs, certains veulent un changement de gouvernement. Certaines de leurs exigences concernent non seulement la libération de tous les prisonniers, mais également la garantie qu'on n'en fera plus d'autres; la mise en sûreté de tous les biens confisqués; la protection de John Christian Schultz et, finalement, selon un correspondant du *Montreal Witness*, que « nous formions notre propre gouvernement, lui [Riel] pouvant conserver le sien sans qu'on intervienne, mais qu'il comprenne bien que nous ne le favoriserons d'aucune façon ». Bon nombre de Sang-mêlé anglophones, de même que des colons écossais et des Canadiens ne sont toujours pas satisfaits du gouvernement provisoire. Pourtant, rien n'indique clairement qu'ils seraient moins rebelles s'ils s'en désistaient. Le clergé, naturellement, s'oppose à toute action déplorable. Des hommes comme l'évêque Machray sont à la fois hostiles à Riel et aux Métis et à toute tentative de les supplanter, de peur qu'il en résulte une guerre civile.

Le message finalement envoyé à Riel par ces conseils divisés est que les anglophones ne reconnaîtront pas le gouvernement provisoire, appuyant leur désistement sur le meurtre du jeune Sutherland. Louis Riel se permet de jeter Thomas Norquay en prison, le messager venu à Upper Fort Garry porter cette dépêche. Après quoi, avec cérémonie, il déchire cette dernière en mille morceaux. Le président du gouvernement provisoire dit à un autre homme de Kildonan, venu au fort après la tragédie Parisien-Sutherland : « Retourne chez les tiens et raconte-leur ce que tu as vu. » Riel soutient que Parisien avait parfaitement le droit de tirer sur une personne qu'il croyait être à sa poursuite, puisque de toute façon il était détenu illégalement. La mort de Parisien fera éventuellement partie des plaintes formulées par les Métis contre les anglophones. Certains en feront mention en contrepartie à la mort de Thomas Scott dans le bilan d'atrocités commises des deux côtés pendant l'hiver 1869-1870. À Kildonan, le père du jeune Sutherland déclare publiquement qu'il ne faut pas verser le sang à cause de son fils. Cela ne ferait qu'aggraver le deuil de ses parents, dit-il, si la mort de leur fils entraînait d'autres pertes de vies innocentes.

Riel regrette sa première réaction au message en provenance de Kildonan. Il libère Thomas Norquay ce même jour et le renvoie à Kildonan avec une lettre adressée à ses « compatriotes ». Riel écrit : « Pour ma part, je conçois que la guerre, l'horrible guerre civile, signifie la destruction de ce pays. » Il ajoute : « Nous sommes prêts à nous mesurer avec n'importe qui; mais ce que nous voulons avant tout c'est la paix, ce sont nos droits britanniques. » Riel précise que les prisonniers ont été libérés, et demande aux anglophones de les aider à former le nouveau gouvernement provisoire. Selon la rumeur du temps, complétée par les témoignages ultérieurs de W.B. O'Donoghue et Charles Mair, Riel aurait également formulé des assurances verbales par l'entremise de John « Flatboat » McLean selon lesquelles, si les Anglais se débandaient et retournaient paisiblement chez eux, les Métis armés les laisseraient partir sans intervenir. Jusqu'où cette offre allait est difficile à dire. Mais la paix est encore possible. Alexander Begg se sent mieux à l'idée d'une résolution pacifique, de même que par les nouvelles reçues ce même jour dans la colonie, voulant que Mgr Taché revienne bientôt à la Rivière-Rouge.

Avant que Thomas Norquay ne soit revenu à Kildonan avec la réponse de Riel, l'assemblée avait déjà décidé de se disperser. Selon le correspondant du *Montreal Witness*, un grand nombre était déjà rentré chez eux parce qu'il n'y avait rien à manger, ou qu'il ne se passait rien. Le révérend Black avait bien tenté de partager ses propres provisions, mais la foule était trop nombreuse et le miracle de la multiplication des pains et des poissons ne s'était pas renouvelé. D'autres n'aimaient pas voir le docteur John Christian Schultz prendre autant d'importance dans le rassemblement, le considérant comme un fauteur de trouble canadien. « En plus, il n'y a aucune direction dans toute l'affaire » ajoute le reporter du *Montreal Witness* d'un ton découragé. « On n'a prévu aucunes provisions, il n'y a personne pour guider les hommes; c'est le désordre dans le camp. Il s'agit tout simplement d'un regroupement d'hommes dévoués à la cause, mais à qui on n'a donné aucun plan à suivre. » Henry Prince et 50 de ses Saulteaux acceptent de garder le petit fort Garry. La plupart des membres du groupe ont disparu dans la nuit. Le désir d'affronter Riel et les Métis s'est éteint.

Les habitants du village de Winnipeg et du Upper Fort Garry ne pouvaient pas encore savoir que l'attroupement armé de Kildonan avait pris fin. Dans le journal d'Alexander Begg, à la date du 16 février, on apprend qu'il se passe beaucoup de choses au village. Les boutiquiers ferment les volets et mettent en sûreté les objets de valeur (dont des livres!). Les Métis ont pris 62 barils de poudre noire chez Bannatyne et Begg. Le docteur Curtis Bird est envoyé à Kildonan afin d'examiner la blessure mortelle de Sutherland. Il rapporte qu'une réunion a lieu à la maison de M. Black, mais que Sutherland ne se remettra pas de sa blessure. Le village s'est transformé en un camp armé prêt à résister à l'invasion des gens de Kildonan, ayant à leur tête les gars de Portage. Du moins, c'est ce que la rumeur leur fait craindre. Il faut tenir compte de ce contexte pour la suite des événements à Winnipeg.

Une nouvelle fois en prison

Apparemment inconscients de la panique qu'ils ont causée au village, les « p'tits gars de Portage » se remettent en route vers Winnipeg. Ils campent pour la nuit à l'extérieur du magasin d'Alfred Boyd à Point Douglas. Tôt le matin du 17 février, les hommes de Portage la Prairie tiennent un important conseil de guerre. Ils décident de retourner ensemble à Portage la Prairie, ce qui signifie que la troupe devait passer par le Upper Fort Garry pour s'y rendre. Charles Boulton tente désespérément de leur conseiller de se disperser et de s'en retourner paisiblement dans leur communauté, séparément les uns des autres. Il est pleinement conscient que, même si Riel leur a promis la sécurité (ce que cela signifie n'a jamais été clair), le fait de marcher au pas, en armes, juste sous son nez, équivaut à une provocation. Dans le climat d'agitation qui règne à Winnipeg et au Upper Fort Garry, cette décision est absurde. Certes, il y en a certains, plus avertis, comme John Garrioch, John Christian Schultz, et Charles Mair, qui sont déjà partis de leur côté. Mais, comme le prétend le sergent-major Michael Power, ancien membre des *Dragoon Guards* : « Nous sommes venus en braves et nous devons nous en retourner en braves, tous ensemble. » Cet argument plein de défiance, combiné à la hâte de retourner chez soi, prévaut sur les objections de Boulton.

Certains membres du groupe ont entendu dire (personne ne pourrait dire par qui) que Riel aurait envoyé un message disant qu'il ne ferait plus de prisonniers. Une enquête subséquente de Donald A. Smith et de l'archidiacre John McLean révélera que, après avoir appris l'intention du groupe de passer par Fort Garry, Riel aurait tout simplement répondu : « Ah? C'est bien. » En 1885, W.B. O'Donoghue écrira au *Daily Mail* de Toronto que Riel aurait formulé une promesse verbale selon laquelle il permettrait aux Canadiens de retourner paisiblement chez eux s'ils se dispersaient. Par contre, on était en pleine controverse sur le procès et l'exécution de Riel. D'un autre côté, O'Donoghue était alors devenu l'ennemi juré de ce dernier. Le major Boulton se dit sceptique à l'égard de toute offre provenant de Riel, mais la plupart des autres qui doutaient des intentions des Métis l'ont déjà manifesté en quittant le groupe.

Boulton admettra plus tard avoir été conscient qu'il y aurait eu mieux à faire que d'accepter cette décision du groupe, mais soutiendra qu'il se devait de rester avec ses hommes. Le groupe, passé de 100 hommes qu'il était au départ à 45 hommes, quitte Point Douglas à environ 9 h. Boulton a l'intention de franchir la prairie, soit un trajet d'environ un mille et demi au nord-ouest du Upper Fort Garry, enfoncé dans la neige jusqu'à la taille. Au moment où la troupe quitte Point Douglas, le bruit court (qui s'avérera faux) que William Gaddy a été sommairement

Le jeune Louis Riel, probablement à son arrivée à Montréal où il est venu poursuivre ses études dans un collège classique en 1858.

Archives de la Société historique de Saint-Boniface – Musée de Saint-Boniface - 0320

Louis Riel jeune homme, à l'époque où il a commencé ses études de droit avant de revenir au Manitoba en 1868.

Archives nationales du Canada

Photographie de Louis Riel, vers le début des années 1870, par I Bennetto & Co., Winnipeg.

SHSB-843

Louis Riel, sans date.

Archives de la Société historique de Saint-Boniface – Musée de Saint-Boniface-1065

Certains dessins illustrant l'exécution de Thomas Scott montrent Riel lui donnant le coup de grâce, détail erroné.

APM

Riel au centre avec son gouvernement provisoire à la fin de 1869.

APM

exécuté au fort. Riel révélera plus tard que l'exécution immédiate de Gaddy, pour espionnage, avait été exigée par les soldats Métis. D'abord conduit à l'un des bastions du fort pour y être fusillé par l'adjudant général Ambroise Lépine et Elzéar Goulet, mais ses gardiens l'ont laissé partir. Ils lui auraient dit de ne pas retourner à la colonie, et celui-là aura eu assez de bon sens pour quitter sans faire de vagues, ce qui n'a pas été le cas des hommes de Portage la Prairie.

En 1886, juste après la deuxième rébellion menée par Riel en Saskatchewan, Charles Boulton embauchera une sténographe en vue d'écrire ses mémoires. La plus grande partie de ce livre à succès raconte les aventures de Boulton en tant que chef d'une unité de patrouilleurs à cheval en 1885. Par contre, il y fait également mention de sa participation aux événements de la Rivière-Rouge. Dans ses mémoires, Boulton écrit que, le 17 février, son groupe traverse la grande prairie en file indienne en direction de Portage la Prairie. Ils enfoncent jusqu'à la taille dans la neige, et chacun doit marcher dans les traces de celui qui le précède. Ils progressent donc lentement. Alexander Begg, qui prétendra qu'il pouvait voir ce qui se passait du village, soutiendra qu'il y avait aussi des hommes en carrioles. De toute façon, il y a peu de chance pour que le groupe passe inaperçu au Upper Fort Garry. Lorsque les marcheurs arrivent en face du fort, un groupe de cavaliers se dirige vers les gars de Portage, suivis à environ 200 verges derrière eux, d'un contingent d'environ 50 Métis à pied. Au moment où les cavaliers arrivent à environ 150 verges de la colonne formée par les hommes de Boulton, ces derniers tentent d'organiser leur défense. Boulton crie des ordres stricts : « Vous ne devez tirer sous aucun prétexte ni provoquer d'hostilité. » Les cavaliers, menés par Ambroise Lépine et W.B. O'Donoghue, continuent d'avancer. Les gars de Portage envoient un des leurs parlementer. Ce dernier tente d'expliquer que les marcheurs s'en retournent paisiblement chez eux, mais apparemment personne ne s'occupe de lui. Les cavaliers continuent d'avancer et O'Donoghue demande : « Qui sont ces gens? » Boulton répond : « Ce sont des hommes qui s'en retournent à Portage. » O'Donoghue poursuit : « Le major Boulton est-il parmi vous? » Lorsque Boulton s'identifie, O'Donoghue exprime sa satisfaction et ajoute que le président Riel l'envoie pour les inviter à venir s'entretenir avec lui au fort. Boulton répond qu'il aimerait mieux continuer sa route sans être dérangé.

Après une brève prise de bec au sujet d'un fusil, entre Ambroise Lépine et un jeune Canadien, Boulton décide de se rendre. Il écrira dans ses mémoires :

> Je craignais que dans la bousculade, le coup ne parte, ce qui aurait donné le signal d'un massacre dont l'issue était inévitable. Nous n'étions pas armés. Nous étions dans la neige jusqu'à la

> taille. Et nous étions en présence d'une troupe deux fois plus nombreuse que la nôtre. Ces derniers étaient bien armés et soutenus par une force importante au fort tout près, encore excitée par les événements de la veille.

Malgré ses appréhensions, Boulton ordonne à ses hommes de se rendre et de marcher vers le fort. « Justitia », c'est-à-dire Alexander Begg, s'exprime avec incrédulité sur cet événement, dans le *Globe*, en se demandant : « Quand donc toutes ces tracasseries vont-elles finir? » Il se répond à moitié à lui-même, poursuivant : « Seulement deux jours se sont écoulés depuis que les derniers prisonniers ont été relâchés, et voilà qu'un deuxième groupe presque aussi nombreux que le premier vient d'être capturé. »

La question qui se pose, bien sûr, n'est pas tant de savoir pourquoi Boulton s'est rendu, mais pourquoi ses hommes ont circulé en plein jour à la vue des gens du fort? L'expédition de Portage est un désastre du début à la fin. Elle n'aurait jamais dû avoir lieu, ou du moins ne pas avoir été poursuivie. Voici l'évaluation qu'en fait « Justitia » dans le *Globe* :

> Si l'on songe à la garantie de Riel de relâcher les derniers prisonniers, et à la possibilité d'une entente rapide avec le Dominion, offerte par les émissaires du Canada, ceux qui sont venus sous la forme d'une troupe armée, en criant vengeance aux gens de Fort Garry, ont attisé la flamme du mécontentement des Anglais jusqu'à un éclatement tel qu'ont été semées pour longtemps les graines de la discorde.

Charles Boulton ne semble avoir été mêlé à cette affaire que par naïveté. Sa propre explication, pour peu qu'on puisse s'y fier, nous laisse entrevoir un pauvre niais, faible et insensible, incapable de prévoir les conséquences de ses actes. Boulton aurait dû exercer l'autorité dont il jouissait pour amener ces jeunes têtes chaudes à se comporter de manière plus sensée et, en aucun cas, il n'aurait dû se joindre à eux. Les participants à l'opération prétendront ne pas avoir eu vraiment de chef. Alexander McPherson se rappellera que le groupe de Portage « paraissait agir impulsivement ». Alexander Murray parlera de l'expédition en précisant qu'« il n'y avait pas vraiment quelqu'un qui commandait ».

La frousse du major Boulton

Quel qu'ait été son rôle dans cette expédition, Charles Boulton en payera le prix fort. Le jeune officier militaire canadien fait en grande partie les frais de la colère de Louis Riel. On ne peut guère justifier la conduite de ce dernier. Son leadership et le gouvernement provisoire ne sont plus menacés par un conflit armé. Riel a réussi à dénouer toute l'affaire de manière positive, en appelant à l'unité et à l'appui au gouvernement provisoire. La capture des hommes de Portage, qui lui sont tout simplement tombés entre les mains, est peut-être une occasion trop belle à manquer. Mais le comportement décrit par Charles Boulton dans ses mémoires, et dont la plupart des détails ont été corroborés par d'autres témoins, ne nous paraît guère indispensable dans les circonstances.

Boulton est séparé de ses hommes et enfermé dans une pièce voisine avec les jambes enchaînées. La pièce n'est pas chauffée et il y fait très froid. Après un bout de temps, Riel finit par ouvrir la porte et, sans même entrer dans la pièce, prononce ces mots : « Major Boulton, préparez-vous à mourir demain à midi. » Boulton répond : « Très bien », puis trouve de quoi écrire à l'archidiacre anglican John McLean pour lui demander de venir le voir. Riel entre dans la pièce en vue de questionner Boulton sur les objectifs de l'expédition des gars de Portage cherchant à savoir, surtout, quelles étaient ses intentions lorsqu'il cherchait le leader Métis à Winnipeg. Riel reviendra sur ce sujet plus tard dans sa confrontation avec Thomas Scott, ce qui donne l'impression que cela avait une très grande importance pour lui. Riel ajoute qu'il permettra à McLean de venir le voir. Le ministre anglican, dans un « état de grande excitation et d'anxiété », réussit à faire reporter l'exécution de 12 heures. Il n'y pas eu de procès d'aucune sorte. Boulton est persuadé que ses gardiens ne lui veulent pas de mal et prétendra 15 ans plus tard que l'objectif de Riel était « de faire naître la terreur au sein de la population et d'asseoir sa position en tant qu'autocrate de la région ». Aucun doute qu'au cours des récentes semaines au fort, le chef Métis n'a cessé de formuler des menaces de mort autour de lui. Il est impossible d'affirmer toutefois si celle-ci est plus sérieuse que les autres, s'il s'agit d'une tactique de manipulation publique ou s'il a vraiment l'intention de terroriser l'entourage.

On peut facilement comprendre que Boulton ait eu de la difficulté à dormir la veille de l'exécution dont on l'a menacé. La pièce est froide et inconfortable, et ses gardiens sont pénibles. Un Métis, de toute évidence très agité, vient régulièrement le réveiller pour prier avec lui. Tôt le matin, on fait sortir cette sentinelle qui semble avoir perdu la raison, et que Boulton identifiera plus tard avec insistance comme le père de Norbert Parisien. Ce dernier est toujours vivant, mais agonise des suites de sa blessure à Kildonan. Son remplaçant est plus calme et se tient pelotonné dans un coin. Vers 15 h, Boulton entend un drôle de gargouillement et jette un coup d'œil pour s'apercevoir que le gardien est mort. Une escouade arrive au pas dans la pièce et Riel lui-même procède immédiatement à une enquête. Il en vient à la conclusion que la sentinelle est morte d'apoplexie. Le Métis refuse qu'on enferme une troisième sentinelle avec le prisonnier. Riel offrira ultérieurement à Boulton de le relâcher si Schultz et Mair se rendent. Le prisonnier doute que Shultz accepte de se sacrifier.

Par la suite, Boulton apprend que Riel subit la pression d'un grand nombre de gens qui lui demandent de se montrer compatissant. Il maintiendra tout de même ses menaces de mort jusqu'au 18 février. On rapporte que Thomas Scott, John Taylor et George Parker, tous trois capturés avec les autres gars de Portage, et qui ont participé à la recherche de Riel à Winnipeg, ont également été condamnés à mort sans procès. Les parents de John Sutherland, victime de meurtre, demandent la grâce des prisonniers condamnés. Riel aurait répondu : « Vous avez sauvé trois vies, mais le capitaine Boulton doit souffrir. » Donald A. Smith confiera plus tard à Boulton que, dès qu'il a entendu parler de la menace, il a su « qu'il devrait offrir quelque chose d'égale valeur contre la vie de Boulton ». Smith pense de toute évidence que Riel harasse Boulton en vue d'obtenir une concession quelconque. Ce n'est pas avant 22 h 30 le 18 février, toutefois, que l'archidiacre McLean pourra informer le condamné qu'il jouit d'un sursis d'une semaine. Sa vie ne sera épargnée que si Donald A. Smith peut convaincre les paroisses anglophones d'élire des délégués qui viendront rencontrer les Métis au Conseil du gouvernement provisoire.

Smith rapporte à Ottawa que Riel a d'abord refusé de céder sur le sort de Boulton parce que les anglophones et les colons canadiens s'étaient moqués des Métis. Selon Riel, la paix est impossible tant que les Métis n'auront pas donné un exemple de leur fermeté, de manière à ce que l'opposition se rende compte qu'ils sont sérieux. L'exécution de Boulton devait servir d'exemple. Finalement, vers 22 h, Riel accepte de libérer le Canadien, avouant à Smith : « Jusqu'ici, j'ai été sourd à toutes les supplications, et si je vous accorde la vie de cet homme, je voudrais vous demander une faveur. » Smith répond : « N'importe quoi que je puisse faire en tout honneur. » Riel poursuit : « Le Canada nous a désunis, utiliseriez-vous votre influence pour nous réunir [?] Vous pouvez le faire, et éviter la guerre, cette guerre civile sanguinaire. » Tout ce que veulent les Métis, soutient-il, c'est tout simplement d'obtenir les droits qui leur reviennent en tant que sujets britanniques. Pour y parvenir, ils ont besoin que les anglophones se joignent à eux. « Alors, dit Smith, il faudrait que je les rencontre immédiatement et que je les encourage à élire des délégués dans ce but. » Riel répond : « Si vous pouvez faire cela, vous éviterez une guerre. Non seulement sauverez-vous des vies, mais vous obtiendrez la liberté des prisonniers, car c'est du succès de votre démarche que dépend la vie de tous les Canadiens de cette contrée. »

Smith est très cinglant dans ses commentaires sur l'intervention des gars de Portage, comme il l'écrire plus tard à Joseph Howe :

> Non seulement ce soulèvement était-il téméraire, mais il n'était pas justifié, car même sans cela les prisonniers auraient sûrement été libérés. Le groupe était complètement désorganisé, armé de façon hétéroclite, sans vivres ne serait-ce que pour un repas, et absolument incapable de traiter avec les francophones désormais unifiés. [...] Dans de telles circonstances, on peut comprendre que leur cause était mal servie et ne pouvait que mener à la catastrophe. Ce fut une tentative déplorable qui n'a réussi qu'à amener toute la colonie aux pieds de Riel.

La promesse de Smith, de contribuer à obtenir l'appui des anglophones, a sans doute exercé plus d'influence que la deuxième visite à Riel de mademoiselle Victoria MacVicar. Elle vient voir le chef Métis accompagné par un James Ross éméché. En entrant chez Riel, elle se jette à ses genoux et crie : « Pitié! Pitié! Pitié! » Boulton quant à lui s'est endormi, épuisé par ce supplice. Riel ne tarde pas à venir le réveiller, portant devant lui un fanal. Selon Boulton en 1886, Riel aurait dit : « Major Boulton, je suis venu vous voir. Je suis venu vous serrer la main et vous faire une proposition. Je vois que vous êtes un homme capable, un leader. La population anglophone n'a pas de chef. Voulez-vous vous joindre à mon gouvernement et être leur chef? » Boulton prétend avoir trouvé la proposition plutôt comique. Elle l'était effectivement, mais elle était aussi teintée de sérieux. Il se reprend et se dit prêt à considérer la proposition si tous les prisonniers sont libérés, mais n'en entendra plus parler.

Cet incident avec Boulton préfigure de bien des façons la confrontation ultérieure de Riel avec Thomas Scott, dans laquelle Riel ne changera pas d'idée. La condamnation de Boulton à mort sans aucun procès valable, et ce n'est pas la seule menace de ce genre faite par Riel dans des circonstances similaires, suggère que Monsieur le Président ne s'embarrassait guère des subtilités légales. Il avait le pouvoir et entendait bien s'en servir. Sa conversation avec Donald A. Smith suggère que Riel savait parfaitement bien ce qu'il faisait, mais qu'il évaluait mal les conséquences potentielles.

Bien que Riel se désintéresse maintenant de Boulton pour mettre tous ses efforts à retrouver les deux Canadiens, John Christian Schultz et Charles Mair, ces derniers ont réussi à quitter la colonie. Le 21 février, Schultz se dirige vers le sud en raquette, en compagnie de Joseph Monkman, dans le dessein d'atteindre la tête de ligne américaine du chemin de fer. Charles Mair quitte la Rivière-Rouge en traîneau à chiens à peu près en même temps. Donald A. Smith, aidé de l'archidiacre McLean et de Henry McDermott, tient sa promesse en faisant le tour des paroisses anglophones en vue de promouvoir l'idée d'une collaboration avec le gouvernement provisoire. Ces émissaires racontent que le nouveau gouvernement « a été mis sur pied dans le dessein d'effectuer le transfert de la contrée au Canada et, en attendant, de veiller à la sécurité de toutes les personnes et leurs possessions ». Ce gouvernement ne désire pas d'élections conditionnelles ni accueillir de candidats liés par des directives. Certaines élections locales avaient déjà été tenues avant la date des élections générales du 26 février.

Le 23 février 1870, le premier ministre Macdonald écrit à son ami et ancien collègue du Cabinet, Sir John Rose, qui se trouve alors en Angleterre. Il l'entretient de sa rencontre avec Mgr Taché à Ottawa. L'évêque avait décidé d'interrompre sa participation au concile, au Vatican, afin de revenir à la Rivière-Rouge. Taché approuve la décision de ne pas nommer de commissaire impérial en vue de négocier avec le gouvernement provisoire. « Nous sommes tous de cet avis n'est-ce pas : ce serait une erreur de leur envoyer un Anglais blasé, tout à fait ignorant du pays, et grincheux comme le sont tous les Anglais. » Bien qu'il ne le dise pas dans sa lettre, on avait renvoyé Taché à la Rivière-Rouge dans l'espoir qu'il puisse calmer les Métis. L'entente non officielle conclue entre le premier ministre et l'évêque fera plus tard l'objet d'une grande controverse. Macdonald lui dit en fait qu'il attend une délégation de la Rivière-Rouge à Ottawa. Il s'attend à ce qu'on envoie le « redoutable Riel » qu'on pourrait sûrement coopter. « S'il vient par ici, ce que vous savez probablement maintenant, il est foutu. [...] Il n'y a pas de place au Cabinet pour Riel, écrit le premier ministre, mais on pourrait en faire le sénateur du territoire. » Macdonald note qu'il espère doter le territoire d'une police montée le long des limites de la force constabulaire irlandaise. Il ajoute : « Ces Sang-mêlé impulsifs brûlent de se battre depuis cette émeute. Il faut les tenir d'une main de fer jusqu'à ce qu'ils soient disséminés par l'arrivée de nouveaux colons. » Cette seule phrase nous révèle que le premier ministre n'a pas perdu ses préjugés au sujet des Métis et qu'il a l'intention de les noyer dans la masse par l'afflux de nouveaux immigrants. D'un bout à l'autre de cette lettre toutefois, Macdonald laisse entendre que le Canada négociera avec le gouvernement provisoire.

Pendant ce temps à la Rivière-Rouge, où Riel semble parvenir à résoudre la plupart de ses difficultés, Alexander Begg rapporte que, le 24 février, le président est alité à la maison de Henry Coutu, souffrant d'un accès de « fièvre cérébrale ». Des prêtres et des religieuses se précipitent à son chevet et on fait venir sa mère pour le soigner. Pendant que Riel est retenu au lit, Joseph Howe fait parvenir un télégramme à Mgr Taché l'avisant que la Liste des droits est finalement arrivée à Ottawa. Elle est « dans l'ensemble satisfaisante, mais laissons les délégués venir régler les détails ». Riel se remet rapidement, quelle qu'ait été sa maladie, et reprend son travail au bout de quelques jours. On serait tenté d'exploiter cette crise, qu'on n'a jamais décrite autrement qu'en termes laconiques. Riel est sûrement le candidat idéal pour toutes sortes de malaises dus au stress, physique ou psychologique. Il est plein d'ardeur et de vitalité. Bon nombre d'observateurs ont mentionné sa manie de faire les cent pas, et son incapacité à rester calmement assis quand il est préoccupé par les diverses facettes de ses responsabilités. Il ne semble pas posséder de moyen observable d'évacuer le trop-plein de stress. En tout état de cause, nous ne disposons tout simplement pas d'assez de renseignements sur la nature de sa maladie pour formuler des hypothèses.

De retour à son poste, il se rend compte que les problèmes ne se sont pas réglés d'eux-mêmes. Au moins quelques paroissiens anglophones ont dit clairement reconnaître le gouvernement provisoire, mais uniquement à cause de Charles Boulton. La tâche de nourrir ses partisans armés, surtout, commence à préoccuper Riel. Ce dernier saisit les provisions qui restent, et vide le caveau à légumes du fort. Il ordonne d'abattre systématiquement le bétail appartenant à la Compagnie et qu'on laisse dans la prairie l'hiver. Il fait dire aux Métis qui hivernent dans la prairie de se tenir prêts à vendre leur pemmican au gouvernement provisoire. Il les invite également à venir se battre au printemps si nécessaire. Riel reconnaît que son gouvernement est toujours menacé par la colonie elle-même, par les Autochtones des prairies, et certainement par le gouvernement canadien.

L'opinion publique canadienne est plus difficile à jauger que l'attitude des ministres du Canada. En février, les éditoriaux des journaux de l'Est sont moins favorables à Riel et au soulèvement qu'ils ne l'étaient en novembre, mais l'opinion est encore partagée. Après le retour au Canada de l'infortuné et impopulaire William McDougall, le *Globe* de Toronto revient à sa position teintée de ce noble canadianisme qui lui est plus familier, combiné à une hostilité croissante envers Louis Riel. Le 22 février, le *Globe* traite Riel de « grand potentat du Nord » et, le 26 février, après avoir appris l'incarcération d'A.G.B. Bannatyne, du docteur Cowan, et du gouverneur McTavish, le journal émet l'avis que « toute cette histoire est le résultat d'un arriviste passionné et simple d'esprit jouissant d'une quelconque autorité éphémère, et qui n'en fait qu'à sa tête ». Ce point de vue fait écho à une évaluation antérieure d'un journaliste du *Globe*, Robert Cunningham. Quelques jours plus tard, on demande au premier ministre s'il veut vraiment « acclamer Riel comme empereur du Nord-Ouest? » Pour sa part, la *Gazette* de Montréal, dans son important éditorial du 8 février, continue de dénoncer le comportement des Ontariens à la Rivière-Rouge et le *Globe* qui l'encourage.

Au Québec, comme en Ontario, la réaction des journaux aux événements de la Rivière-Rouge semble bien plus une affaire de partis que la défense des intérêts d'un groupe ou d'une race. Les journaux conservateurs appuient le gouvernement et désapprouvent les Métis. Les journaux de l'opposition tendent à être plus favorablement disposés aux aspirations du peuple de la Rivière-Rouge, mais considèrent généralement qu'il s'agit d'une question d'autodétermination plutôt que d'une lutte raciale à plus grande échelle. Au début du mois de février, afin d'illustrer l'attitude de la population dans la colonie, un journal cite cette affirmation attribuée à John Bruce : « Pour nous, le Canada n'est qu'une puissance étrangère. » Au même moment, vers la fin de l'hiver 1870, on reconnaît de plus en plus au Québec la possibilité d'un problème sectaire et racial à la Rivière-Rouge, en grande partie en réaction à l'hostilité manifestée contre les Métis par la presse ontarienne. Celle-ci est fortement portée à attribuer la rébellion dans l'Ouest aux manigances des prêtres catholiques qui souhaiteraient y fonder une province catholique française. Même si des journaux québécois discernent de l'anticléricalisme dans certaines attitudes ontariennes, ils ne prennent la défense ni de Louis Riel ni des Métis. L'affaire Scott, et notamment la réaction ontarienne à l'exécution de Scott, viendra bientôt changer la tournure des événements.

-5-

La sortie de Thomas Scott

Donald A. Smith et le révérend John McLean parviennent sans problème à persuader les collectivités anglophones d'élire et d'envoyer des délégués au Conseil, en vue d'organiser le nouveau gouvernement provisoire. Par contre, au moins quelques paroisses tiennent à préciser qu'elles ne reconnaissent le gouvernement provisoire que parce que leur assentiment a été extorqué à la pointe du fusil. Les gens de Portage écrivent à Riel qu'ils ont répondu à l'ordre de Donald A. Smith, de reconnaître le gouvernement provisoire, uniquement pour sauver la vie de Charles Boulton. Ils retireront leur appui à la première occasion. D'autres paroisses réagissent de façon similaire. À ce stade de la rébellion, arrive sur le devant de la scène l'aventurier d'origine irlandaise et loyaliste canadien, Thomas Scott.

Bien que Riel ne puisse encore le savoir à l'époque, toute sa vie sera désormais marquée par sa confrontation avec Scott et par l'exécution de ce dernier. C'est en raison de cette exécution qu'on ne pourra pardonner à Riel son comportement à la Rivière-Rouge. Sans cette amnistie, il lui est impossible d'élire domicile au Manitoba. Il sera même banni du Canada, ce qui provoquera chez lui une sorte de crise psychologique et spirituelle dont les premiers signes se manifesteront à partir de 1875. C'est également la raison pour laquelle il finira par demander la citoyenneté américaine. Riel se rendra compte que la mort de Scott a marqué un tournant dans sa vie. Il reviendra sans cesse là-dessus dans ses écrits. On compte d'ailleurs parmi les derniers gestes qu'il aura posés avant sa propre exécution une tentative de justifier ses activités de 1870.

L'exécution de Scott, mais surtout la réaction des Ontariens à cette exécution, constitue un pivot important dans les relations entre les anglophones et les francophones du centre du Canada. Auparavant, la plupart des Canadiens français étaient prêts à considérer cette affaire comme une question politique. Ce que souhaitaient les Métis, selon eux, c'était de prendre eux-mêmes les décisions concernant leur avenir. Ils n'y voyaient pas nécessairement de lutte partisane. Après les condamnations de la presse ontarienne accusant Riel et les Métis d'avoir assassiné Scott, représenté comme un martyr orangiste et un partisan, les Québecois n'ont plus d'autre choix que d'appuyer Riel et de soupçonner les anglophones d'être contre les Métis parce que ceux-ci sont français et catholiques. Dans un certain sens, l'affaire Scott marque le premier pas du mouvement indépendantiste québécois.

Les antécédents de Scott

Thomas Scott est né à Clandeboyne, dans le comté de Down, vers 1844. Lord Dufferin, gouverneur général du Canada en 1874, écrit que Scott « est issu d'une famille très honorable. Ses parents louent présentement une ferme sur mon domaine dans les environs de Clandeboye. » Puis il ajoute, « mais lui-même semble être un homme violent et tapageur comme il s'en trouve souvent dans le nord de l'Irlande ». Ces deux affirmations n'ont pas la même valeur. Dufferin est en position d'affirmer que les Scott sont ses locataires, mais en précédant du verbe « semble » sa deuxième affirmation, relative au tempérament querelleur de Scott, le gouverneur général s'est peut-être davantage laissé inspirer par un stéréotype, provenant de rumeurs, plutôt que par son expérience personnelle. Quand il s'agit de Scott, de telles extrapolations sont fréquentes. Quoi qu'il en soit, Scott arrive au Canada au début des années 1860, probablement dans le dessein de rejoindre son frère Hugh à Toronto.

Dans un des quelques documents qui sont parvenus jusqu'à nous, concernant le séjour de Scott en Ontario, on trouve un témoignage d'un certain capitaine Rowe de Madoc, Ontario. Dans une lettre au commandant du bataillon d'infanterie *Hastings de Sterling*, après la mort de Scott, Rowe écrit : « Je dois vous informer que le malheureux Scott, qui a été assassiné par cette fripouille de Riel, a déjà servi dans ma compagnie, faisant partie du bataillon de *Sterling* en 1868. C'était un compagnon formidable, dont vous vous souviendrez peut-être comme du bras droit du numéro 4 et, je n'hésite pas à le dire, du plus bel homme du bataillon. Âgé de vingt-cinq ans, il mesurait environ six pieds deux pouces. C'était un Orangiste, d'une loyauté irréprochable, et de bonne souche irlandaise. » Le révérend George Young, qui va l'assister à ses derniers moments, publiera ce témoignage dans sa notice biographique de 1897, notant qu'après l'exécution, il avait fait parvenir les papiers personnels de Scott à son frère Hugh. Ces papiers comprennent de « nombreuses lettres de recommandation et des certificats de bonne conduite remis par des enseignantes de l'école du dimanche et le ministre de l'Église presbytérienne qu'il avait fréquentée en Irlande, ainsi que par des employeurs qu'il avait fidèlement servis ».

Dans cet envoi à Hugh Scott, on trouve des économies au montant de 103,50 $. Young rapporte également des propos tirés du journal intime de Scott daté de 1869. D'après ces notes, Thomas et son frère Hugh ramaient sur la baie Belleville en se demandant : « Où serons-nous tous les deux d'ici dix ans? » Malheureusement, Young n'a pas reproduit l'intégralité de tous ces documents avant de les retourner à la famille, et ne peut se référer à la plupart d'entre eux qu'en termes très généraux. Néanmoins, Young a de quoi prouver que Scott a été élevé et éduqué dans la religion presbytérienne, et qu'il y plonge encore quelques racines. Le fait qu'il ait eu des économies suggère qu'il ne menait pas une vie de débauche. L'argent peut avoir joué un rôle important dans le comportement de Scott durant son deuxième emprisonnement. Selon le témoignage d'Alexander Murray au procès de 1874, lui-même et Scott ont été fouillés lors de leur arrestation en février. Murray a vu sa pochette-porte-monnaie confisquée, avec les 60 £ qu'elle contenait. De même pour Scott. Selon Murray, au cours de sa dernière altercation avec Riel, Scott a exigé qu'on lui remette sa pochette.

Comme son commandant de milice le laisse entendre, Scott est de forte constitution et mesure environ six pieds deux pouces. On a conservé une photographie qui nous montre à quel point il est musclé et bien proportionné. De toute évidence, il s'agit d'un homme d'une bonne force physique. Scott est célibataire et, comme de nombreux jeunes gens dans sa situation, il décide en 1869 d'aller s'établir dans l'Ouest. Il rassemble ses documents, lesquels comprennent sans doute les lettres de recommandation qu'il confiera plus tard au révérend Young. Une lettre intime datée de 1870, de S.H. Harvard, et reproduite par Young en 1897, révèle qu'Harvard et Scott ont quitté St. Cloud en diligence à l'été 1869. Puisque le chemin de fer s'arrêtait à St. Cloud à l'époque, Scott s'y est probablement rendu en train. Harvard décrit Scott comme « un jeune homme de grande taille, musclé et charmant, d'environ vingt-quatre ans. Il se conduit bien et les personnes avec qui nous sommes entrés en contact l'ont trouvé particulièrement inoffensif. » Cette observation d'Harvard est formulée alors qu'il est pleinement au fait de l'exécution de Scott. Les deux hommes partagent un lit à une auberge de grand chemin près d'Abercrombie. Scott confie à Harvard qu'il se dirige vers le Cariboo afin de tenter sa chance dans les mines d'or. Si ce renseignement est juste, Scott n'a sans doute pas l'intention de demeurer longtemps à la Rivière-Rouge.

La lettre du capitaine Rowe est l'une des rares preuves originales révélant que Scott est non seulement un Irlandais du Nord ou Ulsterman, mais un « orangiste ». Ce terme désignait alors tous les protestants de l'Ulster anticatholiques, et tout spécialement les membres de l'« Ordre d'Orange » fondé en 1795 en vue d'y perpétuer l'autorité britannique et la suprématie protestante. Le *Globe* de Toronto du 13 avril publie cet avis : « Attendu que notre frère Thomas Scott, membre de notre ordre, a été cruellement assassiné par des ennemis de notre Reine, de notre pays et de notre religion, qu'il soit résolu que nous, les membres de la *Loyal Orange Lodge (L.O.L)* n° 404, par sympathie pour la famille de notre frère disparu, en appelons au gouvernement pour qu'il venge la mort de Scott, et nous engageons à collaborer à la récupération du territoire de la Rivière-Rouge des mains de ceux qui l'ont remis au papisme, et à ce que les meurtriers de notre compatriote soient traduits en justice. » Il est à noter que la loge de Toronto ne précise pas que Scott soit un membre de la *L.O.L.* n° 404, mais simplement qu'il « est un membre de notre ordre ». La loge locale, à laquelle Scott appartenait, ne s'est jamais exprimée, peut-être parce qu'elle se trouvait en Ulster. Il peut être important de noter au passage que, bien que le Canada n'apprenne l'exécution de Scott qu'à la fin mars, ce n'est qu'à la mi-avril qu'on avancera cette preuve de ses liens avec les orangistes, soit après le retour de Charles Mair en Ontario.

On dispose donc de documents à l'appui du fait que l'Ordre d'Orange réclame Scott comme un de ses membres, mais il n'existe aucune preuve que Scott lui-même se soit identifié à l'ordre. Bien que les orangistes de l'Ontario aient réagi massivement à la mort d'un « frère », réaction orchestrée par le mouvement impérialiste « Canada First », Scott lui-même n'a laissé filtrer aucun sentiment anticatholique, et ce même dans les documents d'inspiration métisse. Et même s'il avait été un anticatholique convaincu, cela ne fait pas de lui une personne plus fanatique que le million d'Américains, de Canadiens et de Britanniques du XVIIIe et XIXe siècles qui, comme lui, se montraient antipathiques aux « papistes ». Selon plusieurs intellectuels, cet anti-catholicisme radical de la part des protestants est un des constituants de cette colle forte qui a cimenté la nation britannique au tout début du XIXe siècle. On ne pouvait s'attendre à ce que de pareilles attitudes aient complètement disparu en 1870. Comme nous le verrons plus loin, quelle qu'ait été la position de Scott envers le catholicisme, certaines preuves viennent confirmer l'affirmation de son frère voulant que « là où le principe et la loyauté à notre souveraine et à son pays sont en jeu, il fait preuve d'énormément de bravoure et de loyauté ». La loyauté à la monarchie est un autre attribut des orangistes, sans doute tout aussi important que l'hostilité au Pape.

Une fois arrivé à la Rivière-Rouge, Scott travaille pour John Snow au sein de son équipe employée à la construction des routes. Comme nous l'avons vu précédemment, il poussera ses compagnons de travail à faire la grève contre Snow. À la suite de quoi, en novembre, il sera accusé de voies de fait graves à une cour de justice de Winnipeg. Bien qu'on dira plus tard qu'il avait tendance à boire plus que de raison, on ne dispose d'aucune preuve contemporaine venant confirmer ce fait. Dans la principale preuve avancée par plusieurs biographes à l'appui de cette affirmation, on confond Thomas avec Alfred Scott qui, lui, était buveur. Quelques semaines après son procès pour voies de fait, il figure parmi ceux qui se terrent à la maison du docteur John Christian Schultz, et sera lui aussi fait prisonnier au Upper Fort Garry. On persiste à rapporter des rumeurs selon lesquelles il se serait déjà querellé avec Louis Riel, mais ces dernières ne peuvent être confirmées. Par ailleurs, on ne prend guère au sérieux cette fable datant de 1885 qui veut que Scott et Riel aient été amoureux de la même femme métisse.

Scott après sa première évasion

Scott s'échappe du Upper Fort Garry le 9 janvier 1870, et rejoint les gars de Portage, participant à la fouille de la maison de Henry Coutu le 14 février. Le 17 février, il est repris à proximité du Upper Fort Garry avec les autres membres du contingent. Les témoignages sur la personnalité et le comportement de Scott sont plus que contradictoires, mais la plupart des gens qui l'ont rencontré en parlent comme d'un vrai gentleman, habituellement courtois et bien élevé. Certaines de ses connaissances trouvent qu'il lui arrive de s'emporter et que, parfois, il ne craint pas de dire ce qu'il pense, et de façon même grossière. Il s'en trouve peu pour appuyer l'idée qu'il aurait été le leader des Canadiens ou du Parti canadien au sein de la colonie. Il ne s'y trouvait pas depuis assez longtemps et ses origines étaient trop obscures pour qu'il ait pu gagner leur respect. Ils ont peut-être été impressionnés, tout de même, par le fait qu'il était l'un des plus forts et des plus bruyants « gars » de Portage la Prairie.

Scott fait partie de la poignée de Canadiens à figurer deux fois parmi « les invités » des Métis au Upper Fort Garry. Jusqu'à son évasion, Scott s'était tenu tranquille durant son premier emprisonnement. On ne dispose que de renseignements limités et embrouillés sur son deuxième séjour en prison. Il existe deux versions assez différentes de son comportement au cours de ce deuxième séjour. On doit la première à la plupart de ses compagnons et membres du clergé anglophones, et l'autre à ses geôliers, notamment Louis Riel. Deux points ressortent du témoignage des anglophones. D'abord, la période de temps écoulé entre la capture des prisonniers et la comparution en cour martiale de Scott a été relativement courte, moins de deux semaines, surtout si l'on considère tout le temps consacré à la menace d'exécution de Charles Boulton!

Ensuite, aucun de ceux qui avaient été emprisonnés avec lui, ni aucun des membres du clergé, dont le témoignage s'est rendu jusqu'à nous, ne semble avoir passé beaucoup de temps en sa présence. Enfin, aucun d'eux n'a vraiment parlé de son comportement, si ce n'est Alexander Murray et George Sanderson (dans un compte-rendu verbal très ultérieur). Selon Sanderson, Scott n'aurait cessé de lancer des injures à tout le monde y compris aux autres prisonniers. Par contre, on se demande de quel endroit privilégié du Upper Fort Garry il aurait eu l'occasion d'observer Scott. Selon Alexander Murray, on a d'abord enfermé Scott dans une pièce attenante à celles des autres prisonniers. Plus tard, on l'a transféré dans une pièce du côté opposé. Scott a certainement fini par être mis en isolement. Murray ajoute : « J'ai entendu dire que Scott avait eu plus d'une fois maille à partir avec ses gardiens, mais je ne l'ai jamais constaté de mes propres yeux. » Rares sont les prisonniers qui ont effectivement assisté à une confrontation pendant la plus grande partie de leur séjour au Upper Fort Garry en tant que prisonniers.

George Newcombe, pour sa part, prétend que Scott n'aurait causé des difficultés que peu de temps avant son exécution. C'est aussi ce qu'affirme Alexander Murray, qui a laissé un récit détaillé des dernières heures de Scott :

> J'ai vu Riel, Lépine et O'Donoghue la veille de l'exécution de Scott. Ils étaient dans la pièce occupée par les gardes. Riel est entré et m'a demandé si j'étais un Canadien. Je lui ai dit : « Non! Mais j'appartiens à ce groupe. » Je suis retourné à ma cellule. Il m'a suivi et il avait l'air de vouloir regarder dans la pièce. J'ai fermé la porte et j'ai dit aux autres gars de rester tranquille parce que Riel, O'Donoghue et Lépine étaient dans la salle des gardes. Je me suis agenouillé pour regarder par le trou de la serrure. J'ai entendu frapper à la porte de Scott. Un des gardes a entrouvert la porte. Scott a dit : « Je veux sortir d'ici. » La deuxième fois que la porte s'est ouverte, Riel s'est approché de Scott, et ce dernier lui a dit qu'il voulait être traité comme du monde. Riel lui a répondu qu'il ne le méritait pas et l'a traité de « chien ». Scott réclamait sa pochette-porte-monnaie… je crois. Riel a répondu qu'il ne l'avait pas et la porte s'est refermée. J'ai compris qu'il devait satisfaire un besoin naturel.

Charles Boulton raconte à peu près la même chose dans ses mémoires. Bien que tout cela se soit déroulé pendant une période de temps relativement courte, les gardiens ont eu plusieurs altercations avec Scott. Environ une quinzaine de jours après leur capture, Boulton reconnaît la voix de Scott provenant de la pièce où les gardes se trouvaient. Il réclamait sa pochette-porte-monnaie. Une bonne bagarre s'ensuivit à la suite de quoi on a enfermé Scott. Boulton a tenté de savoir ce qui s'était passé et on lui a appris que Scott venait d'avertir les prisonniers de ne pas s'occuper d'Alfred H. Scott ni des autres ayant sollicité leur vote. La visite d'Alfred H. Scott permet de dater cette confrontation à la fin février, et le récit de Boulton est en partie corroboré par Riel lui-même. Plus tard, Scott demande à sortir (sans doute pour se rendre aux cabinets). On le lui refuse, ce qui entraînera une autre altercation. Riel et O'Donoghue rendent visite à Scott ce même après-midi et en soirée, « et s'adressent à lui en termes violents ». Boulton affirme qu'il n'a pas eu la possibilité de rencontrer Scott avant la fin du procès en cour martiale. « J'ai réalisé qu'on lui avait posé les mêmes questions qu'à moi, et qu'on lui avait appliqué une sentence selon le même procédé. J'ai dit à Scott de faire très attention à ses paroles car je sentais que Riel préparait quelque chose et pourrait le faire mourir si l'occasion se présentait. » Au point où on en était, ce conseil arrivait trop tard.

Les témoignages de plusieurs ministres protestants qui ont connu Scott sont assez déroutants. Dans le cadre du procès de Lépine, le révérend John McLean rapporte à la cour que, suite à la menace d'exécution de Charles Boulton, il avait révélé aux prisonniers le marché conclu avec Riel, par lui et Donald A. Smith, en vue de sauver la vie de Boulton. Il voulait leur consentement et admet avoir tenté de l'obtenir en disant aux prisonniers qu'il « pensait que leur vie était en danger ». Mais cet avertissement ne visait pas Scott en particulier. Les souvenirs de McLean concordent assez bien avec ceux de Donald A. Smith, bien qu'ils diffèrent quelque peu. Smith fait mention d'une visite le 4 mars du père Joseph-Jean-Marie Lestanc qui se serait exprimé sur la mauvaise conduite des prisonniers. Selon Smith :

> J'ai réagi avec surprise à ses propos, car les prisonniers, sans exceptions, avaient promis à l'archidiacre McLean et à moi-même, qu'étant donné leur situation désespérée, ils s'engageaient à se comporter de manière à ne pas provoquer les gardes. Nous les avons encouragés à songer à la promesse de monsieur Riel de les libérer rapidement.

Smith ajoute qu'un prisonnier nommé Parker a été décrit comme étant assez détestable sans qu'un seul mot au sujet de Scott ne soit prononcé. Ce récit suggère fortement que les prisonniers se sont montrés turbulents au début de leur emprisonnement si ce n'est plus tard.

Le révérend McLean témoigne également au procès de 1874 :

> J'ai rencontré Scott un jour, les menottes aux mains et les fers aux pieds. Je lui ai demandé comment il allait et ce qu'il faisait là. Il

> me répond qu'il a eu des problèmes avec les gardes. Au cours de la conversation, je lui demande s'il a besoin de réconfort spirituel et, en m'éloignant, je lui demande la permission de revenir le voir. Mais le soir même il comparaissait devant le tribunal et a été exécuté le lendemain. J'étais absolument ignorant du danger qu'il courait. C'est plus tard que j'ai appris que c'était le dernier jour de sa vie.

Le révérend George Young, missionnaire méthodiste à Winnipeg, prétendra en 1874, dans le cadre de son procès, qu'il n'a jamais eu de conversation avec Thomas Scott avant le 3 mars. À ce moment-là, le Canadien avait été jugé et n'était plus aux fers. Il ajoute toutefois que, lors d'une très brève visite à Scott le samedi précédent, il avait noté que Scott était enchaîné. Les propos de Young dans ses mémoires datant de 1897 diffèrent sensiblement :

> Le dimanche 27 février, je visitais quelques prisons où j'ai eu la douleur d'apprendre que Scott avait été mis en isolement. Je me suis vite rendu auprès de lui. Je l'ai trouvé dans un état lamentable : la pièce était sale et privée de chauffage; il n'avait qu'une seule couverture sur laquelle s'étendre ou pour se couvrir, et portait des chaînes aux mains et aux pieds. Rien d'étonnant, dans de telles conditions, que je l'aie trouvé frissonnant et en piteux état. Je lui ai demandé pour quelles raisons on le traitait de la sorte. Il m'a assuré qu'il n'en savait rien et m'a fait la promesse d'éviter autant que possible d'agir ou de parler de manière à indisposer les gardes.

On peut faire plus ou moins concorder les récits des ministres protestants (et celui d'Alexander Murray) en tenant pour acquis que la première véritable altercation de Scott avec ses geôliers (telle que racontée par Murray et Boulton) s'est produite le samedi 26 février, et que Scott a été aux fers au moins du samedi au jeudi suivant, alors qu'il a subi son procès et a été désenchaîné en préparation de son exécution. Mais la chronologie est toujours un peu boiteuse, ce qui donne à penser que la plupart des preuves ont été fabriquées bien après les événements.

Le point de vue des Métis sur le cas de Thomas Scott diffère beaucoup. On peut difficilement se fier à la preuve présentée au procès de Scott, jugé par un conseil métis le 3 mars, pour connaître avec certitude ce qui s'est réellement passé, et ce que Scott a pu faire pour offusquer les Métis à ce point : les dossiers du procès ont été détruits. On dispose du récit d'un seul témoin oculaire, celui de Joseph Nolin, secrétaire privé d'Ambroise Lépine. Nolin décrit le procès de 1874 lors du procès de son supérieur accusé du meurtre de Scott. Parce que son témoignage est le seul récit original dont nous disposions, et parce que les documents connexes sont tellement embrouillés au regard des détails, il vaut la peine de citer au long ce témoignage de Nolin (tel que rédigé par des sténographes non officiels) :

> Scott a subi son procès le soir du 3 mars. Il a été jugé par un conseil présidé par Lépine et composé de Janvier Richot, André Nault, Elzéar Goulet, Elzéar Lagimodière, Baptiste Lépine, et Joseph Delorme. J'étais secrétaire du Conseil. Scott n'était pas présent au début. On a interrogé quelques témoins pour savoir ce que Scott avait fait de mal. Ces témoins étaient Riel, Ed Turner et Joseph Delorme. Je ne me souviens d'aucun autre témoin, ni de la nature des témoignages. Scott était accusé de s'être rebellé contre le gouvernement provisoire et d'avoir frappé le capitaine des gardes. Riel a prononcé un discours, contre Scott je crois. Après les témoignages, Scott a comparu devant le Conseil. Riel m'a demandé de lire à Scott ce qui venait de se dérouler au Conseil. Je n'ai rien lu, car je n'avais rien écrit. Riel a alors expliqué les faits reprochés à Scott et lui a demandé s'il avait quelque chose à dire pour sa défense. Scott a répondu quelque chose, mais je ne me rappelle plus quoi. Riel n'a pas demandé à Scott s'il avait un témoin. Il n'y avait pas d'accusation écrite contre Scott. Le Conseil a siégé pendant environ trois heures. Il s'est réuni vers 7 heures du soir, a pris quelques notes concernant les faits, les a écrites comme il se doit et a donné ce rapport à l'adjudant général. Ritchot a proposé, appuyé de Nault, que Scott soit condamné à mort. Lépine a annoncé qu'il serait exécuté. C'était la volonté de la majorité, alors il fallait l'exécuter. Ceci a mis fin aux affaires du Conseil. Riel a expliqué à Scott sa sentence, et lui a demandé s'il avait quelque requête à faire ou s'il voulait parler à un ministre du culte. Je ne me souviens pas de la réponse de Scott. Riel a dit que si le ministre se trouvait au Stone Fort, il l'enverrait chercher. Puis il a ajouté qu'il enverrait Scott à sa cellule, qu'on enlèverait ses chaînes et qu'on lui donnerait une plume, de l'encre et du papier pour qu'il puisse écrire ce qu'il veut. Riel a ensuite annoncé à Scott qu'il serait exécuté le lendemain à 10 h. Je ne sais pas ce que Scott a répondu. Au moment du vote, Baptiste Lépine a dit qu'il n'était pas d'accord pour qu'on fasse mourir le condamné. Il a dit que, jusqu'à maintenant, on avait réussi à ne pas verser le sang et qu'on serait mieux de ne pas commencer maintenant. Ed Turner a emmené Scott à sa cellule. J'ai vu Lépine le lendemain matin vers 8 h. Lépine m'a dit d'écrire un rapport de ce qui s'était dit

au Conseil. Riel est venu voir le rapport et m'a dit que ce n'était pas officiel. Alors il m'a dicté un rapport à partir des notes sur les faits reprochés à Scott. Je ne me rappelle pas ce que Riel a changé. J'ai donné le rapport à Lépine quand j'ai eu fini.

Retournons maintenant au déroulement du procès selon Nolin.

Nolin ne mentionne que deux accusations : Scott « s'est rebellé contre le » (peut-être faudrait-il lire « s'est opposé au ») gouvernement provisoire, et a frappé le capitaine des gardes. Il élabore un peu dans son témoignage : « Scott a été accusé d'avoir prit les armes contre le gouvernement provisoire après avoir juré de ne pas le combattre. Il a aussi été accusé d'avoir frappé un des gardiens et Riel lui-même. » Au contre-interrogatoire, Nolin ajoute : « L'accusation d'avoir frappé Riel et le garde concerne l'accrochage qui a eu lieu dans la salle des gardes » et celle d'avoir pris les armes concerne sa participation à l'expédition des « gars de Portage ». Il existe une autre preuve, par contre, qui nous aide à mieux comprendre les accusations.

Donald A. Smith est un témoin important dans l'affaire. Il est le commissaire délégué par le Canada à la Rivière-Rouge et se trouve encore au Upper Fort Garry au moment de l'incarcération de Scott. Le 4 mars à 11 h, Smith reçoit la visite du révérend George Young et l'informe de l'exécution de Scott, prévue pour midi. Young vient voir Riel pour plaider sa cause, mais sans succès. Il demande d'abord d'annuler la condamnation à mort, puis un sursis, alléguant que sur le plan spirituel, le jeune Irlandais n'est pas prêt à mourir. Le ministre envoie un messager informer Smith de son échec. Ce dernier, accompagné du père Lestanc, rend visite à Riel. Le chef des Métis se tourne vers Smith en disant : « Je vais vous expliquer. » Dans un rapport subséquent à Ottawa, Smith relate les propos de Riel :

> Riel aurait dit en substance, que Scott n'a pas cessé de leur causer des problèmes et qu'il a été l'un des meneurs lors du soulèvement contre Snow, l'été précédent, alors qu'il travaillait sous les ordres de ce dernier à la construction de la route. Snow dirigeait l'équipe à qui le gouvernement canadien avait confié les travaux. Il s'est également soulevé contre le gouvernement provisoire en décembre et on lui avait alors épargné la vie. Il s'est de nouveau enfui et a été repris en armes. On lui a encore une fois accordé le pardon (faisant sans doute référence à la promesse qu'il m'avait faite de protéger la vie de tous les prisonniers), mais c'est un incorrigible. Il n'a pas su apprécier la clémence avec laquelle nous l'avons traité. Il était brutal et grossier envers les gardes et m'insultait (Riel). Son exemple avait une mauvaise influence sur les autres prisonniers qui étaient

> devenus insubordonnés au point qu'il devenait très difficile d'empêcher les gardes de riposter.

Riel ajoute à l'intention de Smith que Scott lui aurait confié que lui-même et les gars de Portage avaient l'intention de prendre Riel en otage pour la sécurité des prisonniers. Smith, qui n'avait jamais rencontré Scott, répond que le pire portrait tracé par Riel de l'Irlandais le décrit comme un « homme irréfléchi et maladroit que personne ne voulait fréquenter ». Cette déclaration correspond aux propos de Riel tels que résumés par Smith, et non à la propre évaluation de ce dernier, bien que plusieurs biographes les rapportent comme s'il s'agissait de la propre évaluation de Smith. Les accusations de Riel contre Scott, selon Smith, ne méritaient pas la peine de mort. À partir de cette évaluation, il est difficile de ne pas être du même avis. Le soulèvement contre Snow n'a rien à voir avec cette affaire; la fouille de la maison de Winnipeg est une conséquence naturelle des conflits internes de l'époque; et Scott n'a jamais prêté serment de bonne conduite. Bien entendu, les prisonniers doivent se conduire de façon appropriée et se montrer dociles, mais les responsables de la prison peuvent généralement s'attendre à un autre comportement, surtout au beau milieu d'une guerre civile. D'un autre côté, Riel n'est pas en train d'accuser Scott d'avoir trahi son serment, et le Canadien a certainement participé activement à un soulèvement armé contre le gouvernement provisoire.

À la fin de ce long entretien, qui retarde l'exécution de Scott au-delà du moment prévu, Donald Smith fait remarquer que, jusque-là, le soulèvement n'a pas encore fait couler le sang et que si cela arrivait, les négociations avec le Canada seraient plus difficiles. À cela Riel répond : « Il faut que le Canada nous respecte » puis donne un autre exemple du comportement répréhensible de Scott. Lorsque Alfred Scott, à la demande de Riel, va voir les prisonniers afin d'obtenir leur participation à la future élection des conseillers au gouvernement provisoire, à Winnipeg, c'est Thomas Scott qui s'avance pour déconseiller l'appui au gouvernement provisoire en disant : « Les gars n'ont rien à faire avec ces Américains. » Riel et Smith se querellent ensuite sur le rôle que jouent les Américains dans le soulèvement. Smith prétend que les commentaires de Scott sont insignifiants, mais Riel rétorque : « Ne tentez pas de nous monter contre les Américains. Même si nous ne sommes pas des leurs, ils sont de notre bord et ils sont plus amicaux avec nous que les Canadiens. » Quoi qu'il en soit, la conversation telle que rapportée par Smith ne nous dit pas vraiment pourquoi Riel trouve ces propos et agissements de Scott si insultants. Charles Mair, qui n'a pas fait partie du deuxième contingent de prisonniers, raconte une autre version de l'histoire d'après ce que Murdoch McLeod, qui avait assisté à la scène, lui en aurait dit. Selon

McLeod, Scott aurait crié : « Les gars, faites ce que vous voulez, mais moi je refuse. » Sur ce, on lui aurait « mis les fers qu'on venait d'enlever à Boulton ». De toute façon, Riel met fin à sa discussion avec Smith par ces mots : « J'ai accompli trois bonnes choses jusqu'à présent. J'ai sauvé la vie de Boulton sur votre demande, et je ne le regrette pas du tout, car c'est un chic type; j'ai pardonné à Gaddy, et il a montré sa gratitude en s'évadant du bastion, mais je ne lui tiens pas rigueur de sa vie misérable; et maintenant, je vais fusiller Scott. »

Les explications données à Smith, à propos des accusations, s'accordent assez bien avec le témoignage de Joseph Nolin de 1874. Elles s'accordent plus ou moins également avec les affirmations subséquentes d'amis du gouvernement provisoire exprimées immédiatement après l'exécution. La première sera publiée dans *The New Nation*, le journal de la Rivière-Rouge sous le contrôle de Riel, le jour même de l'exécution de Scott. L'article du *New Nation* parle du « soldat T. Scott » lui attribuant (ainsi qu'aux gars de Portage) un statut militaire officiel, ce qui donne à l'événement un caractère militaire. On y lit que lors de sa deuxième arrestation, Scott s'est montré « très violent, adoptant une attitude et un langage grossier, dérangeant et insultant les gardiens, allant jusqu'à menacer le président ». *The New Nation* rapporte en détail les menaces de Scott contre Riel : « Il (Scott) jurait à tout venant que s'il réussissait à sortir, il tuerait le président; il a également affirmé être à la tête d'un groupe d'habitants de Portage qui, en route vers Kildonan, se sont arrêtés à la maison de M. Coutu pour vérifier si le président ne s'y trouvait pas, avec l'intention de l'exécuter. » Donald Smith rapporte les propos de Riel selon lesquels Scott aurait admis avoir espéré obtenir une rançon en échange du président, s'il avait réussi à le capturer, mais ne fait aucune autre mention de menaces de violence.

Le deuxième article contemporain de l'événement sera publié en mars dans le journal clérical de Québec, *Le Courrier de Saint-Hyacinthe*. Cet article sera traduit et paraîtra dans le *Globe* du 7 avril 1870. Le correspondant commence son article comme suit : « Je vous fais parvenir les détails suivants afin que vous puissiez vous en servir en réponse aux attaques qui ne manqueront pas de venir. » D'après ce compte-rendu, Scott a « suscité un complot contre M. Snow » dont la vie a été sauvée par les Métis ». Lorsque les habitants de Portage se sont « soulevés contre le gouvernement provisoire, il figurait parmi les partisans les plus acharnés. Ces derniers sont entrés dans une maison de Winnipeg, dans laquelle le président passait souvent la nuit, pendant que d'autres entouraient la maison. Leur intention était probablement de tuer monsieur Riel. » De nouveau en prison, Scott a « insulté le président, et attaqué un capitaine et un soldat. Son insolence était telle qu'à un certain moment, le capitaine Boulton a demandé la permission d'aller dans sa cellule pour le faire tenir tranquille. » (Selon Boulton, sa seule visite à Scott serait survenue après qu'on ait prononcé la sentence de mort.) Dans sa lettre au *Courrier*, le correspondant soutient que le comportement de Scott avait une très mauvaise influence sur les autres prisonniers. Son exécution devait servir d'exemple et « sans doute à prévenir de nombreuses pertes de vies ». Le correspondant poursuit en affirmant que même si on a offert à Scott de voir un ministre du culte, ce dernier aurait répondu au révérend George Young « qu'il n'appartenait à aucune religion ». Sur ce, Riel a ordonné à tous les soldats du fort de prier pour que Scott revienne à de meilleures dispositions. Cette lettre a probablement été écrite par le père Lestanc qui, conformément au texte, a intercédé en faveur de ce malheureux « qui s'était rebellé et avait pris les armes contre une autorité reconnue par les deux populations ». Ce correspondant ne semble pas avoir saisi l'ironie d'un gouvernement rebelle exécutant un loyaliste pour rébellion!

Nous en avons assez entendu à présent pour réaliser que, quelles que soient les raisons avancées pour l'exécution de Scott, son comportement ne suffisait pas à la justifier, du moins tel que l'ont décrit ses ennemis de l'époque. Avant de tenter d'expliquer pourquoi Thomas Scott a été mis à mort, et c'est un sujet complexe, deux questions méritent un examen sérieux. La première est la nature des procédures légales qui ont mené à la mise en accusation et à la condamnation de Scott. L'autre est la façon dont Riel lui-même a vécu cette exécution dans les années qui ont suivi.

Comme nous l'avons vu, Louis Riel semblait prêt à exécuter le major Boulton (ou William Gaddy) sans l'ombre d'un procès. Dans le cas de Thomas Scott, on a appliqué une procédure légale. Cette procédure, toutefois, ne suit aucune règle habituelle du système juridique civil anglais ou français. C'est à peine si on peut y reconnaître une comparution sommaire devant une cour martiale. Joseph Nolin affirme sans hésitation que Scott n'était pas présent pendant une grande partie du procès, soit la présentation des faits à l'appui des accusations contre lui. À l'intention de Scott, Louis Riel a lui-même résumé partiellement les accusations et les preuves à l'appui en anglais. Scott n'a pas été condamné sans avoir été entendu. Il a eu l'occasion de répondre aux accusations, bien qu'il n'ait pas eu celle d'interroger les témoins de la preuve. Selon le révérend Young en 1874, Scott aurait dit après coup s'être « objecté à un procès qui se déroulait dans une langue qu'il ne comprenait pas. Mais on lui a répondu que cela ne faisait aucune différence, car il était un sale type et qu'il devait mourir. » Son objection n'est pas tout à fait juste. En sa présence, au tribunal, on s'est adressé à lui en anglais. Mais il n'était pas toujours là, et n'a pas entendu les témoignages déposés contre lui, lesquels ont été formulés en français.

Durant tout ce temps, il n'y avait personne aux côtés de Scott pour le conseiller au point de vue juridique, et on dira plus tard qu'il était plutôt abasourdi tout au long du procès. De toute évidence, il ne s'y trouvait pas au moment du vote, lequel n'a pas été unanime. En effet, les membres du tribunal étaient divisés. Le frère d'Ambroise Lépine figurait parmi ceux qui s'opposaient à la peine de mort, et c'est le vote de l'adjudant général lui-même qui a brisé l'égalité.

Bien que les procédures de ce tribunal correspondent en grande partie à la façon habituelle des Métis d'administrer la justice en temps de chasse au bison, ces derniers n'avaient jamais eu auparavant à juger un cas de peine capitale. Il ne s'agissait certainement pas d'un procès courant dans l'administration du gouvernement provisoire. D'un autre côté, bien que la composition du tribunal et ses procédures aient été inusitées, rien ne dictait que le procès de Thomas Scott doive suivre les règles d'autres instances ni même leurs propres usages. Ambroise Lépine était l'adjudant général du gouvernement provisoire. Il était chargé de l'administration de la justice. Les personnes impliquées pouvaient plaider la nécessité d'appliquer les mesures d'urgence, et c'est ce qu'ils ont fait. Le vrai problème, comme nous le verrons plus loin, concerne la légitimité du gouvernement provisoire, et non la légalité des procédures ayant mené à la condamnation de Scott.

La remarque a déjà été faite, Louis Riel continuera, dans les années 1870, à se remémorer fréquemment l'exécution de Scott dans une série d'écrits et d'entretiens, peut-être dans le dessein de se justifier à ses propres yeux, bien davantage qu'aux yeux des autres. Il est intéressant de noter à quel point, dans ces retours en arrière, le caractère de Scott devient chaque fois un peu plus déplaisant, et ses fautes de plus en plus graves.

Riel revient sur l'affaire Scott en 1872, dans un texte intitulé « Mémoire ayant trait aux difficultés de la Rivière-Rouge ». Dans ce document, Riel associe Scott aux perturbateurs « Schultz et Cie ». Riel y raconte l'intrusion dans la maison d'Henri Coutu dans l'intention de le capturer, mais ne dit pas que Scott aurait menacé de le tuer. Il mentionne la mort de Sutherland et de Parisien, mais ne blâme personne en particulier. Riel écrit que Scott a été très violent au cours de sa deuxième incarcération. Il s'étend longuement sur le comportement de l'Irlandais en prison. Le dernier jour de février, Scott exaspère vraiment ses gardiens, « résistant à ses gardiens par la force ouverte, forçant les portes de sa prison. » [...] Les gardes « le saisirent, le traînèrent en dehors et s'apprêtaient à le sacrifier, lorsqu'un des membres francophones du Conseil survenant dans ce moment le leur arracha. » Bien qu'il n'en parle pas, Riel était probablement en convalescence à ce moment-là. Riel calme les gardiens le jour suivant, mais « Scott ayant renouvelé ses actes outrés, les soldats demandèrent à grands cris que l'affaire fût laissée au conseil de guerre », ce qu'ils obtiennent finalement le 3 mars. Riel appelle le tribunal qui a condamné Scott un « conseil de guerre » plutôt qu'une cour martiale. L'impression que Riel laisse dans ce document est qu'il a été poussé à agir en raison de l'insistance des gardiens et du refus de Scott (ou son incapacité) à coopérer. Dans son texte, Riel ne précise ni ne décrit la nature exacte du comportement répréhensible de Scott.

Dans leur fameuse lettre à Alexander Morris en janvier 1873, Riel et Ambroise Lépine s'exprimeront d'une façon quelque peu différente, mais en insistant toujours sur le comportement de Scott en prison. Scott et « M. [Murdoch] McLeod » s'acharnaient sur la porte de leur prison et insultaient leurs gardiens au point de les frapper, invitant les autres prisonniers à en faire autant » et, écrit Riel, seule une punition pouvait mettre fin à leur état d'excitation. C'est ainsi, écrivent Riel et Lépine, qu'ils ont décidé de faire appel à l'autorité pleine et entière du gouvernement. Pourquoi on a choisi Scott pour faire un exemple et libéré McLeod demeure un mystère.

Riel aborde ces mêmes thèmes dans un essai rédigé en 1874, probablement au moment où il s'est retrouvé en exil dans l'état de New York, et intitulé *L'Amnistie. Mémoire sur les causes des troubles du Nord-Ouest et sur les négociations qui ont amené leur règlement amiable.* Ce document reprend toute l'histoire de la rébellion du point de vue de Riel et des Métis tout à la fois. Scott y est décrit comme « l'un des plus dangereux partisans du Dr Schultz, de McDougall, et de Dennis ». C'est la première fois que Riel attribue à Scott un rôle de meneur chez les Canadiens. Sa participation à la recherche du président du gouvernement provisoire à Winnipeg constitue une preuve irréfutable qu'il s'était soulevé contre cette autorité. De nouveau emprisonné, lui et son comparse Murdoch McLeod « forcèrent les portes de leur prison, se ruèrent sur les gardes, invitant leurs compagnons à faire comme eux ». Riel écrit : « Tous demandèrent que Scott comparaisse devant un conseil de guerre, et comme le jeune Irlandais persistait dans sa mauvaise conduite il fut finalement convoqué, car on craignait de nouveaux troubles. » On ne précise pas de quels « troubles » il s'agit. Scott « fut examiné sous témoignages assermentés : il fut jugé coupable et condamné à mort. » Le 4 mars « cette autorité de gouvernement qui nous avait été provisoirement confiée pour le bonheur d'une colonie anglaise » a servi à « désarmer nos ennemis ».

L'Amnistie sera publiée dans *Le Nouveau Monde* de Montréal, sous forme de brochure, au début du mois de janvier 1874. La réaction ne se fera pas attendre et prendra la forme d'une longue lettre du docteur

James Spencer Lynch, l'un des plus farouches partisans des Canadiens à la Rivière-Rouge, à l'époque de la rébellion. Cette lettre sera publiée dans divers journaux. Lynch avait fait partie des hommes séquestrés à la maison du docteur Schultz en 1869. Il avait joué un rôle actif dans la campagne anti-Métis et anti-gouvernement provisoire en Ontario au printemps 1870. Dans sa lettre, Lynch s'oppose à l'interprétation de Riel des événements de 1869-1870 et ce, sur plusieurs points, y compris la condamnation à mort de Thomas Scott. Lynch critique surtout le procès de Scott qui, selon lui, a été mal mené, en français, une langue que l'accusé ne comprenait pas. Lynch condamme également le moyen employé et le temps choisi pour exécuter la sentence. Riel répond à la critique décousue de Lynch par un document tout aussi décousu. Sa réponse paraîtra dans *Le Nouveau Monde* du 12 mars 1874. Riel nie catégoriquement que le procès de Scott se soit déroulé en français alléguant que, « durant le procès, tout ce qui a été dit en français, a été traduit en anglais : et tout ce qui a été dit en anglais a été traduit en français. » Ce démenti manque un tant soit peu de franchise, étant donné la description détaillée des procédures du conseil de guerre, faite ultérieurement sous serment par Joseph Nolin.

Dans cette même lettre, Riel nie également que Lynch soit parvenu à réhabiliter « le caractère de Scott » en affirmant que l'Irlandais « était raisonnable » et qu'il « avait des habitudes régulières ». La réponse de Riel est digne d'attention, car les attaques contre l'intégrité de Scott atteignent un nouveau palier, révélant plusieurs nouvelles accusations contre lui. Riel écrit : « Lors de l'assassinat de Parisien, il est dit que Scott attacha au cou de Parisien encore vivant, une ceinture, et qu'après avoir bien noué l'autre bout de la ceinture à la queue d'un cheval, Scott monta en croupe sur le même cheval et le lança à la course traînant ainsi Parisien un bon quart de mille. »

Scott était en bonne voie de devenir le « sale type qui devait mourir ». Que le jeune Irlandais ait « voulu assassiner » monsieur Snow en 1869 à Pointe de Chênes est une ancienne accusation. Ce qui ressort pour la première fois de cet incident c'est que la collectivité se souvient des désordres créés par Scott et ses compagnons au cours de ces soirées tumultueuses. « Quand l'heure de la nuit était venue, ils se rendaient dans des maisons d'où les hommes étaient absents, effrayant par le désordre de leur conduite, les femmes et les enfants, s'emparant des maisons, y dansant autant d'heures qu'il leur plaisait, gardant les portes et les fenêtres pour empêcher les femmes et les enfants de fuir, et d'avertir les voisins. Voilà ce que toute la paroisse de la Pointe de Chênes connaît. Scott était-il raisonnable? avait-il des habitudes régulières? Que les lecteurs en jugent. » C'est sur ces mots que Riel termine sa lettre.

Au cours des quelques années qui suivirent, Riel reviendra souvent sur ses écrits à propos de l'exécution de Scott, semblant réaliser parfaitement bien avoir contribué à une erreur de jugement désastreuse. Dans un fragment datant de 1874 ou 1875, par exemple, Riel écrit : « Si j'ai mal fait de faire exécuter Th. Scott, ô divin esprit, daignez me le faire connaître parfaitement afin que je vous en demande pardon, que j'en implore la contrition parfaite et que j'en fasse pénitence; afin que j'en demande pardon aux hommes; afin que j'avoue hautement cette faute, si je l'ai faite. » Mais Riel n'ajoute rien de nouveau sur Scott dans ces écrits jusqu'à ce qu'il se rende du Montana à Winnipeg, en juin 1883. Il accorde alors une entrevue à un journaliste du *Winnipeg Daily Sun.* Il est difficile de se faire une idée juste de cette entrevue qui, par sa franchise, diffère assez d'une autre accordée dès le lendemain au *Winnipeg Daily Times.* Au journaliste du *Sun,* Riel n'hésite pas une seconde à mentionner l'exécution de Thomas Scott parmi les gestes qu'il serait prêt à refaire. Il soutient que la présence de Mgr Taché n'aurait rien changé, « car c'était moi le chef, et quand je pense avoir raison, aucun homme ne peut me faire changer d'idée ».

Riel insiste pour dire au journaliste du *Sun* que Scott était un important chef loyaliste, « influent et très présent » derrière Schultz, Dennis, et Boulton. Schultz et Dennis étaient hors d'atteinte du gouvernement en 1870, admet Riel. « Ils étaient plus coupables aussi » dit-il, « quoique Scott était suffisamment coupable ». Riel raconte au journaliste du *Sun* que Scott a bien failli mourir aux mains des Métis, après avoir tenté d'assassiner un gardien. L'Irlandais s'était « emparé d'une baïonnette qui se trouvait dans la pièce et essayait de transpercer un des gardiens après avoir inséré l'arme dans une ouverture de la porte de l'endroit où ils se tenaient. Il a toujours été une tête chaude et violent. » Riel appuie ses dires en citant pour exemple l'une des « folies » de Scott, racontant à nouveau comment ce dernier aurait attaché une ceinture au cou de Parisien, et l'avait tiré après avoir noué l'autre bout à la queue d'un cheval. Sa description fait de Scott un homme violent autant envers les humains qu'envers les animaux. Riel ajoute qu'en réponse à son exhortation à Scott de rester tranquille, au Upper Fort Garry, ce dernier lui aurait dit : « Tu me dois le respect. Je suis un homme loyal et vous êtes les rebelles. » Du point de vue de Scott, naturellement, cette observation est indéniable. Du point de vue de Riel, elle appuie l'opinion selon laquelle Scott ne cessait de les insulter.

Selon des propos rapportés par une tierce personne, et publiés dans de nombreux journaux canadiens en 1885, Riel aurait laissé entendre à son confesseur, le père Alexis André, peu avant sa propre exécution, qu'il considérait maintenant la mort de Scott comme une « erreur politique », mais non un crime. Riel aurait ajouté que Sir John A. Macdonald exécutait Louis Riel pour la même raison que ce dernier avait exécuté Scott, « pour le bien du pays ». Il poursuit : « J'admets que l'exécution de Scott a été mal orchestrée, mais je l'ai fait parce que je l'ai cru nécessaire. Il a essayé de tuer ses gardiens. Ils sont venus me voir pour me dire qu'ils n'en venaient pas à bout. La rébellion était sur le point d'éclater dans tout le pays, mais aussitôt que Scott a été fusillé, ça c'est calmé. »

Nous ne saurons jamais si Scott était l'homme « raisonnable avec des habitudes régulières » décrit par le docteur Lynch, ou le monstre décrit par Louis Riel. Il est un fait, de toute première importance, qui ne semble faire aucun doute par contre. En effet, aucune preuve contemporaine ne vient appuyer le fait que l'appartenance de Scott à l'Ordre d'Orange ait été connue publiquement et qu'on en ait eu des échos à la Rivière-Rouge. La première fois qu'on en fait mention, c'est dans une dépêche d'un journaliste de St. Paul parue dans le *Globe* du 31 mars, selon laquelle « Riel l'avait tué [Scott] parce qu'il était orangiste et anti-clérical ». À cette époque, Charles Mair et les autres réfugiés étaient dans la capitale du Minnesota. Mair, en particulier, s'entendait bien avec Scott et ce renseignement émanait probablement de lui, car il correspond à l'interprétation de l'exécution de Scott qui a toujours été la sienne. L'appartenance de Scott à une loge orangiste a ultérieurement été établie par la presse ontarienne dans les avis de décès, puis renforcée par la campagne de publicité menée par le groupe « Canada First » qui a contribué à orchestrer une réaction à l'exécution de Scott à l'échelle provinciale. Mais rien dans les premiers écrits provenant de la Rivière-Rouge n'indique l'appartenance de Scott à l'Ordre d'Orange. Begg, dans son journal, parle de Scott comme de l'un des prisonniers et Donald A. Smith, dans son rapport, mentionne seulement son état de prisonnier.

The New Nation dit de Scott qu'il était l'un de ceux « qui sont venus ici du Canada l'été dernier » et aucune des lettres envoyées aux journaux à propos du procès pour voies de faits graves ne fait mention d'une loge orangiste. Taché, dans sa lettre à Joseph Howe, mentionne que Scott est un prisonnier « venu du Canada avec M. Snow », et *Le Courrier de Saint-Hyacinthe* précise seulement qu'il vient du Haut-Canada et qu'il prétend n'appartenir à aucune religion. Une lettre au *Montreal Witness,* en provenance de la colonie et datée du 26 mars, répétant le compte-rendu du *New Nation* sur le « meurtre » de Scott, ne fait aucunement mention d'une loge orangiste. Aucune des premières explications de Louis Riel sur les méfaits de Scott ne fait référence à l'orangisme et, de fait, on ne dispose d'aucun témoignage contemporain à la colonie (y compris les témoignages de Riel) qui puisse prouver que Scott était orangiste ou qu'il ait même prononcé des paroles racistes ou des insinuations malveillantes contre la religion. Avant sa mort, Scott aurait proféré bien des paroles indécentes, et bien des accusations contre Riel qu'il traitait de rebelle, mais jamais il n'a été accusé de fanatisme politique ou religieux. Parmi les documents retrouvés après sa mort, on n'en a retrouvé aucun qui indique son appartenance à l'Ordre d'Orange. Toutes les discussions sur l'attitude raciste et malveillante de Scott à l'égard de la religion sont fondées sur les écrits parus au Canada central après sa mort.

D'autre part, si Scott n'était pas un raciste ni un fanatique religieux, Louis Riel et les Métis ne l'étaient pas non plus. Ce n'étaient pas des questions de race ou de religion qui nourrissaient la confrontation entre Scott et les Métis. Ces questions sont des ajouts ultérieurs au problème, à mesure que l'Ontario et le Québec profiteront de la situation pour reprendre leurs vieilles hostilités. Du point de vue de Riel, l'exécution de Scott était un geste politique rendu nécessaire par le contexte politique de la Rivière-Rouge, au début du mois de mars 1870.

L'exécution de Thomas Scott

Thomas Scott se retrouve face à un peloton d'exécution métis le 4 mars 1870, à environ une heure de l'après-midi. L'exécution avait été fixée à midi, mais sera retardée d'une heure en raison d'une intervention de dernière minute de Donald A. Smith qui tente de lui sauver la vie. Même avant son exécution, le sort de Scott commençait à s'envelopper de mystère et de mythes. Scott était déjà en train de devenir le « martyr de la Rivière-Rouge », l'innocente victime de la vengeance de Louis Riel, le principal personnage d'un événement qui marquera la vie de Louis Riel pour le reste de ses jours. Les témoins oculaires ne s'entendent pas sur presque tout ce qui concerne l'exécution de Scott : ses dernières paroles, ses derniers gestes, et même la façon dont il est mort. La lecture des comptes rendus originaux nous fait surtout réaliser la fragilité du sens d'observation humain, notamment de la mémoire. Plus de 100 spectateurs, apparemment attirés par la rumeur de l'exécution imminente s'étant rapidement répandue dans le village de Winnipeg, sont déjà sur place quand Scott et le peloton d'exécution sortent des murs du Upper Fort Garry. Ces témoins, de même que les personnes qui ont participé plus directement à l'exécution et qui voulaient bien s'en rappeler, ne pouvaient se mettre d'accord excepté sur le fait que Scott a été plaqué contre les portes du côté est du fort et que c'est là qu'il a été abattu. À part ces deux faits élémentaires, tout ce qu'on a raconté d'autre varie énormément.

Certains disent que Scott est arrivé les yeux bandés alors que d'autres soutiennent qu'on lui a bandé les yeux une fois contre le mur.

Personne ne prétend qu'il ait eu les mains liées derrière le dos bien que plusieurs illustrations, de l'exécution, produites ultérieurement le montreront les mains liées. Il semble que Scott n'ait cessé de prier une fois dehors. Selon le révérend George Young, qui l'a assisté à ses derniers moments, Scott aurait dit en s'éloignant de sa cellule : « C'est affreux! Ils vont commettre un meurtre de sang-froid. Assurez-vous de dire la vérité. » (Young publiera longtemps après, dans ses mémoires, de nombreux détails sur la mort de Scott, mais ceux-ci proviennent de la description contemporaine qu'en a faite Donald Smith dans une lettre publiée qu'il avait fait parvenir à Joseph Howe.) Une fois hors du fort, Scott a demandé au révérend Young s'il devait rester debout ou s'agenouiller. Il s'est alors jeté à genoux dans la neige pour prier. Young a demandé : « Peux-tu croire maintenant que ton salut vient par le Christ? » et Scott a répondu « Je pense que je peux maintenant. »

D'après la plupart des récits, six hommes manifestement sous l'effet de l'alcool ont tiré sur Scott avec des fusils de chasse ordinaires. Il s'agissait probablement de mousquets, car c'est ce que les Métis utilisaient pour chasser. Ce n'était sûrement pas des fusils de grande précision. Le nombre de balles ayant atteint Scott varie d'un récit à l'autre. Plusieurs observateurs, y compris Young, s'accordent à dire que le jeune homme n'est pas mort sur le coup. Plusieurs prétendent que Scott a tout de suite été achevé par un membre du peloton qui lui a tiré une balle de revolver dans la tête. Aucun membre du corps médical n'a vérifié s'il était vraiment mort. Son corps a été déposé dans un cercueil construit à la hâte. Les témoins parlent d'une « grande boîte de bois brut » qu'on a clouée puis transportée à l'intérieur du fort.

Le révérend Young demande qu'on lui remette le corps afin de l'ensevelir, mais on lui répond qu'il ne pourra l'avoir que si l'évêque de la Terre de Rupert leur garantit un enterrement sans grandes démonstrations. Le jour suivant, Young et l'évêque Machray se rendent au fort avec l'intention de récupérer le corps. Louis Riel les reçoit en s'excusant de les décevoir, mais l'adjudant général (Ambroise Lépine), étant chargé de disposer du corps, a décrété qu'il serait enterré dans l'enceinte du fort. Lépine n'a jamais expliqué le pourquoi de son geste, mais on suppose qu'il voulait éviter qu'on élève un monument à la mémoire du « martyr » dans le village de Winnipeg. Young poursuit la discussion avec Riel après le départ de l'évêque, ajoutant que la mère de Scott a droit au réconfort de savoir que son fils a reçu une sépulture chrétienne. Il se souvient que Riel semblait « très mécontent d'apprendre que [Scott] avait encore une mère pour le pleurer ».

Dans son journal intime, Alexander Begg note qu'après la mort de Scott « une profonde tristesse s'est abattue sur la colonie après le fait ». Par contre, dans les pages suivantes, Begg montre que la vie ne s'est pas arrêtée à la Rivière-Rouge pour autant. Plus d'un mois se passe avant que la colonie ne prenne connaissance de la réaction du Canada au sort de Scott. Pendant ce temps, Riel et le gouvernement provisoire continuent d'administrer le territoire, et bien des choses se passent! Le 5 mars, Louis Schmidt émet une ordonnance au nom du président selon laquelle la ville de Winnipeg devient la capitale officielle du Nord-Ouest, délimitant ses frontières et demandant qu'on élise ce même jour deux membres au gouvernement provisoire. Des bruits courent, apparemment portés par le même courant que celui de la mort de Scott, que le retour de Mgr Taché est imminent. Certaines de ces rumeurs, qui s'avéreront sans fondement, veulent que l'Angleterre envoie des commissaires négocier avec les rebelles. Les chefs du parti américain se réunissent avant les élections qui devaient avoir lieu dans la soirée, à Winnipeg, et choisissent Bob O'Lone et Alfred H. Scott (deux *Yankees*) comme représentants du gouvernement provisoire. Ceux que Begg appelle « la meilleure classe d'Américains » ne semblent pas approuver le choix d'un hôtelier et de son barman.

Ce qui se dit aux environs de Winnipeg dans les jours qui suivent la mort de Scott donne à penser que Riel n'en a pas fini avec les opposants au gouvernement provisoire. On dit que Murdoch McLeod, l'autre prisonnier bruyant aux côtés de Scott, aurait été mis aux fers, et même qu'on allait bientôt le fusiller. Alexander Begg parle d'autres arrestations, sans commenter. *The New Nation* publie un court article sur la mort de Scott. Alexander Begg inscrit dans son journal que Riel a insisté pour réviser l'article avant qu'il ne soit publié, mais qu'il n'avait aucune idée de la nature de ces révisions. Ce que nous savons par contre, c'est que le major Henry M. Robinson, rédacteur du *New Nation,* a dit à George Young le soir de l'exécution que Scott était encore vivant cinq heures après la fusillade. Robinson répétera ces dires à un journaliste du Minnesota, lesquels seront éventuellement publiés dans les pages du *St. Paul Daily Press*, probablement enjolivés de quelque façon. Dans l'article américain, Robinson raconte que Riel lui a montré le cercueil et que, horreur, il entendait une plainte : « Sortez-moi d'ici! Mon Dieu que je souffre! » Ce que nous savons également c'est que, dans la colonie, on aimait discuter ouvertement des sanglants détails des souffrances de Scott encore en vie après avoir été fusillé.

Quelles que soient les raisons pour lesquelles Louis Riel ait autorisé l'exécution de Scott, ni lui ni personne d'autre à la colonie n'auraient pu prédire la fureur que sa mort allait causer à l'est du Canada. Sa perte aurait-elle été causée du fait qu'il n'était pas un des meneurs et qu'il pouvait être sacrifié? Riel pourrait bien s'être trompé en croyant que personne ne se plaindrait de la mort de Scott, qu'il ne manquerait à personne et qu'on ne pourrait utiliser sa mort de quelque façon, que ce soit dans la colonie ou chez les Canadiens. Si la décision de permettre l'exécution de Scott fut une bavure, ce fut l'une des premières commises par Riel. Malheureusement, ce fut aussi la pire qu'il puisse commettre!

-6-

La réaction du Canada

Mgr Taché arrive enfin à la Rivière-Rouge le 9 mars 1870, le jour même où le Conseil du gouvernement provisoire se réunit pour la première fois. Riel rencontre l'évêque et prend tout de suite des mesures pour l'empêcher d'entrer en contact avec le public, postant à sa porte une garde de 20 hommes. Il semble que le président tienne à être le premier à entendre ce que Mgr Taché a à dire avant de le laisser aller et venir dans la colonie. Riel débute la réunion du Conseil du gouvernement provisoire (créé le 10 février et entré en fonction le 7 mars) par un long discours, lequel sera par la suite imprimé et distribué dans la colonie. Sur les 24 représentants élus, 19 sont présents à la rencontre. Les Métis sont plus nombreux que les anglophones, mais ils ont aussi été plus rapides à élire leurs membres. Riel fait remarquer, avec une fierté évidente, « que pour la première fois dans l'histoire de la contrée, la population a une voix dans la direction des affaires publiques ». Il souhaite qu'il n'y ait plus de rassemblement public perturbateur, et plaide pour l'unité et « l'esprit de conciliation ». Riel informe aussi l'assemblée de l'arrivée de Mgr Taché, non sans préciser qu'il ne sait pas encore si celui-ci « est ou non investi du plein pouvoir de nous accorder ce que nous demandons ».

Taché est effectivement revenu à la colonie en tant qu'émissaire du Canada, mais sans plus de pouvoir que ses prédécesseurs. Il mentionne, toutefois, que le gouvernement canadien croit que la liste de revendications ratifiée par la « convention des Quarante » pourrait contribuer à résoudre l'impasse. Il présente aux rebelles deux versions d'une offre d'amnistie, toutes deux très limitées semble-t-il. La première se trouvait déjà dans la proclamation émise par le gouverneur général Sir John Young en décembre 1869, laquelle n'a jamais été publiée à la Rivière-Rouge. En vertu de ce document, Young ordonnait aux personnes agissant au mépris de la loi de se disperser pacifiquement et de retourner chez eux, et promettait de ne sévir envers aucune « des parties impliquées dans ces déplorables entorses à la loi » si les actes de désobéissance prenaient fin. La proclamation ne précise pas à quelle date la rébellion doit avoir pris fin, mais maintenant que les insurgés en sont enfin informés, sans s'y être encore assujettis, l'offre d'amnistie formulée dans la proclamation pourrait expirer sous peu, si ce n'est déjà fait.

Une lettre plus tardive du premier ministre Macdonald, apportée par Taché, contient une tout autre offre : « Si le gouvernement de la Compagnie est rétabli, non seulement une amnistie générale sera accordée aux insurgés, mais dans le cas où la Compagnie demanderait à être remboursée pour tels effets, le gouvernement canadien verrait à donner toute la protection nécessaire aux insurgés. » Si les rebelles prenaient la relève du Conseil d'Assiniboia plutôt que de fonder un nouveau gouvernement provisoire, ou encore si le gouvernement provisoire actuel se proclamait Conseil d'Assiniboia, il se pourrait que cette offre soit maintenue. Mais ce n'est pas le cas dans les circonstances. L'archevêque soutiendra plus tard avoir aussi formulé des promesses non officielles. Il avait pris la peine de demander au premier ministre si son offre comprenait ou non des actes répréhensibles inconnus, ou qui n'avaient peut-être pas encore été commis, et s'était fait répondre par l'affirmative. Mais rien du genre n'a été transposé sur papier et le Conseil d'Assiniboia n'a jamais été rétabli. Ce que le Canada offre, en définitive, repose sur des conditions qui n'ont jamais été remplies par les rebelles. Mgr Taché et Louis Riel se rencontrent au Upper Fort Garry le lendemain de la réunion du Conseil, et discutent possiblement des soi-disant « offres » du Canada, de sa position, mais rien de cet entretien n'est parvenu jusqu'à nous.

Le dimanche 13 mars, Mgr Taché prêche à la cathédrale devant une très grande assemblée. Le pape lui-même a fait comprendre à l'archevêque que son devoir est de rester auprès de son peuple, leur dit-il. Il décrit son trajet de retour et son séjour à Ottawa, puis ajoute que le Canada traitera les gens de « ce pays » avec justice et, d'après Alexander Begg, leur conseille « d'être charitables et tolérants les uns envers les autres et de travailler en harmonie ». L'archevêque fond en larmes à plusieurs reprises et son auditoire (dont fait partie Louis Riel) en fait autant. Lors d'une autre réunion du Conseil du gouvernement provisoire, le 15 mars, Mgr Taché aborde encore une fois le sujet de l'amnistie inconditionnelle, laissant entendre que le Canada s'y est engagé. À cette rencontre, Mgr Taché ne parle pas directement de la mort de Thomas Scott, mais fait seulement allusion à « des circonstances regrettables » dues aux récents événements dans la colonie. L'archevêque signale que les deux gouvernements, canadien et britannique, condamnent les gestes posés par William McDougall et John Dennis. Il lit un télégramme qui lui a été adressé par Joseph Howe, dans lequel ce dernier affirme que le gouvernement peut négocier à partir de la Liste des droits. Le Canada, dit-il, attend les délégués de la Rivière-Rouge.

Louis Riel réplique en déclarant que la Compagnie de la Baie d'Hudson sera autorisée à reprendre ses transactions commerciales sur-le-champ. Selon Alexander Begg, Riel parle aussi de « diriger le gouvernement provisoire de manière à l'amener aussi près que possible du futur gouvernement ». Riel a, de toute évidence, compris la condition exigée par le premier ministre dans sa lettre à l'archevêque, en ce qui a trait à l'amnistie, et s'applique à la remplir sans vraiment laisser tomber le gouvernement provisoire. On charge ensuite un comité, créé à cet effet, de rédiger la constitution du gouvernement provisoire. Cette concession de Riel sera quelque peu engloutie dans le scandale provoqué par l'exécution de Scott. Riel réagit également en poursuivant le processus déjà entamé de libérer graduellement les prisonniers détenus au Upper Fort Garry. Il promet de libérer les derniers sous peu.

La plupart des prisonniers libérés quittent la colonie à la mi-mars, de même que quelques autres Canadiens dont l'épouse du pasteur George Young et Victoria MacVicar. Alexander Begg mentionne dans son journal que plusieurs autres songent à partir, y compris le consul américain Oscar Malmros. Ce dernier quitte la Rivière-Rouge parce que le Sénat américain a publié ses précédents rapports, ce qui le met dans une position quelque peu embarrassante, mais aussi parce qu'il semble bien que le Canada remportera la lutte pour la colonie. En route vers St. Cloud, Malmros, myope et de petite taille, est abandonné par son attelage de chiens. Un groupe de Canadiens, avec lesquels A.W. Graham voyage, sortent Malmros du banc de neige, lui offrent une goutte de brandy et pour marquer son passage, ils enfoncent un manche de hache dans la neige à l'endroit où il a chuté. Après la mi-mars, la route entre Winnipeg et Grand Forks est assurément très achalandée, en grande partie par des réfugiés quittant la Rivière-Rouge.

Envoi des délégués à Ottawa

Les délégués choisis pour négocier au nom de la colonie à Ottawa, soit le juge John Black, M. Alfred H. Scott et l'abbé Noël-Joseph Ritchot, ne se sont pas mis en route dès la réception du message de Mgr Taché disant qu'ils seraient bien reçus dans la capitale. Ils attendent, disent-ils, une température plus clémente pour voyager vers le sud jusqu'au terminal de la voie ferrée américaine à St. Cloud. Le juge Black, surtout, est réticent à partir trop tôt ou, comme certains le prétendent, à partir tout court. Il peut être risqué de voyager en hiver. Les chefs de file canadiens John Christian Schultz et Charles Mair ont tous deux quitté la colonie à la fin février, soit en raquettes ou en traîneau à chiens, et les deux ont traversé avec peine le désert de neige du nord des

États-Unis. Le groupe de Mair a pris des chevaux à Grand Forks, pour remplacer l'attelage de chiens, mais un mois après leur départ de Portage, ces hommes entreront finalement au Fort Abercrombie sans raquettes, en tenant par la bride des chevaux exténués. Schultz aura des problèmes de santé toute sa vie, qu'il attribuera partiellement à ce voyage de 1870 à travers les plaines. Un autre facteur à considérer, non moins important que la température, ce sont les manigances de dernière minute, en coulisse, au sujet des lettres de référence et des dernières directives aux délégués. Comme la suite des événements nous l'apprendra, ce délai fera en sorte que les délégués arriveront en Ontario au moment où la réaction du public par rapport à l'exécution de Thomas Scott aura atteint son point culminant, ce qui ira à l'encontre de leurs intérêts.

Bien que les 20 articles de la Liste des droits semblent avoir acquis leur formulation définitive, plusieurs détails concernant les négociations restent encore à finaliser. C'est l'exécutif du gouvernement provisoire qui s'en charge, soit Louis Riel et ses seconds, William O'Donoghue et Louis Schmidt. Thomas Bunn, secrétaire du Conseil, est également présent aux discussions et signe la version définitive des documents. Riel affirmera plus tard que l'exécutif a dû « travailler nuit et jour afin de terminer à temps pour que les commissaires puissent se mettre à la tâche au moment où ils l'ont fait ». Par la suite, évoquant les contraintes de temps, Riel n'en soufflera mot à la réunion du Conseil du gouvernement provisoire.

Il reste encore à déterminer qui les délégués représenteront. Leurs dernières directives stipulent clairement qu'ils ont reçu leur mandat du « président du gouvernement provisoire d'Assiniboia (auparavant la Terre de Rupert et le Nord-Ouest) en conseil ». Cette façon de s'exprimer contourne le fait qu'on n'a pas vraiment consulté le Conseil pour la rédaction finale des directives aux délégués. Il s'agit en même temps d'une description du territoire de juridiction du gouvernement provisoire un tant soit peu agressive. À vrai dire, le gouvernement provisoire n'exerce pas son autorité sur un territoire plus grand que celui de l'ancien Conseil d'Assiniboia, soit une circonférence autour de la Fourche dont le rayon ne dépasse pas 50 milles. Si le gouvernement remplace l'ancien conseil, ce sera son territoire. Au-delà de ces limites, l'autorité légale de tout le Nord-Ouest n'est exercée que par les agents de la Compagnie de la Baie d'Hudson qui remplissent la fonction de juge de paix. Le gouvernement provisoire ne peut vraiment pas assumer cette autorité, ni *de facto*, ni *de jure*.

En outre, en ce qui a trait aux pouvoirs des délégués, ces derniers ne sont pas autorisés à prendre des engagements au nom du gouvernement qu'ils représentent. Toutes les ententes avec le Canada doivent être ratifiées par le gouvernement provisoire. Ce concept est intéressant du fait que, de toute évidence, le gouvernement canadien devra reconnaître le gouvernement provisoire pour pouvoir conclure une entente. Comme nous le verrons, le Canada contournera tout simplement le gouvernement provisoire dans ses négociations avec les délégués, puis au moment de l'adoption de la loi habilitante.

Enfin, la version « définitive » de la Liste des droits que les délégués emportent avec eux soulève aussi des questions. Une terrible confusion entourera la Liste des droits pendant de nombreuses années. Comme on a pu le constater, on a rédigé plusieurs versions de la Liste des droits à la Rivière-Rouge pendant l'automne 1869 et l'hiver 1870. La première version, plutôt brève et sans *locus standi* officiel, est envoyée en novembre au premier ministre Macdonald par le frère de Walter Brown. Une deuxième version, produite en décembre 1869 avec l'aide d'Américains dont, probablement, Enos Stutsman, est approuvée par le Conseil réunissant les deux peuples au début du mois de décembre. « La convention des Quarante » en rédige une troisième au mois de février 1870. C'est à cette dernière que Donald A. Smith a réagi et c'est aussi la version à laquelle fait référence le gouvernement du Canada indiquant à Mgr Taché qu'elle pourrait servir aux négociations. Une quatrième version, écrite à la main par Thomas Bunn, se trouvait entre les mains de la *Manitoba Historical and Scientific Society* en 1890. Elle sera reproduite par George Bryce qui la numérote comme étant la « troisième » parce qu'il ignore l'existence de celle envoyée au premier ministre en novembre. Il s'agit de la version imprimée en français à la colonie et datée du 23 mars 1870.

Cette quatrième version est, semble-t-il, la version destinée aux délégués à apporter à Ottawa. Bien que les versions trois à cinq comptent le même nombre de clauses, les modalités diffèrent considérablement d'une version à l'autre. Il y a assurément une énorme différence entre la liste approuvée par la « convention des Quarante », en février, et la liste imprimée en mars. Les changements sont si importants que cette version peut difficilement être considérée comme une simple révision ou une nouvelle rédaction. On pouvait y voir un tout nouveau document.

Nous ne savons rien de la rédaction de cette version de la Liste des droits qui, à plusieurs points de vue, est la plus radicale. Plusieurs modifications apportées à la liste imprimée découlent du fait, qu'à la première clause, on insiste pour que la Terre de Rupert et le Nord-Ouest entrent dans la Confédération à titre de province d'Assiniboia. Cette modification entraîne celle de plusieurs clauses du texte approuvé par la « convention des Quarante », plus particulièrement les clauses 1 à 7, et les clauses 9 et 10, dans lesquelles on supposait que la région entrerait dans la Confédération en tant que territoire. Plusieurs nouvelles exigences découlent de cette modification de la première clause. Par exemple, la nouvelle province devra être représentée par deux sénateurs et quatre députés; et être exemptée d'impôt direct par Ottawa pendant cinq ans. En outre, le gouvernement canadien devra remettre chaque année à l'Assemblée législative un montant équivalent à huit sous par habitant de la province jusqu'à ce que la population atteigne 600 000 personnes. Dans le document révisé, on réclame également que l'Assemblée législative ait le contrôle de toutes les terres publiques du Nord-Ouest (ainsi que le droit d'annuler tout disposition ou acte conclu ou mis en œuvre concernant ces terres publiques), alors que la version précédente de février ne réclamait que les terres entourant Fort Garry sur une circonférence dont le rayon égalerait la distance qui sépare Fort Garry de la frontière américaine. Ceci représente une circonférence d'environ 60 milles. Le nouveau territoire aurait à peu près la même taille que celui de la Rivière-Rouge (ou du District municipal d'Assiniboia).

La nouvelle version demande que le gouvernement du Canada mandate une commission d'ingénieurs en vue de déterminer la richesse minérale de la nouvelle province. Quoique la version imprimée demande que des traités soient rapidement conclus avec les Indiens, on insiste maintenant sur « l'opinion et la coopération de l'Assemblée législative de la Province ». Plusieurs clauses commentent les récents conflits. La clause 17 par exemple, se lit comme suit :

> Qu'étant donné que les populations francophone et anglophone d'Assiniboia sont presque aussi importantes en nombre l'une que l'autre tout en restant unies dans leurs intérêts et tellement liées par leurs relations commerciales, familiales, politiques et sociales qu'il s'est avéré heureusement impossible de les amener à s'affronter avec hostilité – bien que des intrigants étrangers aient tenté à maintes reprises, pour des raisons connues d'eux seuls, de soulever de tels conflits, aussi ruineux que désastreux –, et compte tenu du fait qu'après toute l'agitation et les apparentes dissensions du passé – résultat de malentendus internes –, elles sont redevenues aussi unies et amicales qu'elles l'avaient toujours été, dès que les agents maléfiques mentionnés ci-dessus eurent été éloignés, nous croyons donc qu'il conviendrait, pour renforcer l'unité et l'amitié entre toutes les classes, que le lieutenant-gouverneur, qui pourrait être nommé pour la province d'Assiniboia, soit aussi familier avec le français qu'avec l'anglais.

La clause 19 veut que toutes les dettes encourues par le gouvernement provisoire soient payées par le Dominion « par suite des mesures illégales et inconsidérées mises en œuvre par des fonctionnaires canadiens pour provoquer une guerre civile ». La deuxième partie de cette clause insiste pour qu'« aucun des membres du gouvernement provisoire, ni aucune des personnes qui agissent sous leur direction, ne soit d'aucune manière tenu responsable du mouvement, ou de quelque geste que ce soit qui ait pu conduire aux présentes négociations ».

L'insistance à réclamer le statut de province renvoie à une clause préconisée par Riel à la convention, mais rejetée par les délégués anglophones appuyés de plusieurs Métis. Riel aurait dit à l'époque qu'il finirait par imposer son idée et il semble qu'il ait réussi. Il serait toutefois faux de conclure que le seul changement important entre la version de février et celle de mars soit la réclamation du statut de province. Le territoire dont il est question a également pris de beaucoup plus grandes proportions. La nouvelle province d'Assiniboia comprendrait toute la Terre de Rupert et les Territoires du Nord-Ouest. De plus, les pouvoirs de l'Assemblée législative locale sont beaucoup plus clairement définis, protégés et élargis dans la version révisée. Par ailleurs, malgré l'importance accordée au bilinguisme à l'Assemblée législative et dans les tribunaux, on ne fait aucunement mention d'écoles distinctes ni de quoi que ce soit de nature confessionnelle ou sectaire. Quelles que soient les forces en jeu dans cette dernière rédaction, elles n'ont rien à voir avec le clergé. On a bien fait comprendre à chacun des commissaires qu'ils doivent faire de l'amnistie une condition *sine qua non* aux négociations, tout à fait à part de la clause 19, ce qui signifie que toute discussion ne peut avoir lieu tant que les Canadiens n'ont pas accepté cette condition. Les responsables de la mort de Thomas Scott ont de toute évidence réalisé qu'ils auront besoin de protection.

En 1889, Mgr Taché publie une autre version (version cinq) de la Liste des Droits dans le *Daily Free Press* du 27 décembre 1889. Il prétend qu'il s'agit de la version avec laquelle les délégués sont partis à Ottawa le 24 mars 1870. Cette version est assez différente de celle imprimée le 23 mars 1870. Les clauses y sont regroupées et numérotées différemment. Du point de vue constitutionnel, ce texte est moins radical que la version quatre, mise à part l'insistance à demander des écoles distinctes. La clause numéro un précise que les « Territoires du Nord-Ouest » doivent entrer dans la Confédération en tant que province, mais sans lui donner de nom cette fois, et on n'utilise pas les termes plus précis de Terre de Rupert et Territoires du Nord-Ouest. Il y est question d'une assemblée législative locale avec « ministère responsable » et, à la clause sept, on exige des écoles séparées « et que les fonds pour les écoles soient divisés entre les différentes dénominations religieuses, *au prorata* de leurs populations respectives » comme au Québec. La première version des requêtes de la Rivière-Rouge traitait du bilinguisme et de la protection de l'Église catholique, mais jamais on n'avait encore parlé d'écoles distinctes, et on ne fait nullement mention des questions religieuses dans les versions deux à quatre. Une comparaison des versions quatre et cinq révèle que, même si elles ont beaucoup en commun, surtout dans leur deuxième moitié, elles diffèrent vraiment beaucoup plus qu'on veut bien le laisser entendre habituellement. Les modifications apportées à la quatrième version sont plus que le simple ajout d'une clause, soit celle sur les écoles distinctes. Fait intéressant, la clause sur l'amnistie porte le numéro 19 dans les deux versions, ce qui a soulevé une question restée sans réponse, à savoir laquelle des deux versions a-t-on utilisée à Ottawa?

À certains égards, ce n'est pas une catastrophe que les délégués aient apporté avec eux des revendications fondamentalement différentes de la précédente Liste des droits adoptée par la « convention des Quarante », en février. La convention n'avait pas vraiment de statut; l'exécutif du gouvernement provisoire en a un, tout au moins à la Rivière-Rouge. En outre, tout le Conseil a par la suite ratifié le résultat des délibérations. Mais il reste qu'on a rédigé deux Listes des droits contradictoires destinées à être présentées à Ottawa par les délégués. L'une semble avoir été ratifiée par l'exécutif du gouvernement provisoire, mais l'autre pas, ayant été rédigée après coup. Ni l'une ni l'autre n'a été approuvée par un quelconque organisme représentatif du « peuple ». De plus, peu importe la version présentée au Canada en avril 1870, le Dominion a préalablement accepté comme base des négociations un ensemble de requêtes tout à fait différentes de la version, peu importe laquelle, apportée à Ottawa par les délégués du gouvernement provisoire.

Après le départ de la délégation pour Ottawa, tout ce qui concerne les négociations avec le Canada échappe à Louis Riel. Mises à part les directives aux délégués, lesquelles seront en très grande partie ignorées par tous les intervenants, il ne contribuera d'aucune façon au dénouement. Tout se déroulera de manière très différente de ce qu'il aurait pu prévoir. En un sens toutefois, du fait que Riel ne peut plus rien y faire, il est libéré d'un sujet d'inquiétude et peut se consacrer entièrement à la création d'institutions politiques et à la direction d'un pays. Les six prochains mois offriront à Riel la seule occasion qu'il aura de toute sa vie de se montrer constructif et diplomate. Mais avant de jeter un regard sur ses accomplissements, il nous faut suivre à la trace la délégation de la Rivière-Rouge au Canada.

Le voyage des délégués vers Ottawa

L'abbé Noël-Joseph Ritchot quitte la Rivière-Rouge le 26 mars accompagné du colonel Charles de Salaberry, lequel revient finalement au Canada sans avoir eu beaucoup d'impact sur les événements dans l'Ouest. Le prêtre transporte aussi dans ses bagages une note écrite de la main de Mgr Taché, bien distincte de ses directives officielles, qui met l'accent sur la nécessité d'en arriver à une entente avec le Canada. Même un accord « non parfait » vaut mieux qu'aucune entente, écrit l'évêque. Le sort de la colonie dans la Confédération canadienne repose en très grande partie sur les épaules de Ritchot, car il est l'énergie et la conscience de la délégation. Le juge John Black n'est pas enthousiaste à l'idée de débattre durement de questions politiques avec les Canadiens et, de plus, il est malade. Alfred H. Scott est plutôt favorable aux Métis, mais n'a vraiment pas la personnalité qu'il faut.

Ritchot est au milieu de la quarantaine en 1870. Il est né au Bas-Canada et a fréquenté le Collège de l'Assomption. Il arrive à la Rivière-Rouge en 1862 où il est nommé curé de la paroisse de Saint-Norbert qu'il desservira jusqu'à sa mort. En 1869, il est un des rares prêtres de la colonie originaire d'un milieu canadien-français. Il sera un partisan actif de la résistance presque dès le début. Ritchot fait l'objet d'une grande admiration à la Rivière-Rouge pour ses facultés intellectuelles, lesquelles seront sûrement mises à l'épreuve à Ottawa. Il est décrit par l'un des fonctionnaires britanniques présents à Ottawa comme « un bel homme vigoureux, apparemment dans la quarantaine, portant une belle barbe noire. Il ne parle pas anglais, mais compense cette lacune en parlant français à une vitesse phénoménale. » La faiblesse de Ritchot en anglais nuira quelque peu à la délégation, mais son plus gros problème, c'est que dans la partie de poker aux enchères élevées qu'il s'apprête à jouer, il n'aura pas de très bonnes cartes en mains. Mgr Taché craint que Ritchot ne se montre trop obstiné, mais c'est justement en raison de son zèle acharné que Louis Riel a choisi Ritchot pour défendre les intérêts des Métis à Ottawa. Riel sait que son sens du devoir et son dévouement à la cause des Métis feront en sorte qu'il ne laissera pas les Canadiens l'écarter de sa route. Mais saura-t-il déjouer la fourberie et la duplicité du Canada?

Le jour même où Ritchot et de Salaberry quittent la Rivière-Rouge, le *Globe* affiche à la une la nouvelle de l'exécution de Scott, l'ayant reçue par télégramme du Minnesota. Le journal ne donne pas beaucoup de détails dans ce premier article, et la mort de Scott ne retient pas tout de suite l'attention en Ontario. Le 29 mars, le *Globe* publie son premier éditorial sur la mort de Scott. Il demande que le Canada prenne possession du territoire et que le Parlement adopte une loi « accordant une constitution libérale au nouveau territoire, ainsi que des institutions représentatives, retenant de la Liste des droits ce qui est jugé juste et raisonnable ». Ensuite, ajoute le journal, cette constitution « devra être appliquée à la Rivière-Rouge par une force armée suffisante pour rendre toute résistance impossible ».

Au tout début, on ne mentionne pas encore l'appartenance de la victime à l'Ordre d'Orange. Ceci prendra vite de l'importance, en raison de la manipulation délibérée de l'opinion publique par les dirigeants d'une société secrète appelée « Canada First ». Cette société secrète a été fondée en 1868, à Ottawa, par cinq jeunes bacheliers, George Taylor Denison III, Henry J. Morgan, William Alexander Foster, Robert Grant Haliburton et Charles Mair, qui ont plusieurs intérêts en commun. Quatre d'entre eux sont originaires du Haut-Canada (maintenant l'Ontario), et tous croient en la supériorité du protestantisme anglo-saxon, comme en l'infériorité des Canadiens français et des peuples autochtones. Au départ, ils se nommaient « les Apôtres » d'après une des sociétés secrètes de l'Université de Cambridge. Inspirés par la mort de D'Arcy McGee, qui vient d'être assassiné sur les marches de la Chambre des communes, ils s'entendent sur le besoin de susciter un véritable esprit national au Canada. Pour cela, il faudrait agrandir le Canada aussi loin vers l'ouest que la Colombie-Britannique. Le petit groupe admet bientôt John Christian Schultz dans ses rangs.

Canada First est l'incarnation parfaite des valeurs de l'impérialisme ontarien et George Denison III, celle de Canada First. Denison fait partie de la troisième génération d'une famille en vue du Haut-Canada. Ses héros sont : Napoléon, le duc de Wellington et Robert E. Lee. Comme beaucoup d'autres de sa classe et de sa catégorie, il a appuyé les États confédérés durant la guerre civile américaine et, en raison de son implication dans l'affaire « *The Georgian* », un navire d'attaque au sud des Grands Lacs, il a été obligé de déclarer faillite et de démissionner de la milice en 1867. Plus tard, Denison remplira la fonction de juge de paix à la police de Toronto, infligeant de lourdes peines aux malfaiteurs qui comparaîtront devant lui. Denison est l'auteur de nombreux livres, parmi lesquels le plus remarquable est *The Struggle for Imperial Unity : Recollections & Experiences*, publié en 1909.

Denison le rappellera plus tard dans ses mémoires, le public canadien est tout à fait indifférent au désastre initial provoqué par les Canadiens à la Rivière-Rouge. La plupart semblent reconnaître que le Canada a fait une gaffe monumentale et mérite ce qui lui arrive. Mais le « meurtre » de Scott et le retour imminent de Schultz et de Mair en Ontario donnent aux partisans de Canada First l'occasion d'« attirer l'attention sur le sujet et, en dénonçant le meurtre de Scott, de soulever l'indignation du peuple et de fomenter l'opinion publique qui va obliger le gouvernement à envoyer les troupes pour rétablir l'ordre ».

L'arrivée des réfugiés canadiens à St. Paul, à la fin du mois de mars, permet à l'est du Canada d'en apprendre plus sur l'exécution de Scott. Leur arrivée en Ontario donne à ces hommes l'occasion d'enjoliver leurs récits sans crainte d'être contredits, puisque du côté des Métis, personne encore n'est arrivé pour présenter une autre interprétation des faits. Dans ses mémoires, Denison décrira de façon très détaillée, et avec grand plaisir, la campagne de dénigrement que Canada First a organisé en Ontario à la suite de la mort de Thomas Scott. Ce que Denison ne dit pas à ses lecteurs, c'est que dans sa réaction initiale à la mort de Scott, le Canada n'a pas fait de cas de ses liens avec une loge orangiste. Le Canada réagissait plutôt à la mort d'un Canadien loyal et au mauvais traitement subit par d'autres. À une réunion privée des partisans de Canada First, le 2 avril, Denison raconte « qu'ils n'étaient que quelques Ontariens, soixante-dix en tout, dans cette région éloignée et inaccessible, entourés et assiégés par des demi-sauvages ». Tout homme qui hésite à accueillir chaleureusement ces hommes de retour chez eux ajoute-t-il, « n'est pas un vrai Canadien. Je ne le reconnais pas comme mon compatriote. » À ce moment-là, Mair a quitté St. Paul par train, se dirigeant vers l'Est en compagnie de Donald A. Smith. Les deux hommes abordent le sujet de la Rivière-Rouge à plusieurs reprises. Smith dit à Mair qu'il doute que les prêtres se soient beaucoup mêlés des récents événements, contredisant ainsi la thèse favorite de Mair sur l'insurrection. À ce point-ci, Smith doute aussi que la mort de Scott soit un meurtre, quoiqu'il changera bientôt de discours après son arrivée en Ontario.

Puisque le gouvernement s'active déjà à préparer une expédition militaire, le principal effet de la campagne de propagande est d'enflammer l'Ontario contre Louis Riel et les Métis. Pendant que Canada First prépare des éditoriaux incendiaires à insérer dans les journaux (« c'était comme mettre le feu aux poudres » écrira plus tard George Denison), messieurs Ritchot et de Salaberry sont rejoints en chemin par Alfred H. Scott, et plus loin par le juge Black qui voyage en compagnie de Charles Boulton. À Grand Forks, le groupe dépasse J.A.N. Provencher qui a passé l'hiver à Pembina. Les déplacements de ces touristes hétéroclites se font de nuit en raison du dégel des routes. Les délégués atteignent Fort Abercrombie le 1er avril, avec un juge Black épuisé qui traîne la patte pendant que les autres prennent la diligence pour St. Cloud où ils pourront poursuivre leur voyage en train. Pendant que la délégation du gouvernement provisoire est secouée par la diligence, Canada First embraye sa campagne en quatrième vitesse. Le groupe de la Rivière-Rouge arrive à St. Cloud le 6 avril, et monte presque immédiatement à bord du train pour St. Paul.

Ce même jour, le 6 avril, Charles Mair, John Christian Schultz et plusieurs autres anciens prisonniers de Riel arrivent à Toronto. Canada First organise un rassemblement monstre le 7 avril, qui devait avoir lieu au St. Lawrence Hall, mais qui se tiendra au Market Place, devant l'hôtel de ville. Une foule d'au moins 1 000 personnes escorte Mair et Schultz jusqu'à l'hôtel Queen, mais la présence de plus de 10 000 personnes à cet endroit force les organisateurs à déplacer la rencontre vers Market Place où les orateurs montent sur le toit du porche de l'ancien hôtel de ville. Officiellement, c'est le maire de Toronto qui organise ce rassemblement pour souhaiter la bienvenue aux réfugiés canadiens de retour chez eux après avoir quitté la Rivière-Rouge. C'est là que Mair, Schultz, James Lynch et J.J. Setter, ainsi que plusieurs politiciens ontariens, haranguent l'énorme foule rassemblée. Mair insiste pour dire que les événements de la Rivière-Rouge « ne sont pas mélodramatiques ». Dans leur discours, les orateurs condamnent Riel pour un meurtre perpétré de sang-froid, et font l'éloge des deux réfugiés, en particulier de Thomas Scott, pour leur loyauté et leur courage. À cette occasion, on adopte trois propositions.

> Premièrement, nous voulions souhaiter la bienvenue aux réfugiés et leur manifester notre approbation au sujet de la résistance qu'ils avaient opposée au prix de leur liberté et de leurs biens à l'usurpation du pouvoir par l'assassin Riel. Deuxièmement, nous voulions recommander des mesures énergiques pour supprimer la révolte et fournir rapidement une protection aux sujets loyaux dans le Nord-Ouest. Et troisièmement, nous voulions voter une déclaration affirmant que ce serait une injustice flagrante envers les habitants loyaux de la Rivière-Rouge, humiliante pour notre honneur national et contraire à toutes les traditions britanniques si notre gouvernement négociait avec les envoyés de ceux qui ont volé, emprisonné et assassiné de loyaux Canadiens dont la seule faute fut de défendre avec ardeur les institutions britanniques, dont le seul crime fut de montrer leur dévouement envers le drapeau ancestral!

D'aucuns peuvent voir l'influence de Canada First dans cette rhétorique et dans le long article paru dans le *Globe* de Toronto. Il est permis de douter que la foule ait vraiment entendu toutes les délibérations décrites en détail, mais cela constituait du bon matériel journalistique. Assez curieusement, à aucun moment on n'a fait mention d'une quelconque appartenance à une loge orangiste. De toute évidence, l'Ontario n'avait pas besoin qu'on fasse référence au sectarisme irlandais pour être très irrité par ce qui s'était passé à la Rivière-Rouge.

On fait parvenir des télégrammes à l'Ouest, faisant état du formidable rassemblement qui avait eu lieu en Ontario, et l'abbé Ritchot à St. Paul réussit de justesse à éviter les journalistes en s'avouant incapable de s'exprimer en anglais. À St. Paul, le juge Black et Charles Boulton prennent le train pour Détroit, puis pour Toronto. L'abbé Ritchot et Alfred Scott sont plus prudents et prennent un train qui passe par Buffalo vers Ogdensburg, New York. C'est là qu'ils sont accueillis le 11 avril par Gilbert McMicken de la police du Dominion, qui les informe qu'il a été envoyé par le gouvernement pour les escorter jusqu'à Ottawa. McMicken accompagne Ritchot et Scott sans incident jusqu'à la capitale et, à 17 heures, le prêtre est installé au palais épiscopal. Le même jour, le Gouverneur général du Canada informe les autorités britanniques que le Canada est prêt à accepter le transfert du territoire « si on peut envoyer les troupes ».

Pendant que les délégués se dirigent par train vers l'Est à partir du Minnesota, messieurs Mair, Schultz et Denison sont déjà partis de Toronto pour se rendre à Ottawa où les Canadiens de la Rivière-Rouge témoigneront à une audience du Sénat. D'importantes démonstrations de bienvenue sont organisées dans les villes de Cobourg, Belleville et Prescott. « L'ardeur publique s'était réveillée » rappellera George Denison de nombreuses années plus tard, « et nous savions alors que nous avions l'Ontario derrière nous. » Les liens de Scott avec le mouvement orangiste n'ont toujours pas été portés à la connaissance du public et ne sont pas d'intérêt public pour l'instant. L'Ontario est tout simplement en colère parce que l'un de ses loyaux fils (euh… fils adoptif à tout le moins) a été cruellement assassiné par ces Métis à moitié « sauvages ». Le gouvernement canadien n'est pas très heureux de voir toute cette pagaille venir s'immiscer dans les négociations. Denison rencontre Sir John A. Macdonald et l'accuse d'essayer d'humilier Canada First. Denison, avec l'aide d'un autre réfugié canadien de la Rivière-Rouge, le docteur James Spencer Lynch, rédige une protestation au nom des « loyaux sujets de Fort Garry » contre l'accueil des délégués, pendant que William Foster et d'autres personnes de Toronto obtiennent un mandat d'arrêt contre l'abbé Ritchot et Alfred Scott pour inculpation du meurtre de Thomas Scott. Ce mandat est expédié à Ottawa où il aboutit par erreur entre les mains du gouvernement du Dominion au lieu de celles de la police d'Ottawa, et tout s'arrête là.

Tentative de négociation

Le 12 avril, le Colonel de Salaberry présente l'abbé Ritchot à George-Étienne Cartier, et les deux hommes ont une longue conversation. Cartier, bien entendu, est le chef des « bleus » canadiens-français et l'homme de confiance de Sir John A. Macdonald au Québec. Tout comme le premier ministre, Cartier est beau parleur. C'est aussi un optimiste invétéré. Ritchot prétend que, selon Cartier, le gouvernement regrette la mort de Scott « en ce qu'elle a jeté les bases des troubles qui agitent maintenant l'esprit des hommes, mais que ce n'est pas une raison pour le gouvernement de ne pas profiter de l'occasion de pacification offerte par l'arrivée des délégués du Nord-Ouest ».

Le gouvernement s'attend à ce que l'agitation cesse bientôt, ajoute Cartier, et présume que le temps permettra « aux esprits de se calmer ». Pendant ce temps, un mandat d'arrêt est émis contre Alfred Scott à Toronto, et celui-ci est emprisonné à 22 heures le soir du 12 avril. On parle beaucoup aussi de l'arrestation de Ritchot. Le lendemain matin, le *Globe* publie les propositions de la Loge 404 de l'Ordre d'Orange de Toronto concernant Thomas Scott « cruellement assassiné par les ennemis de notre Reine, de notre pays et de notre religion ». Ces propositions réclament du gouvernement qu'il « venge sa mort » et sauve la Rivière-Rouge de « ceux qui l'ont livrée au papisme ». C'est la première fois que les questions ethniques et confessionnelles entrent en jeu dans l'affaire Scott. Le 13 avril, Ritchot fait son entrée au palais de justice accompagné de quelques amis. C'est là qu'on lui délivre le mandat émis contre lui. Alfred Scott et Ritchot se retrouvent au poste de police d'où ils sont escortés à leur lieu d'hébergement par des hommes armés.

Le 14 avril, Sir John A. Macdonald écrit au comte de Carnavon que les défenseurs de Thomas Scott réclament un châtiment contre Riel. Des « réunions de protestation » se tiennent dans tout le Canada, rapporte Macdonald, et on demande au gouvernement de ne pas recevoir les délégués envoyés par Riel. La plupart des résidants de la Rivière-Rouge sont loyaux à la Grande-Bretagne, affirme Macdonald « quoiqu'ils préféreraient la vie sauvage et plus ou moins barbare qu'ils mènent actuellement aux contraintes de la civilisation que vont leur imposer le gouvernement du Canada et les nouveaux colons ». L'affaire Scott vient compliquer encore plus les choses, écrit le premier ministre, qui la qualifie de « crime barbare » autorisé par un « simulacre de tribunal » sous les « prétextes les plus frivoles ». Macdonald espère toujours que l'expédition militaire qu'on se prépare à envoyer, quoique le gouvernement britannique n'y a pas encore consenti, sera perçue non pas comme une force hostile, mais comme une garnison amicale.

« Amicale » relativement parlant, car dans le gant de velours se trouve une poigne de fer. Le premier ministre se plaindra plus tard au Gouverneur général que, si les troupes ne devaient pas servir à « obliger les gens à s'unir au Canada », elles étaient inutiles. Il se peut que les Britanniques veuillent ne rien avoir à faire avec une expédition militaire qui, de fait, devra envahir la Rivière-Rouge, mais « pourquoi devrions-nous accepter de payer pour des troupes à qui on risque de demander de ne rien faire lorsqu'elles arriveront à Fort Garry? » À peu près au même moment où le premier ministre écrit à Londres, le juge Thomas Galt des de la Cour des plaids communs de l'Ontario est en train de décider que ce domaine de compétence ne relève pas du magistrat de police de Toronto qui a émis le mandat d'arrêt. Les deux délégués sont libérés, mais pour être à nouveau appréhendés en vertu d'un mandat d'arrêt obtenu à Ottawa par George Denison III. Ritchot et Scott comparaissent à nouveau devant le tribunal, sont envoyés chez le magistrat de police, puis sont mis en liberté sous caution jusqu'à une audience qui doit avoir lieu le 23 avril. Le gouvernement britannique trouve ces mesures juridiques lamentables et, le 18 avril, fait parvenir le télégramme suivant au gouverneur général : « Le Gouvernement du Canada a-t-il autorisé l'arrestation des délégués? Télégraphier information complète. »

Le 20 avril, l'abbé Ritchot n'en peut plus de faire le pied de grue, et décide d'en appeler au Gouverneur général du Canada. Ce soir-là, aux Communes, on interroge Sir John A. Macdonald sur l'affaire de la Rivière-Rouge. Ce dernier nie que le gouvernement ait reçu quelque communication officielle que ce soit de quiconque prétendant être un délégué. L'opposition pose des questions lourdes de sens au sujet de la reconnaissance du gouvernement provisoire implicite à l'accueil officiel des délégués, et Macdonald répond que la délégation « pourrait avoir des lettres de créance de représentants du peuple ». Par suite de l'affaire Scott, il est maintenant difficile d'entamer les négociations, affirme le Dominion. On laisse tomber les poursuites contre Ritchot et Alfred H. Scott lors de leur comparution au tribunal, le 23 avril. À leur sortie du palais de justice, une foule importante composée de sympathisants canadiens-français et irlandais catholiques acclame les deux hommes. Toute cette affaire est rapidement en train de devenir, un conflit de taille, de nature sectaire et partisane.

Le même jour, le secrétaire britannique des colonies envoie un télégramme au Gouverneur général du Canada l'informant des quatre conditions à remplir pour obtenir l'envoi des troupes britanniques à la Rivière-Rouge. Il faut d'abord payer les 300 000 £ à la Compagnie de la Baie d'Hudson et réaliser le transfert avant le 1er juin. Le plus important, dit le télégramme, c'est que « le gouv. du Canada accepte la décision du gouv. de S. M. sur les points en litige de la Liste des droits des colons ». Les Britanniques sont réellement prêts à s'assurer que les habitants de la Rivière-Rouge reçoivent un traitement honnête de la part du gouvernement du Canada. Les Canadiens doivent avoir complété le transfert (c'est-à-dire donné satisfaction à la Rivière-Rouge) avant le 1er juin pour obtenir la coopération de la Grande-Bretagne sous forme d'envoi de troupes. Ceci devrait servir la cause de l'abbé Ritchot et des autres délégués, mais ce n'est pas le cas, et ce pour plusieurs raisons. En premier lieu, dans son infinie et impénétrable sagesse, Sa Majesté (ou son gouvernement) a omis d'informer les délégués de cette condition avant le début des négociations. En deuxième lieu, les représentants britanniques à Ottawa vont, en définitive, tricher plus que moins en faveur des Canadiens.

Négociations

Les délégués commencent enfin les discussions le 25 avril. Une fois entamées, les négociations iront bon train et aboutiront vite. Les Canadiens décident qu'ils peuvent bien céder sur l'admission du Manitoba en tant que province en limitant sa superficie de façon plutôt substantielle. Le juge Black, Alfred H. Scott et l'abbé Ritchot se rendent à la résidence de Sir George-Étienne Cartier pour rencontrer cet homme de valeur et le premier ministre Sir John A. Macdonald. La conversation se déroule, dans le jargon de la communauté diplomatique, « à l'amiable ». Les Canadiens posent des questions lourdes de sens sur les différentes listes des droits adoptées par la colonie et, selon le journal de Ritchot, demandent « des explications sur la Liste des droits déjà en leur possession, soit la version rédigée par l'assemblée à 24 qui leur a été envoyée par W. McDougall, puis sur celle de la convention des Quarante et, après toutes ces discussions, il nous faudrait écrire une liste que nous pourrions finalement leur présenter. » Ritchot écrit dans son journal qu'il ne « goûte pas beaucoup » cette discussion. Sa préoccupation traduit peut-être, d'une part, un certain malaise quant à la validité de la Liste des droits qui servirait de base aux négociations, et d'autre part, une inquiétude quant à la reconnaissance officielle de la délégation. Cartier répond sans sincérité que les délégués sont officiellement reconnus, puisque Sir John A. l'a déclaré au Parlement. Il offre de mettre cette reconnaissance par écrit. Ritchot insiste pour dire que l'amnistie générale est une condition *sine qua non* à tout règlement, et commente le projet d'une expédition militaire canadienne.

Les deux parties se rencontrent plus tard dans la journée. Les délégués ne sont pas tout à fait sur la même longueur d'onde, le juge Black étant beaucoup plus ouvert à la position canadienne qu'à celle de Scott et de Ritchot. Le premier ministre Macdonald tente de retarder la création d'une province et tente de faire accepter un gouvernement intérimaire élu. Ritchot et Scott rejettent cette proposition, et Sir John A. lance l'idée d'un gouvernement de 26 membres, dont 6 seraient nommés par le gouvernement et les autres élus. Les Canadiens finissent par accepter le concept d'une province et d'un gouvernement responsable comprenant deux Chambres. Cartier fait valoir qu'il faudrait qu'il y ait plusieurs provinces dans le Nord-Ouest, sans préciser quelles en seraient les dimensions. Ritchot note dans son journal : « J'ai fait semblant de ne pas comprendre. Il est revenu sur le sujet à plusieurs reprises. »

Le jour suivant, le secrétaire d'État, Joseph Howe, émet une note reconnaissant les émissaires de la Rivière-Rouge, non pas comme délégués du gouvernement provisoire, mais comme « délégués du Nord-Ouest auprès du gouvernement du Dominion du Canada ». Ainsi, on fait bien comprendre aux négociateurs de la Rivière-Rouge qu'on ne traite pas avec eux en tant que représentants du gouvernement provisoire, car le tumulte causé par l'exécution de Scott met le Canada dans l'impossibilité de négocier avec le gouvernement de Riel. De toute façon, si l'exécution de Scott n'avait pas causé de scandale, il aurait fallu que les Canadiens inventent une autre raison de ne pas négocier avec Riel, ou le gouvernement provisoire, par crainte de devoir reconnaître ce dernier comme un fait accompli. L'abbé Ritchot présente la nouvelle Liste des droits telle que formulée dans ses directives, et les Canadiens consentent à contrecœur à l'accepter. On examine plusieurs clauses de la Liste des droits, dont le système scolaire et la question des terres. La clause 19 (portant sur l'amnistie) retient l'attention. Les Canadiens prétendent que l'amnistie ne relève pas « de leur compétence », et que ce n'est qu'au gouvernement local ou à l'Angleterre qu'appartient cette responsabilité. Cet argument est assez perfide, puisque la maturité atteinte par le gouvernement responsable canadien fait en sorte que le Cabinet canadien pourrait s'attendre à ce que le Gouverneur général accorde une amnistie pour peu qu'on lui en fasse la demande officiellement. Par contre, les Canadiens prétendent aussi que l'amnistie sera facile à régler. Ritchot réplique : « Pourvu que l'affaire soit réglée, c'est tout ce qui nous importe. »

Le mercredi 27 avril, troisième jour des négociations, les Canadiens arrivent avec une ébauche de projet de loi qu'on examine en gros. La clause de la Liste des droits selon laquelle la province exercerait un contrôle sur les terres et les ressources naturelles est rejetée. Le juge Black est prêt à accepter que le Dominion exerce ce contrôle sur les terres, mais pas Ritchot. Les Canadiens se montrent sympathiques à Ritchot, mais allèguent que, « pour en arriver à une entente, il est nécessaire de faire quelques concessions ». Ritchot consentirait à accepter les offres du Canada si le juge Black était en mesure de les faire accepter par la population. Black admet qu'il ne le peut pas. « Que devons-nous faire? » demandent les ministres canadiens. « Accordez-nous le contrôle sur nos terres comme nous vous l'avons demandé », répond Ritchot. « Impossible », disent les ministres.

Toute la question des droits des Métis est également contestée. Les Canadiens ouvrent la discussion en faisant remarquer que les colons ne peuvent pas jouir à la fois d'un gouvernement civilisé et « des privilèges accordés aux Indiens ». Encore le même vieil argument servi aux Métis! Ritchot répond que ce n'est pas parce que les colons désirent être traités équitablement qu'ils doivent perdre leurs droits en tant que descendants des Indiens. En fin de compte, les deux parties font des deux questions apparentées, celle relative aux terres de la Couronne et celle relative aux droits des Métis, un seul et même sujet de discussion en examinant les équivalences en terres de la Couronne pour les Métis, principalement sous la forme de concessions à tous les habitants de la Rivière-Rouge. Les Canadiens offrent d'abord d'accorder 100 000 acres aux enfants des Métis, puis augmentent ce chiffre. Ritchot et Scott refusent de diminuer la superficie des terres dont il était question le 27 avril, mais le premier ministre Macdonald est sûr d'une entente sur le principe de l'indemnisation des terres. Ce soir-là, il écrit à Sir John Young : « Nous sommes presque au bout de nos peines avec les délégués, ensuite nous pourrons nous occuper de l'envoi des troupes. »

Une autre « indisposition » du premier ministre Macdonald force l'interruption des pourparlers. Ritchot emporte avec lui le texte du projet de loi dans le dessein de rédiger des commentaires, lesquels parviendront jusqu'à nous. Les *Remarques sur vingt-six clauses, 28 et 29 avril 1870* révèlent à quel point le gouvernement canadien sait maintenant ce qu'il veut. La nouvelle province s'appellera Manitoba, et n'occupera pas une très grande superficie, soit environ 11 000 milles carrés, ce que le prêtre semble pouvoir accepter volontiers. Celui-ci n'est pas satisfait de la clause sur l'éducation, laquelle reprend la formulation de la section 93 de l'Acte de l'Amérique du Nord britannique. Ses critiques concernent surtout la clause portant sur l'administration des terres de la Couronne, remettant au gouvernement fédéral toute terre qui n'est pas déjà réservée. Il note aussi la nécessité de régler la clause 19 (la question de l'amnistie).

Ritchot n'est pas le seul à commenter les négociations. Sir Clinton Murdoch, spécialement envoyé à Ottawa par le gouvernement britannique en vue de traiter de l'expédition militaire, écrit à Londres qu'un bon nombre de clauses de la Liste des droits de la Rivière-Rouge sont « inadmissibles ». Il est particulièrement préoccupé par les demandes relatives au contrôle des terres de la Couronne et à l'amnistie, mais il est confiant que le gouvernement canadien pourra satisfaire à l'exigence britannique de ne pas utiliser les troupes dans le dessein d'imposer la souveraineté canadienne aux habitants de la Rivière-Rouge. Il ne précise pas, toutefois, comment il pense que cela pourra se faire sans céder à la demande d'amnistie, qui est supposée être la base de toute future négociation.

« L'indisposition » de Sir John A. Macdonald l'oblige à se retirer à cette étape critique des négociations. Le 29 avril, les délégués se rencontrent une nouvelle fois à la résidence de Sir George-Étienne Cartier. Un arrangement est conclu au sujet des terres. Cartier accepte de proposer au gouvernement d'octroyer un million d'acres aux enfants des Métis. Cette disposition contredit la demande formulée d'à peu près toutes les versions de la Liste des droits, y compris celle élaborée par la « convention des Quarante », et acceptée par Donald A. Smith par ces mots : « justice pleine et substantielle sera faite dans cette affaire. » Ce tour de passe-passe est rendu possible, en partie du fait que les Canadiens et les Britanniques refusent tous deux de laisser la Loi sur le Manitoba assujettie à une ratification par le gouvernement provisoire. La raison officielle est que, comme l'écrit Sir Clinton Murdoch dans une lettre expédiée en Angleterre le 28 avril, une telle ratification « signifierait la reconnaissance de Riel et de ses associés ». Les Canadiens ont toujours fait très attention de ne pas reconnaître le gouvernement provisoire dans aucun document officiel, ce qui permet au Canada de se dissocier des gestes de ce gouvernement, y compris de l'exécution de Thomas Scott. Mais officieusement, ce refus de laisser le gouvernement de Riel ratifier la Loi sur le Manitoba permet aussi d'ignorer le « droit » le plus important exigé par la colonie.

En bout de ligne, comme l'historien Chester Martin le soulignera dès 1920, « un bon nombre des termes de l'union ont été imposés aux habitants de la nouvelle province non seulement sans leur consentement, mais même à leur insu ». En toute justice pour le Canada, le gouvernement provisoire aussi bien que le Dominion prennent à la légère le consentement de la population de la Rivière-Rouge. Mais il vaut la peine de souligner qu'après tous les ennuis causés par le soulèvement, les Canadiens s'arrangent généralement pour faire ce qu'ils veulent. L'octroi spécial de terres aux Métis créera un monstre administratif qui persistera pendant plusieurs années. L'insistance des Canadiens pour que le gouvernement fédéral, au lieu du gouvernement local, contrôle toutes les terres publiques, engendre aussi un grave problème constitutionnel, car cela va à l'encontre de l'article 92 de l'Acte de l'Amérique du Nord britannique qui laisse la gestion des terres publiques aux provinces. Le Canada résoudra cette difficulté en faisant valider la Loi sur le Manitoba par le Parlement britannique. Mais revenons à l'époque où Ritchot et les délégués en ont terminé avec la question des terres et où il ne reste plus que la question de l'amnistie à discuter. Techniquement, aucune négociation n'aurait dû prendre place sans un accord préalable sur cette question, et sûrement rien n'aurait dû être décidé sans cet accord, mais Cartier continue d'affirmer que tout se passera bien avec les délégués.

La Loi sur le Manitoba

Sir John A. Macdonald retourne à la table des négociations le 2 mai. L'abbé Ritchot accepte une offre accrue de 1 200 000 acres aux Métis, en réponse à leur réclamation et afin de compenser la perte du contrôle local sur les terres de la Couronne, insistant sur la possibilité de choisir ces terres n'importe où dans la province. Cet après-midi-là, à la Chambre des communes, Sir John A. Macdonald trace une esquisse des intentions du gouvernement envers la Rivière-Rouge.

« Manitoba » est le nom choisi pour la nouvelle province parmi un certain nombre de noms indiens « euphoniques ». L'autre choix privilégié, Assiniboia, est rejeté en raison de la confusion entre la rivière et l'ancien District d'Assiniboia. La nouvelle province sera petite en superficie, mais, soutient Macdonald, les délégués n'ont soulevé aucune objection à ce que les frontières de la nouvelle province correspondent aux anciennes limites de la colonie. Macdonald souligne que le Manitoba sera dirigé par un gouvernement représentatif et qu'on réservera des terres en vue de mettre fin aux réclamations des Métis, selon un système ayant servi à l'allocation des terres aux loyalistes de l'Empire-Uni. Le Manitoba pourra se faire représenter par quatre députés et deux sénateurs. Les détails de la plupart des clauses, y compris celles traitant de la constitution, seront laissés au pouvoir législatif local. Pour assurer le respect de la loi et l'ordre dans la nouvelle province, une expédition mixte composée de soldats britanniques et d'une milice canadienne sera dépêchée dans les plus brefs délais. L'annonce de l'expédition suppose que les délégués de la Rivière-Rouge sont satisfaits des conditions d'annexion au Canada, ce qui n'est pas encore vraiment le cas, bien sûr.

Le libéral Alexander Mackenzie se moque haut et fort de la taille et de la population de la nouvelle province, si ridicule qu'on la dirait tout droit sortie des *Voyages de Gulliver.* Mackenzie se plaint également du fait que les Sang-mêlé n'ont pas droit à des revendications territoriales comme s'ils étaient Indiens. Aucune des divisions « qui ont été si désastreuses, pendant tant d'années, dans notre propre pays » ne doivent se perpétuer dans les nouveaux, soutient-il. Cette insistance sur l'homogénéité ne fera toutefois pas long feu. Mackenzie souligne que l'opposition concentrera le gros de son attaque sur les frais encourus par l'administration d'une nouvelle province. Le gouvernement détourne les questions relatives à l'indemnisation des victimes du soulèvement. En fait, il est impossible de se procurer le texte du projet de loi jusqu'au jour suivant les explications préliminaires de Macdonald. On s'applique encore à le modifier. Le 3 mai, Cartier demande aux délégués s'il serait acceptable que la nouvelle province s'étende jusqu'à Portage la Prairie, tel que suggéré lors du débat de la veille. Les délégués répondent par l'affirmative, pourvu qu'on augmente les octrois et la superficie des terres réservées. Personne ne suggère de consulter la population de Portage. On apporte d'autres modifications, qui plaisent moins aux délégués, sans que ces derniers soient consultés. Mais les débats préliminaires rendent Macdonald assez confiant pour écrire au gouverneur général le 4 mai : « La Loi sur la Rivière-Rouge a reçu hier soir un accueil très favorable à la Chambre, et sera votée sans véritable opposition. »

Le 3 mai, pendant qu'on débat du projet de loi sur le Manitoba à la Chambre des communes, les délégués de la Rivière-Rouge ont une rencontre de toute première importance avec le gouverneur général, Sir John Young, et l'émissaire britannique, Clinton Murdoch. Ces deux dignitaires ont reçu du gouvernement britannique le mandat de veiller à ce que le gouvernement canadien accorde à la population de la Rivière-Rouge ce qu'elle a demandé. Après tout, les autorités britanniques n'ont accepté de dépêcher des troupes à la Rivière-Rouge qu'à la seule condition que les habitants de la région soient satisfaits du transfert. Selon le témoignage de l'abbé Ritchot devant la commission parlementaire, en 1874, le gouverneur général aurait souligné à cette occasion que, « s'il est impossible d'en arriver à un accord satisfaisant avec les Canadiens, je suis prêt à vous écouter et Sir Clinton Murdoch doit faire en sorte que vous obteniez justice ». Les délégués répondent qu'ils ont accepté les termes du projet de loi sur le Manitoba, mais qu'ils ne sont pas contents du règlement sur l'amnistie, du fait qu'ils n'ont aucune garantie écrite. Ritchot déclare en 1874 que le gouverneur général, désignant Murdoch, aurait répondu : « Il sait que Sa Majesté souhaite la proclamation d'une amnistie générale de façon à établir la paix dans le pays. D'ailleurs, vous avez vu ma proclamation, la connaissez-vous bien? »

Ritchot ne souligne pas le fait que la proclamation de Sir John Young offrait une amnistie au mois de décembre si les insurgés se dispersaient immédiatement. Il observe seulement que la proclamation n'est qu'une promesse d'amnistie, et que, ce qu'il veut, c'est la « promulgation de l'amnistie », soit la réalisation concrète de cette promesse. Selon Ritchot, Murdoch insiste : « Vous n'avez rien à craindre, Sa Majesté ne souhaite qu'une chose, c'est de passer l'éponge sur tout ce qui s'est passé dans le Nord-Ouest et d'instaurer la paix. » Ritchot dit qu'il aimerait qu'on lui remette un document écrit pour le montrer à la population, ce à quoi Murdoch répond : « Lorsque vous traitez avec des hommes comme ceux qui sont en face de vous aujourd'hui, les garanties écrites ne sont pas nécessaires », poursuivant en français : « tant mettre les points sur les I ». « Laissez-nous une certaine latitude et vous y gagnerez » ajoute-t-il. Ritchot répond : « Puisqu'il n'y a rien à craindre, je me fie à votre parole. » Dans leur témoignage de 1874, Sir John Young et Sir Clinton Murdoch nient tous deux avoir fait de telles déclarations, et Murdoch ne peut même pas se souvenir avoir rencontré les délégués de la Rivière-Rouge. Nous y reviendrons.

Mis à part la question encore non résolue de l'amnistie, et alors même que le projet de loi sur le Manitoba fait encore l'objet de débats à la Chambre des communes, l'abbé Ritchot et les autres délégués commencent à dénoncer le fait que la langue utilisée dans le texte modifie l'entente conclue par les deux parties. Ritchot s'inquiète surtout du mode de distribution des terres promises aux enfants des Métis, dont la superficie atteint maintenant 1 400 000 acres. Les délégués rencontrent Cartier et Macdonald à ce sujet les 5 et 6 mai. Selon le journal de Ritchot, le Canada répond qu'on remettra aux délégués une confirmation des ententes verbales qui ne transparaissent pas dans le projet de loi et ce, avant leur retour à la Rivière-Rouge; qu'il serait impossible de « faire adopter le projet de loi si on le modifie; que ce sera déjà assez difficile de le faire adopter tel il est; et que, de toute façon, nous n'avons rien à craindre ». Les députés québécois du Parlement disent aussi à Ritchot que « ce ne serait pas prudent de retoucher le projet de loi », parce que tout amendement pourrait se révéler non favorable à la population de la Rivière-Rouge. Ritchot n'est pas vraiment en position de force pour soulever des objections de taille, que ce soit au sujet de l'amnistie ou des modifications, puisque l'alternative à une entente négociée semble être ce qui équivaut à une invasion de la Rivière-Rouge et pourrait entraîner de nombreuses pertes de vie. Il ne peut pas savoir que les Britanniques refuseront de collaborer à l'expédition militaire si les délégués s'acharnent et refusent de se contenter de ce qu'on leur offre. Il ne peut pas savoir non plus que les confirmations des deux représentants du gouvernement britannique, de toute évidence de connivence, se révéleront aussi trompeuses.

Au même moment, les négociateurs du gouvernement provisoire se font duper royalement par le Canada, aidés et encouragés en cela par les hommes de confiance du gouvernement britannique. Les délégués sont déjoués par Cartier et Macdonald qui leur ont menti. Après toute cette agitation, la seule concession dont bénéficie vraiment la Rivière-Rouge, par rapport à ce qu'elle aurait pu obtenir, est l'admission immédiate en tant que province. Comme nous le verrons, même cette concession est assortie de conditions. Elle ne comprend pas vraiment la mise en place d'un gouvernement responsable et, assurément, le Manitoba n'obtient pas le contrôle de ses ressources naturelles, ni les insurgés l'amnistie.

Le 6 mai, le premier ministre Macdonald s'effondre à la suite d'une crise causée, selon les médecins, par des calculs biliaires. Le projet de loi sur le Manitoba sera donc amené en dernière lecture sans sa présence bienveillante. En dépit de son optimisme initial, les libéraux et les intérêts orangistes expriment de virulentes critiques. Ces derniers sont maintenant dirigés par William McDougall, alors qu'un des plus ardents défenseurs de la Rivière-Rouge et, bien sûr, de son gouvernement, est Adams G. Archibald de la Nouvelle-Écosse. Celui-ci déplore, en particulier, qu'on décrive la colonie comme une « région de demi-sauvages », et les délégués comme des traîtres ou pire encore. Le 7 mai, Archibald se prononce dans un discours enflammé : « Nous les avons invités à envoyer des délégués, et ils ont répondu à notre invitation. La question n'est pas de savoir si la conduite de ces gens a été bonne ou mauvaise. Nous voulons savoir de quoi ils se plaignent, et ils nous ont envoyé ces hommes pour nous le dire. » Toute insulte envers les délégués est déplacée, soutient-il.

Sir George-Étienne Cartier admet qu'il y a eu une « rébellion en puissance », mais pas contre le Canada, puisque l'autorité canadienne n'existait pas à la Rivière-Rouge. Il recommande de noyer les difficultés par « des moyens libéraux » dont la reconnaissance des demandes des Sang-mêlé. Il insiste aussi sur le fait que la « convention des Quarante » de la Rivière-Rouge « se comparera favorablement » à la Conférence de Québec de 1864. L'opposition s'objecte surtout au statut immédiat de province, et lorsqu'un amendement pour proposer à la place un gouvernement territorial a été défait par un vote de 95 à 35, les auteurs des critiques ont perdu intérêt dans les autres détails. La Loi du Manitoba est sanctionnée par le gouverneur général le 12 mai. L'expédition militaire, en préparation frénétique mais officieuse depuis plusieurs mois, est maintenant sur le point d'entrer en action.

C'est au Québec qu'on ressentira le plus les effets de toute l'affaire de la Rivière-Rouge dont le point culminant sera l'adoption de la Loi sur le Manitoba. Au début de l'expansion vers l'ouest, le Québec s'imaginait l'Ouest comme l'arrière-pays naturel de l'Ontario. Mais les Québécois ont la surprise d'apprendre que l'Ouest n'attend pas nécessairement d'être colonisé par les Ontariens. Il est déjà peuplé et, qui plus est, cette population est de langue française et de religion catholique romaine. À mesure que progresse la controverse impliquant Riel, le Québec assume de plus en plus le rôle de protecteur de cette oasis franco-canadien en région éloignée. Ainsi, les journaux québécois sont ravis de l'adoption de la Loi sur le Manitoba, surtout de ses clauses sur la langue et la religion. Ils sont fin prêts également à veiller à la défense des droits de la population du Manitoba au moment où cette minuscule province entre dans la Confédération. Louis Riel n'est pas encore devenu le symbole de la discrimination des Métis par la province de l'Ontario, et par sa population, qu'il deviendra peu à peu au cours des années qui vont suivre.

L'abbé Ritchot passe plusieurs autres semaines à Ottawa, tentant sans succès d'obtenir un engagement écrit d'accorder l'amnistie promise, mais il décide finalement de retourner à la Rivière-Rouge au début du mois de juin, sans vraiment avoir un tel document en mains. Tout ce qu'il rapporte est une lettre de Sir George-Étienne Cartier datée du 23 mai, qui apporte des précisions sur l'entente verbale relative à la propriété des terres. La lettre fait ensuite référence à la dernière entrevue avec le gouverneur général « au cours de laquelle Son Excellence a été heureuse de déclarer que la politique libérale que le gouvernement propose, dans le cas des personnes auxquelles vous vous intéressez, est la bonne et devrait être adoptée ». En post-scriptum, se trouve l'autorisation d'utiliser cette lettre comme « explication » des négociations menées par l'abbé Ritchot. Ce dernier rappelle à Cartier qu'on n'a pas encore mis la dernière main au mode de constitution du comité pour l'attribution des 1 400 000 acres de terres. Cartier et Macdonald avaient d'abord promis à Ritchot que les terres seraient distribuées aux Métis par l'Assemblée législative du Manitoba ou par un comité spécial choisi par les deux parties. Le Canada avait ensuite décidé de confier cette tâche au lieutenant-gouverneur sous les ordres du gouverneur général. Quand Ritchot s'en plaint, les Canadiens promettent un ordre en Conseil permettant la nomination d'un comité à qui on confierait la distribution des terres, mais ceci ne s'est jamais réalisé. Cartier avait ajouté un deuxième post-scriptum par lequel il promettait que la distribution des terres donnerait « satisfaction aux Sang-mêlé ». Cartier soutient avec force que cette lettre « renferme le plein sens de la promesse d'amnistie telle que je l'ai comprise à l'époque ». Par la suite, Cartier dit à Ritchot de « se tenir tranquille et de ne pas s'en faire inutilement, que les hommes avec lesquels (il) transige savent s'y prendre en affaires. Laissez Riel continuer à gouverner sans faire "des sottises" », écrit-il.

Pendant ce temps à la colonie

À la Rivière-Rouge, c'est justement ce qui se passe, Louis Riel continue de gouverner. Un des aspects les plus négligés de toute l'histoire de la Rivière-Rouge et du rôle qu'y a joué Riel, est la période écoulée entre le départ des délégués à la fin mars et l'arrivée de l'expédition de Wolseley à la fin du mois d'août. Cela agace Riel de devoir diriger un petit gouvernement accessoire. C'est comme s'il voulait prouver que lui-même et les deux communautés métisses sont parfaitement capables de se gouverner eux-mêmes de façon tout à fait démocratique. Mgr Taché l'y encourage sûrement. Même avant que les délégués aient finalement quitté la Rivière-Rouge, Riel s'occupait déjà à régler les questions constitutionnelles, nettoyant les dégâts de l'hiver, et permettant même à la collectivité de célébrer un peu. On forme un comité le 16 mars avec pour mission d'écrire une nouvelle constitution pour le gouvernement provisoire. La plupart des derniers prisonniers, y compris Charles Boulton, sont libérés le même jour. On consacre beaucoup d'effort à se préparer aux dissensions possibles, vu le nombre de personnes libérées après un emprisonnement temporaire. Le comité chargé des questions constitutionnelles s'affaire toute la journée du 17 mars, jour de la Saint-Patrick. Un dîner officiel avec concert de la fanfare de Saint-Boniface est prévu à l'occasion de ce jour de fête. Le lendemain, Mgr Taché reçoit à son palais épiscopal de Saint-Boniface où on a organisé un autre concert et une démonstration militaire par les garçons du collège. Parmi les invités se trouvent le Capitaine Boulton, A.G.B. Bannatyne, John McTavish et son épouse, Alexander Begg et sa femme, James Ross, William Coldwell et plusieurs autres. Évidemment, nulle mention n'est faite de Thomas Scott à ce rassemblement et on semble l'avoir passablement oublié, ce que souhaite sans doute Mgr Taché, dans l'intérêt de messieurs Riel et Lépine.

Riel interdit la publication du *New Nation* ce soir-là en raison, semble-t-il, du traitement journalistique de la présence de Mgr Taché au Conseil. Henry Robinson saisit cette occasion pour démissionner en tant que rédacteur. Il sera remplacé peu après par Thomas Spence, originaire de Portage la Prairie et fondateur de la *Republic of Manitobah.* La venue sur la scène d'une personnalité de Portage a de l'importance, car cela signifie que certaines personnes du groupe de Portage veulent faire plus que maugréer. La politique éditoriale du journal, au moment de sa première publication au début du mois d'avril, est moins portée vers l'annexion. Spence publie une lettre de Riel au gouvernement McTavish mettant en lumière les conditions requises pour que la Compagnie de la Baie d'Hudson puisse reprendre ses activités. La colonie s'attend à ce que la Compagnie reprenne ses activités commerciales avant la fin de la semaine. En plus du comité sur les questions constitutionnelles, le Conseil met sur pied un autre comité avec pour mission de réviser les anciennes lois du Conseil d'Assiniboia, et un troisième pour traiter des droits d'approvisionnement en foin.

Le gouvernement provisoire n'a pas oublié sa prétention d'être le gouvernement de tout le Nord-Ouest. Le 7 avril, Louis Schmidt envoie une lettre circulaire, à titre de « secrétaire d'État adjoint », aux « colons du Nord et du Nord-Ouest ». Cette lettre est jointe aux colis postaux destinés aux postes et aux missions des territoires. La lettre commence par un bref retour sur les troubles survenus durant l'hiver, mentionnant la création d'un gouvernement provisoire le 24 novembre. Elle est rédigée de manière à laisser croire que le gouvernement existe toujours, le décrivant comme « étant aujourd'hui maître de la situation parce que tous les peuples de la colonie ont senti la nécessité de s'unir et de s'entendre; parce que nous avons toujours affirmé notre nationalité britannique; et parce que notre armée, quoique réduite en nombre, a toujours suffi à mettre en valeur la noble vertu de la liberté et notre terre natale. » Schmidt résiste difficilement à la tentation de se vanter : « Nous avons aujourd'hui une influence incontestée sur presque la moitié du continent; l'expulsion ou l'élimination de l'envahisseur vient de rendre notre terre natale à ses enfants. » Mais les peuples du Nord et du Nord-Ouest doivent faire leur part en évitant ceux qui cherchent à profiter des désordres actuels. Au cours du printemps et de l'été 1870, la pacification des autochtones retiendra une bonne part de l'attention du gouvernement. À peu près au même moment que l'envoi de la lettre circulaire, une force de police régulière de quatre hommes remplace les Métis armés à Winnipeg en tant que gardiens de la loi et de l'ordre au village.

Deux jours plus tard, le 9 avril, Riel émet une proclamation à l'intention de la population du Nord-Ouest. Il y rend compte des travaux de l'assemblée des représentants dont les rencontres ont débuté le 9 mars, soulignant qu'ils travaillent bien tous ensemble. Il accorde le pardon aux personnes temporairement détournées du droit chemin et offre l'amnistie à tous ceux qui se soumettent au gouvernement. Les chemins publics sont ouverts, et la Compagnie de la Baie d'Hudson peut reprendre ses activités. Le gouvernement est en train de négocier avec le Canada, dit Riel. Il garantira les droits des résidants et accordera à la population « une place dans la Confédération égale à celle de n'importe quelle autre province ». Riel conclut en promettant d'être sévère envers quiconque défie le gouvernement, tout en espérant que les mesures extrêmes ne seront plus nécessaires. L'appel à l'unité reçoit un appui sous la forme d'une publication du gouvernement canadien dans la colonie : *Correspondence and Papers Connected with the Recent Occurrence in the North-West Territories*, exprimant sans l'ombre d'un doute, à l'intention des lecteurs, que les Canadiens se sont fourvoyés et ont causé les troubles.

Dans son journal, Alexander Begg confirme également jusqu'à quel point la colonie reprend sa vie normale au printemps 1870. Il raconte que le mobilier de William McDougall paraît bien dans l'appartement de Riel au Upper Fort Garry. La Compagnie de la Baie d'Hudson reprend ses opérations. Le gouverneur McTavish s'est suffisamment remis pour sortir, et un débiteur potentiel en fuite est arrêté et amené devant les autorités. De plus, bon nombre de Canadiens et d'Américains parlent de quitter la colonie, ce que le gouvernement provisoire ne peut guère voir d'un mauvais œil. Le 20 avril, Riel prend position sur la scène publique en ordonnant qu'on hisse l'*Union Jack* au Upper Fort Garry. William O'Donoghue le fera descendre plus tard. O'Donoghue et Riel ont eu une grosse querelle au sujet du drapeau. On remet l'*Union Jack* à sa place et on invite O'Donoghue à retourner aux États-Unis s'il le désire. Le président permet qu'on hisse le drapeau du gouvernement provisoire sous l'*Union Jack* « comme sous la protection de celui-ci ». Selon Alexander Begg, cet incident a beaucoup contribué à réconcilier la population anglophone avec Riel et le gouvernement provisoire. D'autres frictions se manifesteront au sujet des drapeaux à la fin du mois d'avril, mais Riel s'assure de faire hisser l'*Union Jack* pour la réunion de ce qu'on nommera le « Parlement de la Rivière-Rouge ». La colonie reste calme lorsque les nouvelles de la réaction à la mort de Scott commencent à lui parvenir au début du mois de mai. Peut-être que le résultat le plus significatif de la réaction de l'Ontario est de faire craindre des représailles par les Canadiens de la Rivière-Rouge. Le journal de Begg regorge de rumeurs de toutes sortes, dont bien peu sont fondées.

Le 17 mai, le vapeur *International* quitte la Rivière-Rouge avec à son bord un grand nombre de passagers. Parmi ceux-ci, se trouvent le gouverneur William McTavish et sa famille. Leur départ symbolise autant la fin de l'ancien régime que l'adoption des nouvelles lois par l'Assemblée législative du gouvernement provisoire, lesquelles entreront en vigueur le 20 mai. Peu après, une nouvelle en provenance de Pembina informe la colonie que la plupart des clauses de la Liste des droits font maintenant partie de la nouvelle Loi sur le Manitoba. Tout le monde n'est pas enchanté de cette nouvelle, car elle s'accompagne de l'annonce d'une expédition militaire qui, selon Alexander Begg, donne « une mauvaise impression » à de nombreux Métis. Les rapports incessants sur la réaction de l'Ontario à la mort de Thomas Scott et l'esprit de vengeance de cette province sont également déconcertants. Il se peut aussi que la Rivière-Rouge ait entendu parler des efforts de Charles Mair pour regrouper et armer des colons ontariens dans l'intention d'écraser les francophones. En outre, des craintes persistent certainement au sujet des Indiens. William McDougall et John Dennis ont tous deux pêché dans les eaux troubles des récriminations autochtones pendant qu'ils étaient en fonction dans l'Ouest, et il est compréhensible que les autochtones s'inquiètent du sort que leur réserve le nouveau gouvernement canadien. Les Saulteaux du sud de la colonie, qui ne portent pas le gouvernement provisoire dans leur cœur, sont manifestement agités et, au début du mois de juillet, ils invitent d'autres tribus en dehors de la colonie à venir « parlementer » avec eux.

Le capitaine Norbert Gay, soupçonné d'être un espion à la solde de Napoléon III, entraîne des Métis dans les prairies. Même si tout le monde à la colonie attend avec impatience le retour de l'abbé Ritchot avec son rapport sur les négociations, une faction croit qu'on doive repousser l'expédition militaire. Ce groupe est probablement dirigé par William O'Donoghue. Le 9 juin, Mgr Taché écrit à Sir George-Étienne Cartier : « Certains parlent de lever un important groupe armé pour affronter et harceler les troupes à un point critique de leur route jusqu'ici. D'autres plans, peut-être encore plus dangereux, sont aussi dans l'air. » Dans un mémoire rédigé ultérieurement, Riel raconte que Taché a tenté de mettre fin aux projets de résistance en promettant qu'une amnistie générale serait accordée avant l'arrivée du lieutenant-gouverneur. Taché lui-même racontera plus tard à Cartier : « J'ai solennellement donné ma parole d'honneur, et même promis au nom du gouvernement canadien, que les troupes seraient envoyées en mission de paix, que les irrégularités du passé seraient oubliées ou pardonnées, que personne ne serait importuné pour avoir été dirigeant ou membre du gouvernement provisoire ou pour avoir agi selon ses directives. » Taché, bien sûr, n'avait aucun pouvoir de prendre de tels engagements.

Pendant son voyage de retour à la Rivière-Rouge, l'abbé Ritchot comprend que les choses ne tournent pas tout à fait rond. Il n'est pas stupide, et il sait reconnaître le verbiage quand il l'entend. Il bombarde Cartier de lettres expédiées de différents endroits le long de la route américaine, exprimant son inquiétude au sujet de l'amnistie et du traitement des Métis par l'expédition militaire en route vers la colonie. Ritchot arrive à Winnipeg le 17 juin à bord du vapeur *International*. Le prêtre affirme à Louis Riel qu'une amnistie sera accordée, même s'il ne rapporte aucun document écrit. Riel répond qu'il « espère que ce soit vrai ». Le lendemain, Ritchot rencontre le Conseil exécutif du gouvernement provisoire. Les représentants britanniques à Ottawa lui ont promis une « amnistie pleine et entière », annonce-t-il. Cette dernière doit arriver en même temps que le nouveau lieutenant-gouverneur. Sir George-Étienne Cartier demande que le gouvernement de Riel demeure en place en attendant le nouveau. Puis Ritchot tombe malade, et ne se rend pas immédiatement à l'Assemblée législative.

La semaine suivante, l'abbé Ritchot expose à nouveau son rapport devant une salle pleine à l'Assemblée législative du gouvernement provisoire. Le délégué de la colonie au Canada, le seul des trois à être revenu présenter son rapport à la Rivière-Rouge, trouve important, bien sûr, de faire approuver ses négociations par le peuple. Il décrit comment les Canadiens l'ont traité, faisant peu de cas des premières difficultés rencontrées à Ottawa. Il affirme que le gouvernement a reconnu, du moins en privé sinon publiquement, que les délégués représentaient le gouvernement provisoire. Il explique que les demandes de la Rivière-Rouge rejetées par le Canada étaient impossibles à combler sur le plan politique, puisqu'il fallait obtenir l'appui du Parlement. Ritchot ajoute qu'on a élaboré une liste des droits représentant un compromis acceptable par les deux parties. C'est ce qui explique la différence entre l'entente finale et le texte adopté par la « convention des Quarante », sans mentionner les modifications apportées par l'exécutif du gouvernement provisoire. Ritchot transmet la demande de Cartier voulant que le gouvernement provisoire demeure en place jusqu'à ce qu'il y en ait un nouveau. Riel se plaint de la difficulté de maintenir l'ordre dans de telles conditions, mais accepte de continuer. Dans un autre mémoire écrit en 1874, Riel écrit qu'il savait que la date officielle du transfert du territoire était le 15 juillet, mais que « depuis le 15 juillet 1870, jusqu'au 24 du mois d'août suivant, nous gouvernâmes dans l'intérêt du Canada, sa province de Manitoba et ses territoires du Nord-Ouest ». Ensuite, Louis Schmidt propose d'accepter la Loi sur le Manitoba. Sa proposition est adoptée à l'unanimité. Selon Alexander Begg, on envoie un message au tout nouveau lieutenant-gouverneur, Adams G. Archibald, pour lui demander de se présenter à la Rivière-Rouge avant que les troupes n'arrivent « pour montrer qu'il ne vient pas à la pointe de la baïonnette ». En dépit des garanties de Ritchot, bon nombre à la colonie, y compris Louis Riel, ne sont pas rassurés quant à leur avenir.

Dans l'attente de Wolseley

Pour ce qui est de l'expédition commandée par le colonel Garnet Wolseley, le premier contingent arrive à Port Arthur le 25 mai, et les préparatifs commencent en vue d'emmener les hommes à la Rivière-Rouge par bateau. À la fin du mois de juin, les premières troupes atteignent le lac Shebandowan et se fraient un passage vers la rivière Mattawan. Les 150 embarcations finissent d'arriver au lac le 6 juillet, ayant été traînées, tirées, transportées et portagées le long de la rivière Kaministiquia, ce qui représente un trajet de 45 milles sur l'eau et 25 milles par voie de terre. Au lac Shebandowan, le colonel Wolseley émet une proclamation « aux loyaux habitants du Manitoba » qui doit servir, comme il l'expliquera plus tard, à informer la population des objectifs de l'expédition et à prier les hommes loyaux de l'aider à la mener à bien ». Dans sa proclamation, Wolseley insiste pour dire que les intentions de l'expédition sont pacifiques, son seul objectif étant de « faire valoir l'autorité de la Reine ». Des cours de justice seront instaurées pour rendre justice de façon impartiale à « toutes les races et toutes les classes ». Wolseley nie tout parti pris religieux ou politique, affirmant que la propriété privée sera respectée et tous les dus remboursés. La proclamation ne parle toutefois pas d'amnistie et demande à la population de la Rivière-Rouge, sur un ton plein de sous-entendus, de faire progresser au plus vite la route jusqu'au Lac des Bois, induisant ainsi délibérément en erreur le gouvernement provisoire quant à la route empruntée par l'expédition dans la colonie. La proclamation dit clairement que le Canada instaure une nouvelle autorité, et ne vient pas tout simplement assumer l'ancienne.

Le 20 juillet, le vapeur *International* arrive au Fort Garry. Les badauds y aperçoivent un étranger, mais ce dernier disparaîtra vite. Ses bagages sont confisqués. Des bruits courent selon lesquels cet étranger serait le lieutenant William F. Butler du 69e régiment. Il est venu au Fort Garry, en civil, pour pouvoir informer Wolseley de la situation dans la colonie. Butler s'est porté volontaire pour cette mission. Il a voyagé vers l'ouest via les États-Unis, puis se dirigera vers l'est pour se joindre à Wolseley. À l'occasion de sa visite du village indien connu pour son hostilité envers Riel et le gouvernement provisoire, on l'invite à visiter l'Upper Fort Garry. Il répond qu'il refusera de visiter le fort aussi longtemps que le « drapeau des rebelles » flottera au mat. Quand Butler arrive au fort, racontera-t-il plus tard dans son livre *The Great Lone Land* (1872), deux drapeaux flottent au mât, l'*Union Jack* en lambeaux et le « drapeau des rebelles » en bon état. Butler laisse alors l'impression qu'il a forcé Riel à hisser l'*Union Jack* pour se plier à la demande du visiteur, alors qu'en réalité les deux drapeaux s'y trouvaient déjà depuis des mois.

Butler est l'un de ces Anglais que l'on rencontre assez fréquemment dans l'Empire britannique de l'époque. Très sûr de lui, il se sent prêt à affronter à lui tout seul, armé de sa seule canne, une bande d'autochtones enragés. On peut les admirer pour leur insouciance ou les détester pour leur condescendance – ou pour l'une et l'autre. Son récit d'un entretien ultérieur avec Louis Riel respecte en tous points la tradition établie précédemment par Robert Cunnigham. On fait entrer Butler dans une maison qui se trouve dans l'enceinte du fort et on lui demande s'il veut rencontrer monsieur Riel. « Aller chez lui? Certainement pas! » « Mais s'il vient vous voir? » « Alors, je le recevrai. » Ainsi, le visiteur devient l'hôte. C'est un revirement de situation peu subtil qui, de toute évidence, plaît à Butler. Cette sorte de manège devrait mettre la puce à l'oreille de Riel quant à la vraie nature de l'entretien. Si le président avait un peu de bon sens, il refuserait de jouer le jeu. Il y a une petite table de billard dans la pièce où Butler est entré, et il commence une partie avec l'unique personne présente. Ensuite, écrit Butler, est entré « un petit homme corpulent dont le tronc est surmonté d'une grosse tête. Il a le visage bouffi, le teint cireux, l'œil perçant, vif et intelligent, le front haut et carré. La chevelure est longue et épaisse par endroits. Les sourcils sont accentués. Il s'agit d'un visage remarquable somme toute, surtout si l'on considère leur rareté dans ce genre d'endroit. »

Riel porte une redingote, une veste et un pantalon noirs, mais il a des mocassins indiens aux pieds ce qui, selon Butler, dépare sa tenue, simple et d'allure ecclésiastique. Les deux hommes se serrent la main. Riel joue-t-il au billard? « Jamais » réplique Riel. « Vraiment dommage, déplore Butler, un jeu si fondamental. » Riel fait mine de sortir en disant : « Je vois que je dérange ici. » Mais on le ramène et le laisse avec Butler qui l'invite à s'asseoir avant de lui-même prendre un siège. (Encore une fois, le visiteur joue le rôle de l'hôte.) Selon le récit de Butler, Riel s'exprime avec peine, cherchant ses mots. Il regrette que Butler lui fasse si peu confiance, préférant séjourner au Lower Fort Garry et dans la colonie anglaise. Butler dit que les rumeurs aux États-Unis sont à l'effet que Riel s'opposerait à l'expédition. « Rien n'est plus faux que ces affirmations, dit Riel, je souhaite seulement conserver le pouvoir jusqu'à ce que je puisse remettre ma démission au véritable gouvernement. J'ai fait tout ce que j'ai pu pour garder la paix et pour éviter une effusion de sang parmi le peuple de cette contrée. » Mais, ajoute-t-il : « Je conserverai ce qui m'appartient jusqu'à ce que le gouvernement attendu arrive. »

Arpentant la pièce de long en large, un trait caractéristique de Riel quand il est inquiet, le président est surpris d'apprendre que Butler ne vient pas de quitter l'expédition, mais qu'il s'apprête à aller la rencontrer en passant par la rivière Winnipeg, et non par la route en provenance du Lac des Bois. Butler lui révèle l'importance des effectifs, selon une estimation minimale « pour ne pas le décourager de se battre si telle est son intention ». Comme tous les militaires de l'expédition, Butler a dans le fond très envie de se battre. Pas une fois Riel n'a fait mention de l'amnistie ou du pardon, remarque Butler. Il arpentait la pièce, faisant état de tout ce qu'il avait fait pour son pays.

Riel a toujours eu tendance à compter sur la rhétorique, même dans des entretiens face-à-face où le moment est mal choisi. Il s'agit là de l'une de ses caractéristiques qui portent les gens à croire qu'il est pompeux et vaniteux. Comme beaucoup, Butler se dit qu'il ne se laissera pas avoir par son éloquence. « Hélas! Par sa vanité, l'homme se rendait tout simplement ridicule et ses tristes mocassins aux pieds ne faisaient rien pour améliorer cette exhibition du pouvoir présidentiel, bien au contraire. Ce Métis tout de noir vêtu, jouant au grand soldat européen, cet homme en habit de curé portant les chaussures des sauvages, était un spectacle tout simplement absurde. » Apparemment, il ne viendrait jamais à l'esprit de Butler que lui-même fait partie de ces « Anglais blasés, tout à fait ignorants du pays et grincheux comme le sont tous les Anglais » que le premier ministre Macdonald craignait d'envoyer à la Rivière-Rouge, ou que son racisme est à peine réprimé. Le chef Métis montre plus de discernement dans les circonstances, et plus de tolérance quand il finit par observer : « Si j'avais été votre ennemi, vous l'auriez su bien avant que j'apprenne que vous ne viendriez pas me voir, et même si je me suis senti humilié, je suis venu vous rencontrer pour montrer que mes intentions sont pacifiques. » Sur ce, Riel sort en coup de vent. Le compte-rendu que Butler fera plus tard de cette rencontre révélera qu'il n'aura rien appris de très utile sur Riel.

Tandis que Butler quitte la Rivière-Rouge afin d'aller informer Wolseley, Mgr Taché, de retour dans l'Est, écrit à Louis Riel de Hamilton, lui exprimant sa satisfaction que ce soit Adams Archibald de la

Nouvelle-Écosse qui ait été nommé au poste de lieutenant-gouverneur. Taché repart soudainement vers le centre du Canada en juin, annonçant son départ du haut de la chaire le 26 juin. Même s'il n'en a pas parlé lui-même, tous dans la colonie savent qu'il s'inquiète au sujet du transfert. Taché et Archibald rencontrent officieusement Sir George-Étienne Cartier à Niagara Falls. Taché espère toujours voir Archibald arriver avant les troupes et, ainsi, entrer dans la colonie sous les auspices du gouvernement provisoire. Archibald affirme avoir l'intention d'être à la Rivière-Rouge avant l'expédition. Les troupes qui saccageront la maison de Riel à la fin du mois d'août trouveront la lettre de Taché à Riel faisant état de cette rencontre. Canada First y verra un exemple du trafic auquel se livrait Sir George-Étienne Cartier et Taché en vue « de fermer les yeux sur le crime de Riel ». Même si Canada First ne sait rien de cette correspondance échangée en juillet, Robert Haliburton tombe par hasard sur le groupe formé par Cartier, Taché et le nouveau lieutenant-gouverneur en réunion à Niagara Falls. Les partisans de Canada First tireront la conclusion, avec raison, que quelque chose se trame. Il s'agit peut-être de laisser tomber complètement l'expédition militaire. Les partisans de Canada First organisent en hâte une manifestation hostile, à Toronto, en vue de consolider la position du gouvernement. George Denison III et William Foster préparent une série de ce que Denison appellera des « placards incendiaires », affichés partout dans la ville. On y lit des slogans tels que : « Laisserons-nous les rebelles français diriger notre Dominion? », « Orangistes! Avez-vous déjà oublié notre frère Scott? » et « Les volontaires accepteront-ils la défaite face au ministre de la milice? »

Ce dont Cartier, Taché et Archibald ont discuté à Niagara Falls, selon le témoignage du lieutenant-gouverneur à la commission d'enquête parlementaire de 1874, c'est la route que ce dernier devrait prendre pour entrer dans la colonie. L'évêque opte pour la route qui part du Lac des Bois. Archibald est d'accord à condition que le lieutenant-gouverneur soit accueilli à Northwest Angle par un comité d'accueil composé de tous les représentants de la colonie, non seulement de Métis comme le propose Taché. Archibald se dirige effectivement vers le Northwest Angle après son départ d'Ottawa le 8 août, mais ses guides ont de la difficulté à trouver l'endroit et, en fin de compte, personne ne l'attend au point d'arrivée. On n'a jamais pu déterminer avec certitude si le gouvernement provisoire a ou non envoyé un comité d'accueil, mais il semblerait que non. Ainsi, Archibald poursuit sa route par la rivière Winnipeg, assez loin derrière les troupes. Il est peu probable que les choses se seraient passées différemment s'il était arrivé plus tôt.

Pendant ce temps, une autre assemblée publique se tient à Toronto le 22 juillet, avec pour objectif de considérer toute proposition de rappeler l'expédition militaire comme un « coup de grâce à notre honneur national ». Une autre proposition vise le châtiment des rebelles. Une autre encore, qui sera facilement adoptée, mais non à l'unanimité, veut que si le gouvernement rappelle les volontaires, « la population de l'Ontario ait alors le devoir d'organiser un certain type d'émigration armée de sorte que les Canadiens qui ont été chassés de leur foyer puissent le réintégrer [...] et que nous ne voyons plus jamais le drapeau de nos ancêtres bafoué ou un emblème étranger nous narguer où que ce soit dans notre vaste Dominion. » Voilà la vision d'une colonisation énergique d'après Charles Mair. La dernière proposition demande au gouvernement « de s'évertuer, dès les premiers pas de notre jeune Confédération, à développer par tous les moyens possibles une fierté nationale telle qu'elle donnera à nos actions un sens et un but commun; fera sentir aux Canadiens qu'ils appartiennent à un pays qui est prêt à venger ceux de ses fils qui ont souffert et sont morts pour lui; et de faire savoir à nos chers Britanniques qu'un Canadien ne se laissera pas, sans protester, cataloguer devant le monde entier comme le seul sujet dont l'allégeance n'assure aucune protection, et dont le patriotisme ne lui vaut aucun éloge. » Cette espèce de chauvinisme du Haut-Canada est monnaie courante dans le mouvement Canada First. Ce type de nationalisme, toutefois, peut difficilement séduire tout le monde au Manitoba.

Quand le Colonel Wolseley arrive à Fort Frances le 31 juillet, il rencontre un loyal Sang-mêlé de la colonie qui apporte des lettres de l'évêque Machray, et d'autres lettres au sujet des conditions qui prévalent à la Rivière-Rouge. Il décrit ces rapports comme « intéressants, mais teintés de mélancolie ». Pourquoi ces interlocuteurs sont-ils si découragés? Rien vraiment n'indique que la colonie soit sous l'emprise de quelque forme de despotisme. Elle est même plus paisible sous le gouvernement provisoire qu'elle le sera pendant plusieurs années après la prise en charge par le Canada. Il est certain que beaucoup attendent avec impatience l'arrivée des Canadiens. Le résumé que fait Wolseley de leur message, toutefois, est autre chose qu'un simple message de bienvenue : « Venez aussi vite que vous pouvez, parce que ça va mal ici et c'est inquiétant. » Le 4 août, Butler arrive en provenance de l'Ouest. Wolseley rapporte que Butler « décrit la population comme sous le coup de la panique : les anglophones et les francophones se craignent mutuellement, et les deux ont affreusement peur des Indiens. » La panique est réelle, mais plutôt causée par l'incertitude quant aux intentions de l'expédition militaire.

Les renseignements que Wolseley reçoit à Fort Frances n'ont pas grand-chose à voir avec ce qui se passe réellement à la Rivière-Rouge. Deux facteurs semblent entrer en jeu ici. *A priori* l'armée a tout intérêt à laisser croire à la résistance pour justifier son avancée et sa position, fin prête pour la bataille. Ensuite, les gens de la Rivière-Rouge commencent à se préparer à l'arrivée des militaires par la tactique courante qui consiste à se retourner contre ceux qui vont bientôt perdre le pouvoir. Une des meilleures façons de ne pas révéler que l'on collabore avec l'ennemi, bien sûr, c'est de devenir un loyaliste bruyant et vindicatif. Ce genre de comportement se manifestera très fréquemment au cours des mois suivants.

Aux environs du 22 août, la flottille de Wolseley descend le lac Winnipeg vers l'embouchure de la rivière Rouge. Une fois rendus à cet endroit, les bateaux prennent position en trois rangées, et les hommes sont prêts à tirer. Il est difficile de ramer à contre courant, et Lower Fort Garry se trouve encore à une douzaine de milles plus loin. L'expédition atteint le dernier fort juste avant l'heure du petit déjeuner, le lendemain matin, et arrive à temps pour déguster un énorme banquet que Donald A. Smith a fait préparer pour les officiers. De chaque côté des berges de la rivière, les gens sortent de leur demeure. Bon nombre d'entre eux sont des Écossais de Kildonan. Les hommes applaudissent, les femmes agitent leur mouchoir, les cloches des églises carillonnent, les Indiens déchargent leurs armes. Cet accueil contribue sans aucun doute à donner aux soldats, surtout aux volontaires canadiens, l'impression agréable qu'ils font vraiment partie d'une armée de libération.

Dans son rapport, le colonel Wolseley décrira ainsi son arrivée à la colonie : « Les employés de la Compagnie ont hissé l'*Union Jack,* un emblème national que personne n'avait osé arborer depuis plusieurs mois. » Puisque le drapeau flotte depuis la mi-avril au Upper Fort Garry, à la place d'honneur au-dessus du drapeau du gouvernement provisoire, Wolseley est évidemment mal informé. Mais c'est exactement cette façon de voir les choses, erronée, qui a caractérisé l'arrivée des forces armées de Wolseley à Winnipeg même, et l'occupation ultérieure de la nouvelle province par le Canada. Le colonel Wolseley avait reçu des ordres qui stipulaient sans équivoque qu'il était envoyé « en mission de paix », et que ses forces armées ne devaient entretenir « aucune sympathie partisane ». On ne lui a pas ordonné d'utiliser l'expédition de manière punitive. Mais Wolseley a hérité de l'idée que Canada First se faisait du soulèvement, et il ne peut s'enlever de la tête que le gouvernement provisoire est composé de rebelles qui méritent d'être punis, légalement ou non.

-7-

L'amnistie

Jusqu'à l'arrivée des soldats britanniques et canadiens le 23 août 1870, Louis Riel s'attend à céder le pouvoir au lieutenant-gouverneur Adams G. Archibald, puis à accompagner son peuple dans la période de transition qui mènera au statut de province. Sans doute peut-il espérer devenir premier ministre de cette province, car à l'été 1870, Riel a affermi sa position et plus personne parmi les Canadiens, les colons écossais ou les Métis n'est désormais en mesure de s'opposer à son autorité.

Pourtant, dès l'arrivée du colonel Wolseley, Riel et ses lieutenants prennent la fuite. Si représailles il doit y avoir, Riel a plus à craindre du côté des loyalistes que du côté du pouvoir étendu de la loi canadienne. Ni le colonel Wolseley, ni Donald A. Smith n'ont émis de mandat d'arrêt contre Riel à l'arrivée des troupes, mais on se demande si Smith a oui ou non émis un tel mandat par la suite. Il ne fait aucun doute qu'en 1873, un mandat d'arrêt a été émis contre Riel pour le meurtre de Thomas Scott au moment où on arrêtait Ambroise Lépine. À la fin de l'année 1870, Riel fuit probablement les chasseurs de primes lancés à ses trousses puisque James Farquarson a offert une récompense de 20 £ pour sa capture, et l'Assemblée législative de l'Ontario mettra ensuite sa tête à prix pour 5 000 $. Cette situation découle, bien entendu, de l'incapacité de l'abbé Ritchot et des délégués du gouvernement provisoire à obtenir une amnistie pour Riel et ses partisans pour les crimes commis pendant la rébellion avant le transfert au Canada; puis de l'incapacité de Mgr Taché, entre autres, à convaincre le gouvernement canadien d'accorder cette même amnistie par la suite.

L'arrivée de Wolseley

Les soldats britanniques de l'expédition de Wolseley campent sous la pluie à quelques milles du Upper Fort Garry, et Louis Riel réunit son Conseil dans la soirée du 23 août. Mgr Taché arrive à la colonie par bateau à vapeur le jour même, rassurant tout le monde par des propos selon lesquels la mission de Wolseley se veut pacifique. Convaincu que George-Étienne Cartier et Adams G. Archibald sont parvenus à un accord, il est pour le moins surpris d'apprendre que les troupes remontent la rivière Rouge en grande tenue de combat. Malgré l'optimisme de Taché, Riel sait bien que le lieutenant-gouverneur Archibald, qu'il s'apprête à rencontrer, ne vient pas simplement effectuer le transfert symbolique du pouvoir du gouvernement provisoire au Canada. Cependant, bien décidé à jouer le jeu jusqu'au bout, Riel informe les membres du Conseil qu'ils ont pour devoir de rester à leur poste jusqu'à ce que les troupes viennent les remplacer. Aucun de ses hommes ne doit bouger sans en avoir reçu l'ordre, mais il craint que l'ennemi ne les attaque.

Sur ce, Riel conclut en demandant que quatre volontaires l'accompagnent à cheval vers le campement de l'expédition, afin d'évaluer la situation. Le colonel Gay, Baptiste Nault, Francis Saint-Luc et Pierre Champagne se portent volontaires. Par une nuit si noire qu'on n'y voit à peu près rien, ils quittent le camp sous une pluie battante, armés de la tête aux pieds. Les cavaliers s'approchent au point de distinguer la lueur des feux de camp, et parviennent à la ligne des sentinelles. Ils explorent les lieux, puis rebroussent chemin pour regagner le Fort Garry après minuit. Riel enlève son manteau et ses chaussures trempées, se couvre de deux grosses couvertures et dort à peine une heure. Louis Schmidt s'affaire déjà à emballer les papiers de son chef. On se demande encore pourquoi cela n'a pas été fait plus tôt. Il n'aura pas le temps de terminer et les documents laissés derrière seront autant de « preuves à conviction ».

Vers 8 heures du matin, on sert à Riel de la viande froide et du thé en guise de petit-déjeuner. Il mange parce qu'il a faim, mais ça ne passe pas, car il a froid et il est fatigué au point d'être incapable de boire son thé. Quelqu'un s'approche du fort au galop en criant que les troupes de Wolseley sont à moins de trois milles : « Ils vont vous lyncher. » Riel ordonne d'évacuer le fort. Lui et W. B. O'Donoghue seront les derniers à partir. Ils laissent les portes du fort ouvertes derrière eux et traversent la rivière pour se rendre au palais épiscopal de Mgr Taché à qui Riel explique, à la grande surprise de ce dernier, qu'il a préféré quitter le fort plutôt que de « courir le risque d'être tué ou assassiné ». Riel montre du doigt l'évidence même alors qu'ils aperçoivent de l'autre côté de la rive les soldats qui envahissent le village. On a trompé le bon évêque.

En ce jour fatidique du 24 août, les troupes sont ralenties par le mauvais temps. En raison des fortes pluies, il leur est impossible « d'avancer vers le fort fièrement, en grand apparat militaire », et par voie de terre, comme l'aurait espéré le colonel Wolseley. À l'aube, dans les embarcations rangées en trois colonnes, les hommes rament sous une pluie diluvienne vers l'Upper Fort Garry. À l'approche de l'église anglicane, ils aperçoivent l'*Union Jack* qu'on est en train de hisser au clocher dont les cloches carillonnent. Vers 8 heures du matin, au moment où Riel tente d'avaler son petit-déjeuner, les troupes débarquent sur la rive ouest de la rivière près de Point Douglas, à environ deux milles du Upper Fort Garry.

Des messagers de Winnipeg rapportent que Riel est toujours au fort. Selon la rumeur, Riel va résister. « Riel va se battre! », entend-on dans les rangs. Pour se rendre à l'ouest du village de Winnipeg, les troupes peinent dans la boue épaisse. Des soldats embusqués arrêtent les occupants d'une voiture. Il s'avère que ce sont des conseillers du gouvernement provisoire qu'on laisse passer en paix. À cause de la pluie, et peut-être en raison de la violence qui risque d'éclater, personne ne vient accueillir les soldats au village. Bien que la visibilité soit mauvaise, les troupes s'attendent à essuyer des tirs. Désenchantés, ils trouvent les portes ouvertes et le fort vide. « Bon Dieu! Il s'est enfui! »

« Personnellement », dira plus tard le colonel Wolseley, « j'étais heureux que Riel ne se soit pas rendu, comme il avait déjà dit qu'il le ferait; car alors je n'aurais pas pu le pendre comme je l'aurais fait si je l'avais pris les armes à la main. » Wolseley, sans aucun doute un homme au caractère belliqueux, a-t-il agi selon les ordres du gouvernement canadien? Nous ne le saurons jamais.

Les événements qui vont suivre sont pathétiques. Des soldats entrent dans la maison de Riel et la pillent de fond en comble, probablement à la recherche de pièces à conviction, et sans doute agacés de ne pas rencontrer de résistance. Ils y trouvent plusieurs lettres de la main de Mgr Taché dont ils devront se contenter. Ils se plaignent également de la saleté et de la crasse qu'ils trouvent dans la maison. D'autres troupes se donnent la peine de faire entrer quelques canons dans le fort et tirent une salve royale de 21 coups pendant qu'on hisse l'*Union Jack* au sommet du mât. Une toute petite poignée d'habitants de Winnipeg, parmi lesquels se trouve J. J. Hargrave, se joignent à eux pour un triple « Vive la Reine! ». Selon les mots du barde de l'expédition : « Pas de coup de fusil, pas de cri de guerre. Tout se termine paisiblement. » William Butler ira même jusqu'à écrire que « la révolte de la Rivière-Rouge, cette tempête dans une théière », s'est « dénouée, comme on pouvait s'y attendre, sans plus d'éclats que si elle s'était déroulée dans la tasse de thé que le président n'a pas touchée. » Butler a aussi composé cette épitaphe sur Louis Riel : « Bien qu'il ait été vaniteux, ignorant et prétentieux, il semble n'avoir jamais douté de sa mission, tout comme on ne peut nier chez lui une bonne dose de courage — pas ce courage tel qu'on l'entend à la Rivière-Rouge, mais un courage digne de l'idée que s'en font les Européens. »

Butler pourrait tout aussi bien être en train d'écrire à propos d'un chef de la tribu des Ashanti.

D'un point de vue législatif, l'arrivée des troupes sème la confusion. Le scénario idéal pour Wolseley aurait été d'entrer dans la colonie le fusil au poing, ou à tout le moins dans Winnipeg, et de mettre en déroute un ennemi rebelle pour ensuite instaurer la loi martiale. Le gouvernement provisoire s'étant dérobé silencieusement, ce scénario tombe à l'eau. Le plan de Sir George-Étienne Cartier était que Louis Riel, au nom du gouvernement provisoire, transmette les pouvoirs au nouveau lieutenant-gouverneur, Adams G. Archibald. Le départ de Riel et l'absence d'Archibald, qui n'allait arriver avec le pouvoir civil que bien plus tard, contrarient ce plan. Wolseley insistera sur le fait qu'il n'avait aucune raison d'instaurer la loi martiale, ajoutant toutefois qu'il ne jouissait d'aucun pouvoir civil. Le commandant des troupes n'avait pas reçu d'ordres l'autorisant à gouverner en l'absence du lieutenant-gouverneur. Les habitants lui demandent d'être lieutenant-gouverneur à titre provisoire, il refuse. Wolseley trouve une solution plus ou moins légale au problème en décrétant que c'est la Compagnie de la Baie d'Hudson qui doit assumer le gouvernement de la région, « jusqu'à ce qu'on reçoive une communication officielle selon laquelle le pouvoir a été transféré au Dominion ». Par conséquent, Wolseley nomme gouverneur l'agent responsable de la Compagnie de la Baie d'Hudson (Donald A. Smith, qui venait tout juste de revenir à la Rivière-Rouge quelques jours plus tôt), « comme s'il n'y avait jamais eu de rébellion, comme si la Compagnie avait toujours gouverné sans interruption ». Smith accepte sa nomination à contrecœur, probablement incertain de la légitimité de la démarche.

Comme cela se produit souvent après une « libération », les « opprimés » ne tarderont pas à vouloir se venger de leurs oppresseurs. Wolseley est pour le moins surpris quand il s'aperçoit que ses troupes ont surtout pour tâche de protéger les rebelles contre les représailles des royalistes qui prétendent avoir durement souffert l'hiver précédent. Il aurait été beaucoup plus facile de maintenir l'ordre en appliquant la loi martiale. Le colonel fait circuler des patrouilles armées dans la colonie, mais le whisky coule à flots et cette dernière est dans un état lamentable. Wolseley avait interdit l'alcool au cours de l'expédition, n'autorisant que la bière légère et le thé fort. On peut comprendre que les troupes soient assoiffées. Selon le Capitaine Butler : « On aurait dit un sort jeté sur ce pauvre village qui comptait désormais plus de *saloons* que n'importe quelle autre ville deux fois plus grande des États-Unis. On vendait à n'importe qui d'horribles mélanges en guise de boissons alcoolisées et, pendant un certain temps, il y régnera un désordre indescriptible. » Le révérend George Young écrira plus tard : « C'était pénible à voir, surtout la première nuit : tant d'hommes, soldats, voyageurs et Indiens, qui s'étaient si bien abstenus d'alcool jusque-là, pour leur propre bien et celui des combattants, maintenant tous rendus si fous par l'infecte boisson qu'ils achetaient à prix fort dans ces abominables tripots, qu'ils allaient jusqu'à se battre et à se rouler dans les bourbiers fangeux de Winnipeg. » Selon Sam Steele, lorsque les volontaires arrivent plusieurs jours plus tard, c'est pour trouver les rues du village encombrées « des corps de colons et d'Indiens complètement saouls, sans compter un ours apprivoisé en liberté ». Il est difficile d'empêcher les loyalistes et les anciens rebelles de se battre. Un journaliste du *Telegraph* décrit ainsi la scène dans son numéro du 3 septembre : « Je ne crois pas qu'aucun village n'ait aussi vite perdu le moral que Winnipeg depuis notre arrivée. Riel au moins, malgré toutes ses fautes, avait vraiment réussi à maintenir l'ordre. »

Ce n'est pas tout le monde à Winnipeg qui soit hostile à Louis Riel. Le journaliste de la *Gazette* de Montréal rapporte, vers la fin du mois d'août, que les anglophones de la Rivière-Rouge reconnaissent que, « sans les qualités de chef de Riel, son charisme et son parti pris pour le Canada et ses institutions, des centaines de vies humaines auraient probablement été perdues; les massacres et les assassinats auraient fait leurs ravages; l'expédition canadienne n'aurait certainement jamais atteint Fort Garry cette année-là; et le deuxième lieutenant-gouverneur et ses hommes n'auraient probablement pas réussi mieux que le premier à entrer dans la colonie. » Ce journaliste s'adresse sans contredit à des lecteurs bien différents de ceux des journalistes de Toronto.

Le 28 août, Wolseley décerne une ordonnance à ses troupes, les félicitant de leurs accomplissements. L'expédition a prouvé, dit-il, « qu'aucune étendue sauvage pouvant nous en séparer, aucunes difficultés qui puissent se dresser sur la route, que ce soit par voie de terre ou par voie d'eau, ne permettent à un homme de commettre un meurtre ou de remettre en question l'autorité de la Reine en toute impunité. » Le commandant (et ses biographes) a toujours considéré la région de la rivière Rouge comme l'un de ces lieux où les autochtones rebelles ont sommairement été mâtés par la puissance et le droit britanniques. Le Canadien Simon J. Dawson, qui a préparé les bateaux et les équipages pour Wolseley, exprime beaucoup d'amertume par rapport à l'attitude nombriliste de son commandant. Les rebelles ne se sont pas enfuis comme de vulgaires bandits à son arrivée, remarque Dawson. « Les gens ont continué à vaquer à leurs occupations comme si de rien n'était », écrit-il, « et le chef des insurgés, resté au Fort Garry avec une trentaine d'hommes, a pu quitter les lieux tranquillement pendant que les troupes entraient dans la colonie. La paix régnait partout [...] » De plus, ajoute Dawson, la principale rivière sur laquelle les troupes ont navigué est empruntée depuis des années par hommes, femmes et enfants, ainsi que par les bateaux de la Compagnie de la Baie d'Hudson, « utilisant parfois les pires rafiots qu'on puisse imaginer ». Il n'y a aucun mérite à naviguer sur cette rivière. Parlant du corps expéditionnaire en route vers l'ouest, Dawson fait la remarque suivante : « Nous avons rencontré deux petits canots manœuvrés par de piètres pagayeurs, l'un étant un rédacteur en chef obèse et l'autre un gentleman accompagné de son épouse, qui ont franchi tous les rapides, portages et tourbillons de la rivière Winnipeg sans encombre, et sans avoir eu le sentiment d'avoir accompli quoi que ce fut d'extraordinaire. »

Le destin de Riel

Après l'arrivée des troupes, Riel ne tarde pas à se diriger vers les États-Unis. Au terme d'un voyage difficile de trois jours, il parvient à la maison du père LeFloch, à Saint-Joseph sur le territoire des Dakota. Un messager revient à la Rivière-Rouge annoncer que Riel restera avec le père LeFloch jusqu'à ce que « les choses s'arrangent ». À ce stade, Riel ne sait trop où il en est au point de vue légal. Joseph Dubuc écrit le 27 août, dans *La Minerve,* que l'on parle constamment « d'émettre des mandats d'arrêt contre Riel et ses comparses » en ajoutant que la seule solution serait que le lieutenant-gouverneur arrive avec une amnistie. « Sans amnistie, personne ne peut prévoir comment tout ça va tourner » avertit Dubuc. Dans une lettre expédiée au début du mois de septembre, Mgr Taché annonce que le lieutenant-gouverneur n'a apporté aucune amnistie et conseille de patienter. Des nouvelles provenant de la Rivière-Rouge indiquent que les volontaires canadiens ont commencé à dénigrer les Métis dès leur arrivée dans la nouvelle province.

Du point de vue des Métis, le fait que le gouvernement n'ait pas tenu parole est digne de mépris. D'autre part, un observateur neutre pourrait comprendre le comportement d'Ottawa dans le contexte d'une « raison d'état » machiavélique. Lorsqu'ils se sont rencontrés en personne, le gouvernement a certainement fait en sorte de convaincre l'abbé Ritchot et Mgr Taché qu'il y aurait amnistie. Il est fort possible que le gouvernement ait d'abord offert ces garanties de façon non officielle, au printemps 1870, tout en espérant que l'agitation de l'Ontario entourant l'exécution de Thomas Scott se calmerait, et sans se douter que Canada First alimenterait délibérément les passions, prenant appui sur l'hostilité orangiste fermement établie envers les francophones et les catholiques. Selon Mgr Taché, Sir John A. Macdonald reconnaissait en privé avoir promis l'amnistie, mais en insistant sur le point suivant : « N'importe quel gouvernement perdrait pied dans cette affaire. » Quoi qu'il en soit, c'est probablement le suivi de cette question embrouillée qui peut le mieux nous aider à comprendre Louis Riel durant la période débutant en août 1870 et jusqu'à 1875.

Monseigneur Taché et les premières offres d'amnistie

Comme on le rappellera, la première suggestion d'une amnistie pour les insurgés de la Rivière-Rouge apparaît dans une lettre datée du 4 décembre 1869 expédiée par le Gouverneur général, Sir John Young, à la Compagnie de la Baie d'Hudson et à William McTavish, gouverneur d'Assiniboia. La lettre informe ce dernier que le transfert au Canada n'a pas encore eu lieu, qu'il est toujours le représentant de la Reine dans la région de la Rivière-Rouge et que les habitants relèvent de son autorité. Young joint à la lettre une proclamation datée du 6 décembre selon laquelle « certaines personnes malavisées » se sont réunies pour empêcher « par force et avec violence » les sujets de Sa Majesté d'entrer dans le pays. Sa Majesté est d'avis que de telles actions peuvent être le résultat d'un malentendu et, par l'entremise du gouverneur général, veillera à intervenir en faveur de ceux qui formuleront des plaintes légitimes. Le gouverneur général jouit également de tous les pouvoirs et de toute l'autorité qu'il faut pour maintenir l'ordre et mettre fin aux troubles illicites. Young assure les résidants de la Rivière-Rouge du respect de leurs droits et privilèges civils et religieux; de la protection de la propriété; et du bon gouvernement du pays en vertu des lois et de l'esprit de justice britanniques, comme par le passé. Il ordonne à ceux qui s'opposent à la loi de se disperser de façon pacifique et de retourner chez eux. Si ces derniers se dispersent et obéissent immédiatement, aucune action en justice ne sera entreprise contre « toute personne impliquée dans ces déplorables entorses à la loi ».

De toute évidence, les insurgés ne se sont pas dispersés. En outre, la question à savoir si la lettre et la proclamation du gouverneur général se sont bien rendues à destination, et ont été « proclamées », fera l'objet de grands débats. L'abbé Jean-Baptiste Thibault et le colonel Charles de Salaberry, tous deux émissaires canadiens, ont apporté des exemplaires de ces documents à la Rivière-Rouge. À leur arrivée, les insurgés ont saisi tous leurs documents et le Canada n'aura aucun moyen de vérifier si quelqu'un à la colonie de la Rivière-Rouge était au courant de la proclamation. Si on en ignorait l'existence, cela sous-entend que ceux qui ont confronté le Canada n'ont pas vraiment agi intentionnellement contre l'autorité du gouverneur général. Quand Donald A. Smith se retrouve finalement en présence du peuple de la Rivière-Rouge le 19 janvier 1870, il demande à l'abbé Thibault de lui remettre des exemplaires des lettres qui lui ont été confiées, y compris celles du gouvernement du Canada au gouverneur McTavish. Louis Riel proteste, mais la foule les réclame bruyamment : « Nous allons les entendre. » Des objections à ce qu'on tienne des documents secrets amènent la foule à en réclamer la lecture. On en vient à soupçonner Riel, en plus de bien d'autres choses, de vouloir cacher ce que le Canada a écrit. C'est peut-être vrai, mais ces documents n'avaient que peu d'importance. Riel s'attendait probablement à ce que le Canada prenne la rébellion au sérieux, mais ça n'a pas été le cas. À la fin, Louis Riel concèdera ce point et finira par appuyer lui-même la proposition de présenter les documents manquants. Mais ceux qu'on a apportés ne comprennent pas la proclamation, et celle-ci n'a jamais été lue.

Alors que la plupart des tractations relatives à l'ensemble des documents, dont la proclamation, se rattachent au fait que le peuple sait que c'est encore la Compagnie de la Baie d'Hudson qui a autorité sur la région, Mgr Taché considère la proclamation sous un autre angle. À son retour de Rome, où il est allé participer à l'élection d'un nouveau pape, il s'arrête à Ottawa avant de rentrer à la Rivière-Rouge. À cette occasion, on lui montre la proclamation. Devant la population de la colonie, le 9 mars 1870, il présente ce qu'il considère comme deux versions différentes d'une offre d'amnistie. En plus de la proclamation de Sir John Young, Mgr Taché a en sa possession une lettre datée du 16 février 1870, du premier ministre John A. Macdonald, lequel déclare : « Si le gouvernement de la Compagnie est rétabli, on accordera non seulement une amnistie générale, mais au cas où la Compagnie réclamerait le remboursement des pertes subies dans ses magasins, le gouvernement canadien s'interposerait en faveur des insurgés. » Mgr Taché soutient avoir pris la peine de demander au premier ministre si sa promesse d'amnistie s'étendait à des actes répréhensibles inconnus et possiblement non encore commis, et avoir été rassuré sur ce point. Par contre, cela n'a pas été mis par écrit, et le gouvernement provisoire n'a pas rétabli le gouvernement de la Compagnie même si, en novembre 1869, les Sang-mêlé avaient auraient souhaité qu'on adopte cette solution au problème de la légitimité.

Même si les conditions exigées par Macdonald dans sa lettre n'ont pas été remplies dans toute leur intégralité, Taché a tout de même le sentiment que les Métis font ce qu'il faut pour se soumettre aux conditions de la proclamation de 1869. En 1874, Mgr Taché rend compte de sa réunion du 9 mars avec le gouvernement provisoire : « J'ai présenté la proclamation de Son Excellence tout en invitant une délégation et en promettant une amnistie. J'ai bien dit aux insurgés et à leurs chefs qu'on écouterait leurs justes réclamations. Je leur ai ensuite montré la signature de notre gracieuse souveraine, promettant d'ordonner qu'on ne poursuive aucun d'entre eux en justice. » En fait, le gouverneur général n'a pas « invité » de délégation en autant de mots, mais il a effectivement mentionné qu'il recevrait les plaintes bien fondées et les désirs qu'on voudrait bien lui exprimer personnellement. Mgr Taché semble formuler ses propos de manière à faire passer le choix des délégués pour « une dispersion et une soumission immédiate ». Par ailleurs, selon ses propres termes, il a « transmis la promesse d'amnistie qu'on lui avait confiée ». Quand Mgr Taché écrit au secrétaire d'État canadien Joseph Howe, le 9 juin, qu'il a promis une amnistie relative à toute infraction à la loi, y compris à la mort de Scott, M. Howe réplique sans tarder en disant que, d'après le gouvernement canadien, « seule, Sa Majesté la Reine a le pouvoir d'exercer la prérogative royale de la clémence » et ce, après consultation avec ses ministres impériaux. M. Howe tient à être bien compris : « L'assurance d'une amnistie complète de Votre Seigneurie n'engage en aucune façon la responsabilité du gouvernement canadien. » Au demeurant, il ajoute que toute amnistie serait fonction de la proclamation du 6 décembre; une proclamation à laquelle on ne s'est pas encore soumis, laisse-t-il entendre.

Dans son résumé sur la question de l'amnistie en 1875, le gouverneur général, Lord Dufferin, examine de près les revendications de Mgr Taché et relève certaines lacunes. Le gouverneur général émet l'avis que l'évêque ne disposait pas de pouvoirs très étendus, pas plus que messieurs Thibault, de Salaberry et Smith. En outre, « rien n'indiquait dans ses directives qu'il avait l'autorité de promulguer un pardon au nom de la Reine pour un acte délictueux assez grave pour mériter la peine de mort ». Lord Dufferin soutient de surcroît que la rédaction de l'offre d'amnistie de Sir John Young (Lord Lisgar en 1875) fait clairement référence aux « légères infractions politiques dont le gouvernement avait entendu parler au moment de préparer le document ». On ne pouvait ajouter aux promesses fondées sur la proclamation et transmises par Sir John A. Macdonald dans le dessein de « fermer les yeux sur un meurtre aussi sauvagement perpétré que celui de monsieur Scott. Surtout, ajoute enfin Lord Dufferin, que les deux offres d'amnistie reposaient sur des conditions que les insurgés n'ont pas respectées. Même si George-Étienne Cartier avait fait parvenir une lettre de nature privée à Mgr Taché, en vue de le rassurer, aucune communication de cette nature d'un membre de l'administration à l'insu de ses collègues ne peut prévaloir sur un message officiel rédigé en leur nom et de la part du chef du ministère responsable de l'affaire en question. » Après tout, conclut Lord Dufferin : « Si tel était le cas, tous les gouvernements et la Couronne elle-même seraient à la merci de n'importe quel membre irresponsable, irréfléchi ou déloyal d'un ministère. » Mgr Taché ne sait que répondre à cette analyse, si ce n'est d'avouer son manque d'expérience dans les affaires de l'État. Il est fort possible que le gouvernement Macdonald ait compté sur cette naïveté. Il est aussi probable que Mgr Taché ait outrepassé l'autorité que les Canadiens entendaient lui accorder, dans sa hâte d'atténuer le bouleversement causé par la rébellion.

Les délégués et le gouvernement canadien en avril 1870

S'il est possible de mettre hors de cause les promesses d'amnistie de Mgr Taché du fait qu'elles découlent de l'incompétence d'un néophyte dans l'art de négocier, ce n'est qu'à première vue qu'il serait aussi facile d'écarter les demandes de l'abbé Noël Ritchot, l'un des délégués du gouvernement provisoire qui a négocié l'accord avec le gouvernement canadien en avril 1870. Comme Lord Dufferin le fera remarquer en 1875, il n'y avait rien d'écrit, et « si l'on s'arrête aux déclarations de chacune des parties en cause, elles entrent malheureusement en conflit entre elles ». La question, selon Dufferin, se réduit à savoir qui on veut bien croire, Ritchot ou le gouvernement. Le problème avec une telle approche, bien sûr, c'est qu'elle ne donne aucune explication de ce qui s'est vraiment passé. Les délégués ont été envoyés dans l'Est avec comme directive de refuser de négocier avec les Canadiens si une amnistie complète ne figurait pas comme premier article de l'accord. Les délégués ont négocié, et Ritchot (appuyé par la suite d'Alfred H. Scott) a insisté pour dire que le gouvernement s'y était effectivement engagé, quoique rien n'ait été mis sur papier. Comme Mgr Taché le soulignera pertinemment par la suite : « On n'entreprend pas des négociations avec des gens en concluant avec eux un accord en vertu duquel ils seront pendus par la suite [...] On ne peut faire autrement que de trouver inqualifiables et incompréhensibles des négociations (celles dont il est question) qui ne seraient pas reliées à l'amnistie qu'elle suppose nécessairement, et qui ne seraient pas justifiées par cette dernière. »

Lorsque les délégués de la Rivière-Rouge arrivent à Ottawa, les Canadiens donnent le ton aux pourparlers en refusant de les reconnaître comme représentants du gouvernement provisoire. Le Canada gêne encore les négociations en organisant ouvertement une expédition militaire à la Rivière-Rouge tout en discutant avec les délégués d'une solution pacifique. Comme nous l'avons vu, George-Étienne Cartier avait promis aux délégués qu'on s'occuperait de l'amnistie afin de pouvoir négocier. En outre, le gouverneur général et l'envoyé spécial du gouvernement britannique avaient offert les autres garanties nécessaires à l'acceptation pleine et entière de l'Acte du Manitoba par les délégués. Rien n'a été mis par écrit. Il ne faut pas oublier que, du point de vue canadien, l'enjeu de ces négociations est à la fois la moitié d'un continent et la destinée manifeste d'une nation. Non seulement l'acquisition de la totalité du territoire du Nord-Ouest dépend d'un accord satisfaisant avec les délégués de la Rivière-Rouge, mais entre-temps, le gouvernement de la Colombie-britannique manifeste quelque intérêt pour la Confédération, et les Canadiens attendent d'avoir réglé l'affaire de la Rivière-Rouge avant de réagir.

Pendant tout le reste de son séjour à Ottawa, l'abbé Ritchot tente d'obtenir des promesses écrites d'amnistie, mais on se défile constamment en lui servant des garanties verbales et des explications compliquées sur les raisons juridiques pour lesquelles ces engagements ne peuvent être mis par écrit. Au moment des négociations, les droits des Métis semblent soulever plus de résistance et c'est sur cette question que Ritchot consacrera le plus d'énergie. Il aurait probablement vu autrement l'entente qu'il croyait détenir s'il avait vu le rapport du mois d'avril que l'envoyé spécial britannique à Ottawa, Sir Clifford Murdoch, avait fait parvenir à Londres. Murdoch écrit que de nombreuses clauses du projet de loi sur la Rivière-Rouge sont « inadmissibles », et il ajoute : « La 19e condition (de la Liste des droits du gouvernement provisoire) assurerait l'indemnité à Riel et à ses complices dans l'affaire de l'exécution de Scott, et à tous les autres pour ce qui est du pillage des magasins de la Compagnie de la Baie d'Hudson et autres dommages qui ont découlé des troubles. Le gouvernement ne peut pas se permettre de faire ces concessions même s'il en a le pouvoir, car le juge Black et les autres délégués ont reçu des directives écrites, mais qui ne figurent pas dans les conditions, selon lesquelles tous les accords auxquels on parviendra ici devront être ratifiés par le gouvernement provisoire, ce qui suppose la reconnaissance de l'autorité de Riel et de ses associés [...] Dans une telle situation, le seul choix qui s'impose est de rejeter les conditions. »

Murdoch est tout particulièrement préoccupé par deux demandes, celles relatives au contrôle des terres de la Couronne et par l'amnistie, mais il est d'avis que le gouvernement canadien parviendra à respecter la condition du gouvernement britannique voulant que les troupes n'aient pas à imposer la souveraineté canadienne aux habitants de la Rivière-Rouge. Il est difficile d'imaginer qu'on puisse y parvenir en trompant les délégués du gouvernement provisoire. Murdoch ajoute qu'on s'attend à ce que Riel quitte le territoire avant l'arrivée des troupes, ce qui ferait l'affaire du gouvernement canadien en résolvant le problème de la Rivière-Rouge pour quelques années. Si Riel s'exile volontairement, tout finira par s'arranger. Ritchot et les délégués pensent qu'ils doivent s'entendre avec le Canada pour éviter une invasion militaire hostile. Ils ne savent pas que le gouvernement britannique insiste pour qu'on n'exerce aucune contrainte comme condition à sa participation à l'expédition militaire. Macdonald et Cartier ont autant besoin de s'entendre avec les délégués que ces derniers ont besoin d'un accord avec le Canada.

Après quelques tentatives désordonnées en vue d'obtenir une amnistie définitive pendant les semaines qui suivent la rencontre avec les fonctionnaires britanniques, l'abbé Ritchot revient sur la question le 24 mai (jour d'anniversaire de la Reine) dans le cadre d'un entretien avec J.C. Taché, frère de l'évêque et petit fonctionnaire à Ottawa : il est garçon de course pour le gouvernement. Taché avance que Cartier et Sir John Young approuveraient qu'on envoie une pétition à la Reine au sujet de l'amnistie, du moment que leurs noms n'y soient pas publiquement associés. Ritchot refuse d'abord de se mêler d'une pétition de ce genre, mais Taché réussit à l'enjôler comparant le tout à une « charade » qui éviterait de compromettre le gouvernement. Taché dit : « Écoutez bien, le gouvernement est même en train de la composer et il y manque seulement une signature. » Ritchot reçoit le document deux jours plus tard, rédigé comme s'il l'avait écrit lui-même au nom des autres délégués Black et Scott en réponse à une invitation du gouverneur général de lui présenter ce que souhaite la population des Territoires du Nord-Ouest. Ritchot modifie quelques phrases, et signe le document.

Le texte de la pétition tente d'expliquer, qu'étant donné les circonstances, la confusion régnait à la colonie, laquelle ne disposait plus guère de gouvernement. La formation d'une « sorte de gouvernement provisoire » ne se voulait pas un acte agressif ou séditieux contre la Reine, mais simplement un moyen de combler certains besoins locaux, sur le territoire. Au cours de cette période, toutes les parties ont commis des actes illégaux, « chacune se croyant dans son droit ». Si on portait des accusations devant les tribunaux, relativement à ces actions, on ne ferait que perpétuer un sentiment de vengeance et retarder l'entrée de la nouvelle province dans la Confédération. Par conséquent, les signataires de la pétition demandent la rémission des fautes commises et le pardon de « tous les actes ayant un caractère illégal » commis par quiconque dans la colonie, faisant observer qu'ils furent grandement favorisés par la proclamation du gouverneur général du 6 décembre 1869. Ritchot rencontrera Cartier une nouvelle fois, et celui-ci lui dira de ne pas se faire de soucis ni de se tracasser à propos de tout ceci, que les hommes avec qui il traite savent comment s'y prendre dans ce genre d'entreprise. Pourvu qu'on arrive là où on veut aller, dit le ministre, il vaut mieux emprunter la route qui ira le moins à l'encontre de l'opinion publique.

C'est à ce moment que Ritchot revient à la Rivière-Rouge afin d'expliquer au gouvernement provisoire l'accord conclu avec le Canada, comprenant l'amnistie. Pendant son voyage de retour, le 8 juin, Sir George-Étienne Cartier fait parvenir un mémoire à Lord Dufferin en vue d'exprimer son appui à la pétition en faveur de l'amnistie. Afin d'expliquer cette question plutôt « délicate et compliquée », Cartier reprend toute l'histoire de la résistance, à partir de la plupart des documents importants dont il dispose. Ce mémoire pourrait bien être celui auquel fera référence George Futvoye en 1874, dans son témoignage, quand il dit avoir aidé Cartier à le préparer. L'exécution de Thomas Scott fait obstacle à l'amnistie, écrit Cartier. Il ne fait aucun doute qu'elle était illégale et d'une brutalité digne d'un « abus de pouvoir excessif », ajoute Cartier tout en atténuant ses propos de certaines observations. Les habitants de la Rivière-Rouge étaient devenus très hostiles aux Canadiens qui s'étaient mal comportés envers eux et étaient perçus comme des envahisseurs. La Compagnie de la Baie d'Hudson n'avait pas suffisamment de pouvoir, et la seule règle qui prévalait reposait sur la « volonté et la détermination des colons eux-mêmes ». Riel a rejeté les demandes d'épargner la vie de Scott en vertu d'une « vague conviction » qu'il était en train de sauver la collectivité de l'invasion et qu'il répondait au désir de la majorité. Cartier rappelle les événements survenus à une assemblée de Toronto où il a été question de lyncher le père Ritchot et Alfred H. Scott afin de démontrer jusqu'à quelles extrémités peuvent aller les « désirs d'une communauté ». Cartier n'appuie pas une demande d'amnistie qui couvrirait l'exécution de Thomas Scott, mais seulement tous les autres gestes illicites, et qui pourrait servir à la défense dans un procès d'inculpation pour cette infraction.

Cartier rédige ensuite un scénario sur le plan juridique. Riel pourrait être formellement accusé de haute trahison, d'avoir fait la guerre, d'avoir fomenté une rébellion contre la Reine, et d'avoir commis un meurtre, pense Cartier, mais uniquement par un tribunal ordinaire avec le système de jury actuellement en vigueur dans la nouvelle province. La Loi du Manitoba n'a pas changé les lois criminelles ni le système de jury, se dit-il. Puisque personne ne croit que Riel et ses partisans doivent subir leur procès au Canada en vertu du *Canada Jurisdiction Act* adopté durant les guerres du commerce de la fourrure au siècle précédent, le procès aurait lieu à la Rivière-Rouge devant un jury composé en partie d'habitants de cette contrée. Les accusés pourraient prétendre, pour leur défense, ne pas avoir fait la guerre contre la Reine, mais avoir « simplement mis sur pied un certain gouvernement régional temporaire afin de protéger la vie et la propriété des colons en l'absence d'un gouvernement établi par Sa Majesté dans la région, et afin de résister à des invasions et des tentatives non autorisées de faire la guerre contre eux ». Le gouvernement provisoire est intervenu face à de nombreuses provocations en suivant les coutumes de la collectivité. Le meurtre de Scott a été commis au nom du gouvernement *de facto* en vue de prévenir l'invasion par les Canadiens. La responsabilité pour la mort de Scott « relèverait davantage d'actes illégaux et de plusieurs invasions non autorisées par des Canadiens qui, en s'attaquant aux colons, ont provoqué les incidents regrettables ».

Puisque Riel et ses partisans ne peuvent être condamnés pour meurtre par un jury de la Rivière-Rouge ou d'une juridiction neutre, soutient Sir George-Étienne Cartier, il serait mal venu de les priver d'une amnistie. D'ailleurs, la meilleure politique serait « de leur accorder une amnistie générale pour tout acte équivalant à une haute trahison, une guerre, une rébellion et des pratiques séditieuses au cours de la période dont il est question dans la pétition de l'abbé Ritchot ». Une telle amnistie n'aurait pas pour effet d'exempter Riel et ses partisans d'une accusation de meurtre, mais ces derniers pourraient plaider non coupable et affirmer comme moyen de défense qu'ils ont agi en vertu d'un pouvoir politique présumé et usurpé pour lequel une amnistie leur a été accordée. Cartier suggère d'étendre l'amnistie aux Canadiens ayant participé à des procédures « non autorisées » et ayant soutenu l'exclusion de quiconque résisterait à l'autorité de la Reine au moment où le lieutenant-gouverneur est effectivement entré dans la province afin d'occuper son poste.

Le 9 juin 1870, Sir John Young fait parvenir le document détaillé de Cartier et la pétition de Ritchot à Lord Granville en Angleterre, accompagnés d'une lettre explicative qui se lit simplement comme suit : « Ce document mérite toute la considération due à la longue expérience de l'auteur et à son prestige sur le plan politique en Amérique du Nord britannique, mais ne doit pas être considéré comme le procès-verbal du Conseil des ministres ni comme l'expression de l'opinion de l'ensemble du Cabinet. » Il n'est guère possible de savoir si cette recommandation constituait une sorte de coup de poignard dans le dos de Cartier de la part du gouverneur général qui faisait fi d'une entente précédemment conclue entre les deux hommes. Il aurait été plutôt impossible d'obtenir l'approbation du Cabinet sur quelque amnistie que ce soit, étant donné le nombre de ministres hostiles à cette idée. Jusqu'en 1871, Joseph Howe prétendra : « Un meurtre est un meurtre, peu importe où il a été commis et [Riel] a pris une vie humaine sans que ce ne soit absolument nécessaire, et ce, de sang-froid, une faute qu'on pardonne rarement dans une société civilisée sans avoir à s'en repentir. » Quoi qu'il en soit, « Sa Majesté » n'accordera que peu d'attention à la pétition de Ritchot et à la lettre d'appui de Cartier, et ce n'est guère surprenant. Il suffit de savoir que le gouvernement canadien n'avait pas l'intention d'accorder une amnistie aux insurgés de la Rivière-Rouge. Ces derniers étaient d'une certaine façon pris dans les mailles d'un filet tendu par les conventions du gouvernement responsable. Les Canadiens pouvaient insister auprès des délégués que l'amnistie était une prérogative de la Reine, mais cette dernière n'aurait probablement rien fait sans la recommandation de ses ministres canadiens. Le gouvernement ne disait certainement pas toute la vérité lorsqu'il affirmait aux délégués de la Rivière-Rouge que l'amnistie était une prérogative de la Reine uniquement, indépendamment du gouvernement canadien. Le plan de Sir George-Étienne Cartier selon lequel Riel pourrait remettre le pouvoir au nouveau lieutenant-gouverneur se révélera aussi futile que son espoir mis dans une pétition à la Reine.

La question de l'amnistie dans la nouvelle province du Manitoba

Bien que Riel fuie la justice depuis l'arrivée de Wolseley, il ne quitte pas immédiatement le pays. Il reste à Saint-Boniface quelques jours, puis se déplace quelques mois au sud du Manitoba, se rendant occasionnellement dans les états limitrophes des États-Unis pour ressurgir occasionnellement à Saint-Boniface. Il ne fait rien pour se rendre aux autorités, et les autorités ne font rien pour tenter de l'arrêter. À cette époque, Ottawa ne veut ni arrêter Riel ni le traduire en justice, et encourir le risque d'indisposer le Québec et mener à l'acquittement de celui-ci, déchaînant par là même la colère de l'Ontario. De surcroît, selon le témoignage du lieutenant-gouverneur Archibald en 1874 dans le cadre de l'enquête parlementaire : « Tous les Métis francophones et la plupart des anglophones considéraient les meneurs des troubles comme des patriotes et des héros. N'importe quel gouvernement qui aurait tenté de les traiter comme des criminels aurait été obligé de faire fi des principes du gouvernement responsable. » On continuera à jouer au chat et à la souris pendant plusieurs années, avec comme inconnue la mise à prix de la capture de Riel qui pouvait, à tout instant, allécher un chasseur de prime.

Ce n'est pas seulement Riel qui subit les conséquences du refus d'accorder une amnistie, tous les membres de son gouvernement provisoire encore au Manitoba en souffrent aussi. On ordonne au colonel Wolseley d'évacuer la force militaire pendant l'hiver, mais il est libre de s'y prendre comme il l'entend. Wolseley choisit de retourner au Canada presque immédiatement avec tous les membres de la force régulière, laissant sur place les volontaires non entraînés qu'il a installés dans les casernes de Winnipeg, y compris le gros contingent de jeunes Ontariens avides de venger la mort de Thomas Scott. Il décide également de placer les fusiliers du Québec (dont un bon nombre sont francophones) au petit fort Garry parmi les Sang-mêlé anglophones et les fusiliers de l'Ontario hostiles aux Canadiens français, au Upper Fort Garry près de la région francophone de Saint-Boniface. Ces décisions garantissent à coup sûr des frictions entre les Métis et les soldats. Bon nombre des Métis proches de Riel l'ont rejoint à sa résidence temporaire à la frontière américaine, et les autres ont déjà commencé à se déplacer plus à l'ouest. À l'automne et à l'hiver 1870-1871, une terreur délibérée semble régner à Winnipeg. Il est difficile de déterminer si c'est vraiment le cas, mais c'est ce qu'un grand nombre d'observateurs rapportent. Une telle violence signifie non seulement des représailles contre les Métis, mais la fuite des propriétaires des premiers lots riverains de la Rouge et de l'Assiniboine. Le *Manitoba News-Letter* du 20 septembre rapporte de la Prairie du Cheval Blanc que : « Un grand nombre des hommes restés fidèles à Riel vendent pour une bouchée de pain la terre qui leur revient, et fuient » ajoutant : « Pourquoi les nouveaux venus achètent-ils des terrains alors que ceux qui sont restés loyaux craignent pour leur vie? »

Le lieutenant-gouverneur Adams G. Archibald apprend à son arrivée, dans une déclaration des habitants de Saint-Norbert, qu'« il manque encore quelque chose d'important, que nous attendons pourtant avec confiance, car elle nous a été promise par des hommes dont la parole ne nous a encore jamais trahis ». Archibald se trouve dans une situation difficile dès le début. Il connaît très bien les engagements pris, mais il sait aussi que le gouvernement ne peut acquiescer à cette demande en raison des sentiments encore vifs dans l'Est. Il fait d'abord appel à la raison pour résoudre ce dilemme en faisant savoir à Ottawa que la proclamation d'une amnistie ne sauverait pas Riel ni ses seconds de la colère des volontaires ontariens. Archibald soutient également que seule une petite bande d'agitateurs bornés et racistes empêche le retour d'un « bon voisinage » des peuples du Manitoba. Cette petite minorité « semble croire, et ne se gêne pas pour dire, qu'il faudrait faire disparaître les Métis francophones de la surface de la terre » écrit-il. Une série d'incidents viennent confirmer cette hostilité. Elzéar Goulet, membre du gouvernement provisoire et de la cour de justice qui avait jugé l'affaire Scott, est pourchassé par deux soldats et un civil jusqu'à la rivière Rouge dans laquelle il se jette et se noie. François Guillemette, celui qui a tiré une balle dans la tête de Scott, est mystérieusement assassiné près de Pembina. D'autres partisans de Riel, comme André Nault et Thomas Spence, seront sauvagement battus.

Le 17 septembre, le lieutenant-gouverneur Archibald émet une proclamation affirmant que tous les « loyaux sujets » de la province seront protégés, de même « que leurs droits et leur propriété dont ils pourront jouir paisiblement » ajoutant : « Personne ne doit s'arroger la loi, et s'en prendre à nos sujets d'aucune façon qui ne soit prévue par la loi. » Le même jour, les Métis se réunissent à Saint-Norbert. Riel préside la rencontre. Les membres de l'assemblée se plaignent de la « perfidie » du gouvernement canadien et du terrorisme à Winnipeg, et décident d'envoyer une pétition au président des États-Unis lui demandant d'intervenir auprès de la Reine afin qu'il y ait enquête sur les revendications des Métis. W.B. O'Donoghue veut aller plus loin en exigeant l'annexion du Manitoba aux États-Unis. Riel s'objecte, et les deux se crient des injures. O'Donoghue apportera plus tard un mémoire révisé à Washington, où il rencontrera le président Ulysses S. Grant au début du mois de juin 1871. Le nouveau texte demande au président de procéder à l'enquête et d'annexer le Manitoba et le Nord-Ouest, ou de faire en sorte que la Rivière-Rouge obtienne l'indépendance. Malgré l'appui d'un certain nombre d'annexionnistes du Minnesota, O'Donoghue ne parvient pas à convaincre le président que la majorité de la population veut soit l'annexion, soit l'indépendance. On lui dit de revenir lorsque cette idée recevra l'appui d'un plus grand nombre.

Le 18 septembre, Riel assiste à la messe à Saint-Norbert. Selon Marc Girard, un Canadien français fraîchement arrivé à la Rivière-Rouge, et qui a été nommé par Archibald trésorier provincial et conseiller exécutif, Riel profite de l'occasion pour lui demander s'il est question de lui dans la récente proclamation. Girard lui dit que oui, et lui conseille de quitter le pays au plus tôt, car on ne peut se fier à la milice pour imposer la paix. Archibald organise plus tard un corps de police à cheval, dont un certain nombre de policiers seront des Métis, en vue de maintenir l'ordre et de faire observer la loi, mais cela n'offrira apparemment aucune consolation à Riel. Joseph Royal témoignera plus tard avoir quitté la Rivière-Rouge pour Montréal, à la fin du mois de septembre 1870, et avoir été questionné par Cartier sur l'opinion publique. Ce dernier demande à Royal de dire à Riel que « l'amnistie est une affaire décidée, c'est une affaire faite ». Cartier ajoute : « Dites également à Riel de quitter le pays pendant cinq ou six ans, le temps que tout se calme. »

Les choses ne se calmeront pas de sitôt, car les Ontariens continuent de s'agiter autour de l'affaire Thomas Scott. Le 5 septembre se réunissent les « camarades et amis loyaux du regretté Thomas Scott, sauvagement assassiné hors les murs du fort Garry. » Ils veulent demander à Donald A. Smith de leur remettre les restes de Scott afin de lui offrir une sépulture chrétienne. Smith refuse, mais le révérend George Young continue d'insister jusqu'à ce qu'ils obtiennent l'autorisation d'exhumer le corps. Young et les autres creusent dans la cour du Upper Fort Garry, à la mi-octobre, et touchent la tombe à environ six pieds de la surface du sol, mais celle-ci est remplie de terre et de copeaux. La dépouille n'y est pas. Les Ontariens ne peuvent donc pas organiser de funérailles ce qui, sans aucun doute, aurait attisé le brasier des tensions qui consume déjà la province.

Au début du mois de novembre, Sir John A. Macdonald écrit à Archibald que l'opinion publique ontarienne est encore en ébullition, en particulier sur la question du « meurtre » de Thomas Scott. « Si ce n'était de cet événement malheureux, se dit-il, je crois que tous s'entendraient pour oublier le passé, et personne ne s'objecterait sérieusement à une amnistie par suite d'infractions politiques. » Macdonald présuppose, naturellement, que l'exécution de Scott n'est pas un acte politique, ce qui n'est pas du tout le cas de son vieil ami Sir George-Étienne Cartier. Le premier ministre accueille favorablement la position d'Archibald d'accepter l'amnistie de tous les anciens rebelles sauf ceux qui ont participé à l'exécution de Scott. Il exprime à Cartier son espoir que Riel et ses acolytes s'exileront volontairement. Cartier, bien sûr, souhaite que Riel suive la stratégie que lui-même (et d'autres) avaient adoptée dans la foulée de la rébellion ratée de 1837. L'exil, sans véritable poursuite pour acte criminel, permettrait éventuellement à Riel de se réhabiliter aux yeux du public. Cette stratégie avait donné de bons résultats non seulement pour Cartier, mais également pour William Lyon Mackenzie et Louis-Joseph Papineau qui ont tous deux fini par être de nouveau admis au Parlement canadien. Le gouvernement canadien n'a jamais eu besoin d'accorder une amnistie générale *per se*, bien que nombreux sont ceux qui verront dans le Bill des pertes de la rébellion de 1849 la reconnaissance symbolique d'un pardon.

Le problème avec la rébellion de 1837, sur lequel Louis Riel et ses bras droits pourraient modeler leur comportement, est qu'elle ne correspond pas réellement à la situation de 1870. Les insurgés de 1837 s'étaient en fait rebellés contre le pouvoir en place, ce qui n'est guère la situation de la Rivière-Rouge. Mais surtout, les premiers n'ont jamais été associés à un acte criminel spécifique tel qu'un meurtre. Selon le scénario de Cartier, les gens finiront par oublier, mais après? Même si les rebelles de la Rivière-Rouge finissent par être tranquillement réhabilités sans amnistie, comme cela s'est passé en 1837, la mort de Scott continuera tout de même d'être une menace pour Riel et pour ceux qui ont participé activement à son procès et à son exécution. N'importe quel citoyen inspiré pourrait, à n'importe quel moment, obtenir la délivrance d'un mandat d'arrêt pour meurtre, et le système judiciaire se mettrait en branle comme cela s'est passé en 1873 et 1874 pour Ambroise Lépine et André Nault. Ou bien, une fois le calme revenu, le gouvernement pourrait accorder une amnistie générale y compris pour Riel et ses collaborateurs comme Lépine. Mais le gouvernement canadien — dont Sir George-Étienne Cartier — n'a cessé d'affirmer durant toute l'affaire que le meurtre est un crime pour lequel on ne peut absolument pas accorder d'amnistie. Du point de vue de Riel, la meilleure solution ne consiste pas à attendre une amnistie éventuelle qui pourrait bien ne jamais se concrétiser, mais à suivre le raisonnement que Sir George-Étienne Cartier avait avancé en juin 1870. Scott a brutalement été tué, mais aucun représentant du jury de la Rivière-Rouge ne l'aurait probablement déclaré coupable en raison des circonstances atténuantes. Si Riel avait subi un procès et avait été acquitté en 1870, le gouvernement aurait été tiré d'affaire, conservant toutefois la responsabilité de veiller à ce qu'on ne permette plus aux racistes de l'Ontario de continuer à faire des troubles après le fait. Si Riel avait été condamné, comme Lépine le sera en 1874, sa condamnation aurait simplement forcé le gouvernement lui-même à trouver une solution à ce gâchis. Éviter un procès à Louis Riel pour le meurtre de Thomas Scott est peut-être ce qui pouvait arriver de mieux au gouvernement canadien, mais pas à Louis Riel, quoi qu'en aient dit les politiciens. Rien ne nous prouve que quelqu'un ait donné ce conseil à Riel, et certainement pas Mgr Taché ni Adams G. Archibald.

Le lieutenant-gouverneur Archibald écrit à Sir John A. Macdonald au moment de l'élection de la première Assemblée législative du Manitoba : « Je me suis efforcé de donner l'impression que si Riel veut se comporter en homme d'État, et s'il est motivé par le bien de son pays et non par le salaire et le poste; il a maintenant l'occasion de le prouver; et que le fait de rester loin de son pays sans se présenter à ces premières élections fera plus pour confirmer ce caractère que n'importe quel exercice dans le pays pendant dix ans. » Dans cette lettre, Archibald note que si Riel se montre en public, il sera plus difficile de « retenir les passions d'une population qui a eu à subir les épreuves de la dernière année et qui considère ces hommes comme les auteurs de leurs préjudices ». Riel a suivi ceux qui lui conseillaient de rester en retrait, à la fin de 1870, en refusant de nombreuses invitations à se présenter aux élections, dont une provenant d'un certain nombre de membres influents de la collectivité de Saint-Vital. Ces élections ont ramené des hommes jadis associés à la rébellion et au gouvernement provisoire, qui se présentaient comme des hommes ayant « des intérêts dans le pays ». La plupart étaient bien disposés envers Riel et favorables à une amnistie générale, à commencer par une amnistie pour eux-mêmes.

Il est tentant de déduire que le gouvernement a délibérément créé des conditions dans lesquelles il semble absolument nécessaire pour Louis Riel de ne pas participer à la vie politique de la province. Après tout, Riel est le chef incontesté de son peuple, ayant de toute évidence quelque chose à voir avec une série d'événements pénibles sur le parcours de la colonie de la Rivière-Rouge vers son statut de province. Les Métis ont fait de leur mieux pour protéger leurs intérêts par la résistance ou la rébellion, puis par leur participation aux négociations relatives à l'Acte du Manitoba. Mais tous savent parfaitement bien que l'important, c'est d'appliquer cette loi. En réalité, le gouvernement canadien soutient que, par son comportement dans l'affaire Scott, Riel s'est disqualifié lui-même de son rôle de leader capable de mener son peuple à l'ère nouvelle. La légitimité du comportement de Riel est certainement discutable. Mais la déclaration d'une amnistie générale, ou d'un pardon, aurait atténué la portée de toute discussion, et n'aurait pas eu plus d'impact sur la réinterprétation du passé que la décision du gouvernement canadien de demander au Parlement britannique une justification de l'incompatibilité de l'Acte du Manitoba par rapport à l'Acte de l'Amérique du Nord britannique, sous la forme d'un acte législatif de validation impériale. Le gouvernement canadien aurait prétendu que d'accorder une amnistie ou un pardon à Riel aurait attisé la colère des Ontariens. Par contre, on est en droit de croire que de véritables hommes d'État doivent faire face à la musique alors qu'on insiste, dans le cas de Riel, pour qu'il fasse preuve de qualités d'homme d'État en évitant de se montrer. Il est impossible de prouver que les Canadiens ont volontairement amené Riel à se cacher, bien que leur politique l'y ait certainement forcé. Mais son impuissance du moment est sans nul doute arrivée à point pour eux étant donné, notamment, les problèmes soulevés par la constitutionnalité de l'Acte du Manitoba même.

À l'annonce des résultats des élections, une émeute impliquant environ 100 volontaires de l'Ontario éclate dans les rues. Ces derniers brisent des vitres, envahissent un *saloon* pour se procurer de la boisson, et intimident les passants. Selon un correspondant du *Nouveau Monde*, les émeutiers parcourent les rues en criant : « Mort au pape! Mort aux catholiques! Mort aux Métis! Mort aux prêtres! » Les policiers réussissent à mettre fin au désordre, mais le bataillon ne prend aucune mesure disciplinaire contre les responsables. Si cet incident suggère seulement que les soldats qui sont supposés préserver la paix dans la province sont justement ceux qui représentent la plus grande menace à la bonne entente, un autre incident qui remonte à la mi-février 1871 vient confirmer le fait. Un grand nombre de volontaires libèrent par la force l'un d'entre eux détenu au poste de police pour s'être adonné aux jeux de hasard. Dans la tentative des officiers pour mettre fin à l'émeute qui s'ensuit au Upper Fort Garry, un soldat est gravement blessé par balle. Il semble évident que les officiers ne parviennent pas à imposer la discipline, et beaucoup parleront de mutinerie.

Joseph Royal se plaint au lieutenant-gouverneur : « Quelle protection pouvons-nous espérer d'un gouvernement dont les soldats sont justement les premiers à se moquer de la loi et de l'autorité? » Le consul américain, dans son rapport, fait mention des rumeurs selon lesquelles les troupes de l'Ontario planifient d'expulser le lieutenant-gouverneur. Il exprime l'avis qu'Archibald pourrait finir par devoir « compter presque uniquement sur les partisans du gouvernement provisoire de l'hiver dernier ». Il se peut que la plus vive condamnation du comportement des soldats s'exprime moins dans les journaux canadiens-français que dans *The Volunteer Review,* une publication consacrée aux affaires militaires du Canada. Un éditorial paru en mars 1871 souligne que l'incident survenu au Fort Garry a incarné la pire injustice qu'un pays puisse connaître, en mettant son gouvernement constitutionnel à la merci de ses propres soldats. *The Volunteer Review* blâme ceux qui ont encouragé les hors-la-loi et qui ont défendu ces derniers dans les journaux.

Au moment où éclate la « mutinerie », les Manitobains savent déjà que le gouvernement canadien planifie de rappeler les volontaires en mai. À la suite des événements survenus au Upper Fort Garry, un mouvement d'opposition au « rappel » des troupes prend naissance. Les propositions présentées aux diverses assemblées tenues sur cette question affirment que le vrai problème, c'est « que les rebelles de l'hiver dernier sont sûrs d'eux maintenant qu'ils ont pu s'en tirer sans représailles, c'est-à-dire qu'on n'a pas émis de mandat d'arrêt contre eux; que leurs chefs et sympathisants ont été nommés à des postes de confiance; et qu'ils prétendent ouvertement qu'ils recevront l'aide des Fenians du côté américain ». Le premier anniversaire du décès de Thomas Scott se passe sans véritable incident, bien qu'on vende des illustrations « du meurtre » au fort. Ces illustrations sont probablement des reproductions du dessin de l'exécution paru dans le *Canadian Illustrated News* du 23 avril 1870. Ce dessin, qui fait désormais partie de l'iconographie canadienne, montre Riel administrant lui-même le *coup de grâce* au moyen d'un pistolet, au pauvre Scott sans défense. Sur cette illustration, Riel se tient entre le corps étendu de Scott et une fosse. On voit un cercueil derrière lui. Une grande foule de curieux assistent à la scène, mais à environ 50 pieds de distance, de sorte qu'ils n'ont de toute évidence aucun lien avec Riel, ce qui lui attribue à lui seul la responsabilité du « meurtre ». Si c'était là le portrait visuel de la situation présenté aux Ontariens, on ne se surprend plus de la haine que ces derniers éprouvent à l'égard de Riel.

Pour ce qui est de Louis Riel, il ne participe d'aucune façon aux événements du Manitoba durant cette période. En février 1871, il est gravement malade à Saint-Joseph et c'est encore une fois sa mère qui le soignera pendant plusieurs semaines. Certains biographes sont tentés de voir dans ce malaise physique le présage d'une instabilité mentale. Nous connaissons certains de ses symptômes : il a des hausses subites de température et les articulations des bras et des jambes enflées, rouges et douloureuses. Il a pu se sentir déprimé, ce qui n'est guère surprenant dans cet état. Il avait peut-être peur de se faire assassiner, sa tête avait été mise à prix et il était officiellement en fuite. Son entourage avait reçu l'ordre de le tuer. Comment accuser de paranoïa quelqu'un qui a réellement l'ennemi à ses trousses! George Stanley suggère que la maladie de Riel était probablement reliée aux difficultés qu'il affrontait et à la peur d'être assassiné; aux contraintes et au stress engendrés par un avenir incertain; au délai d'attente de la promulgation d'amnistie « jusqu'à ce qu'il ne lui soit plus possible de porter le double fardeau de l'anxiété et de la malchance. En février, il tomba malade, très malade. » Stanley ne fait pas de lien entre ces deux phrases, mais leur juxtaposition en suggère un. Un microbe ou un virus quelconque est probablement davantage à l'origine de sa maladie que l'instabilité psychologique. Quoi qu'il en soit, l'état de faiblesse de Riel persistera plusieurs mois. Après avoir recouvré la santé, il décide de retourner chez lui et, au début mai, il est de retour chez sa mère à Saint-Vital, recevant des visiteurs en dépit du risque qu'il court à se montrer en public.

Mgr Taché rappelle l'amnistie à Cartier dans une lettre qu'il lui adresse le 6 mai 1871, juste après le retour de Riel dans la province. Tout le monde s'est montré patient jusqu'à maintenant, dit le prélat. Par contre, certaines affirmations du Parlement le dérangent, qui semblent tenir pour acquis que le sort des fugitifs est du ressort des cours de justice du Manitoba relativement à des actions commises avant que le Canada n'exerce un réel pouvoir dans la région. Cette question relative aux domaines de compétence est complexe, et Taché n'a pas nécessairement raison. Mgr Taché adopte maintenant une double tactique qu'il conservera pendant quelques années. Il menace d'abord de dévoiler publiquement les promesses qui lui ont été faites. Deuxièmement, il rappelle le comportement violent des soldats en réaction aux gestes de ceux « qui, en vue de se protéger, ont eu la malchance de faire une victime, le malheureux Scott ». La lettre de l'évêque ne produira aucun effet immédiat.

C'est à ce moment que la confrontation incessante entre les Métis et les Ontariens se déplace de Winnipeg, où les soldats se sont battus contre des civils, vers la campagne où les nouveaux colons se butent aux anciens résidants sur la question de la propriété des terres. Au printemps 1871, un certain nombre de colons de l'Ontario arrivent au Manitoba en espérant y trouver des terres. Au moins quelques-uns d'entre eux sont aidés en cela par la *North-West Emigration Aid Society* mise sur pied par Charles Mair. Pour diverses raisons, dont certaines remontent à l'automne 1869, les travaux d'arpentage effectués au Manitoba, et sur lesquels on doit se baser pour distribuer les terres, ne sont pas encore terminés. Reconnaissant le problème, le gouvernement canadien trouve une solution temporaire énoncée dans une note datée du 26 mai 1871. D'après ce document, ceux qui sont déjà installés sur des terres où les travaux d'arpentage sont terminés, « ayant colonisé et amélioré cette terre de toute bonne foi, en tant qu'habitants, et en vertu des règlements sur la propriété des terres », peuvent continuer à jouir de la propriété de cette terre en vertu du droit de préemption ou du droit sur le domicile familial. Les nouveaux venus doivent s'installer sur une terre en respectant le style d'arpentage qu'on adoptera désormais, c'est-à-dire que les limites s'étendront de l'est vers l'ouest, chaque quart de section mesurant un demi mille carré. Cette politique temporaire vient, naturellement, légitimer le squattage.

Le site immédiat du conflit se situe près de la rivière aux Îlets-de-Bois, non loin de la ville actuelle de Carman, et maintenant connue sous le nom de rivière Boyne (d'après une rivière du nord de l'Irlande). Les Métis ont longtemps utilisé le terrain longeant cette rivière pour le pâturage des animaux et comme refuge en cas d'inondation, même s'ils n'y ont jamais construit d'habitations. Charmés par cet endroit magnifique, les nouveaux venus ontariens commencent à coloniser les environs de la rivière aux Îlets-de-Bois, probablement conseillés en cela par des gens de Winnipeg. À mesure que de nouveaux colons arrivent dans la province, les Métis réagissent en affirmant qu'ils peuvent choisir leur propriété sur les 1 400 000 acres qu'on leur a accordés sur certaines sections, lesquelles seraient à proximité des nouveaux arrivants. L'une de ces sections se situe à la rivière aux Îlets-de-Bois. Comme le lieutenant-gouverneur Archibald le fera remarquer en juin dans une lettre à Ottawa, les Métis prétendent qu'ils jouissent du premier droit de regard sur les terres, ce qui figure non seulement dans l'Acte du Manitoba, mais également en garantie dans une lettre de Sir George-Étienne Cartier à l'abbé Ritchot, datée du 23 mai 1870. Le gouverneur a reçu une lettre de cinq paroisses métisses, dont quatre francophones, soulevant la question. Les nouveaux arrivants de l'Ontario ne voient pas les choses de la même façon que les Métis. Néanmoins, Archibald publie sa lettre de réponse dans le *Manitoban*. Selon cette lettre, toute paroisse de « Sang-mêlé » peut choisir une localité pour la terre qui lui revient et défendre ce choix.

C'est la confrontation. À la fin du printemps 1871, un certain nombre d'immigrants en provenance de l'Ontario, y compris certains volontaires demeurés sur place après la fin de leur engagement, s'installent à la rivière aux Îlets-de-Bois tout en sachant très bien que les Métis réclament ce territoire. Selon le lieutenant-gouverneur Archibald, les nouveaux venus enfoncent des piquets dans le sol et construisent des huttes, « déclarant qu'ils défendront leur bien contre quiconque se présentera ». Pour empirer encore les choses, ils changent le nom de la rivière pour *the Boyne,* s'inspirant ainsi de l'esprit d'Orange et faisant en sorte d'enrager les Métis. Ces derniers commencent à s'organiser pour expulser les nouveaux venus, par la force si besoin est. Archibald réussit à intervenir et à mettre les Métis en garde : « S'ils lèvent la main sur quiconque, tout sera terminé pour eux. » Les Métis renoncent à leurs intentions, mais Archibald a démoli sa propre politique. Ce qui s'est produit ici en miniature est, bien sûr, exactement ce qui avait amené les Métis à se rebeller contre le Canada en 1869.

Ce qui advient au bout du compte, c'est que la politique d'Archibald de permettre aux Métis de réserver à l'avance leurs sections ou leurs bandes de terre est révoquée par le gouvernement à Ottawa. Pour le Canada, tout lopin de terre qui n'est pas encore réellement occupé est à la disposition de n'importe qui, du moment que l'arpentage a été effectué comme il se doit. Joseph Howe, secrétaire d'État aux provinces, fait parvenir à Archibald une lettre sans équivoque sur ce point en novembre 1871 : « Vous devez toujours répondre ["] Cela n'est pas de mon ressort." C'est ma position et, si j'étais vous, je laisserais le ministère des terres et le gouvernement du Dominion appliquer leur politique sans m'interposer. » Cette déclaration correspond tout à fait logiquement à la prétention du Dominion de conserver tous les pouvoirs sur les terres de la province. Permettre au lieutenant-gouverneur d'adopter une politique serait aussi mauvais que d'accorder le même privilège à la législature locale. On aurait souhaité qu'en tenant mordicus à conserver un pouvoir sur les terres, les Canadiens aient tenu leurs engagements envers les Métis en vue d'exercer leur pouvoir sur ce point d'abord. Joseph Howe a sûrement exprimé la politique du gouvernement sans détour. C'est le gouvernement canadien qui s'occupera d'allouer et de distribuer les terres aux Métis, mais d'ici là, les immigrants et les anciens volontaires de la milice ont le droit « d'occuper et de préempter n'importe quelle terre vacante ». De surcroît, l'allocation de terres aux Métis ne se fera pas par section, mais par quarts de section. Pendant que tout cela se trame, les Métis eux-mêmes voient venir les choses : le Manitoba est pour les Canadiens, non pour les Métis. De plus en plus d'entre eux font leurs bagages et se déplacent plus à l'Ouest. Où est donc Louis Riel pendant que son peuple se fait régenter? L'abbé François-Xavier Kavanagh écrit de la Prairie du Cheval Blanc, en août, au sujet de « notre fantôme, stupide spectateur de la violation des droits des Métis, qui devraient se défendre mais qui, en fait, laissent leurs ennemis augmenter en nombre et empirer en arrogance ». Riel est à Saint-Vital, bien sûr, faisant l'« homme d'État » en ne se mêlant pas de politique.

À peu près au même moment où l'affaire de la rivière aux Îlets-de-Bois prend de plus en plus le devant de la scène, W.B. O'Donoghue, qui n'a pas réussi à convaincre le président américain d'appuyer l'annexion du Manitoba, se rend à New York en vue de convaincre le *Council of the*

Fenian Brotherhood de soutenir les Métis du Manitoba. Les Fenians sont composés d'immigrants irlandais qui ont joué un rôle important, quoique involontaire, dans l'avènement de la Confédération canadienne. Après la démobilisation des troupes de la guerre civile américaine, les soldats avaient eu la permission de garder leurs armes. De nombreux Irlandais parmi eux formèrent la *Fenian Brotherhood* (la fraternité des Fenians) dans l'espoir d'envahir les territoires de l'Amérique du Nord britannique et de les garder en otage dans le dessein d'obtenir l'indépendance de l'Irlande. Les Fenians avaient été repoussés en 1866 après quelques escarmouches à la frontière. Un certain nombre de leurs chefs avaient été arrêtés et emprisonnés. La fraternité avait cessé toute activité en attendant que leurs chances de réussite augmentent. C'est ce que O'Donoghue leur apporte en obtenant l'appui du général John O'Neill, un militant récemment sorti de prison. O'Neill offre de démissionner du Conseil et de ne pas faire appel aux ressources des Fenians pour toute opération dans l'Ouest. En retour, le Conseil consent à taire le projet d'un raid dans l'Ouest. O'Neill et O'Donoghue savent qu'ils peuvent compter sur le recrutement d'une force militaire parmi les vétérans irlandais dont l'armée avait été démantelée. Ces derniers, qui travaillent à la construction du chemin de fer de la *Northern Pacific Railway* vont être licenciés à la fin de la saison de la construction. On dispose d'officiers Fenians expérimentés pour mener les troupes, dont O'Neill lui-même, le général J. J. Donnelly et le colonel Thomas Curley, encore attachés à la cause. Les conspirateurs pensent également que, voyant arriver des envahisseurs au Manitoba, au moins quelques Métis de la province viendront grossir leurs rangs, car ces derniers en ont assez du mauvais traitement que leur inflige le gouvernement canadien. Les intrigants signent une entente en vue de libérer la population du Manitoba de l'autorité canadienne et de la doter d'un gouvernement républicain dont W.B. O'Donoghue serait le président.

Au début de l'automne 1871, le gouvernement du Manitoba est bien au fait du plan des Fenians. O'Donoghue et O'Neill tiennent des assemblées publiques à St. Paul, et l'abbé Ritchot assiste à l'une d'entre elles. Plusieurs Fenians rendent visite à Ritchot à son hôtel où ils se font dire qu'ils rencontreront de la résistance s'ils tentent quoi que ce soit. Le rapport de Ritchot vient confirmer les rumeurs, et le lieutenant-gouverneur Archibald réagit en exprimant son inquiétude pour la sécurité de la province. Il est vrai qu'il ne dispose virtuellement d'aucune force militaire, si ce n'est d'une poignée de policiers. Il est vrai également, comme il le fera remarquer au premier ministre, que les Métis sont vraiment insatisfaits. En outre, on demande au chef de la police fédérale du gouvernement canadien (qui, entres autres, assume également les fonctions de chef du contre-espionnage pour le Canada) de se rendre au

Manitoba, après l'avoir mis au courant de la conspiration, ce qui suggère qu'on prend la menace au sérieux malgré le petit nombre d'effectifs. Par contre, Archibald sait que les Américains sont au courant des intentions des Fenians et sont prêts à intervenir au besoin. Archibald a même avisé les Américains que leurs troupes pourraient en toute impunité traverser la frontière si la situation l'exigeait.

Au même moment, Archibald doit essayer d'expliquer au gouvernement canadien que sa politique envers les Métis, en particulier en ce qui a trait aux titres de propriété, doit être plus libérale. Le problème des Fenians offre à Archibald l'occasion de bien faire réaliser à Ottawa à quel point le mécontentement des Métis est réel. Par contre, il doit aussi faire comprendre à Ottawa que, malgré leur insatisfaction, les Métis restent loyaux envers le Canada. À cet égard, cette occasion offre de surcroît à Louis Riel la chance de prouver à la fois son allégeance et sa capacité de guider son peuple de façon constructive.

Le 28 septembre 1871, Riel rencontre un certain nombre d'anciens partisans du gouvernement provisoire. Il ne préside pas l'assemblée, mais il est l'un des secrétaires. Il pose trois questions aux personnes présentes. On se demande si Riel connaissait les réponses qu'il voulait obtenir de l'assemblée, ou s'il demandait vraiment conseil. Cette dernière conclusion est la plus probable. La discussion commence avec la question à savoir si le gouvernement respecte ses promesses envers les Métis, et la réponse est non, bien sûr. Rien ne laisse présager ni une amnistie générale ni la distribution des terres aux Métis. Ensuite, on discute des raisons pour lesquelles on continuerait d'espérer que le gouvernement tienne éventuellement ses promesses. On ne répond pas tout de suite de façon définitive à cette question de crainte « d'influencer les Métis dans une mauvaise direction ». Cette position est certainement plus généreuse pour le Canada qu'il ne le mérite. Pour ce qui est de savoir si O'Donoghue s'en vient, et pour quoi faire, on répond que l'Américain planifie d'attaquer la province. Enfin, on se demande ce qu'il faut faire avec O'Donoghue, et avec le Canada. Naturellement cette dernière question provoque une longue discussion. On en vient à la conclusion qu'il faut rejeter tout ce qui vient de O'Donoghue, et tenter d'amener les Métis à respecter l'Acte du Manitoba et de ne faire rien de plus que de demander loyalement au gouvernement de remplir ses promesses. Le procès-verbal rédigé par Riel ne dit rien des débats. Les participants à cette assemblée se mettent d'accord pour se réunir souvent. Trois d'entre eux peuvent convoquer une réunion, ou même un seul avec qui O'Donoghue entrerait en contact. Le fait qu'un nombre important de chefs métis doivent, en 1871, se rencontrer en secret — les critiques pourraient dire conspirer — pour traiter de la crise provoquée par les Fenians est une autre conséquence inévitable de la politique canadienne de refuser de régler une fois pour toute le sort des responsables du gouvernement provisoire de 1869-1870. Le 2 octobre, un messager vient de la part de W.B. O'Donoghue inviter un certain nombre de chefs métis, y compris Riel, à venir le rencontrer près de Pembina.

Le 3 octobre, le lieutenant-gouverneur Archibald consulte Gilbert McMicken qui vient d'arriver à Winnipeg. McMicken prend la menace d'invasion au sérieux, ayant entendu dire aux États-Unis que le général O'Neill dispose de 150 fusils Springfield et de près de 50 hommes. Archibald fait remarquer qu'il n'a pas de milice et n'a aucune idée de ce que les Métis feraient en cas d'invasion par les Fenians. Les abbés Ritchot et Dugas, qu'il a consultés, prétendent que Louis Riel ne fera rien sans avoir d'abord été amnistié, ce qui est plutôt exagéré. McMicken recommande une proclamation demandant à tous les hommes loyaux de se présenter pour défendre la province, ce qui rallierait au moins les « gens de l'Ontario » autour du drapeau et de la Reine. Gilbert McMicken apprend au premier ministre, le 4 octobre, qu'effectivement les « colons anglais » offrent leurs services. On en compterait peut-être un millier. Dans une conversation privée ce même jour, l'abbé Ritchot informe Archibald que les Métis, menés par Louis Riel, non seulement feraient preuve de loyauté, mais seraient prêts à repousser les Fenians à la frontière. Archibald s'empresse d'accepter leur appui. Dans son témoignage de 1874, dans le cadre d'une enquête parlementaire, Ritchot affirme avoir souligné la position difficile de Riel s'il se montrait en public. Archibald répond que c'est justement une bonne occasion pour Riel de faire la preuve de sa loyauté. Ritchot lui dit qu'il parlera à Riel. Ce même jour, dans le cadre d'une assemblée, les chefs métis se rendent compte que la plupart d'entre eux n'ont par répondu à l'invitation d'O'Donoghue, sauf Baptiste Lépine et André Nault qui se sont rendus à Pembina.

Le 5 octobre, l'abbé Ritchot écrit au lieutenant-gouverneur que Riel ne croit pas pouvoir s'exposer en public sans « l'assurance qu'il sera protégé de quelconques poursuites judiciaires, du moins pour le moment ». Archibald répond, selon le témoignage de Ritchot en 1874, en écrivant que Riel « n'a absolument rien à craindre pour sa liberté », ajoutant que toute collaboration du Métis « ne pourra être considérée autrement qu'en lui attirant la plus favorable considération ». Pendant ce temps, O'Donoghue et ses hommes, 70 gaillards dit-on, dont 25 Sang-mêlé américains, se sont emparés du poste de la Compagnie de la Baie d'Hudson à North Pembina dans le Dakota. En date du 6 octobre, les autorités du Manitoba ont réussi à recruter 200 hommes qui se sont mis en route vers la frontière. Le temps est humide et les soldats improvisés avancent avec peine dans la terre boueuse. Ils n'ont pas encore atteint Pembina que les autorités américaines se manifestent. Un contingent de soldats en provenance du Fort Pembina disperse les Fenians, et seulement une poignée d'entre eux seront capturés, y compris les officiers et O'Donoghue. Le 6 octobre, on porte des accusations contre les prisonniers en vertu de la section 6 des *Neutrality Laws* (1818) des États-Unis qui qualifie d'acte criminel toute tentative d'amener une autre personne à franchir les limites territoriales des États-Unis avec l'intention de l'engager au service de quelconques belligérants. Grâce à l'intervention rapide d'Enos Stutsman venu à leur rescousse, les prisonniers seront relâchés au bout de deux jours sur de simples formalités judiciaires. Le lieutenant-gouverneur Archibald peut rappeler ses hommes avant qu'ils n'atteignent la frontière.

Pendant que tout ceci se déroule au sud, les Métis s'organisent militairement. Leurs chefs se rencontrent à Saint-Vital le soir du 6 octobre. Celui qui préside la réunion est André Beauchemin, membre de la législature provinciale. Le secrétaire est Charles Nolin, l'un des principaux critiques de Louis Riel en 1870. Le président propose trois choix aux participants : O'Donoghue, la neutralité, ou un appui au gouvernement. Dans une rare manifestation d'unanimité chez les Métis en faveur de Louis Riel, l'assemblée déclare que tout ce que Riel dira prévaudra. Pour sa part, Riel observe qu'il craint la division chez ses compatriotes et parmi son peuple. « Alors je prie pour que nous soyons unis, et puisque vous me faites tellement confiance, croyez-moi, je n'ai pas changé. Ne participons pas à l'injustice, mais plutôt, appuyons à l'unanimité la proposition suivante : Il est juste d'informer son excellence le lieutenant-gouverneur du Manitoba que la présente réunion se saisit des circonstances dans lesquelles se trouve le pays pour affirmer son attachement à la constitution qui nous gouverne. » La proposition est appuyée par Charles Nolin, et le vote est unanime. L'après-midi suivant, une autre réunion se tient dans la maison d'André Nault à Saint-Vital, où les capitaines de milice de sept paroisses métisses (Prairie du Cheval Blanc, Saint-Boniface, Pointe-des-Chênes, Sainte-Agathe, Pointe Coupée, Saint-Norbert et Saint-Vital) se rencontrent pour déclarer leur appui au gouvernement. Quelques-uns de ces hommes se sont déjà montrés peu enthousiastes à la cause du gouvernement. Les hommes à la tête des organisations militaires sont les mêmes qui avaient constitué le gouvernement provisoire en 1869-1870. Ils se rencontreront de nouveau à Saint-Boniface, Saint-Norbert, Sainte-Agathe, Prairie du Cheval Blanc et Pointe Coupée afin de formuler leur appui au gouvernement. En date du 7 octobre, Riel peut écrire à Archibald que les Métis s'organisent sur le plan militaire. « Votre excellence peut être assurée que, quoique sans enthousiasme, nous nous mettons à votre service. » Le lieutenant-gouverneur leur répond afin d'exprimer sa gratitude.

Le 8 octobre, bien que la crise soit écartée pour le moment et que la milice du Manitoba est sur le chemin du retour à Winnipeg, on invite le lieutenant-gouverneur à traverser la rivière Rouge pour se rendre à Saint-Boniface et passer en revue les 500 loyaux Métis qui se sont engagés. À l'arrivée d'Archibald, les Métis tirent un « feu de joie » entendu par une foule de Winnipégois rassemblés sur la rive ouest de la Rouge. Le trésorier provincial, Marc Girard, présente le lieutenant-gouverneur à Louis Riel qui, dit-il, est l'homme qui a été « choisi comme leur chef pour l'occasion ». Les deux hommes se serrent la main. Archibald sert également la main d'Ambroise Lépine et de Pierre Parenteau, que lui présente Joseph Dubuc. Riel fait une courte allocution, déclarant être sur les lieux avec des amis afin d'offrir ses services pour la défense de leur pays contre tous les ennemis qui se présenteront. Il demande à Archibald d'accepter leurs services. Le lieutenant-gouverneur les remercie.

Cette cérémonie impromptue d'environ 15 minutes sur les rives de la rivière Rouge aurait dû faire advenir symboliquement la réconciliation entre le gouvernement du Manitoba et les Métis de la province. Ce ne fut pas le cas. Le problème est simple. Après le retour d'Archibald au Upper Fort Garry, son aide-de-camp donne l'ordre de préparer les casernes. Deux officiers des unités militaires anglophones commandées par le lieutenant E.H.G.G. Hay de St. Andrews et le capitaine Newcomb de Poplar Point font savoir au lieutenant-gouverneur que s'il faut préparer les casernes pour recevoir les hommes qu'on vient de passer en revue, eux-mêmes et leurs hommes déposeront immédiatement les armes. Ces officiers laissent ainsi entendre que les anglophones ne sont pas encore prêts à la réconciliation. Et d'autres événements viendront bientôt le confirmer. Lorsque la force militaire envoyée à Pembina revient le 10 octobre, on l'informe sans tarder de la réponse des Métis. Charles Napier Bell écrira plusieurs années plus tard : « Un courrier est arrivé sur nous avec la nouvelle qu'un grand nombre de Sang-mêlé francophones chevauchaient vers le nord, du côté est de la rivière, se préparant semble-t-il à traverser la rivière Rouge pour se rendre au village de Winnipeg. Les soldats anglophones ont réclamé à cor et à cri d'être renvoyés à Winnipeg, car ils se méfient plus des Sang-mêlé francophones, et les craignent davantage, que la petite force inoffensive des Fenians. » Certains de ces hommes avaient été emprisonnés par Riel en 1869 et 1870, et plus de 40 d'entre eux se sont récemment engagés comme volontaires.

Le lendemain, 11 octobre, le *Liberal* du Manitoba titre son éditorial « The Last Straw ». (La goutte qui fait déborder le vase.) Dans cet éditorial, le geste posé par Archibald le 8 octobre est décrit comme « sa plus grosse faute depuis qu'il est ici ». Plus loin, l'événement est décrit comme une « manigance de la faction Riel pour obtenir le pardon ». Le *Liberal* revient sur le sujet dans son numéro suivant du 18 octobre, brandissant les chiffons sanglants des haines du passé. On situe l'endroit où Archibald a rencontré Riel « à portée de tir du lieu où Thomas Scott a été assassiné ». On y lit encore : « Le représentant de la Reine a serré la main du meurtrier. » On décrit plus loin Riel et ses lieutenants comme « ceux qui se sont enfuis l'an dernier à l'approche des troupes, et que le valeureux Wolseley appelait *banditti* ». Les journaux exigent le rappel immédiat d'Archibald. À la publication de l'article intitulé « The Last Straw » dans le *Globe* du 25 octobre, les loges orangistes de la province réagissent en exigeant qu'on intente une action contre Archibald.

Le gouvernement canadien lui-même ne tarde pas à réagir au geste symbolique d'Archibald. On confie à Joseph Howe la responsabilité d'instruire le lieutenant-gouverneur du Manitoba sur les réalités de la vie. On n'a jamais promis d'amnistie, écrit Howe. Du moins, poursuit-il, « on n'a jamais demandé d'amnistie de façon officielle et, de toute façon, ce gouvernement l'aurait sûrement refusée ». Le secrétaire d'État aux provinces pour le Canada reconnaît que la plupart des députés du Québec seraient probablement en faveur d'une amnistie, mais « qu'à aucun moment, surtout après le meurtre de Scott, ce gouvernement n'aurait pu prendre un tel engagement sans mettre du côté de l'opposition tous ses sympathisants de l'Ontario ». Il poursuit en observant que le gouvernement de Macdonald a besoin de l'appui de l'Ordre d'Orange. D'après le scénario de Howe, O'Donoghue est l'ami de Riel. Il a envahi la province, pendant que Riel est resté neutre jusqu'à ce qu'on ait annoncé que la tentative d'invasion avait échoué. C'est seulement alors que Riel a affirmé sa loyauté. Il y aurait de quoi en rire si Archibald l'avait tout simplement ignoré. Mais selon lui, le fait de serrer la main de Riel met le gouvernement en mauvaise posture au Parlement sans compter les conséquences aux prochaines élections.

Il se peut qu'Archibald ait tenté de profiter de l'affaire des Fenians pour provoquer une réconciliation au Manitoba. On en avait désespérément besoin. Comme il le fera remarquer à Howe, il ne peut pas y avoir de gouvernement responsable dans une province où la moitié des membres de l'Assemblée législative « sont passibles de la pendaison ou du pénitencier ». Peu après s'être fait sermonné par Howe sur les réalités de la vie politique, Adams G. Archibald donne sa démission en tant que lieutenant-gouverneur du Manitoba, en expliquant au gouverneur général, Sir John Young, que la « Politique de l'Ontario » (c'est lui qui met une majuscule) semble marquer une préférence pour « la punition des offenses du passé » par rapport à la « préservation de la paix publique ».

Pour ce qui est de Louis Riel, il ne peut espérer d'amnistie d'un gouvernement canadien aussi dépendant pour sa survie de l'appui des Orangistes de l'Ontario.

-8-

Retour sur l'amnistie

L'affaire des Fenians et ses répercussions sur la Rivière-Rouge marquent une étape dans la suite des efforts en vue d'obtenir l'amnistie pour les rebelles. Le cours des événements (ou peut-être la façon dont Adams G. Archibald et Louis Riel les ont exploités) a donné lieu à une magnifique cérémonie, symbolique de la réconciliation, sur les rives de la rivière Rouge près des principaux édifices catholiques fréquentés par les Métis du Manitoba. Malheureusement, cette réconciliation n'a eu lieu qu'entre ces derniers et le gouvernement manitobain. L'Ontario, les orangistes, et un gouvernement canadien se considérant à la merci du vote orangiste, choisissent de ne pas mettre cette occasion à profit. Cette cérémonie aura surtout pour résultat de stimuler l'Ontario dans un nouveau paroxysme de haine, justifié encore une fois par la mort de Thomas Scott ramenée sur le devant de la scène. Au lieu de guérir une cicatrice, l'affaire des Fenians vient tout simplement rouvrir la plaie. Aucune amnistie n'est évidemment possible dans de telles circonstances.

Exil sous l'égide du gouvernement

Il n'est guère surprenant, dès lors, que l'affaire des Fenians amène de nouveau Cartier à recommander l'exil volontaire aux chefs Métis. À l'occasion du passage de Mgr Taché à Montréal, alors que la crise des Fenians bat son plein, ce dernier aurait avisé Cartier que Riel ne pouvait quitter sa famille qui vivait pauvrement. Sir George répond : « C'est bien vrai. Nous verrons ça. » Les deux hommes s'entendent pour en reparler en décembre à Ottawa. Pendant ce temps, le lieutenant-gouverneur Archibald soutient toujours que Riel, Lépine et O'Donoghue sont « pratiquement amnistiés » mais ne peuvent pas encore se montrer dans la colonie de crainte de provoquer des « atrocités ». Comme pour lui donner raison, un groupe d'hommes masqués pénètre par infraction dans la maison de la mère de Riel à Saint-Vital, le 8 décembre 1871, disant avoir un mandat d'arrêt contre Riel. Ils fouillent la maison et brutalisent les membres de la famille. Le fait que les intrus soient masqués en dit long sur leurs intentions.

Pendant ce temps, Mgr Taché et le premier ministre se rencontrent à Ottawa et s'entretiennent de Riel. John A. avoue que si Taché conseille à Riel de quitter le pays, « j'en ferai mon affaire et j'aurai gain de cause ». Taché promet d'essayer de faire sortir Riel de la colonie, et les deux hommes s'entendent pour que le gouvernement lui offre une compensation. Le 27 décembre, Macdonald remet à Taché une lettre de change à vue de la Banque de Montréal pour la somme de 1 000 $ à l'attention de « la personne dont nous avons parlé ». Il donne des directives pour que l'argent lui soit versé périodiquement plutôt qu'en un seul versement, soit sur une période d'un an. Après avoir quitté Montréal en janvier 1872, Taché, en route vers Sarnia, reçoit une lettre de Cartier lui disant qu'il faudrait aussi qu'Ambroise Lépine s'en aille, et qu'il faudrait diviser la somme entre lui et Riel. À son retour à Saint-Boniface, l'évêque parle aux deux hommes. Lépine refuse de partir, disant qu'il n'aiderait pas Ottawa à résoudre ses problèmes. De son côté, Riel répond : « Vous savez ce que j'en pense. Je suis sûr de diminuer dans l'estime de mes amis si je pars, car ils diront que je me suis laissé acheter, et je ne suis pas à vendre. » Riel et Lépine sont toutefois tous deux en mauvaise posture. Ils ne peuvent plus faire vivre leur famille car ils doivent fuir sans cesse la justice, et risquent de se faire arrêter s'ils paraissent en public. Les deux hommes finissent par accepter de partir à la condition que Mgr Taché leur remette une lettre selon laquelle il leur demande de partir, et qui précise qu'on a prévu suffisamment d'argent pour faire vivre leur famille en leur absence.

Riel refuse d'accepter de l'argent de Taché. Il affirme que les fonds doivent provenir du gouvernement canadien, ajoutant que lui et Lépine « considèrent qu'ils partent au nom du gouvernement et qu'ils reçoivent une rémunération pour leurs services ». Les deux hommes demandent 1 000 $ chacun plus huit à dix livres sterling par mois pour leur famille. Taché trouve ce montant excessif. Riel répond, acerbe, qu'ils savent que les personnes qui voyagent officiellement pour le Canada se font grassement rembourser leurs dépenses. En bout de ligne, Mgr Taché doit consulter le lieutenant-gouverneur Archibald afin d'obtenir l'argent. Archibald ne dispose pas de l'argent nécessaire et s'adresse à Donald A. Smith (en tant que représentant de la Compagnie de la Baie d'Hudson, la banque de la province) afin qu'il fournisse l'argent en attendant d'être remboursé par Ottawa. Smith accepte, et l'évêque donne à Riel et Lépine la somme de 1 600 $ chacun, retenant 1 000 $ pour les familles. Bien que

Sir John Macdonald et Sir George-Étienne Cartier reconnaissent l'avance versée par Smith, ce dernier ne sera jamais remboursé, en partie en raison du changement de gouvernement suite au scandale du Pacifique, et en autre partie parce qu'Ottawa est d'avis que Riel et Lépine n'ont pas respecté leur part du marché. Les chefs Métis devaient rester absents jusqu'aux élections qui viennent, Archibald insistant pour qu'ils se tiennent loin de la frontière et surtout qu'ils ne se présentent pas aux élections législatives. Le lieutenant-gouverneur pense que l'idéal serait de les envoyer en France, mais Taché répond que les fonds sont insuffisants.

Au début de 1872, le gouvernement est en droit de penser que Louis Riel et Ambroise Lépine seront casés pour au moins un an. Les deux hommes quittent la province en février « pour le bien du peuple », escortés jusqu'à la frontière par deux policiers. Pour beaucoup, cette solution est acceptable, car au point où on en est, Archibald ne peut arrêter Riel et Lépine sans provoquer une guerre civile. Mais comme Archibald l'a déjà écrit à Joseph Howe le 20 janvier, la question de l'amnistie concerne bien plus que ces deux personnes. Il déplore que de nombreux membres de l'Assemblée législative, et d'autres personnages parmi ceux qui les ont élus, évoluent sur la scène publique « la corde au cou », car on n'a encore accordé officiellement aucun pardon général aux insurgés de 1869-1870. Archibald expose le ridicule de la situation consécutive à l'absence des deux hommes, faisant remarquer que son gouvernement responsable repose sur une majorité « dont plus de la moitié à la Chambre sont passibles de la pendaison ou du pénitencier ». Une partie du problème, comme le soulignera Archibald dans sa correspondance ultérieure avec Cartier, est que divers organismes de l'Ontario offrent une énorme récompense, 5 000 $ dans le cas de l'Assemblée législative de l'Ontario, pour l'arrestation de ceux qu'on appelle les meurtriers de Thomas Scott.

Le 8 février 1872, en présence de Mgr Taché, l'abbé Ritchot et Alfred H. Scott signent une pétition adressée à la Reine qui explique en détail leur mission en tant que délégués à Ottawa en 1870, et leur compréhension de l'entente au sujet de l'amnistie. Ils insistent sur leur rencontre avec le gouverneur général et son assurance au nom du gouvernement britannique que les garanties offertes seront respectées (en retour de l'acceptation par les délégués des conditions de l'Acte du Manitoba). Les signataires de la pétition font ressortir que, deux ans plus tard, rien n'a encore été fait. Lorsque cette pétition arrive sur le bureau du gouverneur général à Ottawa, Sir John A. Macdonald écrit immédiatement à Lord Lisgar de ne pas lui donner suite, car le refus d'accorder l'amnistie rendrait les Métis « fous », et accorder l'amnistie « en ferait autant des colons britanniques ». Macdonald ajoute « qu'il faut nier la plupart des renseignements contenus dans la pétition, et que l'énoncé décrivant ce qui s'est passé entre eux et votre excellence est également faux et doit être désavoué. Je vous enverrai un brouillon de votre réponse dans un jour ou deux. »

Quelques jours plus tard, Lisgar fait parvenir à la Reine la pétition de Ritchot et de Scott. Il nie la version de la pétition selon laquelle lui-même et Sir Clinton Murdoch auraient rencontré les signataires, disant qu'il se tenait sur ses gardes en ce qui concerne l'amnistie, et qu'il a refusé de faire des promesses. En même temps, il admet avoir réalisé l'importance de l'amnistie pour parvenir à une entente avec la Rivière-Rouge. À Sir George-Étienne Cartier, Lisgar écrit qu'il n'a jamais « donné l'assurance d'une amnistie générale ou promis qu'une amnistie serait accordée pour tous les délits commis durant la rébellion ». Mais il ne nie que son propre engagement, sans mentionner celui pris par Sir Clinton Murdoch. Pour sa part, ce dernier ne se rappelle plus très bien des événements en question, bien qu'il insiste pour dire qu'il n'aurait pas oublié une promesse s'il en avait fait une. Même si Lisgar et Murdoch sont d'assez bons orateurs pour pouvoir témoigner subséquemment n'avoir jamais donné aucune assurance, tout en ayant laissé aux délégués l'impression qu'ils engageaient le gouvernement britannique, le gouverneur général aurait dû avoir la puce à l'oreille. Les dénégations véhémentes et constantes de Lisgar et des autres personnes présentes à l'entrevue, de quelque promesse que ce soit, feront en sorte que la Reine ne donnera pas suite à la pétition, bien qu'il en sera toujours question au gouvernement britannique au début de 1873.

Riel entre en politique

Pendant ce temps au Canada, les événements prennent encore une fois une drôle de tournure. Aux élections fédérales du mois d'août 1872, Sir George-Étienne Cartier est battu à plate couture dans la circonscription de Montréal Est, en partie du moins en réaction contre l'attitude qu'il a adoptée dans la crise qui a secoué le Manitoba. À certains égards, la solution la plus simple pour le gouvernement est de lui trouver une circonscription au Manitoba. La première qui s'impose à l'esprit est la circonscription de Provencher, au cœur de Saint-Boniface, laquelle compte une population francophone. Mais il y a un hic : Louis Riel conteste le district électoral.

Riel se sent mal en exil. Même s'il vit sous un nom d'emprunt, il craint pour sa vie en raison des chasseurs de prime en quête des 5 000 $ promis par l'Assemblée législative de l'Ontario le 8 mars 1872. On a la preuve que Riel ne souffre pas tout simplement de paranoïa. Deux hommes ont déjà juré à une cour américaine, par voie d'affidavit, que le docteur John Christian Schultz leur avait offert 1 000 $ sur la prime ontarienne pour voler les papiers de Riel. D'autres tentatives privées du même genre ont également vu le jour. Riel et Lépine en dresseront la liste dans une longue lettre adressée à Alexander Morris au début de 1873. Riel passe le temps à St. Paul en écrivant un compte-rendu historique de tous les événements survenus à la Rivière-Rouge. Il mentionne l'exécution de Scott comme « un geste nécessaire en vue d'intimider les conspirateurs, d'isoler Schultz en mettant fin aux dissensions dans notre propre peuple qui l'encourageaient et pour capter l'attention du Canada ».

Riel a la mal du pays, et il a peur; des conditions propices à un retour en politique. En août 1872, il est de retour à la tribune populaire du Manitoba, et rompt ainsi la promesse faite à Mgr Taché et au lieutenant-gouverneur Archibald. On verra que sa candidature sert partiellement de prétexte à son retour d'exil. Il veut probablement aussi faire savoir qu'il n'est plus en fuite et qu'il n'a plus l'intention d'écouter ceux qui lui conseillent de se cacher patiemment jusqu'à ce que le passage du temps l'ait réhabilité. Il aurait probablement valu mieux qu'on lui conseille de faire face à la musique et de se rendre, en insistant pour qu'on lui fasse subir un procès pour le meurtre de Thomas Scott. Faire face à une accusation criminelle dans une cour du Manitoba est à peu près la seule option, dans son cas, qui ait des chances de réussir. Quelques partisans approuvent sa décision de se présenter aux élections, notamment l'abbé Ritchot et Joseph Dubuc, mais pas Mgr Taché.

Son premier opposant est Henry J. Clarke, procureur général du Manitoba. C'est un homme ambitieux qui comprend mal pourquoi Riel tient à remplir une fonction publique à ce moment de sa vie. Les deux hommes se retrouvent à la même tribune, à Saint-Norbert, le 18 août 1872. Riel défend sa candidature alors qu'on lui reproche de revenir trop vite à la vie publique, en disant que tout ce qu'il veut, c'est être entendu. Le Parlement fédéral constitue pour lui une tribune où il pourra s'exprimer et lutter pour son peuple. Clarke sera si frustré par l'appui que Riel recevra de la population, qu'il provoquera ce dernier en duel aux pistolets.

Taché et Archibald (qui attend désormais son remplaçant) y voient une occasion de faire élire Cartier et de le lier ainsi à la province et à l'amnistie. Tout comme Sir John A. Macdonald, Taché ne s'objecte pas à ce que Cartier soit élu, du moment que Riel n'ait pas à s'écarter en sa faveur. Il se peut en effet que Macdonald lui-même ait imaginé ce plan. Macdonald est d'avis qu'on n'a nul besoin de conclure une entente. Dans un télégramme à Archibald, il déclare : « Ils peuvent en toute confiance se fier à des promesses qui, ayant déjà été formulées, ne gagneraient rien à être répétées. » Ces promesses n'ont jamais été clairement exprimées. Puisque le premier ministre n'a de toute évidence jamais eu l'intention d'accorder une l'amnistie aux responsables de la mort de Thomas Scott, ce à quoi il fait allusion est l'habituel méli-mélo qu'on leur a servi jusqu'à présent. Le jour de l'élection, Clarke et Riel se retirent après leur mise en candidature. Cartier est élu par acclamation, sans qu'on y voie de lien avec l'événement, et sans engagement officiel de sa part sur quoi que ce soit. Par contre, Riel, Lépine, Joseph Royal et Joseph Dubuc font parvenir à Cartier un télégramme privé de félicitations lui exprimant leur « raison d'espérer le dénouement heureux d'une cause remise entre ses mains ». Mgr Taché écrit par la suite au premier ministre : « J'espère que nous serons récompensés par une amnistie qui seule peut assurer la paix dans ce pays. »

Pour ce qui est de Cartier, il est si malade au moment des élections qu'il ne se présentera jamais aux réunions du Cabinet. Il se rend à Londres au mois de janvier suivant en quête d'un traitement miracle qu'il ne trouvera pas. Bien que l'élection dans Provencher ne sera perturbée par aucun incident, des foules en colère vandalisent les locaux du *Métis* et du *Manitoban*, ce qui révèle le désordre qui règne encore dans la province.

Après ces événements dans Provencher, le lieutenant-gouverneur Archibald est remplacé par le juge en chef Alexander Morris, lequel est moins porté à prendre le parti des Métis. Né en Écosse, et ancien étudiant en droit de John A. Macdonald à Kingston, Morris a très tôt appuyé l'expansionnisme canadien et l'annexion des territoires de la Compagnie de la Baie d'Hudson. Lorsqu'il se retire de la politique fédérale en 1872, pour des raisons de santé, il demande précisément d'être muté au Manitoba en tant que juge, c'est-à-dire là où la tâche ne sera pas trop exigeante. Il préside la cour pendant quelques mois, devient quelque temps administrateur du Manitoba avant d'être nommé lieutenant-gouverneur à la fin de 1872. Heureusement pour lui, l'air de l'Ouest lui fait du bien et il recouvre la santé.

En décembre 1872, on tente, mais sans succès, d'appréhender Louis Riel. En réponse à cette tentative, Riel et Ambroise Lépine font parvenir au lieutenant-gouverneur Morris un document représentant le compte-rendu le plus complet à ce jour du problème de l'amnistie et des Métis. Les deux hommes affirment avoir été tenus par le gouvernement canadien en tous points responsables des troubles de 1869-1870, et avoir tenté de se défendre contre ces accusations. Ils rappellent les événements ayant précédé l'exécution de Scott, lequel avait depuis longtemps mérité sa terrible punition. « Mais, poursuit-il, c'était le seul moyen d'assurer la paix et l'ordre, ce dont nous avions la charge dans toute la colonie. » Ils traitent ensuite des promesses faites par les gouvernements canadien et britannique aux délégués de la Rivière-Rouge, et de l'attente au Fort Garry du transfert de l'autorité. Ils rappellent comment ils ont plutôt assisté à l'entrée de Wolseley dans la province comme un ennemi, suivi du réveil des animosités. Ils rappellent à Morris les services rendus lors de la menace des Fenians. Riel et Lépine concluent en affirmant qu'Ottawa tente d'isoler de la scène politique un événement (l'exécution de Scott) qui en fait pourtant partie, afin de porter sur cet événement un jugement « détaché de toutes les circonstances qui l'ont provoqué ». Morris laisse cette missive sans réponse et envoie simplement le document à Ottawa.

Au printemps 1873, la question de l'amnistie refait surface sur le plan national. L'abbé Ritchot fait signer une nouvelle pétition destinée au gouverneur général (à présent Lord Dufferin). Il apporte la pétition avec lui à Ottawa et rencontre Dufferin qui ne veut pas se compromettre. Ritchot rapportera plus tard qu'après cette rencontre, il s'est entretenu avec Hector Langevin, successeur de Cartier en tant que leader des Canadiens français au gouvernement. Langevin lui dit qu'aucun gouvernement ne peut accorder d'amnistie, car s'il soulevait la question, il ne pourrait tenir plus de cinq minutes. Le gouvernement n'est pas prêt au suicide conclut-il. Ritchot réplique qu'eux non plus n'y sont pas tenus et qu'ils ont mis leur confiance dans les promesses qu'on leur a faites. Langevin lui conseille de ne pas faire trop de vagues, mais Ritchot répond que les Métis n'ont rien à perdre. L'abbé Ritchot rencontre ensuite le premier ministre qui lui montre les lettres des représentants du gouvernement britannique niant la version de Ritchot sur leurs entretiens. Selon ce dernier, le premier ministre affirme avoir dit à l'époque qu'il ne traiterait pas avec les délégués du gouvernement provisoire. Ritchot réagit : « Vous m'avez dit cela? » et Macdonald admet : « Non, je ne vous ai pas dit cela, mais c'est ce que j'ai raconté à mes amis. »

En juin 1873, le scandale du Pacifique met le gouvernement Macdonald dans l'eau chaude, et le premier ministre écrit au lieutenant-gouverneur que le moment pourrait bien être venu d'accorder une amnistie générale, sauf aux meurtriers de Thomas Scott. Une proclamation générale isolerait Riel et l'éloignerait du pays, ce qui serait des plus souhaitables. Si on arrêtait Riel et lui faisait un procès, ajoute Macdonald, le risque serait grand qu'un jury l'acquitte ou se retrouve dans une impasse. À une réunion subséquente du Cabinet, on aborde la question de l'amnistie, affirmant de nouveau que le pouvoir d'accorder une amnistie relève de la Reine et non du gouverneur général du Canada, puisque les « événements malheureux » se sont produits avant que le Canada n'exerce sa juridiction sur la région. On recommande d'en appeler au gouvernement britannique. Le premier ministre, plus tard en 1874 alors qu'il n'est plus en fonction, dira dans le cadre d'une enquête parlementaire qu'il pensait qu'une amnistie complète aurait pu être possible, si elle avait été accordée par le gouvernement britannique relevant le gouvernement canadien de toute responsabilité. Malheureusement, les Britanniques ont refusé de jouer le jeu.

Le 24 juillet 1873, le Comte Kimberly, dans une lettre au Comte Dufferin sur la question de l'amnistie, affirme que le Dominion se trompait en maintenant que la Reine, et non le gouverneur général canadien, jouissait du pouvoir d'accorder un pardon dans l'affaire de la Rivière-Rouge. Les cours canadiennes, en vertu de l'ancienne législation parlementaire de 1803, constituaient une compétence concurrente à celle de la CBH au regard des crimes et infractions commis sur le territoire de la Compagnie. Le gouverneur général pouvait donc émettre une proclamation d'amnistie dans le cas qui nous occupe, du moment qu'il ne s'agissait pas d'accorder le pardon à un meurtrier. Ainsi, Dufferin pouvait et aurait dû accorder une amnistie pour toutes les infractions commises à la Rivière-Rouge, sauf pour le meurtre de Thomas Scott. Sir John A. fait état de cette communication à Mgr Taché, en août, ajoutant : « Ce n'est pas ce que vous voulez. Je vais me rendre en Angleterre immédiatement après la session et je suis sûr qu'ils régleront la question de l'amnistie. » Taché réagit dans une lettre à Sir Hector Langevin à propos de cet entretien, se plaignant d'avoir été trompé et d'avoir servi d'instrument et de victime à l'administration, et lui disant avoir espéré « que le gouvernement ne le pousse pas à rendre public tout ce que je sais sur la question du Manitoba ».

Le décès de Cartier en Angleterre, au milieu de l'année 1873, laisse de nouveau le siège vacant dans Provencher. Riel se présente une nouvelle fois. Les représentants du gouvernement canadien, Langevin et Macdonald, rencontrent Taché le 22 août, pressant l'évêque de forcer Riel à se retirer. Taché refuse, ajoutant qu'il a trop souvent été déçu. Sir John A. lui promet de s'occuper de l'amnistie. Taché insiste pour qu'il mette cette promesse par écrit. Macdonald refuse. C'est Langevin qui se mouille l'assurant que le parti du Bas-Canada démissionnera en bloc si John A. ne donne pas suite à sa promesse. Taché lui répond que « ce n'est pas leur démission qu'il veut, mais l'amnistie tel que promis ».

Au bout du compte, Ottawa s'en sort de justesse au moment où un autre mandat d'arrêt est émis contre Riel et Lépine (à la demande de W.N. Farmer de Winnipeg devant le juge John O'Donnell). Farmer a partagé la captivité de Thomas Scott au Upper Fort Garry en février 1870, et O'Donnell a fait partie des premiers prisonniers avec Schultz. Les deux gouvernements, canadien et manitobain, soutiennent que ce mandat découle d'une initiative privée, soupçonnant une machination du parti libéral et de l'Ordre d'Orange. En tout état de cause, ce mandat arrive à point. Riel doit fuir la justice et c'est ce qui peut arriver de mieux au gouvernement, embarrassé par son activité politique. En outre, le procès d'Ambroise Lépine permettra de mettre à l'essai les diverses défenses auxquelles Riel pourrait avoir recours pour se disculper. Même si Lépine est acquitté, ça ne changera rien pour ce qui est de Riel. S'il est reconnu coupable, qui sait ce qui pourrait survenir? Quoi qu'il en soit, on arrête Lépine alors qu'il est en train de jouer avec l'un de ses enfants. Il est détenu en attendant son procès. On prétend que Riel a échappé aux officiers en se cachant dans une botte de foin. Langevin fait parvenir à Taché une lettre datée du 21 septembre dans laquelle il affirme que le gouvernement ignorait ce qui se tramait. Le ministre tente de convaincre Taché que s'il expose sa version relativement à l'amnistie, il ne fera que causer des problèmes sur les plans national et religieux, lesquels ne bénéficieront ni aux personnes qu'il tente de protéger au Manitoba ni à qui que ce soit dans les autres parties du Dominion. Le lieutenant-gouverneur Morris force le procureur général Henry Clarke à déclarer sous serment qu'il n'a rien à voir avec le mandat de Farmer.

Louis Riel est obligé de se cacher. Le 20 septembre, il publie dans *Le Métis* une lettre de protestation contre l'arrestation de Lépine affirmant que le gouvernement a manqué à sa parole. Deux jours plus tard, ses amis organisent une réunion de protestation à Saint-Boniface au cours de laquelle ils rédigent des propositions. Ils envoient deux de leurs représentants en discuter avec le lieutenant-gouverneur Morris et son Cabinet. La rencontre dure plusieurs heures sans qu'on ne parvienne à des conclusions. Les journaux québécois s'inquiètent de l'arrestation de Lépine. En effet, depuis 1870, les journaux de l'Est prennent de plus en plus la défense des Métis. L'éditorial du *Franc-Parleur* en appelle à la justice « pour un peuple insulté et trahi ». Un grand nombre de journaux de la province expriment d'un commun accord l'avis qu'il n'y a pas eu de rébellion, mais que les Métis se sont tout simplement défendus contre une agression injustifiée de la part du Canada.

L'audience préliminaire d'Ambroise Lépine

Sur le plan légal, la mort de Thomas Scott s'avère, selon le point de vue adopté, soit d'une simplicité incroyable, soit d'une complexité tout aussi incroyable. On ne peut guère douter de la possibilité pour la partie poursuivante de prouver que Thomas Scott a été fusillé le 4 mars 1870. C'est une toute autre histoire de déterminer si cette exécution a été un meurtre, comme William Farmer le prétend, ou même de déterminer si ce cas relève des cours de justice du Manitoba. Lépine est amené devant le juge Louis Bétournay pour l'enquête préliminaire, à la cour du magistrat de police de Fort Garry, le 23 septembre 1873. En tant qu'avocat du Bas-Canada, Bétournay est un ancien collègue de George-Étienne Cartier. L'influence de ce dernier lui a permis d'accéder au poste de juge de la Cour du Banc de la Reine du Manitoba en 1872. Il n'avait aucune notion de la common law avant sa nomination, mais il est bilingue.

L'enquête est reportée trois jours de suite, puis mise à l'ordre du jour par Bétournay le 26 septembre. Aucun des avocats de l'enquête n'était à la Rivière-Rouge au moment de la mort de Scott. Ce sont messieurs Cornish et Thibeaudeau pour la poursuite; et messieurs Royal, Dubuc, et Girard pour la défense. Francis Evans Cornish est un orangiste du Bas-Canada qui recevra plus tard une part de la récompense offerte par l'Ontario pour l'arrestation des responsables de la mort de Scott. On le considère comme le meilleur avocat plaideur de la province. Le premier ministre Macdonald soupçonne, très justement, qu'il a quelque chose à voir dans l'initiative de Farmer. W.B. Thibeaudeau est le collègue de Cornish et il était avec lui lorsqu'on a accusé ce dernier, en 1876, du vol d'un cahier de scrutin dans la maison du directeur du scrutin. Joseph Royal, fondateur du *Métis* en 1871, a étudié le droit dans le Cabinet d'avocats de Cartier. Joseph Dubuc est le collègue de Royal et député du Manitoba. Marc-Amable Girard est un autre protégé de Cartier. La défense est donc composée des principaux avocats francophones de la province.

Joseph Dubuc, qui s'exprime en français, soulève immédiatement la question de la juridiction. Joseph Royal reprend le même argument en anglais. La défense insiste pour dire que la question relative à la juridiction est bien réelle, car la situation de la Rivière-Rouge avant la Confédération était bien différente de celle de toute autre province. Une réglementation impériale datant de 1803 et 1821, accordait aux cours de justice du Haut et du Bas-Canada juridiction sur les causes criminelles (y compris le meurtre) dans les territoires de la Compagnie de la Baie d'Hudson. La législation impériale n'a jamais été abrogée même après que la Rivière-Rouge ait par la suite acquis ses propres cours de justice sous la forme de la Cour des sessions trimestrielles. Royal formule son argument ainsi : « Depuis l'époque du retrait du gouvernement d'Assiniboia, en 1869, jusqu'à ce que le Canada assume la responsabilité des cours de justice en vertu de la Loi sur le parlement de 1871, le Nord-Ouest est resté sous la juridiction du gouvernement impérial. » Cet argument, comme nous le verrons, soulève en fait plusieurs questions à la fois. Dans tous les cas, puisque l'infraction justifiant cette comparution a une couleur politique bien distincte, les avocats de Lépine recommandent fortement à la cour d'user de prudence. La défense ne semble pas faire allusion pour l'instant à cette question de juridiction de la façon dont Lépine le fera lui-même plus tard. Ses avocats n'insistent pas sur le fait que le gouvernement provisoire a remplacé l'autorité moribonde de la Compagnie de la Baie d'Hudson, devenant le gouvernement *de facto* à la Rivière-Rouge. Ils ne soutiennent pas non plus qu'en négociant avec les délégués du gouvernement provisoire, le Dominion a fait de ce gouvernement *de facto* un gouvernement de plein droit. Des témoignages à l'enquête parlementaire de 1874 (avant le procès définitif mais après les audiences préliminaires) révèleront que, bien que ce raisonnement risquait d'être très controversé, il était défendable. La défense semble avoir préféré adopter une position principalement fondée sur la réglementation.

Les rapports d'audiences qui sont parvenus jusqu'à nous ne comportent aucune description détaillée de l'argument de la défense bien que les réponses de la Couronne y abondent. Il est donc difficile de savoir si l'argument de Thomas P. Foran dans son *Trial of Ambrose Lépine at Winnipeg for the Wilful Murder of Thomas Scott: Question of Jurisdiction*, publié à Montréal en 1874, a été reflété par la défense à la cour. Foran fait remarquer qu'en vertu des règlements *1-2 George IV, c. 66*, et *22-23 Victoria, c. 26*, « les cours à établir dans les territoires indiens ne devaient pas avoir juridiction sur les infractions punissables de mort ou de transportation; et comme ces lois constituaient la seule autorité pour établir des cours dans ces territoires, il est clair que la cour du rapporteur et les autres cours établies à Winnipeg et ailleurs depuis 1859 ne jouissaient pas de la compétence requise pour intenter un procès à Lépine pour le meurtre intentionnel de Scott ». D'un autre côté, la Cour des sessions trimestrielles avait déjà jugé des procès pour meurtre qu'elle en ait eu le droit ou non, et on avait déjà exécuté une sentence de mort. Malgré tout, même ces réalités ne disent pas tout de la complexité de l'histoire du droit criminel et de la juridiction dans l'Ouest à cette époque éloignée.

La partie poursuivante, en la personne de Cornish, prétend qu'il n'appartient pas à cette cour de prendre une décision relative à la juridiction. Elle ne peut que décider s'il y a suffisamment de preuves pour faire subir un procès au prisonnier. Cornish nie qu'on soit en présence d'un cas ayant une quelconque signification politique, une position que la partie poursuivante conservera du début à la fin. La cour décide qu'elle ne peut trancher sur la question de la juridiction et passe à l'examen des témoins, une procédure qui prendra cinq jours. Après avoir entendu tous les témoignages, le 9 octobre, le prisonnier peut lire un communiqué à la cour, en français, par lequel il nie la compétence du tribunal dans ce cas de poursuite judiciaire. Il soutient ensuite que les témoignages entendus révèlent que c'est l'homme politique qu'on cite devant ce tribunal, et non le prétendu meurtrier. La procédure, poursuit Lépine, fait fi de l'entente conclue au printemps 1870 entre le Canada et les délégués du gouvernement provisoire appuyés par plus des trois-quarts de la population de la Rivière-Rouge. Il proteste ensuite du fait qu'il est le seul accusé, le seul à assumer la responsabilité des actes commis par un gouvernement investi des pleins pouvoirs qui lui ont été conférés par la population d'une contrée, de son plein gré et au vu et au su de tous. Lépine ne déplore pas tant l'absence de Louis Riel à ses côtés au banc des accusés, que l'absence de tout le gouvernement provisoire. Il déclare encore une fois que ce procès est moins motivé par l'esprit de justice que par des passions et des sentiments politiques. Lépine suggère enfin un certain nombre de raisonnements possibles pour sa défense, auxquelles ses avocats ajoutent le fait qu'on n'a pas encore prouvé la mort de Scott.

Un observateur étranger au système peut avoir l'impression que les procédures légales se déroulent dans un univers à part et hermétique, où règne l'abstraction et dans lequel les technicalités juridiques prennent souvent le pas sur la quête de la vérité et de la justice. C'est le cas en particulier d'un grand nombre d'importantes causes criminelles du passé qui ont souvent été dominées par des questions légales incompréhensibles et des présomptions qui, si on a pu les trouver acceptables à l'époque, ne résisteraient pas longtemps de nos jours à un examen minutieux. Ce fut certes le cas du procès d'Ambroise Lépine : la partie poursuivante soutient, sûre d'elle, que la « justice » exige qu'on intente un procès à Lépine. Un grand nombre d'observateurs contemporains à l'événement vont jusqu'à affirmer qu'il importe pour l'avenir de la suprématie du droit au Manitoba qu'on mène ce procès à bonne fin. Bien peu à notre époque, toutefois, familiers des événements qui ont mené à la comparution de Lépine, mettraient en doute la nature de ce procès, un « procès politique » comme on dirait aujourd'hui, ce que Lépine a soutenu dès le départ.

La nature politique de l'affaire aurait-elle suffit à contester les procédures subséquentes? On se pose la question, mais il est un fait qu'à aucun moment ni la poursuite ni la cour n'ont reconnu la nature politique de la cause. Néanmoins, Ambroise Lépine n'est pas un meurtrier ordinaire et il ne s'agit pas ici d'un banal procès criminel. Il s'agit d'un procès de jurisprudence dans le cadre duquel on se doit, en plus de condamner Ambroise Lépine, de protéger la légitimité des gouvernements et des tribunaux du Canada et du Manitoba, ainsi que l'attitude de leurs fonctionnaires. De ce fait, la poursuite judiciaire ne pouvait qu'être biaisée. À certains égards, la décision était depuis longtemps déterminée par le refus obstiné et persistant du gouvernement canadien d'admettre publiquement toute légitimité du gouvernement provisoire de la Rivière-Rouge. La cour a simplement réussi à parcourir jusqu'au bout un labyrinthe d'équités procédurales. Une suite de décisions l'a menée à priver l'exécution de Scott de tout son contexte historique et de ce qui pouvait en atténuer la gravité. La défense disposait de peu d'arguments sauf de l'impossibilité de confirmer la mort de Scott en l'absence du cadavre, un argument de toute évidence si fragile qu'il valait mieux en rire.

Les procédures reprennent le 14 octobre avec la décision du tribunal. Le juge Bétournay trouve concluante la preuve de l'exécution de Thomas Scott. Il refuse de reconnaître l'existence d'un « soi-disant gouvernement » de même que les arguments relatifs à sa propre juridiction, réservant les décisions finales à une cour supérieure. Il ignore complètement les arguments de la défense en ce qui a trait à la nature politique du procès. D'avis que le procureur a réussi à démontrer sa thèse, il renvoie le prisonnier subir son procès aux assises criminelles de la Cour d'oyer et terminer. Lépine est envoyé au pénitencier provincial du Lower Fort Garry jusqu'à la prochaine étape des procédures.

Pendant que son ancien collègue se languit en prison et que Sir John A. Macdonald se débat pour conserver son poste, Louis Riel est lui-même élu au Parlement par acclamation dans la circonscription de Provencher. Il n'est pas présent à la réunion de mise en candidature du 13 octobre. Aucun autre candidat ne s'est présenté, bien que des rumeurs circulent voulant que le procureur général Clarke y songe sérieusement. On était prêt à arrêter Riel s'il s'était présenté à la réunion, et la police le recherchait activement. Les partisans de Riel recueillent des fonds pour son voyage à Ottawa. Sous un nom d'emprunt, Riel part pour l'Est le 21 octobre via les États-Unis, accompagné jusqu'à la frontière par des gardes du corps, et sur son parcours américain par un jeune journaliste du Québec. À Ottawa, Riel est reçu par Honoré Mercier et par Alphonse Desjardins, propriétaire du *Nouveau Monde*, qui s'est intéressé à l'affaire presque depuis le tout début. Au lieu d'aller occuper son siège à l'Assemblée, Riel décide au dernier moment de partir pour Montréal. Il se réfugie chez les Oblats de Plattsburg, juste de l'autre côté de la frontière, près du lac Champlain.

Le 5 novembre 1873, le Conseil des ministres de Macdonald à Ottawa décide qu'il ne pourra jamais espérer un vote majoritaire à la Chambre des communes. On compte trop de défections depuis les premières accusations de corruption dans le choix du *Canadian Pacific Railway* pour la construction de la ligne transcontinentale canadienne. Parmi ceux qui ont fait défection figure Donald A. Smith. Macdonald rencontre le gouverneur général et lui remet sa propre démission ainsi que celles de ses collègues et en informe la Chambre des communes. On demande à monsieur Mackenzie, le chef de l'opposition, de former un nouveau gouvernement.

Lépine à la Cour du Banc de la Reine

Le procès de Lépine reprend une semaine après la démission du gouvernement. Le mercredi 12 novembre, la Cour du Banc de la Reine du Manitoba ouvre une session supplémentaire présidée par le juge J. C. McKeagney. Tout comme Bétournay, McKeagney a été nommé par favoritisme, malgré son peu d'expérience et de compétences. Un de ses contemporains le décrit comme « un insignifiant, bien pensant et consciencieux, au mieux, une vieille femme ». Il est né à Irelet et a été admis au barreau de la Nouvelle-Écosse en 1838. En 1867, il est élu député du Cap Breton, un député hostile à la Confédération en dépit de sa promesse d'appuyer l'union. En 1872, le gouvernement conservateur lui offre un poste de juge au Manitoba, une rétribution pour avoir contesté un siège au fédéral en vue de diviser le vote catholique. McKeagney n'a aucune expérience du droit criminel et son français est à peu près nul. Le lieutenant-gouverneur Morris craint que des avocats pleins d'assurance puissent facilement avoir raison de lui, comme on a eu raison de Bétournay.

Le 15 novembre, le grand jury se prononce contre Lépine, le reconnaissant coupable du meurtre de Thomas Scott. Ce grand jury est composé de 12 personnes dont six hommes qualifiés de « Sang-mêlé » dans le registre public, et dont trois seulement portent un nom français. L'équilibre linguistique du jury malgré le nombre inégal de noms français est difficile à déterminer. W. A. Farmer, celui-là même qui a donné les renseignements ayant donné lieu au procès, fait partie du jury. Farmer expliquera plus tard qu'on manquait de jurés et qu'on l'avait prié d'accepter ce service. Il semble que personne ne s'en soit offusqué et que cette anomalie n'ait pas constitué une question d'ordre juridique. Pourtant, de nos jours, elle aurait suffi à mettre toute la procédure en doute.

Ambroise Lépine est traduit en justice et inculpé. Son conseiller juridique veut qu'il remette la compétence de la cour en question avant de produire une défense. La partie poursuivante veut qu'il réponde à l'accusation avant de contester la compétence de la cour. Le procureur général Henry J. Clarke (l'homme qui avait provoqué Riel en duel) permet à Lépine de plaider « non coupable » sous réserve d'exception d'incompétence. Cette « concession » est accordée, dit le procureur général, parce que « l'objectif visé par la poursuite n'est pas la vengeance mais la justice » et qu'il est important de bien mener cette affaire à terme. Cette prise de bec n'est que la première d'un grand nombre d'autres à survenir. La poursuite et la cour continueront, avec ostentation, à faire tout en leur pouvoir pour venir en aide au prévenu concernant des détails de procédure, affirmant faire ainsi la preuve que, dans cette affaire, on se soucie des principes abstraits de la justice.

Les avocats de Lépine font appel à un argument bien simple sur la question plus large de la juridiction. Monsieur Royal maintient que, puisque le territoire comprenant la Rivière-Rouge n'a pas été transféré au Canada avant le 23 juin 1870, le Dominion n'a ni l'autorité ni le droit de déléguer à la province le pouvoir de juger les délits graves commis avant cette période. La compétence par intérim, en vertu de la réglementation impériale, se trouve être les cours du Haut et du Bas-Canada. Royal appuie ses dires de plusieurs fondements juridiques non publiés, y compris d'un livre, traitant de la question, écrit par le juge John Hamilton Gray de la Colombie-Britannique. On délibère longtemps à savoir si ce livre constitue un fondement juridique approprié. Comme il semble que tous les exemplaires soient aujourd'hui disparus, il est impossible de vérifier l'affirmation du procureur selon laquelle il a été rédigé dans un esprit partisan, par Gray, avant sa nomination à la magistrature de la Colombie-Britannique. Encore une fois, la défense ne semble pas faire appel à des arguments reliés au gouvernement provisoire, ni à l'interruption de la continuité juridique, ni à son autorisation implicite à l'exécution de Scott. La défense n'a pas non plus soulevé la possibilité que l'Acte du Manitoba soit un tant soit peu anticonstitutionnel, ignorant une disposition importante de l'Acte de l'Amérique du Nord britannique en réclamant que le fédéral contrôle toutes les terres de la province. Bien qu'on ait éliminé cette possibilité par une loi de validation en 1871, la nécessité d'adopter une telle loi suggère d'énormes complications juridiques durant la période de 1869-1870. Il est possible que la défense n'ait soulevé aucun de ces points afin d'éviter qu'ils soient déclarés non recevables par voie judiciaire avant le procès comme tel.

Du fait qu'on n'ait pas abordé le statut du gouvernement provisoire à cette étape, la Couronne peut plus facilement se défendre sur la question de juridiction. Elle soutient que la Compagnie de la Baie d'Hudson avait transféré tous ses droits et pouvoirs au Canada en vertu de la Loi sur le parlement adoptée en 1868. Elle prétend ensuite que le droit pénal anglais (déjà en vigueur à l'époque dans les deux Canada) s'applique également au territoire de la baie d'Hudson en vertu de la loi impériale de 1803, entre autres, les lois impériales de 1803, 1821 et 1859 n'ayant pas annulé la compétence de la CBH, mais ayant simplement établi une loi concurrente où entrent en jeu les cours de justice des deux Canada.

L'histoire de la législation qu'on s'applique à tracer est complexe, et l'insistance absolue de Clarke, concernant le pouvoir de la cour, aurait dû en fait donner à réfléchir à McKeagney. L'hésitation relative à la législation (en particulier aux compétences concurrentes) explique probablement pourquoi le gouvernement canadien n'a pas tout de suite affirmé après le transfert officiel que le droit pénal du Canada était également en vigueur dans tout l'Ouest. Ce que le procureur général ne mentionne pas dans ses arguments, c'est toute une série de faits additionnels dans lesquels baigne dans des eaux troubles sa conclusion catégorique. Le Conseil d'Assiniboia, par exemple, avait instauré le droit britannique par deux fois à la colonie, en 1837 et en 1864. Avant l'adoption de la loi de 1868, le gouvernement britannique n'avait jamais reconnu l'autorité judiciaire de la Compagnie de la Baie d'Hudson, en particulier pour les procès relatifs à des délits passibles de la peine capitale. Cette loi n'élargissait pas spécifiquement la compétence juridique de la CBH aux procès pouvant mener à une peine capitale, ce qui signifie que le Canada exerçait toujours sa juridiction sur les procès pour meurtre.

Par ailleurs, le Parlement britannique avait abrogé la *Canada Jurisdiction Act* en 1872 avec les lois 35-36 Victoria, c. 63, ce qui indique sans l'ombre d'un doute que cette loi était en vigueur en 1870. D'autre part, le gouvernement canadien avait insisté pour que l'expédition commandée par Wolseley soit autorisée par le gouvernement britannique et commandée par la force militaire britannique, car le Canada n'avait aucune qualité pour agir dans l'Ouest en 1870. En 1873, par des dispositions législatives, le gouvernement canadien élimine toute difficulté pour le Nord-Ouest en dehors du Manitoba en appliquant l'ensemble du droit pénal aux Territoires du Nord-Ouest. La confusion autour de la législation amènera éventuellement l'Assemblée législative du Manitoba à promulguer la loi *38 Victoria, c. 12*, en vertu de laquelle le droit anglais tel qu'il était le 15 juillet 1870 devait entrer en vigueur dans la province. Cette déclaration sera décrétée par le Parlement du Dominion par la loi *51 Victoria, c. 33, s. 1.* Les lois rétroactives suggèrent toujours une confusion antérieure. Le seul moment de certitude sur l'état du droit criminel à la Rivière-Rouge en 1870 prend place dans le procès d'Ambroise Lépine.

Les historiens du droit seront plus tard incapables de se mettre d'accord sur la question à savoir de quelle loi (et bien sûr, de quelle juridiction) la Rivière-Rouge relevait en mars 1870, et cela sans même tenir compte de la question épineuse du gouvernement provisoire : ce dernier avait-il ou non supplanté la Compagnie de la Baie d'Hudson et ses tribunaux? Déterminer la juridiction sur un crime punissable de la peine capitale commis à la Rivière-Rouge au printemps 1870 ne peut être qu'une question litigieuse. Il est presque impossible de déterminer quelle législation et quelles procédures juridiques étaient alors en vigueur. On pouvait avancer diverses dates et diverses sources pour un certain nombre de lois criminelles. Par contre, bien qu'il soit exact qu'à la Cour des sessions trimestrielles d'Assiniboia on ait procédé au jugement de délits punissables de la peine capitale, il est également vrai que ces procédures étaient plutôt particulières. Le juge faisait souvent office de procureur général par exemple, et en l'absence d'avocats dûment formés, on avait rarement eu recours au système d'opposition.

Le juge McKeagney, naturellement, n'avait pas plus envie qu'il ne le faut de régler la question de la juridiction, bien que chaque étape non résolue de la procédure à ce sujet compliquait chaque fois un peu plus les efforts de la défense pour gagner ses arguments. Le juge remet la décision à plus tard, permettant du même coup à Lépine d'être mis en liberté sur cautionnement étant donné qu'il ne s'est pas enfui avant son arrestation et qu'il est peu probable qu'il le fasse maintenant.

La suite des événements

Avec un nouveau gouvernement au pouvoir à Ottawa, Mgr Taché tente désespérément d'entrer en communication avec les libéraux et de négocier une entente, mais sans vraiment y parvenir. L'ancien lieutenant-gouverneur Adams G. Archibald exprime l'opinion, à la fin de 1873, que Riel est lui-même responsable de la plupart des problèmes reliés à l'amnistie. Archibald écrit à Donald A. Smith : « Si seulement la malheureuse cause de tous ces troubles avait le bon sens de voir, comme les autres le voient pour lui, que la bonne solution, dans son propre intérêt et dans celui de ses amis sang-mêlé et du Dominion, serait qu'il reste dans l'ombre jusqu'à ce que la tempête soit passée, et que tous ces problèmes se soient évanouis. » Riel est trop impatient, et n'est pas prêt à laisser les passions du moment s'apaiser. Archibald n'explique pas comment l'arrestation et le procès d'Ambroise Lépine s'insèrent dans son scénario.

Pour ce qui est de Louis Riel à la fin de 1873, il se trouve à Plattsburg, New York. Riel se sent moins seul. Il a moins peur d'être arrêté ou victime de violence et il a trouvé une communauté canadienne-française à Keeseville, où il a été chaleureusement accueilli par la famille du curé, le père Fabien Barnabé. Riel a l'impression que le Parlement sera bientôt dissous et qu'il y aura une autre élection. Il rédige un autre compte-rendu de la résistance, qu'il apporte avec lui à Montréal au début de 1874. Ce texte sera publié dans *Le Métis* et sous la forme d'un « pamphlet » dans *Le Nouveau Monde.* Riel a lui-même choisi le titre : « L'Amnistie. Mémoire sur les causes de Nord-Ouest et sur les négociations qui ont amené leur règlement amiable. » Il répète que la mort de Scott était un mal nécessaire et que le gouvernement canadien avait promis l'amnistie aux délégués du gouvernement provisoire. Il ajoute de nouveaux détails sur le mauvais comportement de Thomas Scott.

Mais avant que ce compte-rendu ne soit publié, Riel se présente encore une fois dans la circonscription de Provencher où il sera réélu.

Autant que les conservateurs, les libéraux souhaitent désespérément éloigner Riel de la scène publique et surtout de la Chambre des communes. A.A. Dorion, leader canadien-français dans le Cabinet Mackenzie, tente, par l'entremise du lieutenant-gouverneur Morris et de Mgr Taché, de persuader Riel de ne pas se présenter. L'évêque refuse. Il fait remarquer à Dorion qu'il y a d'autres personnes qui sont moins éloignées de Riel géographiquement que lui. D'ailleurs, Taché en a assez des réponses évasives. Il demande sur un ton pompeux : « Qu'allez-vous offrir à monsieur Riel en contrepartie de ce sacrifice que vous attendez de lui? » Et Dorion de répondre : « La souffrance, l'exil ou la prison s'il retourne sur sa terre natale. » Cette fois, Riel fait face à un opposant officiel en la personne de Joseph Hamelin, lequel n'a pas participé à la résistance de 1869-1870. Mais Riel l'emporte haut la main. Il ne sait toujours pas très bien comment il peut exploiter son statut de député, mais cette fois, il semble bien décidé à occuper son siège.

Riel attend le début des travaux parlementaires et, comme nous l'avons vu, subit les attaques des journaux anglophones. Le docteur James Lynch réagit au pamphlet *L'Amnistie* en niant que Scott ait subi un procès équitable. Riel lui réserve une réponse quelque peu fallacieuse, et l'échange nourrit la controverse dans la presse. En outre, au lieu de venir en aide au gouvernement, Mgr Taché décide de faire part au public de sa propre version du problème de l'amnistie, mettant à exécution les menaces formulées depuis plusieurs années. Taché publie son propre pamphlet à Montréal, sous le titre *L'Amnistie*, vers la fin du mois de mars, se joignant ainsi à Riel dans son mémoire et à Lynch dans sa lettre critique pour amener l'affaire de la Rivière-Rouge sur la place publique.

À la fin du mois de mars, Riel se présente devant le greffier de la Chambre des communes avec un autre député. Ce dernier demande à prêter serment avec Riel. Le greffier leur fait prêter serment comme d'habitude et leur fait signer le document officiel. C'est alors qu'il réalise qui sont les deux hommes. Riel s'incline profondément et quitte l'édifice. Bien que cette petite escapade l'ait beaucoup amusé, ce geste n'apporte rien à Riel sauf de mettre les libéraux canadiens-français dans l'embarras.

Les travaux de la Chambre des communes débutent en fait le 30 mars, et la question de l'amnistie est abordée à deux différentes occasions, dont la première dès le début de la session. Riel est absent, mais J. O. Mousseau et Rodrigue Masson, qui appuient Riel, proposent qu'on accorde l'amnistie générale. La proposition est défaite et ne fait que pousser Mackenzie Bowell, un des meneurs de l'Ordre d'Orange de l'Ontario, à proposer qu'un comité parlementaire enquête sur l'affaire de la Rivière-Rouge. Le jour suivant, Henry Clarke (dont la présence à Ottawa n'a jamais vraiment été expliquée) exhibe l'acte d'accusation de meurtre contre Riel et qualifie ce dernier de fugitif devant la justice.

Mackenzie Bowell propose qu'on ordonne à Riel de se présenter à la Chambre le lendemain. Malgré l'intérêt du public et de grandes attentes — l'épouse du gouverneur général et un groupe de ses amies sont présentes dans l'espoir de voir Riel occuper son siège —, Riel ne se montre pas. Il retourne à Montréal peu après avoir signé le registre. On adopte la proposition d'ajourner les travaux pour une semaine.

L'attitude de Riel ne peut être qualifiée ici que de déconcertante. Les partisans de Riel justifient sa participation aux élections surtout par le fait qu'elle permettra de sensibiliser le pays à sa cause et à celle des Métis, en particulier au Québec. Riel lui-même comprend cela, écrivant à Joseph Dubuc en mars 1874 que « notre cause fait frémir la Confédération canadienne d'un bout à l'autre du pays ». En juin de la même année, A.A. Dorion écrit au premier ministre Mackenzie que : « la sympathie pour Riel et ses compagnons augmente dans le Bas-Canada et qu'il représentera bientôt un écueil sur la route de n'importe quel gouvernement. »

On peut comprendre jusqu'à un certain point l'hésitation de Riel à se présenter à la Chambre des communes. Après tout, il se ferait probablement arrêter sur le champ pour rejoindre Ambroise Lépine à son procès pour meurtre. Alors pourquoi s'est-il rendu à Ottawa rôdant autour de la Chambre de communes à deux occasions? Quelqu'un s'attendait-il à ce qu'il puisse invoquer le privilège parlementaire? Pourquoi être allé signer le registre des Communes et avoir prêté serment? Qu'espéraient-ils accomplir, lui et ses amis, par ces machinations? Pendant la période d'ajournement, les Canadiens français du Parlement, des deux partis, tiennent un caucus en vue d'appuyer Riel. Mais qu'auraient-ils fait si celui-ci avait tenté d'occuper son siège? Riel s'est peut-être donné en spectacle à Ottawa, mais n'a pas vraiment fait avancer sa cause. Bon nombre de ses « amis » se demandent à quoi a servi la tactique de se faire constamment réélire s'il ne vient pas occuper son siège et se défendre en personne. Malheureusement, bien qu'on appuie de plus en plus Riel et les Métis au Québec, l'hostilité est également grandissante en Ontario.

À la Chambre des communes, après un long débat, on s'entend pour nommer un comité spécial en vue d'enquêter sur les causes des troubles survenus dans le Nord-Ouest en 1869 et 1870, et sur ce qui a retardé l'amnistie promise dans la proclamation émise par le gouverneur général du Canada, Sir John Young. Il s'agit d'une proposition plutôt étrange, puisqu'elle fait mention d'une offre d'amnistie dont tout le monde doute qu'elle puisse être honorée. Par contre, elle donne lieu à la formation d'un comité, ce qui, naturellement, constitue un compromis permettant aux libéraux d'éliminer le problème Riel des Communes, au moins pour un temps. Par exemple, le jeune Wilfrid Laurier votera en faveur afin d'éliminer le problème de l'expulsion de Riel.

Les Canadiens français espèrent qu'on ne tentera rien contre Riel jusqu'à ce que le comité ait remis son rapport. Mais Mackenzie Bowell se montre inlassable dans sa poursuite. Il propose alors l'expulsion de Riel de la Chambre puisque ce dernier fuit la justice et a désobéi à l'ordre de siéger à la Chambre. La proposition est appuyée par un député du Manitoba, John Christian Schultz. Encore une fois, les débats portent sur Riel et sur l'amnistie. Encore une fois, les émotions s'expriment et on vote sur l'amnistie, mais cette fois les libéraux du Québec se tiennent derrière le premier ministre qui, en public, parle de la mort de Scott comme d'un crime contre l'humanité et, en privé, regrette que le Manitoba soit devenu une province. Les journaux du Québec critiquent sévèrement ceux qui appuient le « fanatisme anglo-protestant ».

Le comité parlementaire des libéraux nommé pour enquêter sur l'affaire de la Rivière-Rouge débute ses travaux le 10 avril 1874. Il entendra 21 témoins dans le cadre de ces audiences qui prendront fin le 21 mai. L'abbé Ritchot et Mgr Taché se doivent d'exprimer tout ce qu'ils ont à dire, du début à la fin, et Sir John A. Macdonald nie avoir formulé des promesses. Les journaux canadiens, francophones comme anglophones, couvrent abondamment les audiences bien que la presse fera le tri dans tout ce qui se dira. Le *Globe* veut surtout donner tort à Macdonald et à Cartier pour avoir tout simplement traité avec les Métis, par exemple, plutôt que de reconnaître les engagements pris. *Le Journal de Québec,* dirigé par Joseph Cauchon, publie un éditorial sur Mgr Taché, « cet homme de très grande valeur, rappelé de Rome pour pacifier le Nord-Ouest, et qui a été honteusement déçu par un gouvernement qui avait besoin de ses services et de son influence ». Les audiences mèneront à la conclusion qu'il n'existe aucune promesse écrite à honorer.

Un observateur étranger aux événements serait stupéfait de constater comment les Canadiens ont réussi à amener les délégués de la Rivière-Rouge à négocier jusqu'à l'acceptation de l'Acte du Manitoba sans que rien n'ait été mis par écrit, et tout en maintenant publiquement qu'on n'accorderait aucune amnistie pour meurtre. De toute évidence, l'abbé Ritchot ne lisait pas les journaux. Macdonald et Cartier étaient plutôt doués pour parler sans rien dire, et avaient l'impudence de mentir après coup. Bien peu, après avoir suivi les audiences attentivement, peuvent douter que les négociateurs canadiens aient promis verbalement une amnistie générale comme condition pour négocier avec les délégués l'entente sur l'Acte du Manitoba, et les journaux du Québec se précipitent sur la preuve que les Métis ont « constamment été roulés et emberlificotés sans pitié ». Le rapport du comité restera sans suite. Le Parlement dispose d'une preuve et peut « se demander si, en vertu des circonstances, il y a encore autre chose à faire ».

Bien qu'à la fin du printemps et au début de l'été 1874 le courant politique au Manitoba semble favoriser les Métis — le gouvernement provincial dirigé par Henry Clarke a été remplacé par celui dirigé par Marc Girard —, Riel ne peut toujours pas rentrer chez lui en raison du procès imminent d'Ambroise Lépine. En février, le juge McKeagney a de nouveau renvoyé à plus tard sa décision relative à la juridiction, se disant « non compétent et non justifié de répondre à une question de si grande importance sans un corps judiciaire au complet ». Le poste de juge en chef est toujours vacant depuis que Morris est devenu lieutenant-gouverneur. McKeagney annonce que si le poste demeure vacant, lui-même et Bétournay devront débattre à nouveau du cas et prendre une décision.

Le procureur général tente d'intimider McKeagney et de le forcer à rendre « une décision sur une question aussi simple que celle de votre propre compétence en tant que juge de cette cour », l'accusant ouvertement d'échapper à son devoir et d'émettre des doutes sur sa compétence. Mais McKeagney refuse de se laisser intimider. Les contemporains de McKeagney considèrent que sa position traduit de la faiblesse et un manque de confiance en soi, mais ces attributs se combinent sûrement au fait qu'il réalise à quel point cette décision n'est pas aussi « simple » que le procureur général tente de le laisser croire. À la session de 1874, Edmund Burke Wood occupe maintenant le poste de juge en chef au sein d'un corps judiciaire à propos duquel Sir George-Étienne Cartier a déjà prétendu que toute personne impliquée dans la mort de Thomas Scott ne pourra jamais être reconnue coupable par une cour manitobaine. C'est ce qu'on s'apprête à vérifier. L'accusé n'est pas Louis Riel, mais Ambroise Lépine fera très bien l'affaire.

Le juge en chef Wood prend position sur la question de juridiction

Le juge en chef Edmund Burke Wood est resté manchot à la suite d'un accident de tir et compense pour son handicap par une attitude de totale assurance et de confiance en soi. Il est né dans le Haut-Canada, a reçu son diplôme du Oberlin College, en Ohio, en 1848. Il a été admis au barreau canadien en 1854. Il a été le principal réformateur du Cabinet de l'Ontario en 1867. Le *Globe* décrit Wood comme l'un des principaux agents rémunérés du *Grand Trunk Railway*. Le premier ministre Alexander Mackenzie l'a ignoré pour le nouveau Cabinet libéral, mais lui offre une rétribution sous la forme de cette nomination au Manitoba. Wood est, dira Mackenzie au lieutenant-gouverneur de la province, « peut-être trop impulsif pour un juge, mais cela s'avère une bonne qualité dans un nouveau pays ». Peu après son arrivée au Manitoba, il affirme à la « St. Andrew's Society » que, « ici, nous ne voulions ni race, ni nationalité, ni église, ni secte, ni religion plus dominante que les autres, mais nous voulions tous être sujets britanniques, tous Canadiens, tous Manitobains, quelle que soit notre origine, notre langue, notre race ou notre généalogie ». Canada First ne pouvait pas faire objection à une telle attitude.

Wood entend les arguments de la défense et de la poursuite au sujet de la juridiction et réagit par la lecture d'une longue opinion, de toute évidence préparée à l'avance. Il commence par souligner certains détails de la législation britannique. Il fait ensuite observer qu'on a jugé à la Terre de Rupert des procès civils et criminels (y compris des délits passibles de la peine capitale) pendant 30 ans sans que le gouvernement britannique remette sa compétence en question. En effet, insiste-t-il, la dernière clause de l'Acte sur la Terre de Rupert de 1868 reconnaît parfaitement ces tribunaux. Cette clause continue de s'appliquer à moins que le Parlement du Canada n'en promulgue une autre. En dépit de la législation britannique, les tribunaux canadiens n'ont qu'une juridiction concurrente, et non exclusive.

Wood déclare ensuite que l'infraction dont on accuse le prévenu a été commise le 4 mars 1870, sous la juridiction de la cour générale de la Compagnie de la Baie d'Hudson laquelle a exercé son autorité jusqu'au 15 juillet 1870 (date du transfert du territoire au Canada). Cette cour est restée la compétence judiciaire en vigueur jusqu'à l'organisation de la Cour suprême du Manitoba. L'Acte du Manitoba de 1871 précise (*article 6, c. 14*) qu'une personne ne sera pas soumise à une sanction ou une peine pour tout acte commis avant l'adoption de la loi si elle ne l'avait pas été en vertu des lois en vigueur au moment où l'acte a été commis. Wood nie ensuite que la Confédération ait mis fin à la juridiction concurrente des tribunaux canadiens et ait marqué le retour à la juridiction du Parlement britannique, trouvant que les arguments fondés sur l'Acte de l'Amérique du Nord britannique étaient poussés à la limite. Sans n'avoir jamais considéré le statut du gouvernement provisoire et ses conséquences sur la continuité, le juge en chef ne voit aucune interruption de juridiction susceptible d'empêcher la Cour du Banc de la Reine du Manitoba de juger ce cas. Après avoir résolu le problème de la juridiction à sa satisfaction, le juge Wood permet au prisonnier de plaider « non coupable » et exige qu'il se présente à son procès au mois d'octobre 1874.

Wood offre une interprétation plausible à la documentation écrite complexe dont il dispose, aussi plausible que n'importe quelle autre qu'on aurait pu avancer. Il s'agit toutefois d'une interprétation qui ne tient aucun compte de la possibilité d'une interruption de continuité par la proclamation de William McDougall ou de la cessation subséquente du pouvoir du gouvernement provisoire, ce qui suggère que Wood n'était pas prêt à considérer sérieusement tout argument faisant appel au contexte de la mort de Scott, que ce soit avant, durant ou après le fait. La mort de Scott serait considérée comme une pure abstraction, un isolement remarquable de tout ce qui l'a entourée. Une telle approche devait bien sûr se révéler dévastatrice pour la défense.

-9-

Règlement de l'amnistie

Malgré les doutes considérables exprimés en privé par ses principaux partisans, Louis Riel se présente encore une fois aux élections fédérales de septembre 1874, dans la circonscription de Provencher. Une fois de plus il l'emporte haut la main, sans opposition. Riel considère maintenant que sa candidature a un impact sur le plan national, ayant ainsi provoqué l'orangisme ontarien au nom du catholicisme canadien-français de l'ensemble du Dominion. Cette stratégie vise de toute évidence l'identification de la cause des Métis du Manitoba à celle des francophones du Canada. Et Riel comprend maintenant qu'il ne doit pas essayer d'occuper son siège pour que cette stratégie donne des résultats.

Le procès d'Ambroise Lépine

Peu après la quatrième élection de Riel au Parlement, Ambroise Lépine comparaît finalement devant la Cour du Banc de la Reine du Manitoba. Son procès est l'un des premiers événements importants à survenir dans le nouveau tribunal qu'on vient de construire à Winnipeg du côté ouest de la rue Main, entre les avenues Bannatyne et William actuelles. Joseph Dubuc est maintenant procureur général et, naturellement, ne peut représenter la partie défenderesse en raison de sa participation antérieure à la défense. C'est donc une fois de plus l'orangiste Francis Cornish qui sera à la tête de la partie poursuivante. Bien qu'il se fasse plus discret, Dubuc fait toujours partie de l'équipe de la défense qui compte maintenant dans ses rangs Joseph-Adolphe Chapleau, l'un des principaux conservateurs francophones au fédéral. Ce dernier, qui arrive de Montréal, est l'un des avocats plaideurs les plus célèbres de cette ville. Il a la réputation de défendre des personnes accusées de meurtre et de gagner la plupart de ses procès. Au cours de sa carrière, il gagnera 21 procès pour meurtre sur 22, ayant perdu celui du Manitoba. Chapleau s'est porté volontaire pour cette cause, à ses propres frais. D'une certaine façon, sa présence qu'on ne pouvait pas vraiment éviter peut avoir fait plus de mal que de bien. L'équipe locale de la défense ne voit pas d'un très bon oeil qu'un avocat de renom en provenance d'une grande ville vienne s'accaparer leur cause. Au tribunal, Chapleau adopte un style ampoulé et très rhétorique. Il croit pouvoir impressionner les jurés par son brillant discours, les francophones en particulier. Il prétendra plus tard toutefois, qu'en son for intérieur, il savait en 1874 que Lépine et Riel étaient des meurtriers.

Ce que nous savons de ce procès et des enquêtes préliminaires découle des comptes-rendus non officiels. Il en existe deux dont l'un a été publié sous le titre de « Preliminary Investigation and Trial of Ambroise D. Lépine for the Murder of Thomas Scott, Being a full report of the proceedings in this case before the Magistrates' Court and the several Courts of Queen's Bench in the Province of Manitoba » (Montréal, 1874). Ce document a été rédigé d'après les comptes-rendus de divers journalistes de l'Est. L'autre a été publié par le *Manitoba Free Press* d'après les comptes-rendus de journalistes de l'endroit. Les deux documents ont beaucoup en commun, car les divers participants ont distribué leur discours à l'avance à la presse, mais aussi parce que les journalistes du Manitoba et d'ailleurs mettaient souvent leurs ressources en commun. Les deux comptes-rendus dont nous disposons ne sont pas, par contre, en tous points identiques. En raison du lien évident avec Louis Riel, la plupart des personnes qui écrivent sur le procès utilisent surtout le document de Montréal plutôt que le compte-rendu du *Free Press*, bien que celui-ci comprenne des renseignements importants qu'on ne retrouve pas dans celui de Montréal. En plus de ces deux comptes-rendus non officiels, les notes prises durant le procès par le juge Edmund Burke Wood se trouvent toujours aux Archives provinciales du Manitoba. Ces notes constituent plus de 160 pages de notes prises à la hâte, en tous sens, et souvent illisibles sauf pour celui qui les a rédigées, et encore! Ces notes portent sur le témoignage plutôt que sur la stratégie générale de Wood ou sur sa réflexion personnelle, ce qui révèle à quel point le juge est attentif aux procédures.

Comme dans la plupart des causes à ce point controversées, la composition du jury est de toute première importance. Sir George-Étienne Cartier doute qu'il soit possible que des résidants de la Rivière-Rouge puissent reconnaître coupable une personne ayant eu quelque chose à voir avec le décès de Scott, surtout si le jury se compose d'anglophones et de francophones en nombre égal tel que convenu (ce qui figurera plus tard dans la loi). Étant donné l'importance du choix des jurés, les dossiers de la cour qu'il nous est encore possible de consulter ne sont guère satisfaisants sur ce point : nous savons que quatre candidats jurés ont été contestés par la Couronne, et « environ seize » par la défense. Mais nous ne savons pas si la défense a atteint la limite attribuée après ses 16 contestations, ni combien de noms la liste comportait au départ. La défense prétendra plus tard qu'on a manipulé la liste. Quoi qu'il en soit, on vient à bout de former un jury composé de six anglophones et six francophones. Il est toutefois impossible de dire avec certitude combien d'entre eux sont des Sang-mêlé.

Dans sa déclaration préliminaire aux jurés, le procureur Cornish ne laisse planer aucun doute sur sa stratégie centrée exclusivement sur l'acte perpétré. « C'est un meurtre crapuleux, dit Cornish, et si on peut démontrer la participation pleine et entière de Lépine, on aura établi sa culpabilité. » Pendant les 13 jours que durera le procès, la poursuite et la défense interrogeront toute une série de témoins, et ces témoignages sous serment seront les seuls dont nous disposerons sur les événements entourant la mort de Thomas Scott. Certains de ces témoins se contrediront dans le cadre de conversations ultérieures, mais c'est probablement ce à quoi il fallait s'attendre. Ce qui importe surtout, c'est que la Couronne n'appelle à la barre, presque sans exception, que des Métis considérés comme « loyaux » au nouveau gouvernement. Elle ne fait comparaître aucun « témoin hostile » qu'on sait être encore du côté de Riel. Par conséquent, les témoins de la Couronne comptent peu de personnes qui se trouvaient au cœur des événements en 1870. Parmi eux, Joseph Nolin, présent au procès de Scott, et John Bruce, le tout premier président du gouvernement provisoire, ressortent du lot des témoins.

Si on se fie aux témoignages, Scott a subi son procès en français le soir du 3 mars, sous la présidence de Lépine. Plusieurs témoins feront mention de rumeurs qui auraient circulé pendant plusieurs semaines au Upper Fort Garry selon lesquelles Scott serait exécuté. Les principaux témoins à ce procès étaient Louis Riel et Joseph Delorme. Aucun témoin n'a comparu en faveur de Scott et ce dernier n'a pu prendre la parole pour sa défense. Le Canadien a été accusé de s'être rebellé contre le gouvernement provisoire et d'avoir levé la main et sur le président et sur ses gardiens. On ne dispose d'aucun compte-rendu écrit sur le procès de Scott bien qu'on en ait rédigé un. Le seul témoin à ce procès a été Joseph Nolin qui était le secrétaire privé de Riel en 1870, avant de rompre avec lui par la suite. Au terme du procès de Lépine, Francis Cornish insiste dans son verdict sur le fait qu'on a accusé Scott d'avoir trahi son serment envers le gouvernement provisoire, un serment qu'il n'a jamais prêté. Joseph Nolin, au contre-interrogatoire, affirme que cette rupture de serment fait partie de ce qu'on a qualifié de rébellion contre le gouvernement provisoire. Par contre, rien n'indique avec certitude si le tribunal a considéré ce serment comme important, et la défense n'a pas insisté sur ce point. Scott a sans nul doute participé à une opposition armée contre le gouvernement. L'audience de Scott a duré moins de trois heures et a pris fin lorsque Janvier Ritchot a proposé, appuyé d'André Nault, que Scott soit exécuté. Seul Baptiste Lépine a formulé des objections à la peine de mort, faisant remarquer qu'on avait jusque-là réussi à résister sans verser une goutte de sang. Les témoignages n'ont jamais établi clairement ce que Scott avait fait pour mériter la mort. Du point de vue anglo-canadien, Scott a de toute évidence été condamné par une cour bidon sans véritable procès.

En rétrospective et curieusement, on s'explique mal pourquoi Lépine est si mal défendu. Nous savons que Joseph Royal accepte mal que Chapleau vienne prendre la tête de la défense. Nous savons également que Royal parviendra à saboter la défense par sa plaidoirie, laquelle a été prévue en anglais et simplement en préparation à l'intervention plus importante de Chapleau. Au lieu de cela, Royal parle en anglais pendant quatre heures sans s'arrêter pour le repas du soir, jusqu'à 23 h. Il ne fait aucune allusion aux questions ayant trait au contexte. Il passe plutôt les témoignages en revue, point par point, dans le dessein de souligner les contradictions et les disparités. Royal fait ressortir l'incapacité de la poursuite à prouver que Lépine a effectivement assisté à l'exécution. Son discours est terne et certains jurés le trouvent sûrement déplacé. George Stanley, dans sa biographie de Riel, soutient que le fait que Royal ne soit pas très à l'aise en anglais peut avoir miné l'intérêt de son discours. Quoi qu'il en soit, Chapleau doit poursuivre en français, tôt le lendemain matin, pendant encore deux heures et demie. Joseph Dubuc : « Il s'élève aux plus hautes rétions [sic] d'éloquence, et prononce un des plus beaux discours de sa vie. » Si brillant que soit le discours de Chapleau, il a probablement peu d'impact sur un jury exténué.

La stratégie de Chapleau tout au long du procès, de même que sa plaidoirie, semblent n'avoir produit que bien peu d'effets. Celui-ci n'appelle pas beaucoup de témoins à la barre. Il se peut qu'un bon nombre de ceux qu'il aurait pu interroger se sentent trop impliqués dans le crime dont on accuse Lépine pour prendre le risque de paraître en cour. Louis Riel ne témoignera pas et Lépine lui-même ne prendra la parole ni ne prononcera un seul mot pour sa défense. En toute justice envers Chapleau, il lui était impossible de faire la preuve que les délégués de 1870 avaient été officiellement reconnus et qu'on leur avait promis une amnistie complète. Mgr Taché et l'abbé Ritchot, appelés à témoigner (le premier se faisant remarquer par son entrée sur une civière), sont bien préparés à rapporter tous les détails des négociations avec Ottawa, et à raconter comment ils ont été trompés par les astucieux Canadiens. C'est certainement ce qu'ils ont fait, plus tôt dans l'année, devant le comité spécial du Parlement.

Le juge en chef tente d'empêcher toute tentative de Chapleau et de la défense de prouver qu'ils se sont laissés emberlificoter par les Canadiens. Le juge dit clairement qu'il n'acceptera pas comme preuve des conversations non écrites avec des tierces parties, ni des dépositions sur la foi d'autrui, mais uniquement des documents, des décrets, ou des textes législatifs. Ces directives sont manifestement partisanes et ne peuvent en aucun cas être sérieusement et systématiquement respectées. Le juge permet à John Bruce d'exprimer une longue suite de ouï-dire sur les menaces proférées contre Scott et sur l'élimination du corps. Chapleau proteste, mais son objection est rejetée. Un bon nombre de témoins racontent ce qu'ils ont entendu dire plutôt que ce qu'ils ont vu, et personne ne semble vouloir protester. Quoi qu'il en soit, Chapleau demande à l'abbé Ritchot s'il peut présenter un document écrit sur l'entente conclue avec le Canada en ce qui a trait à l'amnistie, et met fin à son interrogatoire lorsque celui-ci lui répond par la négative. On n'a jamais vérifié si la défense aurait pu présenter les témoignages de l'enquête parlementaire (qui a sûrement été publiée et constituait un document). On aurait dû vérifier, ne serait-ce qu'en prévision d'un appel.

En outre, Chapleau ne fait pas vraiment bien ressortir l'importante distinction entre un gouvernement légitime et un gouvernement *de facto*. Chapleau adopte une défense nettement fondée sur l'argument selon lequel le gouvernement provisoire est un gouvernement *de facto*, qui légitimerait ainsi le tribunal métis ayant condamné Scott. Mais il s'y prend mal. Par exemple, il ne demande pas aux témoins (aux siens et à ceux de la Couronne) s'ils croient que le gouvernement provisoire est effectivement le gouvernement en vigueur, et s'ils lui obéissent volontairement, peu importe son statut légal. La défense ne tente pas non plus de démontrer qu'il n'existe aucune exigence irréfutable et déterminée à l'avance selon laquelle le tribunal ayant jugé Scott est lié par quelque règle que ce soit à la justice anglo-saxonne, compte tenu des circonstances exceptionnelles de l'époque. Certaines questions judicieuses posées à Joseph Nolin auraient pu être très utiles sur ce point. Peut-être que l'éventail limité des témoins de la défense ou peut-être, comme George Stanley le croit, le fait que Chapleau, tout comme Royal, maîtrise mal l'anglais, a pu jouer contre eux, en particulier au moment du contre-interrogatoire des témoins anglophones. Ce procès s'est surtout déroulé en anglais, sauf pour quelques plaidoyers. Nous ne connaissons pas la proportion du procès qui a été traduite simultanément, mais elle a sûrement été importante.

Dans ses conclusions définitives au nom de la partie poursuivante, Frank Cornish commence par ignorer l'argument de la défense relatif au contexte, qu'il interprète comme si on qualifiait l'exécution de Scott « d'action d'un gouvernement véritable, jouissant des pleins pouvoirs et agissant en vertu des autorités constitutionnelles du pays ». C'est là la définition d'un gouvernement légitime, et non d'un gouvernement *de facto*. Créant délibérément de la confusion dans la distinction habituelle entre un gouvernement *de facto* et un gouvernement *de jure*, Cornish pose ensuite des questions de pure forme : « Quand le gouvernement est-il devenu *de facto*? Qui lui a conféré cette autorité? » Il poursuit en affirmant que le gouvernement provisoire « n'avait qu'un pouvoir physique qu'il a utilisé pour imposer ses volontés », comme si un tel gouvernement ne pouvait pas aussi être un gouvernement *de facto* (ou, bien sûr, comme si un gouvernement *de facto* pouvait exister sans pouvoir physique). Cornish réussit à glisser la notion de légitimité dans la définition d'un gouvernement *de facto*, et on ne fera rien pour détromper le jury sur ce point.

Cornish ne fait qu'une bouchée de l'argument de la défense selon lequel, en l'absence du corps, il existe un doute raisonnable quand au décès de Scott. Il est probable que le jury ne doute guère de la mort de Scott, qu'on puisse lui faire voir le corps ou non. La suggestion de la défense selon laquelle il pourrait bien être encore en vie quelque part est tirée par les cheveux. Son insistance sur ce point exerce probablement un effet négatif sur le jury, car elle le détourne d'arguments plus importants et lui suggère l'état désespéré où la défense se trouve. Cornish soutient que le « droit britannique stipule que toute personne qui contribue délibérément à priver de sa vie une autre personne et ce, sans en avoir reçu l'autorité, est coupable de meurtre délibéré ». Il compare les chances que Lépine a de se défendre avec celles dont le « pauvre Scott » a été privé, et fait beaucoup de cas du refus de Lépine de laisser aller le corps en vue de l'enterrement. « Refuser aux restes du pauvre Scott les rites chrétiens est un acte qui devrait en dire long sur le caractère de l'accusé. » Le témoignage de l'abbé Ritchot ne réussit qu'à prouver, ajoute Cornish, « qu'il y en avait d'autres dans le coup, qui donnaient de mauvais conseils à ceux qu'ils auraient dû mieux guider et instruire ». Cornish conclut en insistant sur le fait que, « puisque le soi-disant gouvernement provisoire agissait dans l'illégalité » (ce qui n'a rien à voir ici), toute cette argumentation n'est qu'un faux-fuyant. Tout ce qui compte vraiment, c'est le « meurtre de ce pauvre Scott. »

Le plaidoyer de Cornish est suivi d'un discours en français adressé au jury par l'avocat adjoint Stewart Macdonald. Dans ce discours, Macdonald répond à ce que la poursuite décrit comme les « trois principales objections » de la défense. Macdonald a pour tâche non seulement de rejeter ces trois objections, mais de bien faire comprendre au jury qu'elles constituent en fait la preuve de la défense. Comme il fallait s'y attendre, Macdonald concentre son attention sur les arguments relatifs à l'absence du corps. Il affirme avec force que Scott ne peut qu'être

Portrait de Louis Riel par l'illustrateur Henri Julien, sans date.

SHSB-518

Photographie de Louis Riel publiée dans l'ouvrage du père Morice intitulé *Histoire de l'Église catholique dans l'Ouest canadien,* Montréal, 1912, volume II.

Louis Riel en 1885, dessin de l'arpenteur Pascal-Horace Dumais.

SHSB-511

Portrait de Riel publié dans les journaux du Québec après son exécution.

SHSB-512

Représentation historique de Riel ralliant ses partisans à Batoche.

APM

Riel au banc des accusés lors de son procès pour trahison en 1885.

APM

décédé, et que les coupables ont caché son corps. Il ajoute que Scott a été condamné à mort par une cour illégitime et non civilisée à l'issue d'un simulacre de procès. Macdonald est particulièrement éloquent sur la nature du processus qui a mené au verdict de culpabilité de Scott :

> Riel était l'accusateur, le principal témoin, le procureur et le juge. C'est à sa demande que le pauvre Scott a été condamné sans même avoir eu l'autorisation d'être présent au tribunal qui a ordonné son exécution en douze heures à peine. Qui composait cette soi-disant cour martiale? Eh bien, messieurs, elle était composée de sept hommes qui, ayant été trompés par Riel, s'imaginaient être une cour de justice, simulacre de tribunal dont l'accusé ici présent était le guide. Est-ce un tribunal civilisé qui n'a même pas laissé connaître à Scott, dans sa langue, ce qu'on avait à lui reprocher avant de le condamner? Était-ce l'attitude d'un juge intègre que de lui refuser sa requête à cet égard? ou l'attitude d'hommes qui avaient froidement et délibérément planifié la mort d'un homme dont l'audace impressionnait?

Si on relisait aujourd'hui les comptes-rendus du procès, plus d'un siècle plus tard, on constaterait l'avance qu'avait déjà la poursuite, avant même que le juge en chef ne s'adresse au jury. À l'époque, on l'avait trouvé brillant cet exposé, évaluation qui perdurera au cours des années. On pouvait lire dans le *Manitoba Free Press* : « Pendant cinq heures hier, interrompu seulement par un ajournement d'une heure, le juge en chef Wood a cumulé fait juridique après fait juridique et, dans un des exposés les plus énergiques, sinon le plus énergique jamais présenté à un jury au Canada, il a expliqué la loi si clairement, si puissamment et si complètement que même un enfant aurait pu comprendre. » Cette évaluation s'avère assez juste, surtout quand on sait que ce brillant discours devait amener le jury à prononcer l'inexorable verdict de culpabilité, prenant appui à la fois sur l'interprétation de la loi présentée par le juge et sa rétrospection sur la série d'événements de 1869-1870. Wood parviendra à une brillante réfutation de la remarque incidente de Cartier sur la difficulté d'intenter un procès aux meurtriers de Scott devant un jury manitobain. La condamnation *était* possible, en particulier si on avait l'art de faire valoir ses arguments. L'exposé au jury prendra beaucoup de temps, en raison de la traduction exécutée phrase par phrase par le greffier du tribunal.

Il nous est encore possible d'admirer la performance du juge en chef, du moment que nous ne donnons à aucun lecteur moderne l'impression que l'exposé de Wood ou le verdict du jury constitue nécessairement quelque mystérieuse découverte de la « vérité » dans l'affaire Scott, ou quelque glorieuse consécration du « principe de l'impartialité ».

Au terme de son exposé, Wood insiste sur la distinction courante entre un fait et une loi, reprenant l'ancienne maxime selon laquelle « le jury s'acquitte des faits et le juge de la loi ». Mais Wood ne laisse pas tous « les faits » à la discrétion du jury. En lieu et place, et avec assurance, il interprète la plupart des « faits », ce qui, on peut s'y attendre, est loin d'avantager Ambroise Lépine.

Wood passe beaucoup de temps à rappeler les événements de 1869-1870 à l'intention du jury. Son interprétation fait ressortir le comportement arbitraire des Métis et des divers gouvernements de la colonie. Sa narration n'est pas objective. Wood en profite pour lancer des flèches à Riel et aux chefs métis, sous le mince déguisement de questions oratoires au jury. Il exprime ensuite des opinions relatives au statut du gouvernement, faisant observer que, « s'ils ont respecté ne serait-ce qu'une fois l'institution et la loi britanniques, je ne m'en suis pas aperçu ». Il poursuit en écartant complètement l'argument relatif au gouvernement *de facto*, insistant sur le fait qu'aucune organisation ne peut servir à justifier un acte réprouvé par les lois britanniques. « Un gouvernement *de facto* ne suffit pas, il faut un gouvernement *de jure* ayant un fondement juridique. » Wood poursuit : « La colonie de la Rivière-Rouge ou de la Terre de Rupert était sous la protection des lois de la Grande-Bretagne et, en vertu de sa constitution et de ses lois, celle-ci ne peut tolérer aucune organisation qu'elle n'a pas sanctionnée et à qui elle n'a pas conféré son autorité. Et toute rébellion ou organisation de cette sorte ne peut servir de justification à [l'exercice] de la souveraineté. » Seule la Reine en conseil peut reconnaître la cour qui a jugé Scott.

Wood soutient par la suite que, bien que l'accusé ne puisse faire reposer sa défense sur le statut du tribunal ou sur le gouvernement provisoire, ceci importe peu. Il recommande au jury de s'en tenir au fait, soit à l'exécution de Scott. « Je le répète, messieurs, tout ce qui a été [dit], votre opinion sur cette organisation, qu'elle soit le fait d'un seul homme ou d'un véritable gouvernement, rien de tout cela n'a d'importance. Je le répète, peu importe le nom que vous donniez à cette organisation, en autant que vous et moi soyons concernés, cela n'a aucune conséquence, et n'exerce aucune influence sur cette question. » Ainsi, la défense ne peut compter sur rien d'autre que sur l'absence du corps, un argument bien peu convaincant.

Le jury se retire à 16 h 30 le 2 novembre. La défense semble espérer, qu'à tout le moins, les jurés ne parviendront pas à se mettre d'accord. En effet, un excès de confiance est probablement ce qu'elle peut faire de mieux pour plaider la cause. S'attendant à une longue délibération, les avocats de la défense vont prendre leur repas et, lorsque le jury revient au bout de deux heures et demie, ces derniers ne sont pas encore de retour. Le verdict en est un de culpabilité, mais le jury recommande qu'on fasse grâce à l'accusé. Il n'est guère possible, de nos jours, d'interpréter ce que le jury espérait par une telle recommandation. L'explication la plus plausible est que les jurés, impressionnés par les directives du juge, ont reconnu Lépine coupable tout en souhaitant tenir compte des circonstances atténuantes, ce qu'ils ont tenté de faire savoir à la Cour. Onze ans plus tard, un autre jury prononcera le même verdict au procès pour trahison de Louis Riel, et les commentaires des jurés en dehors du tribunal suggèreront la même attitude à tenir qu'en 1885. Ce qu'aucun des deux jurys ne semble avoir compris, c'est que la recommandation de faire grâce au condamné est moins respectée dans les procès de nature très politique que dans les procès habituels pouvant mener à une peine capitale. Si les jurés voulaient atténuer la peine, il aurait mieux valu qu'ils votent non coupable.

Le juge Wood laisse le jury prononcer le verdict en l'absence des avocats de la défense, ce qui indique un manque certain de courtoisie envers les avocats francophones. Un messager informe les avocats de Lépine du verdict alors qu'ils sont à table. Joseph Dubuc rappellera plus tard : « Une cartouche de dynamite explosant au milieu de nous n'eut pas produit un effet plus saisissant. [...] Tous se levèrent le table abasourdie. » Naturellement la défense aurait dû être prête à cette éventualité, surtout après avoir entendu l'exposé du juge Wood.

Après avoir entendu quelques objections de la part des avocats de la défense, le juge en chef prononce la sentence. Il rejette la recommandation du jury parce que, comme il l'expliquera à Lépine : « Vous n'avez pas épargné le pauvre Scott. » Dans l'esprit de l'époque victorienne, l'auditoire fond en larmes en écoutant Wood prononcer la sentence. Le juge en retarde l'exécution assez longtemps pour que le procès-verbal du procès parvienne à Ottawa, et qu'on ait le temps de le présenter au gouverneur en conseil. Ceci n'est pas une étape du processus d'appel, c'est ce que la loi exige dans les cas où on a prononcé une sentence de mort. Il n'y a pas encore de Cour suprême au Canada et il faut s'adresser au gouvernement britannique pour faire appel.

Malgré l'affirmation de Sir George-Étienne Cartier voulant que les personnes impliquées dans la mort de Scott ne pourraient jamais être jugées convenablement par un tribunal du Manitoba, Ambroise Lépine est jugé dans cette province, et y est trouvé coupable du meurtre de Thomas Scott. On le condamne à mort au terme d'un procès au cours duquel le juge parvient à insister sur l'interprétation intégrale de l'Ontario portant sur l'exécution de Scott, rejetant toute notion relative à une réduction de responsabilité du fait que Lépine a agi au nom d'un gouvernement *de facto*, et rejetant tout allégement de la peine prétextant des promesses de la part du Canada au gouvernement provisoire, lesquelles n'ont jamais été mises par écrit.

Au Manitoba, le procès de Lépine a des répercussions étonnantes. Pour commencer, la Couronne, apparemment stimulée par son succès, porte des accusations similaires contre André Nault et Elzéar Lagimodière. Tous deux ont fait partie du tribunal qui a condamné Scott. Nous ne disposons pas de transcriptions détaillées de ces procès, les deux s'étant terminés par un désaccord du jury, le résultat même anticipé par une défense sûre d'elle au procès de Lépine. Ensuite, bien que Louis Riel n'ait jamais subi de procès pour l'affaire Scott, le *Manitoba Free Press* rapporte, dans sa rubrique du 10 février 1875 sur les affaires ordinaires de la Cour du Banc de la Reine, que le shérif a lu des brefs de comparution définitifs, par lequel le shérif devait assigner un accusé à comparaître en cour sous peine de devenir un hors-la-loi, pour Louis Riel et W.B. O'Donoghue, lesquels deviennent de ce fait des hors-la-loi. Il s'agit d'une procédure juridique ancienne par laquelle des criminels connus, qu'on ne parvenait pas à capturer, pouvaient être amenés en procès ou accusés sans procès. Cette procédure semble avoir servi dans quelques cas comme dans celui de Robin des bois entre autres. Presque par définition, la plupart des personnes déclarées hors-la-loi devenaient ou allaient devenir des héros populaires.

Par ce geste, Riel et O'Donoghue sont effectivement accusés *in absentia* et sans procès du meurtre de Thomas Scott, chacun devenant de ce fait « fugitif recherché par la justice ». Le gouvernement libéral d'Ottawa utilisera bientôt cette déclaration pour justifier l'expulsion de Riel de la Chambre des communes.

La réaction des Britanniques au procès de Lépine

Comme nous l'avons vu précédemment, pendant qu'on juge Lépine dans un tribunal manitobain, Louis Riel est élu à plusieurs reprises au Parlement canadien et, à une occasion, réussit à signer le registre officiel avant d'être expulsé. Tout ceci n'est qu'un petit grain de sable dans l'engrenage du pouvoir. C'est la condamnation d'Ambroise Lépine qui provoquera la réaction du Gouverneur général, Lord Dufferin. Le 10 décembre 1874, il fait parvenir un important dossier sur la question de l'amnistie en Angleterre, à Lord Carnarvon alors secrétaire des colonies. Par cet envoi, le Gouverneur général demande au gouvernement britannique de régler les questions embarrassantes encore en suspens depuis le soulèvement de la Rivière-Rouge de 1869-1870. Dufferin rappelle la version du gouvernement canadien de l'amnistie, insistant sur le fait que Taché, Ritchot et Alfred H. Scott se sont fait dire à plusieurs reprises par ce dernier qu'il n'a pas le pouvoir d'accorder d'amnistie et qu'aucun représentant du Canada ne peut en promettre une.

Le Gouverneur général aborde ensuite les diverses situations auxquelles on fait référence dans les requêtes d'amnistie. Il soutient que les premières proclamations de pardon sont toutes conditionnelles, et antérieures à l'exécution de Scott. Il nie qu'on ait accordé des autorisations à Mgr Taché au début des années 1870. Pour ce qui est des promesses faites dans le cadre des négociations d'Ottawa avec les délégués, Dufferin n'y voit qu'un « conflit direct d'affirmations ». Il fait remarquer que Lisgar, Murdoch et Sir John A. Macdonald sont « parfaitement d'accord sur ce qui s'était passé ». Il pose ensuite l'hypothèse que l'abbé Ritchot n'a pas tout compris lors de son entretien, en anglais, avec Lord Lisgar. Pour ce qui est de Cartier, quoi qu'il puisse avoir dit découle de son « caractère sanguin naturel », lequel le porte à croire qu'il peut éventuellement obtenir l'immunité pour les personnes impliquées, mais les conversations ordinaires de Cartier, et ses lettres privées, ne peuvent en aucune façon lier le gouvernement. Jusque-là, il n'y a pas de problème. Du point de vue étroit et strictement juridique de Dufferin, tout ce que les membres du gouvernement canadien ont amené les délégués du gouvernement provisoire et les amis de Riel à croire à propos d'une amnistie est hors de propos. Et quant à la rencontre de Lord Lisgar et de Sir Clinton Murdoch, Dufferin préfère de toute évidence « l'accord parfait » de Lisgar, Murdoch et Sir John A. Macdonald aux affirmations de l'abbé Ritchot et d'Alfred H. Scott, en dépit du fait que, compte tenu de leur situation, ces derniers ne pouvaient logiquement rien accepter de moins qu'une garantie d'amnistie de la part du gouvernement britannique.

Dufferin n'a guère plus de mal à réfuter l'argument qui veut que Scott a été exécuté par un gouvernement *de facto* agissant en toute légalité quoique de façon inconsidérée. Que le gouvernement de Riel ait pensé qu'il avait légitimement succédé à celui de la CBH est hors de propos, soutient le Gouverneur général. Reprenant les mots du juge en chef Wood au terme du procès de Lépine, Dufferin affirme : « Il n'est pas possible que quelque pouvoir exécutif légal que ce soit voit subitement le jour dans un Dominion de Sa Majesté, à moins qu'elle ne lui donne elle-même naissance. » Puisque la Reine n'a pas approuvé le gouvernement de Riel, il s'agit d'un gouvernement rebelle et illégal, et ses activités le sont aussi. Dufferin a surtout des problèmes avec le dernier argument en faveur de l'amnistie : les agissements et les déclarations du lieutenant-gouverneur Archibald à l'époque de la crise des Fenians. Jusqu'à quel point la Couronne a-t-elle été engagée par son lieutenant-gouverneur? demande-t-il, surtout qu'il n'a jamais été démenti ni désavoué par quiconque en position d'autorité. Lui-même serait prêt à engager des poursuites comme à un criminel contre une personne qu'il aurait auparavant invitée à sauver la province, affirme-t-il. Néanmoins, Dufferin admettra que Riel est considéré par beaucoup comme un patriote à qui on avait promis le pardon, et même l'Ontario finit par reconnaître qu'il serait impossible de condamner à mort les responsables de la mort de Scott. Le Gouverneur général est prêt à prendre la responsabilité de commuer la peine de Lépine, finit-il par conclure.

Deux notes anonymes accompagnent la lettre de Dufferin. L'une est intitulée *Memorandum on Report of the Select Committee to Enquire into the Causes of the Difficulties in the North-West Territory in 1869-70.* Il s'agit d'un résumé de la preuve présentée au comité et qui prétend que le gouvernement a sûrement formulé des promesses d'amnistie. Le Dominion n'a pas vraiment promis d'amnistie, selon cette note, « mais de l'obtenir. Cette promesse signifie qu'il utilisera tous les moyens possibles pour obtenir une amnistie. » Le gouvernement canadien ne pouvait prétendre avoir rempli ses obligations tant que ces promesses ne seraient pas remplies. L'autre note est tout simplement intitulée *NORTH-WEST QUESTION.* On y lit que des promesses d'amnistie ont été transmises aux rebelles et en outre « que les chefs rebelles ont respecté leur part de l'entente et la conséquence de la promesse d'amnistie, et que le gouvernement a tiré avantage de cette promesse et des résultats de cette promesse ». Il est probable que ces notes avaient été rédigées par des civils canadiens-français.

Quelques jours plus tard, le 18 décembre 1874, Louis Riel est à Washington, D.C. où il rend visite à Edmund Mallet, une de ses connaissances d'origine canadienne-française. On ne sait trop pourquoi Riel est à Washington. Peut-être songe-t-il à trouver de l'aide en faveur des Métis du côté des Américains. Si tel est le cas, il n'existe aucun écrit témoignant de ses efforts. Riel sait qu'on a condamné Ambroise Lépine à mort, et se dit que cela provoquera peut-être le dénouement de l'affaire de l'amnistie. Mais il n'est pas au courant de l'intervention officielle de Lord Dufferin. Quoi qu'il en soit, comme il l'écrira lui-même plus tard : « [ce même jour] j'étais assis au sommet d'une montagne près de Washington [...] l'esprit même qui s'était manifesté à Moïse dans le buisson ardent m'est apparu de la même façon. J'étais stupéfait. J'étais confus. Il m'a dit : "Lève-toi Louis David Riel. Tu as une mission à remplir." J'ai étendu les bras et j'ai baissé la tête. J'ai accueilli ce message du ciel. »

C'est là le premier exemple non équivoque d'une vision dont Riel fait mention par écrit et qui aura énormément de conséquences plus tard.

En attendant, Riel se rend à Worcester au Massachusetts, où on retrouve une importante collectivité canadienne-française. Il prend la parole à une réunion de réclamation d'une amnistie pour lui-même et Lépine. Il dit à l'assemblée que « le son des chaînes de Lépine et de Nault a attisé la sympathie des Canadiens français et des Catholiques convaincus », ajoutant : « L'amnistie nous sera accordée. » Il invite également les personnes présentes à émigrer au Canada, afin « d'assurer la victoire de la nationalité canadienne-française dans le vaste territoire du Nord-Ouest ».

Lord Carnarvon répond à la lettre de Dufferin moins d'un mois après l'avoir reçue. Il se dit d'accord pour prendre des dispositions immédiates quant à la question de l'amnistie, et pour que Dufferin agisse sans l'avis de ses ministres. Le gouvernement britannique a toujours maintenu que le gouverneur général avait le droit d'agir dans une telle situation. Il approuve également l'analyse que Dufferin fait des arguments relatifs à l'engagement du gouvernement d'accorder une amnistie. Mgr Taché aurait dû comprendre que la Couronne ne pouvait pas déléguer à Dufferin le pouvoir illimité d'accorder un pardon. L'idée qu'il y a eu un gouvernement *de facto* indépendant de Sa Majesté ne « vaut pas la peine d'être abordée ». Pour ce qui est de la ligne de conduite d'Archibald, les lieutenants-gouverneurs n'ont pas de mandat de la Couronne, ils font simplement partie du personnel administratif colonial. Par contre, Carnarvon reconnaît que les accusés ont rendu des services inestimables. Il ne s'agit pas seulement d'une question d'amnistie soutient-il, mais il faut considérer la mesure d'une punition juste et raisonnable, compte tenu des bons services rendus à l'État. La sentence de Lépine devrait être commuée, mais en précisant bien qu'ils ont commis une infraction très grave. Riel doit être traité de la même façon. Une libération de ces hommes, après leur condamnation, doit comprendre une « exclusion totale de toute participation à la vie politique et parlementaire ».

Le 20 janvier 1875, Lord Dufferin fait parvenir un télégramme à Lord Carnarvon afin de lui apprendre qu'il a commué la peine d'Ambroise Lépine à deux ans de prison et à la privation perpétuelle de ses droits politiques. Le jour suivant, le 11 février 1875, le gouvernement libéral d'Alexander Mackenzie tente enfin de légiférer sur la question, après un débat énergique, présentant une motion pour qu'on accorde une amnistie complète à toutes les personnes ayant participé au soulèvement de la Rivière-Rouge, sauf à Louis Riel, Ambroise Lépine, et W.B. O'Donoghue.

Le débat parlementaire de 1875

Le débat parlementaire de février 1875 est, comme on peut s'y attendre, teinté de partisannerie. Le gouvernement libéral profite de l'occasion pour critiquer le gouvernement précédent, et celui-ci est forcé de se défendre contre des accusations d'irrégularité et de mauvais jugement. En outre, les débats sont le théâtre d'intéressants commentaires sur les négociations avec le Canada et, par voie de conséquence, sur la condamnation récente d'Ambroise Lépine. Si les débats nous en apprennent beaucoup sur la vie politique canadienne en 1875, ils en disent long aussi sur l'attitude du gouvernement canadien envers la Rivière-Rouge et envers Louis Riel. Les principaux personnages politiques du Parlement de 1875, Alexander Mackenzie, Sir John A. Macdonald et Edward Blake, ont tous leur mot à dire, de même qu'un certain nombre de personnages moins bien connus, dont certains le deviendront, comme Mackenzie Bowell et Wilfrid Laurier.

Le premier ministre Alexander Mackenzie introduit le dernier débat. Écossais austère, selon l'idée qu'on s'en fait généralement, Mackenzie est aussi un homme d'honneur et une personne intègre. Mais surtout, il n'est pas avocat et applique le simple bon sens aux problèmes juridiques posés par Riel et la Rivière-Rouge. Il insiste pour dire que le gouvernement est prêt à faire quelque chose en ce qui concerne la Rivière-Rouge, mais qu'il n'assumera aucune responsabilité relativement aux événements qui ont provoqué les troubles, situation qu'il décrit comme « exceptionnelle, et qu'on ne rencontrera peut-être jamais plus dans la vie d'aucun des députés ». Il soutient également qu'il éprouve de la sympathie pour la population des Territoires du Nord-Ouest dans leur résistance au Canada, du moment que cette résistance reste pacifique. Mackenzie affirme que le précédent gouvernement a accepté de traiter avec les « insurgés du Manitoba », malgré la violence manifestée. Non seulement, le gouvernement a-t-il reconnu le gouvernement provisoire, mais il a reconnu Louis Riel comme son chef. Mackenzie cite Mgr Taché lors de son entretien avec Sir George-Étienne Cartier en juin. Cartier avait alors demandé à l'évêque de dire à Riel de continuer à gouverner et à guider son peuple jusqu'à ce que le représentant de Sa Majesté arrive.

Le premier ministre doit affronter plusieurs obstacles pour faire valoir son argumentation dont, tout d'abord, les affirmations d'un homme d'État britannique qui prétend qu'aucun gouvernement *de facto* ne peut exister dans les territoires de Sa Majesté sans le consentement de cette dernière. Mackenzie étudie *in extenso* ces subtilités constitutionnelles dont le juge en chef Wood a fait tellement de cas dans ses conclusions définitives au procès de Lépine. Il affirme qu'on a reconnu un gouvernement *de facto*. Il admet que, « rigoureusement parlant, et peut-être constitutionnellement parlant », il se peut que l'empire britannique ne l'ait pas reconnu, mais que ce gouvernement ait tout de même exercé son autorité et ait été le gouvernement *de facto*, « malgré qu'aux points de vue légal et constitutionnel, il n'en avait pas le droit ». Il vaut la peine de noter que, contrairement au juge en chef Wood, Mackenzie n'hésite aucunement à faire référence aux documents générés dans le cadre de l'enquête parlementaire. Il soutient avec force que si, en principe, il n'existe aucune preuve d'une promesse absolue d'amnistie, « c'est tout simplement fuir la vérité que de dire qu'aucune promesse n'a été faite, par quiconque, selon laquelle une amnistie serait accordée ». Le premier ministre ajoute qu'on dispose de tellement de preuves à cet effet qu'il pourrait en lire des extraits. Bien que Mackenzie ne relève pas le fait, ces extraits n'ont pas été entendus par le juge en chef Wood au tribunal.

Une autre difficulté rencontrée par le premier ministre est le fait que les représentants britanniques ont nié spécifiquement avoir fait des promesses. Mackenzie entreprend de lire une grande partie des témoignages de Taché et de Ritchot, à l'enquête, en ce qui a trait aux promesses verbales formulées par des membres du gouvernement. Il fait ressortir « que ce n'était pas une expression perdue, pas seulement le souvenir de paroles tirées de conversations et d'entrevues soutenues et successives, c'était l'unique sujet de discussion; qu'il n'y avait aucune possibilité de méprise; et qu'on en est arrivé à la conclusion que ces personnes avaient été amenées à croire qu'on leur accorderait sûrement ce qu'ils demandaient ». Le premier ministre parle ensuite de l'argent remis à Riel et Lépine pour quitter le pays. Il ajoute qu'il serait difficile de faire subir un procès aux deux hommes sans placer le ministre de la Justice (à l'époque, John A. Macdonald) au banc des accusés avec eux, et ce, quoique le juge en chef Wood y soit parvenu.

Pour ce qui est de la menace des Fenians, Mackenzie garde la même attitude. Que ce soit une question légale ou non; qu'il faille s'inspirer de la loi des nations ou non; que le droit britannique entre en ligne de compte ou non; que la Couronne soit ou non liée rigoureusement parlant, il est impossible de douter que le gouvernement ait accepté les services de Riel et des Métis. En vertu du droit commun constitutionnel, dit le premier ministre, lorsque un gouvernement accepte les services de certaines personnes, et leur demande de risquer leur vie, c'est comme s'il avait pardonné les délits de toutes ces personnes.

L'interprétation des événements du passé que fait le premier ministre ne manquera pas d'être contestée, naturellement. Le chef orangiste Mackenzie Bowell, qui est également conservateur, se lève immédiatement afin de manifester sa stupéfaction après avoir entendu les deux résolutions et l'argumentation qui a servi à les appuyer. Il soutient que le discours du premier ministre a été motivé par un esprit partisan. Il prétend que Mackenzie n'a pas donné un « résumé juste » des témoignages bien que la plupart de ses exemples soient tirés des négociations et des déclarations les plus récentes. Bowell est lui aussi en mesure de citer des extraits de la correspondance impériale récente, en particulier de la lettre de Lord Dufferin, en vue de démontrer que Taché a excédé son autorité en formulant des promesses d'amnistie, bien que les arguments du premier ministre ne fassent pas réellement allusion à cette partie du témoignage de l'archevêque. Bowell met surtout en évidence tous les dénis de Sir John A. Macdonald, de Sir George-Étienne Cartier, de Sir John Young et de Sir Clinton Murdoch, surtout de Murdoch. Comment peut-on préférer le témoignage d'un homme qui connaît à peine l'anglais, langue dans laquelle a eu lieu l'entrevue, aux déductions que le Gouverneur général, Sir Clinton Murdoch et Lord Carnarvon ont tirées des dépositions?

Sir John A. Macdonald entame son discours en posant une question de toute première importance d'après lui : La Reine d'Angleterre s'est-elle engagée à accorder une amnistie? Si elle a pris cet engagement, il faut l'honorer, aussi odieux qu'ait été le crime. Macdonald refuse la distinction que fait Mackenzie entre les considérations techniques et la réalité faisant intervenir l'honneur de la Couronne. Il n'est pas d'accord non plus à dire que la population de la Rivière-Rouge était justifiée de s'inquiéter du transfert au Canada. Il appuie toutes les actions prises par son gouvernement, y compris la promesse faite à Riel et à Lépine de leur remettre 1 000 $ pour quitter le pays. Toutes étaient essentielles à l'acquisition du territoire situé plus à l'ouest. Il admet que le meurtre de Scott vient tout compliquer et soutient que le gouvernement actuel a creusé le fossé qui le séparait de la Rivière-Rouge pour des raisons partisanes.

Mackenzie, dit Sir John, a fait le tour du pays « en tenant son gouvernement [celui de Sir John] responsable de l'échec des tentatives d'arrestation et de condamnation des meurtriers de Scott, accusés de manquement à leurs devoirs, et de s'être souillé les mains du sang de Scott ». C'est maintenant que celui-ci triomphe, proclame l'ancien premier ministre. Ces hommes qui l'ont tellement calomnié et qui ont tenté de le détruire « présentent maintenant à la Chambre une résolution que lui [Sir John] n'aurait jamais osé proposer aux Communes ». Macdonald se plaint d'avoir été blâmé pour l'incapacité de Mackenzie à tenir ses propres promesses de faire pendre Louis Riel. Il dénigre le bannissement en tant que punition, car envoyer les coupables aux États-Unis pour cinq ans ne constitue pas une bien grosse privation selon lui. De plus, il soutient que la prérogative de la clémence appartient à la Couronne et non au Parlement. Le long discours de Macdonald sert surtout à affirmer que le gouvernement a fait ce qu'il fallait pour acquérir le Nord-Ouest.

Bien qu'il ait appuyé Canada First (dans sa campagne contre Louis Riel) et malgré sa lutte constante pour le pouvoir contre Alexander Mackenzie au sein du parti libéral, Edward Blake appuie la résolution en faveur d'une amnistie. Il fait d'abord observer que John A. Macdonald a outrepassé, et de loin, ce qui était pertinent à la question débattue aux Communes. Il comprend que l'ancien premier ministre se devait de défendre son gouvernement, mais là n'est pas la question. Ce qu'il est important de considérer, c'est ce que Macdonald a fait et quelles en ont été les conséquences. Avec sa clarté habituelle, Blake explique qu'il existe trois sortes de gens qui se doivent de voter contre la résolution : ceux qui croient que la Couronne est engagée à une amnistie absolue, car cette résolution impose des conditions; ceux qui ne croient pas que la Couronne soit engagée à quoi que ce soit; et ceux qui croient que le gouvernement impérial devrait faire quelque chose.

Blake lui-même soutient que la résolution est la seule applicable. Aucun des faits énoncés dans la résolution n'a vraiment été débattu. Le gouvernement n'a mentionné aucun des sujets contestés, dont la conversation de l'abbé Ritchot avec Sir Clinton Murdoch et Lord Lisgar. L'enquête parlementaire a établi que les personnes impliquées dans les troubles étaient absolument convaincues d'une promesse d'amnistie « et que cette conviction tendait à faciliter l'acquisition du territoire par le Canada. Cela ne faisait aucun doute. » Le gouvernement était d'accord pour éviter les points controversés. Il se peut que Taché ait été autorisé à offrir une amnistie, il se peut qu'il ne l'ait pas été. Mais il se pensait autorisé et le gouvernement canadien n'a pas démenti la promesse publiquement. La résolution accorde à la plupart des personnes impliquées une amnistie absolue, et laisse savoir à trois personnes qu'on prendra d'importantes mesures pour améliorer leur situation, mais qu'il faut absolument faire ressortir toute l'horreur du crime commis.

Les Canadiens français ne commencent à s'exprimer que vers la toute fin du débat. Le principal orateur du Québec est Joseph-Alfred Mousseau, un conservateur de la circonscription de Bagot. Nationaliste, Mousseau appuie Riel depuis quelques années et s'est exprimé en faveur de ses élections à la Chambre des communes. Il considère les troubles dans le Nord-Ouest comme un obstacle à la création d'une nation unie dans l'équité. Les Québécois, dit Mousseau, sont convaincus que tout a commencé lorsqu'un jeune peuple s'est vu refuser les droits, les privilèges et les immunités dont jouissent toutes les provinces du Dominion. Selon eux, on a refusé l'amnistie à Riel parce qu'il faisait partie de la minorité. Mousseau fait ressortir qu'il n'y avait aucune autorité à la Rivière-Rouge contre laquelle se rebeller en 1869-1870. Le gouverneur général et Lord Carnavon ont fait abstraction de cette réalité dans les paroles dures qu'ils ont prononcées récemment. Il ajoute que bien que

Joseph Howe ait informé Mgr Taché qu'il avait outrepassé ses directives en promettant une amnistie à son retour à la Rivière-Rouge, il n'a pas retiré l'offre.

Le député québécois insiste sur ce qui s'est produit lorsque les ambassadeurs se sont alloué plus de pouvoir qu'on ne leur en avait confié, comme ce fut le cas de Taché semble-t-il. Il en vient à la conclusion que le gouvernement assumait la responsabilité de telles transactions. Il soutient que « Lépine a été reconnu coupable uniquement parce que le jury était partial et que de graves accusations ont été portées par un juge tout aussi partial », puisque d'autres procès pour le même crime se sont soldés par une absence de verdict. Louis Riel a profondément souffert du rôle qu'il a joué dans l'affaire Scott. Il a été séparé de sa famille pendant cinq ans en tant que fugitif. Mousseau fait remarquer que huit évêques catholiques ont transmis une pétition réclamant l'amnistie, afin de rapprocher la minorité francophone du Québec et du Manitoba. L'exécution de Scott n'est pas un crime, mais le « geste d'un gouvernement qui a consacré ses efforts à organiser l'administration des affaires du pays, et qui peut tout au plus être qualifié, comme d'autres l'ont fait, d'erreurs de jugement ». Mousseau termine en proposant un amendement à la résolution d'accorder une amnistie complète à toutes les personnes ayant participé aux troubles du Nord-Ouest et pour tous les actes commis. Les conservateurs F.-L.-G Baby et Louis-François-Rodrigue Masson appuient la proposition. Ces derniers prennent la défense de Louis Riel depuis longtemps.

Le jeune Wilfrid Laurier se lève immédiatement pour répondre à Mousseau. Il s'oppose à ce qu'on fasse intervenir des antagonismes particularistes dans l'affaire qui les occupe. Laurier se dit en faveur d'une amnistie complète, mais, dit-il, « le gouvernement britannique a dit qu'il était hors de question d'accorder une amnistie complète et, par conséquent, il n'y a rien à ajouter ». Il se dit surpris que monsieur Mousseau demande ce que le secrétaire des colonies a déclaré impossible. C'est surtout en raison de cette déclaration que les libéraux du Québec ont appuyé la résolution, ajoute Laurier. Amor De Cosmos de la Colombie-Britannique exprime également sa préférence pour une amnistie totale, comme l'indique son vote de 1874, mais se dit en faveur de la présente résolution comme la seule possible. Il n'est toutefois pas d'accord à mettre le blâme sur le gouvernement britannique. Selon lui, le problème est qu'une amnistie complète ne pourrait jamais rallier ni la Chambre ni le pays. Plusieurs autres orateurs se disent d'accord avec De Cosmos.

Seulement 23 députés appuient la proposition d'amendement, tous des conservateurs du Québec. Aucun libéral ne vote en faveur. On tente alors un autre petit amendement puis la Chambre vote sur la résolution principale qui sera adoptée par 126 voix contre 50. La perte de l'amendement en faveur d'une amnistie complète ne reflète pas la réalité : tous les députés ayant appuyé monsieur Mousseau, sauf un, se retrouvent dans le camp du non. En réalité donc, 149 députés ont appuyé au moins cette forme d'amnistie contre 28. Malheureusement, les seuls amendements proposés visent à élargir la résolution. Il est donc impossible de savoir à combien s'élève vraiment le nombre d'opposants inflexibles à toute forme d'amnistie. Cela ne dit pas si Riel ou Lépine y trouverait quelque consolation. Ce qui est sûr, c'est que la résolution est adoptée facilement parce qu'elle n'efface pas tout. Les deux chefs rebelles seront punis pour le meurtre de Scott. Pour Riel et Lépine, l'amnistie aurait été appliquée uniquement après une période d'exil de cinq ans, période durant laquelle ils n'auraient pu mettre les pieds dans les Dominions de Sa majesté. La résolution du Parlement qui met fin à l'affaire de la Rivière-Rouge ne satisfait à peu près personne. Mais un grand nombre de Manitobains bénéficient du pardon et échappent ainsi à la possibilité de poursuites futures pour activités « criminelles » antérieures. Ils sont officiellement réhabilités suite à la rébellion.

Post-scriptum

L'affaire de la Rivière-Rouge ne se termine pas tout à fait avec le vote du Parlement sur l'amnistie. Ambroise Lépine rejette l'offre d'amnistie, car il ne veut pas s'exiler. Il purgera le reste de sa sentence pour le meurtre de Scott au pénitencier, d'où il sortira le 26 octobre 1876. Il semble qu'il restera privé de ses droits politiques jusqu'à son décès survenu en 1923. Pour ce qui est de Louis Riel, il est toujours député de la circonscription de Provencher en février 1874. Au cours du même mois, la Chambre des communes débat à savoir s'il peut le rester ou non. Le 22 février, le premier ministre dépose sur la table des Communes le dossier faisant de Riel un hors-la-loi au Manitoba. Trois jours plus tard, Mackenzie ouvre le débat en faisant observer que Riel a été déclaré hors-la-loi puis, sans aborder la question de la légalité de cette procédure juridique au Canada et s'appuyant sur un précédent anglais, il propose qu'on lise le dossier. La motion est adoptée et le premier ministre poursuit : « d'après ce dossier, Louis Riel, membre de la Chambre des communes, a été déclaré hors-la-loi pour avoir commis un crime. » On discute brièvement de la question à savoir si le hors-la-loi Louis Riel du Manitoba est la même personne qui fait partie du Parlement.

C'est à ce moment que J. H. Cameron soulève la véritable question, à savoir si un jugement faisant d'un homme un hors-la-loi ne serait pas anticonstitutionnel au Canada. Cameron insiste pour dire qu'il souhaiterait voir Riel expulsé du Parlement, mais qu'il trouve important de procéder dans les règles. Cameron rappelle la complexité et la longueur des procédures par lesquelles, selon le droit anglais, un homme peut être déclaré hors-la-loi. Il dit essentiel d'observer ces procédures à la lettre, dans l'ordre, et en allouant le temps requis entre chaque étape. Car, après tout, une telle déclaration donne le droit d'exécuter la personne concernée sans prendre d'autres mesures. En vue de protéger ces personnes, il faut appliquer la loi selon les règles les plus strictes. C'est pourquoi la moindre déviation peut être fatale aux procédures. Depuis des siècles on a renversé des jugements en cour pour le moindre petit accroc. Cameron soutient que, dans le cas de Riel, de nombreux accrocs sont détectables, mais surtout, que ce dernier a été déclaré hors-la-loi le jour même où il devait comparaître en cour. Personne disposant d'une journée entière pour comparaître en cour ne peut être déclaré hors-la-loi avant le jour suivant, soutient monsieur Cameron, qui fait ressortir plusieurs vices de procédure. En bref, on exprime de nombreux doutes sur la légalité de la déclaration faisant de Louis Riel un hors-la-loi, et il n'est guère question du désir de le voir expulsé de la Chambre.

Vers la fin du débat, Sir John A. Macdonald formule une réplique cinglante sur ce qui semble la stratégie du gouvernement : « Aucun juriste des Communes n'oserait dire que le jugement faisant de Louis Riel un hors-la-loi, comme en font foi ces documents [de la Cour du Banc de la Reine du Manitoba], subsisteraient là où le droit britannique prévaut. Malgré tout, on a dit aux Communes que, pour des raisons parlementaires, ce document illégal et pourri doit être reconnu. » Le 24 février, le vote se solde par 141 voix en faveur de l'expulsion contre 16. Pourtant, certains membres se disent nettement en désaccord avec le fait que ce jugement fait de Louis Riel un hors-la-loi. Bien qu'on expulse Riel de la Chambre, s'appuyant sur le fait qu'il est devenu un hors-la-loi, on ne sait trop quelles autres conséquences ce jugement aura sur lui. Un certain nombre d'avocats de la Chambre des communes soutiennent que ce jugement ne ferait pas long feu devant un tribunal, bien qu'on se demande quel tribunal pourrait bien renverser cette décision de la Cour du Banc de la Reine du Manitoba. Aucun des avocats ne passe de commentaire sur le temps requis pour l'application des résolutions parlementaires, bien qu'il semble que l'amnistie repose sur la condition de cinq années d'exil. Jusqu'à la fin de cette période, Riel sera toujours considéré au Canada comme un fugitif et comme un hors-la-loi. Contrairement à Lépine, toutefois, Riel acceptera tacitement l'amnistie conditionnelle et entamera une période d'exil de cinq ans. Il n'abandonnera cependant pas ses droits politiques, et ne restera pas toujours en dehors du pays.

Règlement de l'amnistie

Il est tout à fait typique de la vie compliquée de Riel que même son expulsion de la Chambre des communes du Canada, en 1875, s'accompagne d'un important débat sur la légalité de la proposition. Riel est destiné à faire l'objet d'une longue série de débats juridiques compliqués, et le fait qu'il a été déclaré « hors-la-loi » n'en est qu'un de plus.

-10-

Bannissement et renaissance

Le 25 avril 1875 entre en vigueur le bannissement de Louis Riel pour une période de cinq ans des Dominions de Sa Majesté. Cela fait déjà presque cinq ans que Riel fuit la justice. Il réside chez des amis ou des prêtres qui veulent bien l'héberger aux États-Unis, faisant parfois quelques incursions au Québec ou au Manitoba, non sans vive inquiétude. Il est sans emploi, n'a jamais pu toucher son salaire de député, et s'inquiète sans cesse du manque d'argent. La vente d'un terrain a certes rapporté, mais c'est probablement Mgr Taché qui le soutient financièrement, peut-être avec des fonds douteux provenant du gouvernement qui tient à le tenir éloigné. Quelques amis charitables lui viennent aussi en aide.

D'une certaine façon, la sentence de Riel est sévère. Elle est trop longue pour qu'il puisse la vivre en toute sérénité, et trop courte pour qu'il puisse renoncer à une éventuelle vie normale au milieu des siens, ou même en tant que chef des Métis. Quoi qu'il en soit, Riel pourrait se comporter comme la plupart des exilés qui l'ont précédé et qui le suivront : il pourrait s'installer quelque part pour la durée de son exil, et en tirer le meilleur parti possible. Il pourrait rejoindre d'autres réfugiés avec qui il partage quelques affinités. On compte sûrement aux États-Unis quelques collectivités de réfugiés politiques, dans les grandes villes de l'Est, qu'il pourrait rejoindre. Un certain nombre de collectivités franco-américaines se montrent sympathiques à sa cause. Il pourrait très bien aussi se joindre aux nombreux exilés européens à Paris, qui abrite un bien plus grand nombre de réfugiés que les États-Unis. Bien qu'il ait parlé de l'Europe à l'automne 1875, il semble n'avoir jamais considéré cette possibilité sérieusement. D'abord le voyage coûte cher, et Riel est d'abord et avant tout un Nord-américain. Il pourrait peut-être couper complètement les ponts avec son passé et, encore une fois comme des milliers d'exilés avant et après lui, il pourrait choisir de recommencer sa vie aux États-Unis. Il semble n'avoir pris aucune de ces décisions, et s'être retrouvé presque par inadvertance à la merci d'une troisième possibilité : la réalisation de ses visions.

Riel sera incapable de s'en tenir à une seule de ces options pour très longtemps. Elles continueront d'aller et de venir dans son esprit tout au long des quelques années qui suivront. Une part de son être aimerait repartir à neuf aux États-Unis : trouver un emploi stable, fonder une famille, exercer une influence morale sur sa collectivité. C'est ce qu'on pourrait appeler le Riel « raisonnable » et « responsable ». C'est surtout dans ce contexte que la citoyenneté américaine prendra pour lui une grande importance symbolique. Une autre partie de son être, toutefois, voudrait poursuivre la libération de son peuple commencée en 1869. C'est le Riel « radical ». Et à cette fin, il tentera diverses stratégies à cette fin. Avec le temps, elles seront moins extrêmes et donneront de meilleurs résultats, mais toutes prendront racine aux États-Unis. C'est ainsi, qu'en définitive, son exil s'avérera utile. Il tente d'abord d'organiser une invasion militaire du Manitoba à partir des États-Unis. Il essaie ensuite de créer une alliance internationale entre les premières nations et les Métis. Enfin, il en vient à rechercher une amélioration graduelle du niveau de vie et de la moralité de son peuple aux États-Unis. Ce dernier effort le ramènera au mode « responsable ». Un autre aspect assez distinct et prépondérant de Riel, surtout depuis sa vision au sommet de la montagne en 1874, c'est son désir d'être le prophète d'une nouvelle ère messianique. C'est ce qu'on pourrait appeler le Riel « prophétique ». Comme nous le verrons, cette expression de son ambition et de sa personnalité deviendra intimement liée à ce que certaines personnes qualifieront d'instabilité mentale et de folie. Après des années de retenue, c'est cet élan qui triomphera en lui complètement en 1884 et le mènera tout droit à sa confrontation finale avec le Canada.

Ces aspirations contradictoires s'opposent souvent dans la vie de Riel, se succédant l'une à l'autre à l'avant-scène. À l'occasion, des éléments de chacune s'amalgament pour donner le jour à un autre personnage. La vie de Riel au cours des années 1875 à 1884 peut se comparer à un véritable kaléidoscope. Il est impossible de dater la plupart des écrits de nature privée de Riel qui remontent à cette époque, ce qui contribue sans conteste à l'impression qu'il change constamment de comportement, et que cette instabilité tend à refaire sans cesse surface.

L'invasion du Manitoba

En exil, Riel tente d'abord de reprendre par la force sa place au Manitoba. Dans sa correspondance de 1875, on retrouve des allusions voilées de ces intrigues et de ces plans. En octobre, il se rend à Indianapolis dans l'Indiana avec l'intention de consulter le sénateur Oliver P. Morton. Il lui présente une version abrégée de son plan. Il expliquera plus tard son échec par le fait qu'il a omis de présenter tous les détails, par ses lacunes en anglais et par le manque d'enthousiasme du politicien américain. Morton est resté partiellement paralysé par suite d'un accident cérébro-vasculaire. Pendant l'entrevue, et selon les propres mots de Riel après coup, il aurait prié pour la guérison de l'une des jambes de Morton. Pourquoi une seule? Eh bien pour que Morton sache à qui adresser ses remerciements si celle-ci prenait du mieux!

Le « plan » que Riel présente à Morton est sûrement le même que l'on retrouve dans un « mémoire » présenté au président Ulysses S. Grant à peu près à la même époque, mais dont le destinataire n'a probablement jamais pris connaissance, du moins pas sous ce format. Riel rencontrera Grant entre le 10 et le 15 décembre et rien de leur conversation ne parviendra jusqu'à nous. Riel débute sa lettre à Grant par un rappel de leur première rencontre à la fin de 1874, alors qu'il lui a fait part de l'idée pour la première fois. À l'époque, il avait interprété la réaction du président comme potentiellement favorable, quoique ce fut probablement la même qu'il avait eue envers les Métis en 1871 : « Revenez me voir quand vous aurez plus d'appui ». Riel rappelle encore une fois les doléances accumulées depuis 1870 des Métis contre le gouvernement canadien. D'après le « mémoire », le Canada n'a pas rempli ses promesses et les Métis ont eu recours à tous les moyens pacifiques à leur disposition pour redresser la situation. Afin de forcer le Canada à respecter sa part de l'entente avec les Métis, Riel élabore un programme comprenant six mesures : sauvetage du gouvernement du Manitoba et du Nord-Ouest de l'emprise du Canada; création d'un nouveau gouvernement sous les auspices du gouvernement britannique; et invitation à « tous les citoyens américains d'origine canadienne-française et irlandaise à venir partager notre sort s'ils le souhaitent ». Il imagine les francophones du Manitoba et les Irlandais catholiques cohabitant dans une même province plus à l'ouest. Le nouveau gouvernement serait financé par des bons vendus sur le marché privé.

Bien que Riel ait présenté les doléances des Métis d'une manière tout à fait lucide et crédible, l'appui dont il croit disposer frôle la fiction. Il écrit : « En tout, le Manitoba et le Nord-Ouest comptent environ 68 000 âmes qui soutiennent ma politique. Le gouvernement canadien ne compte pas plus de 10 000 âmes qui puissent me résister. » Riel s'attend à ce que tous les Sang-mêlé prennent les armes à sa suite, soit trois à quatre mille « aventuriers qui s'opposent au Canada ». Il parle ensuite des dispositions favorables de 38 000 autochtones de la région. Il soustrait 3 000 personnes du côté des Canadiens, « qui ne prendront pas les armes car ce sont des Mennonites. Pour ce qui est des nouveaux policiers à cheval, c'est à peine s'ils peuvent prendre soin de leurs chevaux ». Voilà les chiffres avancés par un chef rebelle réduit à l'impuissance, se laissant bercer par des rêves sans fondement. En 1875, Riel se considère comme un Britannique (il fait allusion à l'Angleterre plutôt qu'à la Grande-Bretagne) et considère le gouvernement des États-Unis comme le protecteur d'un état métis indépendant.

Aux prises avec la folie

Au début du mois de décembre 1875, alors qu'il se trouve dans l'église St. Patrick à Washington, Riel fait l'objet d'une profonde expérience mystique. On situe souvent ce moment au 8 décembre, jour du cinquième anniversaire de la proclamation du gouvernement provisoire de la Rivière-Rouge. C'est dans les écrits ultérieurs de l'un de ses plus féroces critiques, qui voulait faire la preuve de sa folie, que l'on retrouve la description la plus complète de cette expérience. Mais il est impossible d'en vérifier l'exactitude. Dans ses notes autobiographiques rédigées à la prison de Regina, Riel écrit qu'il « a reçu le Saint-Esprit pendant le gloria de la grand messe, à l'église St. Patrick à Washington ». Dieu l'aurait comblé des dons et des fruits de l'Esprit, l'appelant à devenir le prophète du « Nouveau Monde ». Environ au même moment, il aurait également eu la visite d'une vierge qui « se tenait quelquefois sur mon bureau ». Elle lui apparaîtra plus tard en compagnie d'un enfant, supposément l'enfant Jésus. Le 16 décembre 1875, son ami Edmund Mallet le ramène de Washington à Worcester au Massachusetts, expliquant qu'il a été la proie d'une crise de folie dans la capitale nationale.

N'importe quel homme parfaitement sain d'esprit et à l'aise dans la société a des hauts et des bas, des périodes d'exaltation suivies de périodes d'anxiété. Il ne serait tout simplement pas normal de ne pas subir de telles variations d'humeur. On a dit que le célèbre tueur en série, David Berkowitz, *Son of Sam* n'avait aucune vie affective. Bien que certains biographes aient fouillé avec soin les antécédents de Riel, à la recherche de troubles émotifs ou même de maladie mentale, la description de ces tout premiers symptômes n'est guère détaillée et on dispose de bien peu de preuves médicales. Non seulement a-t-on recours à des documents apocryphes, mais certaines biographies rapportent des conversations fictives dans lesquelles l'auteur fait ressortir le moindre trouble affectif. La crise dépressive attribuée à Riel en 1864, par exemple, est fondée sur un commentaire écrit par son oncle John Lee après son exécution en 1885. Lee écrit en 1886 qu'après la mort du père de Riel, « je me suis aperçu que la grande peine de Louis affectait son cerveau et qu'il délirait. Ses exagérations et ses excentricités religieuses le montraient bien. Il se lançait dans des excès de piété. Il parlait de religion comme c'était pas raisonnable. Ma femme a vu la même chose et m'en a parlé. Il est resté mélancolique après ça. Ça a duré à peu près un an et demi, puis il est redevenu lui-même. » On peut s'attendre à ce qu'un jeune homme soit déboussolé par la mort inattendue d'un être cher, surtout si l'on songe qu'il avait aussi une peine de cœur. Si Riel se montrait excessif sur le plan de la piété et du langage (Lee ne nous donne aucun exemple ni ne nous explique ce qu'il considère excessif), il faut se rappeler que Riel était un jeune homme dévot dont la formation et le naturel le portent à trouver réconfort dans la religion. Même si John Lee croyait vraiment que Riel était devenu fou et qu'il tentait de retrouver des indices de cette même folie dans sa jeunesse, rien n'indique dans les propos de Riel une attitude qui dépasse les bornes du comportement d'un adolescent passionné.

À la fin du mois de février 1870, Riel a une nouvelle crise. Il se sent très mal. On fait venir sa mère et, selon le journal d'Alexander Begg, on diagnostique une « fièvre cérébrale ». Begg ne nous apprend rien sur les symptômes, et parle très peu de la maladie, mais il évoque des délires causés par la fièvre. Cette crise est brève et probablement due à un virus. Il faut admettre qu'il s'agit d'une période complexe dans la vie de Riel, et qu'elle sera suivie presque immédiatement par la grande erreur de sa vie avec Thomas Scott. Malgré la série de menaces prononcées par Riel à l'égard des prisonniers avant de passer à l'action dans le cas de Thomas Scott, rien n'indique dans son comportement qu'il ait été mentalement déséquilibré. Certains biographes se plairont pourtant à revenir sur cette maladie.

En février 1871, Riel tombe gravement malade à Saint-Joseph et, encore une fois, sa mère vient le soigner et reste à son chevet plusieurs semaines. Ses proches, semble-t-il, craignent pour sa vie. Les biographes seront de nouveau tentés de donner une grande portée à ce qui nous semble, vu le peu d'indices dont nous disposons, un malaise purement physique. Nous connaissons quelques-uns des symptômes. Riel a de fortes poussées de fièvre, et il a les articulations des bras et des jambes enflées, rouges et douloureuses. Il se peut qu'il ait été déprimé, ce qui se produit souvent avec de tels malaises. Il se peut même qu'il ait craint de se faire assassiner. Après tout, il fuyait officiellement la justice et des hommes étaient à ses trousses avec l'intention de le tuer. Il est facile d'être paranoïaque quand des ennemis sont réellement à nos trousses. Selon George Stanley, la maladie de Riel pourrait être la conséquence de la combinaison des difficultés qu'il a à surmonter : la peur d'être assassiné, l'incertitude quant son avenir et la promulgation de l'amnistie qui tarde à venir, « jusqu'à ce qu'il ne puisse plus porter le double fardeau de l'anxiété et de la malchance ». Stanley poursuit par un bel exemple du meilleur tour d'adresse littéraire qu'il soit possible d'exécuter sur le sujet : « En février, il était malade, très malade. » Stanley ne fait pas le lien toutefois entre ces deux phrases consécutives, mais se contente de les juxtaposer. Toutefois, bon nombre de lecteurs tiendront le lien pour acquis. Un microbe ou un virus semble l'explication la plus probable de l'instabilité psychologique manifestée pendant la maladie de Riel.

Pendant les quelques années qui suivront, Riel, confronté à toutes ses difficultés, se plaint constamment d'anxiété et d'insomnie. Mais dans l'ensemble, il ne paraît pas souffrir d'une quelconque maladie grave durant cette période difficile, ce qui plaide en faveur d'une stabilité psychologique inhérente à sa personnalité. De même, tout au long des manœuvres politiques complexes, son comportement n'a absolument rien d'aberrant. Au mois de janvier 1874, Riel est fatigué. Un entretien avec Mgr Bourget lui fait du bien, mais il n'y a rien d'anormal dans tout cela. Un an et demi plus tard, peu après son expulsion de la Chambre des communes, Mgr Bourget lui envoie une lettre d'appui amicale, rédigée surtout à partir de vagues généralités sur la foi et la spiritualité. Le fait qu'une telle imprécision touche une corde sensible chez le destinataire de la lettre suggère que, sur le plan de la religion, Riel n'a pas encore vraiment centré ses choix personnels autour d'un seul thème.

Nous ne disposons donc pas de documents qui révéleraient des antécédents au comportement de Riel manifesté en 1875. Avant d'aller plus avant dans l'examen de ce comportement, il faudrait dire quelques mots sur le profond et rapide changement survenu dans notre compréhension et notre interprétation de la maladie mentale depuis ce temps. En 1875, la plupart des Canadiens connaissaient trois types de maladies mentales : la déficience mentale congénitale ou consécutive à un traumatisme, les crises de manie, et les convictions et gestes irrationnels. La société de l'époque, en général, ne tolère pas plus mal les comportements anormaux que nous ne les tolérons aujourd'hui. Il n'y a pratiquement pas de professionnels spécialisés dans la maladie mentale au Canada, si ce n'est d'une poignée d'hommes qui dirigent un asile, et une poignée de médecins qui ont reçu une formation dans une nouvelle spécialité appelée neurologie, s'intéressant aux maladies nerveuses. Eux-mêmes se donnent le titre d'« aliéniste ». Les médecins des asiles d'aliénés avaient tendance à être plus répressifs et plus conservateurs que les neurologues et les aliénistes qui trouvaient plus important de comprendre les émotions. Les médecins des asiles étaient les gardiens des malades mentaux, souvent plus préoccupés par la contention que par la réadaptation.

Tous s'entendent pour dire que la folie est une maladie du cerveau due à un ensemble de causes bien spécifiques. Le docteur Henry

Howard, qui admettra Louis Riel à l'asile de Longue-Pointe en 1876, définit l'aliénation mentale comme une « maladie physique causée par une modification pathologique des nerfs sensitifs et de l'organe de la conscience ». L'hérédité joue un rôle important. Même si les experts savent que l'irrationalité absolue ne signifie pas nécessairement la folie, et que la rationalité ne signifie pas nécessairement une bonne santé mentale, on tend à l'oublier. La médecine a tendance à considérer l'aliénation mentale sous un aspect plutôt mécanique et les médecins considèrent les élans religieux comme de simples délires. Il vaut mieux pour une personne plus portée sur la religion que la moyenne des gens qu'elle se tienne loin des experts en santé mentale. Ce n'est qu'au tournant du siècle que le psychologue William James présente et publie son ouvrage précurseur intitulé *The Varieties of Religious Experience: A Study in Human Nature: Being the Gifford Lectures on Natural Religion Delivered in Edinburgh in 1901-1902.* Personne, en 1875, ne doutent de l'existence d'un état objectif appelé « folie » ou « aliénation mentale », ou de la possibilité d'identifier sur le champ un tel état. Pour ce qui est d'en expliquer la cause ou de le traiter, c'est une autre histoire!

La question à savoir si l'aliénation mentale est une « réalité objective » a été chaudement débattue dans les publications spécialisées au cours du dernier siècle. Le principal critique de la « réalité » de l'aliénation mentale est Thomas Szasz qui, dans une série d'ouvrages comme *Le mythe de la maladie mentale* (1972) prétend essentiellement que la folie est une invention ou une construction de la société et de son vecteur, la psychiatrie, à des fins purement répressives. Incapables de faire face avec tolérance et ouverture aux divers symptômes de l'irrationalité, ces dernières ont fait en sorte que les personnes manifestant ces symptômes soient étiquetées, traitées et institutionnalisées. Même sans adopter une vision aussi cynique de la psychiatrie moderne et de ses institutions, on se rend bien compte que la profession médicale n'a atteint de consensus ni sur le diagnostic ni sur le traitement de la maladie mentale. En outre, au cours des dernières années, tout le fondement scientifique de l'entreprise psychiatrique tel que personnifié par Sigmund Freud a été sérieusement ébranlé. On ne peut plus vraiment, comme au XIXe siècle, soutenir avec assurance qu'il existe une réalité appelée aliénation mentale, à laquelle il soit possible de donner une explication scientifique.

De nos jours, on trouve particulièrement difficile d'attribuer à l'aliénation mentale des symptômes à caractère religieux. Le contexte joue un rôle important dans l'interprétation de ce qu'on qualifiait d'expérience religieuse intense au XIXe siècle. C'est ainsi que Joseph Smith a pu découvrir les tablettes en or du *Livre de Mormon* avec l'aide d'un ange, et devenir le chef spirituel d'un grand nombre d'Américains. De même, Mary Baker Eddy a pu devenir le chef d'une autre importante

Église des États-Unis en découvrant, avec l'aide de Dieu, que la plupart des maladies étaient imaginaires. Au sein de l'Église catholique, les manifestations spirituelles sont chose courante dans les couvents et les monastères de tout le continent. Sara, la sœur de Louis Riel, a rapporté des expériences en tant que religieuse qui lui auraient valu l'internement dans la vie séculière. Le comportement d'un grand nombre de gens dans les camps en plein air des évangélistes protestants aurait paru plutôt déconcertant en pleine rue. La folie change de sens lorsqu'elle est inspirée par une révélation religieuse, ou y est associée, ou comme aurait dit un catholique, lorsqu'elle est inspirée par la quête héroïque de la sainteté. « Dans la moitié du monde chrétien, écrit William Cowper en 1766 en parlant de ses propres expériences religieuses, on les auraient qualifiées de folie et de fanatisme. Mais n'est-ce pas annoncé dans la Parole de Dieu? » Bonne question!

À quel point Riel est-il atteint au cours des mois qui suivent son départ de Washington à la fin de 1875? Seuls les témoins, et la période d'observation, nous mettent sur la piste, car son état varie. Ferdinand Gagnon dit de lui qu'il est assez sensible. L'abbé Jean-Baptiste Primeau écrit que Riel voulait proclamer à Worcester le message qu'il aurait bientôt à « proclamer dans le monde entier », et qu'il éclata en sanglots quand il lui répondit que c'était impossible. John Wesley aurait peut-être réagi de la même façon dans une situation similaire. La veille de Noël, on amène Riel de Worcester à Suncook, au New Hampshire. Ferdinand Gagnon décrira ce voyage dix ans plus tard dans le journal *Le Travailleur.* Le journaliste écrit que, dans le train, Riel s'imagine faire partie d'une sainte trinité avec le Comte de Chambord et Don Carlos d'Espagne. Il grogne comme un animal jusqu'à ce que l'abbé Primeau mette fin à son comportement par un « regard sévère ».

En janvier 1876, on amène Louis Riel à Keeseville dans l'état de New York, où il importune la famille Barnabé en restant éveillé toute la nuit, faisant les cent pas, pleurant et hurlant. Pendant la nuit que son oncle John Lee passe à Keeseville, il rugit comme un bœuf pendant des heures. John Lee ramène Riel à Montréal en train. Ce dernier crie aux passagers : « Restez tranquille. Ne riez pas. Je vous en supplie. Je suis un prophète. » Chez John Lee à Saint-Jean-Baptiste, il déchire ses vêtements et sa chemise de nuit, criant à tue-tête qu'il est un prophète, qu'il n'est pas un fou. Il insiste : « Je ne suis pas fou! Ne dites jamais que je suis fou! J'ai une mission à remplir. Je suis un prophète. Dites que vous ne comprenez pas. Je suis envoyé par Dieu. » Riel se comporte comme un homme qui pense réellement faire l'objet d'une révélation divine. Même l'Église catholique reconnaît que les définitions classiques de l'aliénation mentale et de la sainteté ne sont pas nécessairement incompatibles.

Fallait-il interner Riel? S'il s'était trouvé dans sa famille, auprès de sa mère au Manitoba, la réponse est non. Il aurait sans doute traversé cette période difficile soutenu par l'amour et la tolérance de ses proches. Il ne représente un danger pour personne sauf peut-être pour lui-même, et cette dernière éventualité semble improbable. La seule personne qu'il n'ait jamais engueulée est une religieuse de l'asile qui tentait de lui enlever un livre des mains, un livre sur lequel sa sœur avait écrit son nom. On se demande même s'il songe encore à Thomas Scott dans ces moments-là. Mais là où il se trouve, il ne se sent pas à l'aise, loin des personnes qu'il aime. Il est loin de chez lui, errant, sous la protection de prêtres, surtout, et de leur entourage. Les prêtres essaient de lui être sympathiques, mais ne sont pas habitués à de telles manifestations de foi et à une conviction religieuse aussi profonde. Même dans les asiles, c'est avec les prêtres que Riel a le plus de problèmes, du fait qu'ils ont une vision plus orthodoxe de la pratique religieuse et que Riel insiste pour se dire prophète. Un jour, ayant été banni de la chapelle en raison de son comportement excessif, il écrit à l'aumônier de Beauport :

> Je vous ai défendu ce matin, de vive voix, et je vous défends cet après-midi, par écrit, de dire ou de chanter la sainte messe. Je vous défends de chanter les vêpres et de monter à l'autel pour donner la bénédiction du très Saint-Sacrement. Je vous défends d'entendre les fidèles au tribunal de la pénitence, parce que vous m'avez fermé l'église, que vous refusez de m'obéir à moi qui vous commande au nom du Saint-Esprit, à moi qui ai le droit de vous commander au nom du Saint-Esprit, selon que ce divin Esprit m'a consacré Souverain Pontife, son Prophète et son prêtre-roi, en se reposant sur moi et selon que l'évêque de Montréal, évêque d'ordination apostolique catholique et romaine m'a revêtu de toute juridiction en prononçant sur moi les paroles suivantes : « Soyez donc béni de Dieu et des hommes. » [signé] Louis David Riel, par la grâce de Jésus Christ Prophète, Pontife infaillible et Prêtre-Roi.

Au début du mois de mars 1876, Riel est admis à l'Hospice Saint-Jean-de-Dieu de Longue-Pointe, sur l'île de Montréal. Le patient « Louis R. David » porte le numéro 565. Ce pseudonyme est nécessaire, naturellement, car en principe, Riel est toujours en exil bien que plusieurs, y compris Sir Wilfrid Laurier, finiront par être au courant de la situation. Le docteur Henry Howard, qui procède à l'admission, s'aperçoit bien que quelque chose ne va pas, et à Longue-Pointe, Riel écrit des lettres pleines de divagations religieuses. Il dira plus tard que ce que les autres percevaient comme de l'aliénation mentale était en fait « un engagement prolongé avec Dieu ». Le docteur Henry Howard, qui nous a laissé un rapport du séjour de Riel à Longue-Pointe, l'a admis dans son établissement parce qu'il « le croyait coupable du meurtre dont il était accusé [le meurtre de Thomas Scott] et que tout meurtrier ne peut être qu'aliéné ou fou ». De bien des façons, Howard est le surintendant typique de n'importe quel asile de l'époque au Canada. Formé à Dublin et à Londres, il se spécialise en ophtalmologie à son arrivée au Canada en 1842. Malgré qu'il ne détienne aucun diplôme dans le domaine, il est nommé surintendant médical de l'asile Saint-Jean au Québec en 1866 et, semble-t-il apprend le métier par la pratique. Il n'est pas habituel toutefois de croire, comme Howard, que tous les grands criminels ne sont pas responsables de leurs crimes puisqu'ils ne sont pas normaux mentalement. On ne l'appellera pas à la barre au procès de Riel en 1885. Howard croit à la réadaptation. Mais la plupart des problèmes que Riel connaît à Longue-Pointe sont dus au fait qu'il y est détenu contre son gré, situation qui n'est pas rare chez les personnes institutionnalisées de l'époque. Il brise les ornements et les chandelles sur l'autel de la chapelle, court entièrement nu le long des corridors et se débat contre ses surveillants. Après qu'on lui ait défendu d'assister à la messe en raison de ses excès, il fait la grève de la faim pendant trois jours. La plupart du temps, il est maintenu dans une camisole de force.

Il n'est guère surprenant, dès lors, que le docteur Howard finisse par envoyer Riel à l'asile Saint-Michel-Archange à Beauport, où ce dernier continue de se comporter de façon anormale pendant quelques mois. Dans cet établissement, on compte beaucoup moins de « guérisons » qu'à Longue-Pointe, en raison du budget limité et du manque d'intérêt pour la réadaptation. Dans son rapport, le médecin qui admet Riel à Beauport fait mention d'une absence de symptômes physiques et de symptômes psychologiques qui se manifestent surtout par la tendance à devenir « furieux » lorsqu'on met en doute son rôle de prophète. Riel occupera surtout son temps à écrire, décrivant ses visions et ses révélations. Il y rencontrera Sir Wilfrid Laurier qui le trouvera sensible jusqu'à ce qu'il aborde le thème de la religion. Laurier : « Les yeux profonds de Riel se sont animés soudainement. Il s'est lancé dans un sermon enflammé et faussement modeste, se vantant plus ou moins de la grande mission qu'une vision céleste le poussait à entreprendre, et qui devait consister à révéler la volonté de Dieu. »

Durant son séjour à Beauport, Riel semble avoir appris d'une façon ou d'une autre comment dissimuler ses symptômes et à se comporter comme on veut qu'il se comporte. Il cesse peu à peu de se rebeller contre sa détention en isolement, et on commence à l'isoler de moins en moins. On lui permet même de quitter l'asile pour de brèves sorties accompagnées. Désormais, il ne parle de son prophétisme que dans ses écrits personnels, ce qui amène un observateur du milieu clérical à déclarer en février 1877 « qu'il commence à oublier son rôle de prophète. Il ne prophétise presque plus. » L'abbé J. B. Bolduc, aumônier de l'asile, rapportera plus tard à Mgr Taché « qu'il ne se prend plus pour le pape. Il a communié hier. » Ces deux témoignages révèlent ce qui, dans le comportement de Riel, dérange le plus son entourage, en particulier les ecclésiastiques. Au début du mois de janvier 1878, Riel fait lui-même observer à l'un de ses médecins : « J'en étais venu à croire que j'étais un prophète ou quelque chose comme ça », ajoutant : « Mais un jour que j'étais fatigué des remontrances et des objections qu'on me faisait, je me suis demandé si je ne me trompais pas, et si ce n'était tous les autres qui avaient raison. À partir de cet instant, j'ai vu clair. » Il n'a pas cessé de se croire prophète, il a simplement appris à se faire plus discret en public.

Riel a suffisamment appris à se conformer au monde qui l'entoure pour sortir de son confinement et quitter l'asile. Un commentaire de l'un de ses médecins voulant que Riel soit « plus ou moins » guéri révèle que ces derniers ont une idée plutôt vague de ce qui se passe. Maintenant qu'il a fait un séjour à l'asile, on n'oubliera plus jamais qu'il a été pris de folie. Un observateur écrit en octobre 1878 : « Il est tout a fait lucide, et très capable. Personne ne pourrait dire qu'il a déjà perdu l'esprit, s'il n'était au courant de son passé. » Mais tout le monde connaît l'histoire de Riel. En janvier 1879, celui-ci rencontre au Manitoba son vieil ami Joseph Dubuc qui lui demande s'il a vraiment été atteint d'une maladie mentale. Riel lui répond qu'il a fait semblant d'être fou pour pouvoir échapper à deux gouvernements qui souhaitaient sa mort. Dubuc parlera de cette conversation à Taché, ajoutant : « Quand je l'ai entendu me faire cet aveu sur le ton inspiré d'un prophète, j'ai compris que quelque chose ne tournait toujours pas rond dans sa tête. »

Les tentatives d'explication de l'état mental de Louis Riel ont fait couler beaucoup d'encre. Dans le monde médical, on croit surtout qu'il a souffert d'une sorte de mégalomanie manifestée par des délires de grandeur et de révélations spirituelles. Il existe une autre interprétation plus simple et plus directe : Riel aurait eu des visions et se serait cru l'envoyé de Dieu. Le docteur Augustus Jukes fera la remarque suivante au procès de Riel en 1885 : « On a déjà vu des hommes ayant des idées remarquables inspirées par la religion avoir toujours été considérés comme des aliénés jusqu'à ce qu'ils attirent un grand nombre de disciples et dirigent une nouvelle secte. Ils sont ensuite devenus de grands prophètes et de grands hommes. » Riel n'a pas fondé de secte avant de mourir, mais ce prétexte ne change rien à la conclusion générale. Étant donné l'état où il se trouve sur le plan spirituel, la question à savoir s'il est fou ou non est tout à fait hors de propos. Les visionnaires religieux n'ont jamais été liés par les mêmes règles que le commun des mortels. S'ils l'avaient été, la vie de Jésus et de saint Paul (pour ne mentionner que quelques-uns des envoyés de Dieu) aurait été bien différente. Plusieurs chercheurs spécialisés dans les études sur Riel, en particulier Thomas Flanagan et Gilles Martel, ont ces dernières années endossé ce point de vue.

Évelina

À sa sortie de l'asile de Beauport, Riel se rend presque immédiatement à Keeseville dans l'état de New York, où il entreprend sa première tentative de « marcher droit », c'est-à-dire de devenir une personne normale évitant de se croire l'Homme du destin. À Keeseville, il emprunte de l'argent de son ami, le père Fabien Barnabé, et loue une petite propriété qu'il espère cultiver. Il exprimera ses intentions par un petit poème intitulé « L'Esprit immonde est un colosse » : « Seigneur, calmez en moi l'esprit de politique [...] Donnez-moi le goût de la stabilité. » Il espère trouver la stabilité dans le travail de la terre, le milieu rural et l'amour d'une bonne épouse.

Riel connaît une femme du nom d'« Évelina, ma très aimable blonde ». Il a probablement commencé à courtiser Marie-Elizabeth-Évelina Barnabé avant d'être chassé de Montréal à la fin de 1875. Née à L'Assomption au Québec, Évelina (comme on l'appelle) s'occupe de la maison de son frère, le père Barnabé, à Keeseville au milieu des années 1870. Si on se fie à la biographe Maggie Siggins, elle est plutôt frêle, a les cheveux blonds et les yeux bleus. Excellente musicienne, elle joue de l'orgue à l'église de son frère. Les poèmes que Riel écrit au sujet d'Évelina suggèrent une passion réelle, mais ambivalente. Il l'appelle « ma sœur » et elle signe ses lettres de « votre petite sœur », une intéressante juxtaposition de rôles. Ils se fiancent en secret. La mère de Louis désapprouve.

En partie à cause des objections de sa mère, mais surtout parce qu'Évelina lui en fait la demande, Riel trouve important de pouvoir la faire vivre avant de la demander en mariage. Riel se rend donc à New York, mais ne reverra jamais Évelina. Par contre, ils entretiendront une correspondance pendant quelques mois encore, jusqu'en mai 1879. Elle s'attend sûrement à ce qu'il fasse quelque chose de bien de sa vie, car dans l'une de ses dernières lettres, elle exprime des doutes sur ses propres qualités par rapport au genre d'épouse qu'il souhaite. Elle a raison semble-t-il, même si elle écrit : « Je suis une humble femme qui ai peu de courage et je ne serai pas, par conséquent, à la hauteur de la position que je devrai occuper si vous réussissez. » Lorsque Riel se rend à New York après la moisson de 1878, il est à la recherche d'un emploi et tente toujours de trouver un stratagème pour envahir le Manitoba avec l'aide des Fenians. Riel va jusqu'à faire mettre une petite annonce dans un journal de New York. Mais il ne trouve pas d'emploi ou rien ne semble lui convenir. C'est probablement à cette époque qu'il compose le poème intitulé « Dans la grande république ». Ce poème débute ainsi : « Dans la grande république / Je viens faire un peu d'argent [...] » et chaque strophe se termine par : « Car je suis Canadien. » Il écrit : « Je compte sur la fortune, le confort et le gros gains [...] », propos qui ne ressemblent guère à Riel. Il reçoit beaucoup d'appui d'Évelina dans les lettres qu'elle lui fait parvenir à New York. Elle l'encourage surtout dans sa tentative de devenir le chef des Métis. Nous n'en savons guère plus sur Évelina, mais sa correspondance nous révèle une femme intelligente et déterminée. En dépit de ce qu'elle a écrit, elle intimide probablement Louis, ce qu'elle ne trouve peut-être pas déplaisant.

À la fin de 1878, Riel se dirige vers l'ouest afin de trouver un emploi au sein d'une société de colonisation catholique dirigée par Mgr John Ireland de Minneapolis. Après avoir été éconduit par Ireland, Riel retourne à Saint-Joseph, au Dakota du Nord, près de la frontière avec le Manitoba. Au cours de son séjour à Saint-Joseph, il défend à ses amis de continuer à lutter pour l'obtention de l'amnistie. « Je m'en fiche, écrit-il, « Je n'en ai même pas besoin pour retourner au Manitoba. Je veux rester ici, à la frontière, en guise de protestation vivante et perpétuelle contre l'Angleterre et ses procédés malveillants à mon égard. » Dans l'état où il se trouve, Riel se considère davantage comme un exilé victime de l'injustice anglaise que comme un homme nouveau, un Américain. À l'été 1879, Riel se joint aux Métis pour la chasse au bison. Ces derniers se dirigent plus à l'ouest à la recherche de troupeaux qui se font de plus en plus rares. En décembre de cette même année, il écrit à son frère, du Fort Assiniboine, que les chasseurs l'ont élu chef du campement, le poste de direction le plus prestigieux qui soit. Bien qu'il n'en fasse pas mention dans sa lettre, il a cessé d'écrire à Évelina.

Organisation des nations métisses et autochtones

Au cours des premiers mois qu'il passe au Montana, à la fin de 1879, Riel songe à organiser une sorte de mouvement politique radical chez les Métis et les Autochtones de la région. Nous en savons très peu sur le sujet, et la plupart des preuves dont nous disposons sont suspectes, car elles proviennent de récits qui remontent à la période suivant la reddition et l'exécution de Riel. Néanmoins, selon certains témoins ultérieurs, Riel aurait rencontré un certain nombre de chefs autochtones pendant son séjour à Milk River à l'hiver 1879-1880. Son intention était de créer une alliance. Le surintendant James J. Walsh de la Police à cheval du Nord-Ouest, raconte que lors d'une visite faite ultérieurement au chef Red Stone de la tribu des Assiniboines, il s'est aperçu que ce dernier avait en sa possession un document signé de sa main, et de celle de Riel, proclamant qu'ils protégeraient le territoire qui leur appartenait.

Le chef Crowfoot racontera à un journaliste, après le soulèvement de 1885, qu'au printemps 1880, lui-même et quelques chefs cris ont rencontré le chef des Métis. Riel « voulait que je me joigne à tous les Sioux, les Cris, et les Sang-mêlé ». Crowfoot se souvient : « Le but était d'organiser un grand soulèvement, de s'emparer du Nord-Ouest, et de garder ce territoire pour la race indienne et les Métis. » À cette réunion, Riel a pris des mains du chef Little Pine l'exemplaire du Traité n° 6 qu'il tenait, et l'a piétiné d'un geste théâtral, comme il l'avait fait de la proclamation du lieutenant-gouverneur McDougall dix ans plus tôt. L'interprète de Crowfoot, Jean L'Heureux, informateur du gouvernement canadien durant les années 1880, rapporte à Sir John A. Macdonald en 1886 que, « en pratique, le plan consistait à profiter des démêlés de la police avec les Sang-mêlé, au sujet des chevaux, pour attaquer le fort Wood Mountain et en prendre possession; puis faire de même du fort Walsh et, enfin, de Battleford. Les Pieds-noirs devaient s'emparer de Macleod [commissaire de la Police à cheval du Nord-Ouest]. Après ce dernier exploit, Riel aurait proclamé un gouvernement provisoire. » À l'automne 1880, L'Heureux informe le lieutenant-gouverneur Dewdney que Riel complote avec les Sang-mêlé et les Indiens. Sa « modeste devise » est : « Les T.N.O. sont la propriété naturelle des Indiens et des Sang-mêlé et on doit les réserver à leurs propres usages, règlements et gouvernement, qu'ils doivent être les seuls à appliquer. » La plupart des chefs se méfient tout simplement de Riel. Big Bear lui répond carrément : « Nous ne devons pas nous battre contre la Reine avec des fusils. Nous devons lutter avec nos propres lois. »

À l'approche de son exécution, en novembre 1885, l'extrémiste autochtone Wandering Spirit accorde une entrevue dans sa prison à deux journalistes canadiens :

> Il y a quatre ans, nous campions sur les rives du Missouri sur le territoire des Long Knives. Big Bear, Imases, Four Sky Thunder et d'autres chefs de bande étaient présents. Riel s'y trouvait aussi, échangeant du whisky avec les Indiens. Il nous a donné l'alcool et nous a dit qu'il voulait faire la guerre dans le pays. Il nous a demandé de l'aider à chasser les Canadiens. Le gouvernement s'était mal comporté envers lui. Il exigerait beaucoup d'argent et, s'il ne l'obtenait pas, répandrait le sang, beaucoup de sang canadien.

Il n'est guère facile de savoir comment interpréter cette affirmation.

C'est la déclaration d'un homme qui va mourir, mais d'autres récits viennent confirmer ces dires. Ce qu'elle nous apprend de nouveau, c'est que Riel traite avec du whisky et donne de l'alcool aux Indiens afin de les gagner à sa cause. La deuxième partie de l'affirmation est assez plausible, puisque l'alcool est souvent de mise dans les échanges de cadeaux à la frontière, à l'ouest, depuis le XVIIe siècle. Il aurait été difficile d'obtenir quelque chose des Premières Nations sans leur offrir de l'alcool. Mais la première partie de l'affirmation qui soutient que Riel faisait la traite avec les Indiens appartient à une tout autre catégorie. Wandering Spirit voulait peut-être dire « distribuait du whisky aux Indiens », ce qui n'est pas tout à fait la même chose que de traiter avec du whisky. En tout état de cause, tenter de donner une mauvaise réputation à Riel au moyen d'une seule phrase, probablement mal traduite, comme un auteur a récemment tenté de le faire, serait aller un peu loin. Riel n'était pas nécessairement en train de ratisser le Montana dans le dessein de corrompre les Autochtones.

La principale preuve de ces rencontres avec les Autochtones dans les écrits de Riel est un document intitulé « L'avenir des chefs Métis canadiens-français dans les États-Unis » rédigé à cette époque. Il s'agit d'un peu plus que d'une série de descriptions cataloguées sur les diverses tribus indiennes qui ont fréquenté la région de Milk River pendant l'hiver 1879-1880, dans le voisinage du campement des chasseurs métis. À la fin de l'hiver 1880, Riel écrit au commandant américain du Fort Assiniboine en termes très humbles, afin de le remercier d'avoir permis aux chasseurs métis de passer l'hiver sur la réserve indienne, près de Milk River, et de l'informer que ceux qui ne sont pas encore partis le feront sous peu. Riel continuera d'accompagner ce groupe de chasseurs sans but précis pendant un an ou deux. Le groupe se compose de Métis, d'Autochtones et de quelques durs à cuire.

Installation, deuxième partie

Le 17 mai 1880, Riel déclare son intention d'obtenir la citoyenneté américaine et de renoncer à son allégeance à la Reine Victoria. Il composera un poème à ce sujet : « Les États-Unis me reçoivent. Les Anglais n'auront pas pour rien ce qu'ils ont volé, ce qu'ils doivent au monde; Je suis citoyen. » Ses cinq années d'exil viennent de prendre fin. Dans son discours final au jury en 1885, à Regina, Riel expliquera pourquoi il a choisi ce moment pour faire une telle affirmation :

> Ai-je pris mes papiers de naturalisation américaine pendant mon bannissement de cinq années. Non, je ne voulais pas

> donner aux États un citoyen proscrit. Mais quand mon terme fut expiré, un officier de Battleford, de ce côté de la frontière, dans Benton, m'invita à rentrer dans le Nord-Ouest. J'ai répondu que je ne reviendrais pas, que j'irais à une cour américaine, là, je déclarerais mon intention, maintenant que j'étais libre, de choisir une autre patrie. J'ai été blessé au cœur quand j'ai dit adieu à ma mère, à mes frères, à mes amis et concitoyens, à la terre qui m'a vu naître. Mais je pensais que je ne pouvais rentrer au pays, sans protester de toutes mes forces contre l'injustice que j'avais endurée, et, en agissant ainsi, j'aurais recommencé une lutte que j'avais été incapable de continuer, et comme un homme sensé, j'ai cru qu'il valait mieux commencer ma carrière de l'autre côté de la ligne.

Cette stratégie est plutôt sage et, de toute évidence, bien préparée. Riel accorde de l'importance à cette question relative à la citoyenneté. Il y voit en particulier un geste symbolique dans sa vie personnelle.

Pour l'instant, au lieu de créer des alliances entre les Métis et les autochtones dans le dessein d'envahir le Canada, Riel tente désormais d'améliorer les conditions de vie de son peuple au Montana. Le 6 août 1880, il franchit la première étape de sa nouvelle politique en composant le brouillon d'une pétition adressée au colonel Nelson A. Miles de Fort Keogh, au nom des Métis du Montana. Par une modeste pétition, il demande au gouvernement des États-Unis « de réserver une portion du territoire comme réserve spéciale pour les Sang-mêlé ». Dans cette réserve, l'alcool serait banni. Il demande également de l'argent pour l'éducation, ainsi que pour l'achat d'outils agricoles, de grains de semence et de bétail. La pétition ne dit rien de la part des Métis aux droits des Autochtones. Riel fait toutefois remarquer que, « en tant que Sang-mêlé, nous sommes à mi-chemin entre l'homme civilisé et l'homme non civilisé. Nous avons des liens étroits avec plusieurs tribus du Nord-Ouest. » Ceci suggère que les Métis exercent une certaine influence auprès des Indiens, ce que le gouvernement américain pourrait trouver intéressant. Miles aime l'idée, mais l'agent américain des affaires indiennes A. R. Keller rejette la demande du revers de la main, faisant remarquer que même si les Métis s'habillent « comme des Américains », ils sont des « sujets britanniques ayant par ailleurs conservé les us et coutumes autochtones, tout en étant supérieurement intelligents et rusés, ce qui les rend dangereux ». Pour Keller, les Métis « constituent certainement une classe de colons indésirables sur notre territoire ». Comme Thomas Flanagan le fait remarquer, nombreux sont les Métis ayant signé cette pétition qui sont nés aux États-Unis ou y résident depuis de nombreuses années.

Entre le moment où il rédige la pétition de 1880 et son départ pour la Saskatchewan en 1884, Riel consacre sa vie publique à l'amélioration de la situation des Métis du Montana. Il tente surtout d'amener ces derniers à changer, leur reprochant leur consommation d'alcool et la négligence de leurs obligations religieuses. Au début de l'année 1881, Riel fait la rencontre d'une jeune métisse, Marguerite Monet Bellehumeur. Son père, Jean Monet Bellehumeur, est né au Québec. Il a probablement épousé Marie Malaterre à la Rivière-Rouge. Marguerite est née à Saint-François-Xavier le 15 janvier 1861. Elle est très jolie. Sans donner l'impression d'avoir la peau foncée, l'unique photographie dont nous disposons révèle un visage ovale, cheveux noirs, au front garni de frisettes à la mode, le tout noué en queue de cheval. Bien qu'illettrée, elle parle le cri, le français et l'anglais. Riel est amoureux de la jeune métisse posée. Il l'épouse (avec la permission du père) le 28 avril 1881 à la manière du pays. Le mariage est béni par le père Joseph Damiani le 6 mars 1882.

Marguerite donne deux enfants à Louis Riel, Jean et Marie-Angélique, et fait une fausse couche pendant que Riel est en prison en 1885. Marguerite semble une jeune femme passive et soumise. Elle soutient son mari sans se poser de question. Ce mariage avec Marguerite fait partie des nombreux mystères qui entourent la vie privée de Riel. Par ses antécédents, Marguerite diffère assez des deux premières flammes de Riel qui étaient d'origine canadienne-française. Riel se marie alors qu'il est encore officiellement (sinon secrètement) fiancé à Évelina Barnabé. Tout au moins, il n'a jamais officiellement mis fin à la relation qu'il entretenait avec elle.

Riel prend part à la vie politique du Montana du côté des Républicains. À cette époque, les Républicains ont tendance à être plus radicaux, et les Démocrates, dans l'ombre, s'efforcent surtout de conserver le *statu quo*. On ne sait pas ce que Riel a fait de l'étiquette apposée sur la faction républicaine qui s'opposait au président James Garfield en 1881. On les appelait les *halfbreeds*. On conteste quelque peu ses activités. On l'accusera en particulier d'avoir tenté de faire voter des Métis qui n'étaient pas citoyens américains. En fait, on fera plus tard la preuve au tribunal, que les Métis en question étaient nés aux États-Unis. Il sera également prévôt adjoint pendant une courte période. À la fin de 1882, Riel écrit une lettre au rédacteur du *Helena Daily Herald*, laquelle sera publiée le 18 décembre de la même année. Dans cette lettre, il nie avoir été un rebelle et affirme avoir plutôt été le chef d'un mouvement politique qui tentait de résister à l'annexion armée de sa contrée. L'opinion publique américaine aussi bien que l'administration de Washington l'ont appuyé, affirme-t-il. Il nie également avoir été un renégat. Il a été banni, mais il aurait pu retourner au Manitoba en 1880.

« Si ce n'avait été de l'invitation de mes amis et même de certains de mes anciens ennemis, j'aurais pris librement la décision de ne pas retourner dans ma province, parce que la loi britannique ne me convient pas et que j'ai adopté ce pays comme le mien. » Louis David Riel devient citoyen américain le 16 mars 1883, dans le cadre d'une séance de la *U.S. District Court of the Third Judicial District of the Territory of Montana*, renonçant du même coup, encore une fois, à son allégeance à la Reine Victoria. Il vaut peut-être la peine de mentionner, au passage, qu'il utilise son nom de « prophète » pour la cérémonie de citoyenneté.

Plusieurs semaines avant la cérémonie de remise du certificat de citoyenneté, en février 1883, Évelina Barnabé refait soudainement surface dans la vie de Riel. Elle écrit une lettre à son fiancé après avoir lu un article à son sujet dans un journal américain. Elle obtient son adresse de sa sœur Henriette et lui écrit au Montana. Elle lui raconte qu'elle a été malade et qu'elle est probablement atteinte d'une tuberculose qui finira par la tuer. Elle tient pour acquis qu'ils sont toujours fiancés. Riel se demande bien comment il va répondre à cette lettre dans laquelle elle le supplie de lui dire la vérité en ajoutant : « Si vous ne le faites pas, vous vous attirerez le châtiment de Dieu pour avoir ruiné l'avenir de celle qui n'aura qu'un regret, celui de vous avoir connu et aimé. » Comment souscrire à cette exigence après des propos aussi culpabilisants! La réponse de Riel, dont il n'a jamais terminé la rédaction, nous est parvenue sous la forme de plusieurs brouillons éparpillés dans ses documents. Sa réponse est assez boiteuse quoiqu'on y trouve certains indices de sa motivation à abandonner Évelina. Il laisse entendre qu'il en a assez de garder le secret de leurs fiançailles et qu'il craint qu'elle ait honte de leur relation. Il rappelle son insistance à ne pas vouloir se marier tant qu'il ne pourra leur assurer un foyer décent. Nous ne saurons jamais le fin fond de l'histoire, bien qu'il nous semble qu'Évelina avait peut-être mis la barre un peu trop haute quant à ses attentes envers Louis.

Peu après le retour inattendu d'Évelina dans sa vie, Riel trouve pour la première fois un emploi régulier, mis à part la direction du gouvernement provisoire pendant neuf mois de la fin de 1869 à 1870. Il a presque 40 ans et n'a jamais occupé d'emploi régulier ni reçu de véritable salaire. Il n'a donc jamais connu l'ennui d'un travail routinier au jour le jour. Il travaille pour la mission jésuite de St. Peter à Sun River. Sa tâche consiste à instruire de jeunes Métis. L'enseignement est gratifiant, mais découvrir la routine est pour lui tout un choc. Il avouera à ses employeurs en juin 1884 : « Ma santé a souffert de cette routine lassante qui consistait à m'occuper d'enfants de six heures du matin à huit heures du soir, tous les jours de la semaine, y compris le dimanche. » Par contre, il faut dire que Riel savait déjà qu'une vie plus trépidante l'attendait au moment où il a prononcé ces mots.

En juin 1883, Riel se rend au Manitoba par affaire. Il écrit au consul américain à Winnipeg, James Wickes Taylor, afin de l'aviser de sa présence. Il avait fait sa connaissance en 1870. Riel mentionne qu'il est devenu « citoyen américain de bonne foi, honnêtement et uniquement dans l'intention d'améliorer ma condition personnelle et ma position dans le monde, et non pour causer des troubles ». Il ajoute : « Mon titre de citoyen américain m'amène maintenant à éprouver une certaine fierté de ce que vous et notre gouvernement américain avez accompli ici afin que le droit des nations continue de reposer sur ses intentions fondamentales, et de protéger le grand principe de l'égalité des races, devant la loi et le gouvernement, faisant ainsi progresser les intérêts et la cause de l'humanité. » Quelques jours plus tard, il fait parvenir à Taylor les documents officiels qui prouvent « que je suis un citoyen américain, que je ne suis plus soumis aux autorités britanniques et que j'appartiens au peuple indépendant des États-Unis ». Il dit espérer jouir de la protection des Américains en cas de menaces de mort. Riel accorde une longue entrevue à un journaliste du *Winnipeg Daily Sun*. Il admet avoir suscité une certaine controverse politique au Montana, et insiste pour dire qu'il est venu à Pembina pour obtenir les certificats de citoyenneté de quelques hommes avec qui il a entretenu des relations de nature politique. Il n'insistera pas davantage sur la question de la citoyenneté, mais affirme : « Les meilleures terres du Canada, pour ce qui est du climat, ne sont pas aussi bonnes que les pires terres des États de l'Ouest. » Il écrira plus tard à son frère : « L'an dernier personne ne voulait de moi dans les cercles politiques influents du Manitoba. »

Tout le temps qu'il a passé au Montana, Riel n'a montré aucun signe visible d'instabilité (mentale ou autre). Il n'a manifesté aucune extravagance religieuse ni même de mécontentement. Il compose de nombreux poèmes, à thème politique et religieux. Il s'intéresse toujours à son peuple, les Métis ou les *halfbreeds* comme lui-même appelle les Sang-mêlé du Dakota et du Montana. Ses écrits sur la « question des *halfbreeds* américains » sont judicieux et équilibrés. Il écrit surtout en anglais, la langue administrative pour Riel, mais non celle du cœur.

L'invitation

En mars 1884, Gabriel Dumont, chef des Métis de South Branch dans la vallée Qu'Appelle en Saskatchewan, réunit les siens afin de leur avouer son incapacité à convaincre le gouvernement canadien de répondre à leurs besoins. En tête de liste de leurs revendications figure l'incapacité du gouvernement à faire correspondre leurs lots riverains au système d'arpentage en carrés privilégié par les Canadiens. Mais ils ont aussi d'autres problèmes. Dumont conclut : « Laissez-moi vous dire, mes amis, que ce n'est pas tout. Le gouvernement ne nous donnera jamais rien! Ils se sont emparés de nos terres avec de belles promesses et maintenant qu'ils ont le contrôle, ils se moquent de nous. Nous n'obtiendrons jamais rien d'eux jusqu'à ce que nous prenions les choses en mains et que nous forcions le gouvernement à nous faire justice. »

Dumont fait remarquer que la seule personne qui pourrait retenir l'attention du gouvernement est Louis Riel. Après discussion et certaines réserves sur la nécessité de forcer la main au gouvernement, les personnes réunies décident d'inviter Riel à les aider, mais seulement après avoir obtenu un appui plus important de la collectivité métisse. Plusieurs centaines de personnes, y compris un certain nombre de Sang-mêlé anglophones se réunissent dans le dessein de former un comité qui décidera de l'attitude à prendre. Après quelques minutes de délibération, le comité annonce « qu'il faut nommer une délégation prête à partir dans les 15 jours pour aller rencontrer Louis Riel, et demander au public de couvrir le coût de leur mission ». On choisit d'abord Dumont et James Isbister (un chef sang-mêlé). La délégation ne part pas tout de suite ce qui laisse le temps d'y ajouter quelques personnes. Le bruit court à l'époque que le retour de Riel a été financé par les libéraux de Prince Albert. Le premier ministre conservateur Macdonald répétera la rumeur au Parlement.

En mai 1884, Louis Riel reçoit plusieurs lettres au Montana au sujet de la délégation et de sa mission. Les deux auteurs ne signent que de leurs initiales. L'une débute comme suit : « Cher cousin » et lui apprend que les Anglais sont ceux qui sont « le plus en votre faveur », ajoutant : « Il se peut qu'on dise qu'une partie du N.-O. que nous habitons était le Manitoba avant les troubles, mais maintenant, il y a plus de monde, et ils comprennent mieux et sont plus décidés. » Le rédacteur de la lettre observe également que « Vous n'avez aucune idée de la grande influence que vous exercez, même parmi les Indiens », et parle de « l'union plus intime entre les Français, les Anglais et les Indiens ». L'autre lettre, signée « T.L. », fait observer « qu'aucun de nous ne se sent capable d'entreprendre un si grand mouvement de protestation contre une autorité despotique ». Ces deux missives exagèrent considérablement l'appui sur lequel pourrait compter un mouvement de protestation de la part des anglophones et des Premières Nations. Une opposition menée par Mgr Vital Grandin et le père Alexis André, prétend que d'aller chercher Riel serait faire fausse route. Les bons pères craignent la violence, mais se méfient aussi des tendances de Riel à se prendre pour un prophète, ce dont tout le clergé de l'Ouest est au fait. Le 19 mai, une délégation composée de Gabriel Dumont, Michel Dumas, Moïse Ouellette et James Isbister part pour le Montana. En attendant leur arrivée, Riel se prépare à composer un texte comparant les gouvernements canadien et américain, mais n'ira jamais plus loin que la première phrase.

La délégation en provenance de la Saskatchewan arrive à la mission de St. Peter le soir du 4 juin. Riel assiste à la messe et les nouveaux venus l'attendent patiemment. Riel demande une journée de réflexion et, après avoir réfléchi à leur demande, leur apporte sa réponse par écrit. Il accepte de retourner au Canada, en partie parce qu'il a ses propres demandes à formuler au Canada, et en partie pour aider son peuple à faire respecter ses droits. Je passerai l'été en Saskatchewan, écrit-il, puis je reviendrai reprendre la tête des *halfbreeds* du Montana. Quelques jours plus tard, Riel et sa famille se rendent en Saskatchewan. La dernière chose qu'il fait avant de quitter le sol américain est de déclarer à l'éditeur d'un journal de Sun River (ancien membre de l'expédition de Wolseley en 1870) qu'il est « citoyen américain et [...] qu'il considère le territoire sur lequel flotte le drapeau étoilé son foyer. Il va seulement aider son peuple dans la mesure de ses moyens puis, quoiqu'il ait accompli, il reviendra au Montana. » Il ne réalise guère à quel point et à quelle vitesse ses plans vont changer!

-11-

La rébellion du Nord-Ouest 1884-1885

À la fin du printemps 1884, Louis Riel et sa famille quittent la mission de St. Peter au Montana en direction de la vallée Qu'Appelle en Saskatchewan. Durant le voyage, Riel passe sûrement beaucoup de temps à se replacer dans le contexte des événements auxquels on l'invite à prendre part. Sur le plan politique, naturellement, la situation est encore plus complexe qu'il ne se l'imagine au moment du départ. Sa présence ne fera que compliquer les choses. Depuis le temps, Riel a beaucoup entendu parler des récriminations des Métis. S'il comprend que le Nord-Ouest se retrouve à peu près dans la même situation qui a préludé à l'insurrection que lui-même a menée à la Rivière-Rouge en 1869-1870, il ne sait pas vraiment ce qui l'attend.

Le gouvernement des Territoires du Nord-Ouest

Bien que les Métis aient forcé le gouvernement canadien à accorder le statut de province à la Rivière-Rouge en 1870, les autres régions du Nord-Ouest continuent d'être traitées en colonies par les Canadiens qui n'ont rien prévu pour leur gouvernement. La population est constituée d'une poignée de commerçants de la Compagnie de la Baie d'Hudson, de quelques Sang-mêlé et d'environ 25 000 Autochtones. Le lieutenant-gouverneur du Manitoba s'occupe aussi des Territoires du Nord-Ouest, mais avec quel conseil? Le lieutenant-gouverneur Archibald administre la région sans aucune forme de conseil pendant deux ans. Il veille lui-même à régler tous les détails concernant les affaires indiennes, y compris la négociation des deux premiers traités avec les Autochtones. Lorsqu'enfin Ottawa met un conseil sur pied à la fin de 1872, celui-ci est surtout composé de Manitobains. En fait, le premier ministre Macdonald devra faire face à la critique dans l'Est, car on se plaint que l'Ontario n'est pas suffisamment représentée. Le parti ontarien, écrit un correspondant, « semble croire que tout le Nord-Ouest n'existe que pour sa province ».

En gros, les membres de ce conseil représenteront jusqu'à la fin de son existence les francophones et les immigrants de l'Ontario, mais très peu les résidants du territoire. Ottawa a créé le conseil, mais refuse de lui laisser plus de pouvoir. Néanmoins, le Conseil du Nord-Ouest laissera sa marque au moins sous la forme d'une loi : « Une loi en faveur de l'administration de la justice et pour l'établissement d'une force policière dans les Territoires du Nord-Ouest. » C'est ainsi que prendra naissance la future Gendarmerie royale du Canada. Le lieutenant-gouverneur Alexander Morris favorisera la négociation d'un plus grand nombre de traités avec les Indiens, dont le fameux traité n° 6. Le gouvernement tentera également diverses formes d'administration locale des affaires indiennes.

Pendant le mandat d'Alexander Mackenzie à Ottawa, de 1873 à 1878, on accorde peu d'attention au gouvernement du Nord-Ouest. Une loi adoptée en 1875 sera rapidement amendée en 1876, surtout en raison de la rédaction qui laisse à désirer. Le territoire continue d'être gouverné par le lieutenant-gouverneur et par son Conseil dont les membres sont nommés, bien qu'une disposition prévoit que toute région inférieure à 1 000 milles carrés et qui compte 1 000 adultes (qui ne sont ni étrangers ou Indiens) peut être constituée en district électoral et envoyer un représentant au Conseil. Malgré cette disposition qui se veut libérale, l'administration du territoire sous le gouvernement Mackenzie continuera de favoriser un gouvernement dirigé à partir du sommet, et l'absence de toute politique visant à faire passer le territoire du statut de colonie à celui de province. À la même époque, les Métis qui vivent sur le territoire ne tiennent guère compte d'Ottawa, ayant adopté leur propre forme de gouvernement fondé sur des principes hautement démocratiques. En octobre 1876, le Canada choisit Battleford comme nouvelle capitale, mais attendra presque un an avant de nommer un nouveau lieutenant-gouverneur et de l'y envoyer. Ce nouveau lieutenant-gouverneur est David Laird, de l'Île-du-Prince-Édouard. Presque sans expérience sur le plan de l'administration, ce dernier doit faire face à une importante agitation populaire parmi les nouveaux colons, sans compter les problèmes avec les Métis. Il semble que les immigrants se déplacent littéralement « avec leurs journaux », produits par des journalistes expérimentés. Ces derniers ne tardent pas à composer des éditoriaux dénonçant le traitement qu'Ottawa réserve aux territoires. On se plaint surtout des limites relatives à la mise sur pied d'organismes municipaux et scolaires.

En 1878, le Canada résout la plupart de ses problèmes immédiats en repoussant les frontières du Manitoba jusqu'à englober la plupart des colonies. Ottawa ne se soucie pas beaucoup d'un gouvernement représentatif, car il paie la note de la plupart des dépenses du gouvernement dans ses crédits parlementaires annuels, ce qui sera le cas jusqu'à 1891. Malheureusement, bien que ces crédits puissent suffire aux besoins du territoire, David Laird ne les dépense pas en entier. Les sommes versées aux Premières Nations en vertu des divers traités correspondent généralement à une économie de bouts de chandelle, alors que les besoins sont croissants au début des années 1880 à mesure que les bisons disparaissent. On alloue peu de fonds à l'amélioration des services publics; et seulement la moitié du salaire d'un maître d'école provient du gouvernement territorial. L'avancement vers l'ouest du chemin de fer Canadien Pacifique amène de plus en plus de colons européens. Ces derniers fondent de plus en plus de journaux et, par conséquent, se plaignent de plus en plus de l'inertie du Canada.

Récriminations dans le Nord-Ouest

Un mécontentement général se manifeste au sein des trois principaux groupements de population du Nord-Ouest, les Métis, les Premières Nations et les Européens. Chacun a sa propre liste de récriminations bien distincte.

Les Métis

Les Métis du Nord-Ouest réclament des droits qui remontent à la fondation du Manitoba par l'Acte du Manitoba. Les Métis prétendent avoir été systématiquement dépossédés des terres promises en 1870. On n'a probablement pas conspiré délibérément en vue de les déposséder, mais il fut extrêmement difficile de concrétiser les dispositions de l'Acte du Manitoba à la satisfaction de tous les intérêts représentés au gouvernement canadien, de même qu'à la satisfaction de tous les intérêts de la province du Manitoba elle-même. Comme nous l'avons vu précédemment, on se soucie rarement dans la réalité de contenter les Métis. Les Canadiens ont fait des concessions aux délégués de la Rivière-Rouge en raison, surtout, de l'insistance des Britanniques pour que la population de la colonie reçoive satisfaction. Les engagements pris faisaient fi de leur application, sans compter la confusion entourant ce que le gouvernement croyait avoir promis, comparativement à ce que les délégués (surtout l'abbé Noël Ritchot) croyaient avoir accepté. Au-delà de cette confusion, il reste encore à régler plusieurs questions relatives au processus de distribution des terres des Métis : l'abbé Ritchot et ses partisans veulent qu'on distribue les terres par lots adjacents le long des berges de la rivière, de manière à favoriser le respect de leurs droits linguistiques et confessionnels. La plupart des Métis ne sont pas intéressés par ce que le lieutenant-gouverneur Archibald décrit comme des « communautés mixtes ». Le gouvernement canadien n'a certes pas intérêt à promouvoir la formation de colonies de Métis. Il veut distribuer les terres de façon éparse et individuelle.

La fondation du Manitoba a été suivie d'une très longue période de disputes sur la distribution des terres des Métis. Le Canada refuse d'attribuer aux anciens résidants la plupart des bonnes terres de sa nouvelle province avant le début de la colonisation, ce qui n'aurait guère plu aux expansionnistes ontariens. Le Dominion aurait préféré avoir réglé le cas des Métis et effectué l'arpentage avant que les colons en provenance de l'Est commencent à affluer. Mais les difficultés reliées au règlement des détails administratifs font en sorte qu'un nombre important de colons arrivent avant que la distribution des terres et l'arpentage ne soient terminés. Comme dans le cas de l'amnistie, il s'avère impossible de contenter à la fois les Métis et les nouveaux arrivants, et il s'avère tentant de différer toute prise de décision. Lorsque le nouvel agent des terres du Dominion, Gilbert McMicken, propose un nouveau plan au début de 1872, ce projet arrive aux oreilles de Mgr Taché qui proteste. McMicken veut procéder à un nouveau recensement, distribuant les quarts de section au hasard parmi les 408 cantons du Manitoba, et remettre un « script » (certificat des Métis) en guise de preuve de droits fonciers.

La distribution des terres des Métis n'a pas encore été effectuée à la fin de 1872. Pourtant, le *Manitoban* rapporte que les spéculateurs s'activent déjà à acheter les droits aux certificats des Métis, affirmant qu'une personne détient déjà des droits sur 40 000 acres dans le village de Winnipeg, à la suite de quoi l'Assemblée législative du Manitoba tentera de faire adopter un projet de loi visant à interdire aux chefs de famille de vendre la part de leurs enfants. Ottawa fait savoir qu'une telle loi serait anticonstitutionnelle. En lieu et place, un décret, daté du 3 avril 1873, exclut la participation des chefs de famille aux lotissements. La chute du gouvernement Macdonald, en novembre 1873, contribuera à retarder encore plus la résolution de cette affaire. Il faudra des mois au gouvernement libéral d'Alexander Mackenzie pour bien connaître tous les dossiers, et lorsqu'il y parviendra, il ne se sentira pas spécialement obligé envers les Métis.

Il n'est guère surprenant que, alors que tous ces changements surviennent autour de la distribution des terres des Métis du Manitoba, un grand nombre d'entre eux choisissent de vendre leur propriété et de se déplacer plus à l'ouest, s'installant sur des terres auxquelles personne ne semble s'intéresser dans les Territoires du Nord-Ouest. Certains tentent probablement d'échapper à la pression des nouveaux venus dans la province; d'autres espèrent conserver leur mode de vie traditionnel fondé sur la chasse au bison; d'autres enfin fuient les mauvaises récoltes et les épidémies survenues au début des années 1870. La plupart de ces contingents sont composés des Métis les plus pauvres et les moins portés vers l'agriculture. Ils ont tendance à se regrouper autour des chasseurs de bison de la région de la Saskatchewan. La plupart, par contre, se sentent abandonnés par le gouvernement canadien qui n'a pas tenu ses engagements envers les Métis.

En avril 1875, le Conseil des ministres de Mackenzie émet un nouveau décret créant une commission chargée de dénombrer la population de la province telle qu'elle était en 1870. Ce recensement doit servir de toile de fond aux revendications territoriales. Après avoir dressé les listes, on lance une loterie le 30 octobre 1876, laquelle ne prendra fin qu'en 1880. Cette méthode est lente et menacée par l'opiniâtreté bureaucratique et les dissensions politiques incessantes. Les récipiendaires potentiels demandent d'être mieux informés sur leur lotissement ce qui mènera, en 1877, à la publication par Ottawa de listes de lotissements potentiels très prisées par les chasseurs de concessions. Les historiens débattent à savoir combien de ces titres les spéculateurs ont réellement obtenus. Ils se demandent également à quel point la lenteur des démarches a forcé les Métis à quitter la province. De nouveaux candidats ont continué de faire surface après qu'on ait eu fini de distribuer les premières terres arpentées. Un décret datant du 20 avril 1885 fixe la date du 1er mai 1886 comme date limite des revendications, mais en pratique, on remettra des « certificats des Métis » beaucoup plus longtemps. Bien que les dernières distributions de terres aux Métis respectent l'article 31 de l'Acte du Manitoba, elles ne correspondent guère à l'entente que l'abbé Ritchot pensait avoir négociée en 1870.

À partir de 1879, on assiste à un autre exode des Métis du Manitoba. Bon nombre des propriétaires de lots riverains vendent leur terrain à bon prix aux nouveaux arrivants. Ces fermiers métis semblent avoir décidé de tirer avantage des bénéfices qu'ils peuvent retirer de leur propriété et quittent la région. Il se peut que certains doutent de leur avenir dans la nouvelle province en tant que Métis francophones catholiques, mais parmi ceux qui partent, il n'y a pas que des francophones catholiques. On compte aussi un certain nombre de Sang-mêlé anglophones.

Ceux qui se rendent en Saskatchewan viennent grossir les rangs de la population métisse dans des agglomérations comme Qu'Appelle, Batoche et Lac aux Canards. Les Sang-mêlé d'origine française, écossaise et anglaise de la région revendiquent les concessions accordées en vertu de l'Acte du Manitoba. Les arpenteurs du gouvernement laissent sur leur passage incertitude et craintes, comme cela s'est produit à la Rivière-Rouge dix ans plus tôt : les travaux d'arpentage sont lents et aucun effort n'est fait pour tenir compte de la division traditionnelle en lots riverains des Métis. On ne songe qu'à implanter le système de division en carrés.

Les Métis s'inquiètent encore davantage face aux activités des entreprises de colonisation encouragées par le gouvernement canadien. La *Prince Albert Colonization Company,* par exemple, fondée par Mackenzie Bowell alors qu'il était encore ministre fédéral en 1883, recevra un canton occupé par un grand nombre de Métis. Ces derniers en veulent déjà au Canada de ne pas avoir tenu ses promesses, et finissent par apprécier ce que Riel a accompli. Le Canada n'a pas respecté ses principales concessions, soit l'amnistie et les droits de propriété, obtenus lors du soulèvement des Métis de 1870, à tous le moins pas sous une forme acceptable par les Métis. Par contre, on ne peut blâmer Riel pour ça. Ce sont les Métis les plus pauvres qui partent les premiers, mais les « anciens colons » les plus prospères se cramponneront tant bien que mal à l'idée d'un partage du pouvoir jusqu'à la fin des années 1870, lorsqu'ils seront finalement balayés par les colons en provenance de l'Ontario. Certains de ces Métis souffrent autant que les Autochtones de la disparition soudaine des bisons et de la nécessité de trouver un autre moyen de subsistance. Comme le commissaire de la Compagnie de la Baie d'Hudson, Lawrence Clarke, le fera remarquer en 1884 à propos des nombreux Métis chasseurs et voituriers : « Il n'y a plus suffisamment de transport qui se fait par voie de terre dans la région pour faire travailler le tiers d'entre eux. Ils sont de plus en plus pauvres chaque année. » Un bon nombre d'entre eux appuieront Riel à partir de 1884, car c'est eux qu'il défend.

Les Premières Nations

Le Canada a reconnu les droits des Autochtones du Nord-Ouest et a négocié des traités selon lesquels ces derniers renoncent à leurs droits de premiers habitants de la région en échange de réserves. Celles-ci correspondent souvent aux terres les moins alléchantes et les plus marginales. Ces traités ont non seulement permis de libérer des terres pour la colonisation, mais ont permis au gouvernement canadien de poursuivre sa politique d'avant la Confédération en ce qui a trait aux Indiens, soit d'en faire des fermiers. Les négociations autour de ces traités s'avèrent complexes et difficiles. En 1876, par exemple, les Indiens du centre de la Saskatchewan se regroupent à Fort Carlton afin de discuter des conditions du traité n° 6. Le chef crie des Plaines, Poundmaker, conteste l'offre du gouvernement, affirmant que si le Canada espère en faire de bons fermiers, il doit faire plus que d'offrir aux Autochtones de petits bouts de terrain, un peu de bétail et de quoi cultiver. Il veut que le gouvernement leur donne de la formation, et de l'aide ultérieure, compte tenu de la disparition des bisons. Le lieutenant-gouverneur Alexander Morris, qui a présenté les conditions du traité, considère cette objection comme un exemple de pure avidité de la part des Indiens. On l'ignorera complètement. Poundmaker signera tout de même le traité. Un autre chef cri des Plaines, Big Bear, refusera de signer pendant six ans. Mais il signera finalement le 8 décembre 1882, son peuple affamé ayant désespérément besoin de nourriture.

L'administration des traités avec les Indiens et la politique du Dominion envers les Indiens de l'Ouest, laissent passablement à désirer. Les Premières Nations sont de toute évidence prises dans les filets d'un déroulement qui changera pour toujours leur mode de vie traditionnel. Les bisons disparaissent rapidement, victimes de la chasse excessive et de l'arrivée de nouveaux colons prêts à cultiver la terre. Des épidémies font toujours rage. La plupart des chefs métis mesurent la gravité de la situation. Toutefois, ils ne reçoivent pas suffisamment d'aide du ministère des Affaires indiennes. Le gouvernement s'attend à ce que les Indiens puissent devenir autonomes du jour au lendemain. Le gouvernement libéral Mackenzie ne fournit pas suffisamment de fonds pour leur venir en aide. Il ne fournit pas suffisamment de nourriture aux réserves pour les soulager de la famine et des maladies. Enfin, lorsque les Indiens abattent leur bétail pour s'alimenter, ils se font réprimander par les « agents des Sauvages ».

Les terres des réserves sont souvent marginales, et l'aide fournie inadéquate. Bon nombre d'agents des Indiens ont une attitude antipathique. Le commissaire adjoint des Affaires indiennes, Hayter Reed, insiste pour dire que les Autochtones ne doivent pas bénéficier de l'aide gouvernementale à moins qu'ils ne soient âgés ou qu'ils ne soient prêts à travailler pour la mériter. Il calcule la superficie de terrain pouvant être cultivée par un attelage de bœufs, et ne manifeste guère de sympathie pour les Indiens qui n'y parviennent pas. Il préfère la confrontation à la négociation. Le gouvernement canadien est d'avis que trop d'aide risque d'engendrer une déficience permanente chez les Premières Nations. Au début des années 1880, le Nord-Ouest est devenu un véritable baril de poudre alimenté par le mécontentement des Autochtones. Les chefs cris de la région correspondant à l'Alberta actuelle font parvenir une lettre à Sir John A. Macdonald (alors ministre de l'Intérieur et chef des Affaires indiennes en plus d'être premier ministre) dénonçant leur pauvreté et ajoutant que, « si on veut nous faire mourir, qu'on s'arrange pour le faire rapidement ». L'année 1883-1884 est particulièrement difficile. La famine fait rage et certains agents des Indiens écrivent à Ottawa. Mais on ne fait rien.

En juin 1884, alors que Louis Riel et sa famille sont en route pour la Saskatchewan, Big Bear et sa bande, accompagnés de plusieurs autres, se rendent à la réserve de Poundmaker. Plus de 2 000 Cris sont rassemblés pour un conseil et pour la danse rituelle de la soif. Une querelle éclate entre un agent des Indiens et quelques Autochtones qui en viennent aux coups. La situation s'envenime quand on tente d'arrêter les principaux opposants. Une mêlée générale s'ensuit et prendra fin avec quelques arrestations.

Les agents des Indiens réclament une politique plus généreuse dans la distribution des rations, mais les fonctionnaires du ministère des Affaires indiennes refusent de céder. Ils veulent profiter de la première occasion pour faire arrêter les fauteurs de troubles comme Poundmaker. Beaucoup souhaitent une guerre ouverte, car elle permettrait de réprimer les mécontents et de remettre les Autochtones à leur place. Un certain nombre de chefs des Premières Nations, parmi les plus militants, connaissent Louis Riel. Ils ont rejeté son leadership en 1880, mais sont maintenant mieux disposés à l'écouter.

Les colons européens

Au début des années 1880, les Européens du Nord-Ouest deviennent aussi insoumis que les Métis, mais pour des raisons différentes. C'est sur le plan politique surtout qu'ils protestent, en particulier contre l'insistance du gouvernement canadien à conserver au territoire son caractère colonial, sans rien entreprendre qui laisserait transparaître une volonté d'évoluer vers le statut de province. La plupart des nouveaux colons sont à la fois sujets britanniques et d'origine anglo-canadienne. Mis à part les habitants nés dans le Nord-Ouest, la population compte, en 1885, 7 158 personnes qui sont nées dans les Îles britanniques, 8 823 en Ontario, 1 340 au Québec, 895 dans les Maritimes, 3 114 au Manitoba, 1 007 aux États-Unis et 562 en Europe. Le rédacteur en chef militant du *Leader* de Regina, Nicholas Flood Davin, écrit en 1885 au sujet de cette population : « Allait-elle — une *immigration d'élite* formée d'immigrants choisis, fleuron des pionniers du Canada — rester "séparée et dépossédée"? non revêtue du manteau de la constitution? » Les colons ont de nombreux griefs à formuler, constamment réitérés dans un certain nombre de journaux au franc-parler publiés dans le territoire. En mars 1883, l'association des droits des colons de Qu'Appelle adopte des résolutions en vue d'être représentée au Parlement et d'obtenir une réforme du droit foncier, ainsi que l'adoption d'une réglementation adéquate pour les colons et l'aide du gouvernement pour les immigrants. En décembre de cette année, on fonde à Winnipeg le syndicat des fermiers du Manitoba et du Nord-Ouest. On propose l'abrogation de l'Acte de l'Amérique du Nord britannique et la formation d'une nouvelle confédération avec le Nord-Ouest et la Colombie-Britannique, proposition qui sera rejetée de justesse par l'assemblée. La convention adopte une Liste des droits (l'évocation de 1870 est délibérée bien que les revendications ne le soient pas) voulant qu'on mette fin au refus de remettre les terres aux véritables colons, au tarif protectionniste, au monopole du chemin de fer Canadien Pacifique, au monopole des propriétaires d'élévateur à grain et à la construction de nouveaux embranchements ferroviaires.

Les colons de l'Ouest sont suffisamment en colère en 1884 pour songer à faire intervenir Louis Riel. Avant même qu'on lui lance l'invitation, le *Edmonton Bulletin* et *The Prince Albert Times* publient un éditorial en février 1884, signé de la main de Frank Oliver, en réponse au conseil des journaux de l'Ontario de mettre un frein à la menace d'une rébellion :

> Si ce n'est pas la révolte (non la menace, mais le fait) ni l'appel à la justice auprès du gouvernement britannique qui ont permis à la population de l'Ontario d'obtenir les droits dont elle jouit aujourd'hui, s'étant libérée d'une situation justement semblable à celle dans laquelle le Nord-Ouest a rapidement été jeté, par quel moyen les a-t-elle obtenus? N'est-ce pas par la révolte armée doublée d'un meurtre que le Manitoba a obtenu les droits dont cette province jouit aujourd'hui par l'entremise de ceux qui détiennent les rennes du pouvoir à Ottawa? Si c'est l'histoire qui nous guide, la direction est claire : sans rébellion, la population du Nord-Ouest n'a rien à espérer alors que, par la rébellion, réussie ou non, ces gens peuvent espérer jouir de leurs droits.

Deux points ressortent de cet éditorial. Premièrement, la référence au Manitoba s'appuie sur l'opinion que Thomas Scott a été victime de meurtre. Bon nombre de ces colons sont Ontariens, soit de ceux qui ont protesté le plus énergiquement contre Louis Riel en 1870. Deuxièmement, Oliver ne croit pas nécessaire que la rébellion réussisse. Elle doit simplement être entreprise. Du point de vue des colons européens, Louis Riel peut servir soit de catalyseur en vue de réveiller les politiciens d'Ottawa, soit de martyr, ou de chef d'une rébellion vouée à l'échec qui donnera des résultats par le seul fait d'avoir eu lieu. Dans un cas comme dans l'autre, Riel peut très bien être sacrifié. Bon nombre de ses contemporains prétendront que le Métis a été attiré dans la résistance par les colons blancs, pour des raisons qui n'ont rien à voir avec les intérêts des Métis.

Tous ces groupes d'intérêt partagent un sentiment de colère contre le gouvernement du Canada et l'indigence consécutive au mauvais temps du début des années 1880 (des épisodes de gel combinés à des périodes de sécheresse) et à l'effondrement d'un boom immobilier qui a mené au dépeuplement de nombreux cantons. Les politiques partisanes jouent aussi un rôle. Mais du point de vue de Louis Riel en route vers sa nouvelle fonction de chef du mouvement de protestation du peuple du Nord-Ouest, toutes les conditions d'un malentendu potentiel sont réunies. Riel ne se rend pas compte à quel point la situation de 1884 est différente de celle de 1869, ni à quel point il dispose de peu d'appui en fin de compte, si ce n'est de celui d'une poignée de Métis qui lui sont restés inconditionnellement fidèles. La plupart de ceux qui appuient Riel le considèrent comme l'homme qui a orchestré un soulèvement politique efficace en 1869-1870, et non comme le prophète apportant avec lui le « Massinahican » avec l'intention de fonder un mouvement de réforme religieuse dans le Nord-Ouest canadien.

Le *Massinahican*

Pendant son séjour au Montana, Louis Riel a composé un livre intitulé *Massinahican*, mot cri signifiant « le livre », en référence à la Bible surtout. Il n'a probablement terminé la rédaction de ce livre qu'au début de 1884, car il écrit alors à son frère qu'il souhaite venir au Manitoba présenter son manuscrit à Mgr Taché à qui il s'adresse en ces termes : « Monseigneur, voici ce que j'ai écrit. Je voulais le publier sans rien dire à personne, mais j'ai décidé qu'il valait mieux le faire lire d'abord par Votre Grâce. » Si le livre avait été prêt en juin 1883, Riel l'aurait probablement apporté à Mgr Taché lors de son séjour à Winnipeg. Malheureusement, seules quelques bribes de ce manuscrit, qu'on a retrouvées dans les papiers de Riel, nous sont parvenues. L'œuvre de Gilles Martel et de Thomas Flanagan nous a laissé par contre une assez bonne idée de son contenu. Ce devait être en gros le résumé de l'enseignement prophétique de Riel, un peu l'équivalent du *Livre de Mormon* de Joseph Smith ou des livres *Science and Health with Key to the Scriptures* de Mary Baker Eddy, *Opera Philosophica* et *Mineralia* d'Emanuel Swedenborg, ou *Book of Thel* de William Blake.

Comme de nombreux autres maîtres religieux qui ont mis par écrit leurs visions et leurs révélations personnelles, Riel fait appel à la philosophie, à la science, à la métaphysique et à la théologie. Flanagan pose l'hypothèse que Riel a subi l'influence directe de la théosophie américaine, dont Swedenborg est l'un des représentants. Mais quelle que soit l'influence intellectuelle du *Massinahican*, ce livre se veut à la fois la révélation et la présentation d'un système complet et intégré de religion. Ce livre doit servir à Riel pour réorganiser l'Église du Nouveau Monde à partir d'une révélation selon laquelle la papauté sera transférée de Rome à Montréal où elle sera confiée à Mgr Bourget. Ce n'est pas pour rien qu'il se donne le titre de « Prophète du Nouveau Monde ». Riel ne se prend pas pour un prêtre, mais bien pour un prophète dont l'enseignement découle d'une révélation divine. En 1876, alors qu'il se trouvait à Longue-Pointe, il avait écrit à Mgr Bourget : « Je suis en communication directe avec mon créateur. »

Les convictions religieuses de Riel et sa religion se caractérisent par certaines idées importantes. L'une découle de sa certitude d'avoir pour mission de fonder une nouvelle Église, « l'Église catholique, apostolique et vitale des Montagnes Lumineuses ». Cette nouvelle Église représenterait un accomplissement dans sa vie qu'il a l'impression de n'avoir pas encore réalisé. Riel n'exclut vraiment personne de son Église, mais celle-ci s'adresse tout particulièrement à ceux qu'il considère comme son peuple, les Métis et les Premières Nations de l'Ouest. Les Métis sont le peuple choisi par Dieu. Selon Riel, les Métis et les Indiens descendent des Égyptiens et des Juifs, du moins sur le plan de la mythologie, et ces deux peuples sont venus en Amérique.

Comme on peut s'y attendre, Riel fonde son enseignement moral sur sa propre version de la loi mosaïque. Comme d'autres prophètes d'Amérique du Nord au XIXe siècle, comme Joseph Smith, avec qui Riel a plus en commun qu'il ne voudrait l'admettre, le code de Riel accepte la polygamie masculine! Sa nouvelle religion fait penser non seulement au *Livre de Mormon*, mais à la numérologie et à la théosophie du mouvement millerite de William Miller. On ne sait pas si Riel connaissait bien ces religions ou s'il a simplement évolué avec leurs fondateurs dans l'atmosphère religieuse qui régnait au XIXe siècle. Un bon nombre de commentateurs ont fait ressortir les similarités entre la pensée de Riel et celle d'un certain nombre de fondateurs de ces mouvements de réformes autochtones, qu'on appelle les *cargo cults*, et qui ont été soit influencés par le christianisme, soit en réaction contre celui-ci. La religion de Riel est fondamentalement antinomique puisqu'elle se fonde entièrement sur la communication directe avec Dieu. Riel aurait-il accordé le même privilège aux autres membres de son Église? qui sait... Il a presque certainement considéré son enseignement comme comparable à celui de Moïse ou des autres prophètes, ce qui signifie qu'une fois cet enseignement révélé, il se trouve gravé dans la pierre. Enfin, Riel est un universaliste puisqu'il croit que toute l'humanité peut être sauvée.

Comparativement aux autres, la religion de Riel présente des caractéristiques intéressantes. Parmi les plus importantes, on remarque la tension qui existe entre ses convictions personnelles et le catholicisme traditionnel, ainsi que le réformisme inhérent à ses visions. Comme un bon nombre de réformateurs, Riel insiste pour dire qu'il est pour l'essentiel fidèle au catholicisme. Pour ce qui est de sa pratique personnelle, il est très pieux et conventionnel. Les prêtres voient les choses différemment bien sûr. Ils voient en lui un hérétique qu'on peut excuser, car il n'a pas toute sa tête. Les missionnaires avec qui Riel s'est entretenu après son retour en Saskatchewan ne peuvent expliquer son comportement et son raisonnement que par le fait qu'il a perdu la raison. Ce qu'il est important de noter, c'est que le regard de Riel sur l'enseignement traditionnel de l'Église diffère assez du révisionnisme autochtone de l'Amérique centrale ou de l'Amérique du Sud, qui a tendance à intégrer à la pratique orthodoxe catholique les rites et la mythologie antérieurs au christianisme. Cela a pour effet d'élargir le rôle de la Vierge Marie, à qui on attribue les caractéristiques des déesses de l'ère préchrétienne, et des ajouts au rite catholique. La religion de Riel ne comporte pas de tels accents de mariologie ou de paganisme préchrétien. Sa religion est plutôt teintée de la culture nord-américaine, en particulier du sectarisme extrémiste protestant. Au début de son séjour en Saskatchewan, à tout le moins, Riel parle peu de ses convictions religieuses. En public, il donne l'impression d'un catholique orthodoxe plutôt fervent.

En Saskatchewan

Louis Riel et sa famille sont accueillis avec grand enthousiasme à leur arrivée à Batoche. Riel refuse à son vieil ami Louis Schmidt de se joindre à lui, lui disant qu'il est plus utile par sa contribution à la presse francophone qu'en tant qu'agitateur. Par contre, il accepte l'offre de William Henry Jackson d'être son secrétaire privé. Jackson est un jeune membre d'une importante famille de colons très critique du gouvernement canadien et qui a participé à l'organisation du mouvement d'opposition dans la région. Il a fait ses humanités à l'Université de Toronto. Jackson est un peu l'équivalent de W.B. O'Donoghue en 1884 et 1885, se révélant souvent plus radical que son chef. Le premier discours de Riel à ses partisans est mesuré et modéré. Riel revient constamment sur le thème de la rébellion précédente à la Rivière-Rouge et met l'accent sur l'unité. Plus tard en juillet, on l'invite à prendre la parole devant une assemblée composée principalement de colons blancs. Encore une fois, il aborde surtout les thèmes de l'unité et de la non-violence. Un ancien membre de l'expédition Wolseley tente de s'opposer à Riel, mais il est expulsé et protestera par la suite dans un journal local contre l'ironie de l'appui accordé à l'homme qui a assassiné Thomas Scott. Pour le moment du moins, les colons européens semblent les plus enthousiastes partisans de Riel.

Mais l'enthousiasme manifesté par les colons et l'unité du mouvement commencent à défaillir presque immédiatement. Le problème est que ce mouvement de protestation signifie trop de choses pour trop de gens. Certains partisans du mouvement sont fondamentalement incompatibles entre eux. Il est possible, comme William Henry Jackson tentera de le faire dans un manifeste émis le 28 juillet, de convaincre les Européens « qu'on a dressé un portrait de Riel plus démoniaque qu'il ne l'est en réalité », et de décrire « le remède à la racine du mal qui consisterait à obtenir le statut de province et le plein contrôle de toutes nos ressources et de l'administration interne, ainsi que le pouvoir d'envoyer un nombre équitable de représentants à la législature fédérale ». Mais Riel s'entretient déjà avec Big Bear et d'autres chefs autochtones en vue d'offrir son aide aux Indiens pour qu'ils obtiennent eux aussi satisfaction. Cette participation des Autochtones en effraie plus d'un, y compris la plupart des représentants du gouvernement fédéral en Saskatchewan qui commencent à craindre un bain de sang. Certains fonctionnaires accusent même Riel d'avoir contribué à unir de plus en plus les Premières Nations entre elles, bien que le temps révélera clairement que ces dernières avaient leurs propres problèmes et leur propre mouvement. Le clergé catholique craint également un soulèvement des Indiens, en particulier lorsque Riel fait allusion à l'aide aux Autochtones en même temps qu'à la fondation d'une nouvelle Église. Dans le cadre d'un entretien avec le père Alexis André au milieu du mois d'août, celui-ci déplore que Riel soit convaincu d'avoir reçu une « mission divine », et dit de lui qu'il est un « véritable fanatique ».

Le 5 septembre, Riel et les chefs métis se réunissent à Saint-Laurent en présence de Mgr Vital Grandin et d'Amédée Forget, secrétaire du Conseil du Nord-Ouest qui a accompagné l'évêque dans sa visite pastorale. Amédée Forget suggère que Riel soit nommé au Conseil du territoire, une idée que Riel rejette avec colère. Lui et ses compagnons voudraient que le clergé appuie davantage la cause des Métis. Grandin répond que le clergé n'a jamais vraiment été informé de cette cause. Riel écrira par la suite à Mgr Vital Grandin pour lui exprimer que ce que les gens veulent, c'est un gouvernement responsable, des garanties pour ceux qui ont occupé un terrain avant les travaux d'arpentage, une distribution de 240 acres de terrain à chaque Métis comme au Manitoba et l'aide du gouvernement. Dans le brouillon figure une demande de rations raisonnables pour les Premières Nations, mais cette demande n'apparaît pas dans le document final. À un certain moment, Riel propose également un plan inouï en vue de réserver des millions d'acres de terre aux Sang-mêlé, dont la vente servirait à fournir des écoles, des orphelinats et des hôpitaux à son peuple.

Les chefs métis et l'évêque s'entendent pour combler le fossé qui les sépare par la fondation de l'Association nationale des Métis sous le patronage de saint Joseph. Mais les Métis restent persuadés que l'Église ne leur accorde pas son appui. Le clergé, pour sa part, s'inquiète au sujet de Riel qu'un ecclésiastique a décrit au début du mois de septembre comme « un Josué, un prophète, et même un saint » aux yeux de son peuple. Mgr Grandin se dit d'accord, écrivant que, pour les Métis, Riel « est un saint; je dirais plutôt une sorte de dieu ». Lorsque Riel prend la parole à l'inauguration de l'Union métisse Saint-Joseph le 24 septembre, sur les marches de l'église de Saint-Laurent, il lance un appel à l'unité et ne manifeste aucun écart sur le plan religieux, mais le clergé le considère encore comme un danger public.

À Ottawa, Sir John A. Macdonald réagit calmement à l'annonce du retour de Riel. Il écrit au Gouverneur général Lord Lansdowne, au début du mois d'août 1884 : « Les nouvelles du Nord-Ouest me préoccupent un peu. » Le premier ministre attribue les troubles non à la politique du gouvernement (ou à l'absence de politique), mais à la température et aux mauvaises récoltes. Il ne craint pas le soulèvement des Premières Nations à moins que les Métis ne prennent les armes. Il ne s'attend pas non plus à ce que les colons d'origine européenne se rebellent, croyant qu'il se trame plutôt de petites conspirations isolées. À un autre il écrit : « Après l'affaire des Fenians, j'ai compris qu'il ne faut pas prendre à la légère les preuves de complot isolé ou les tentatives d'invasion, simplement parce qu'elles sont stupides et n'ont aucunes chances de réussir. »

Seuls les Métis représentent un véritable danger, pense-t-il, et même en ce qui les concerne, le gouvernement tente d'établir des compromis sur les droits de propriété. Par contre, le gouvernement n'a aucunement l'intention d'émettre d'autres scripts. « Les certificats des Métis se vendent aux requins pour une chanson, et sont dilapidés en whisky, dit-il à Lord Lansdowne, et c'est ce que nous voulons éviter par-dessus tout. » Mais, en bon politicien toujours en alerte, Macdonald voit dans la modération de Louis Riel une chance de négocier : « Je pense qu'on n'a rien à craindre de Riel. Dans sa réponse à l'invitation qui lui a été faite, formulée sur un ton modéré et acceptable, il énonce certains de ses griefs contre le gouvernement. Je suppose qu'il fait référence à ses droits de propriété auxquels il a dû renoncer après sa condamnation à l'exil. Je pense que nous devons tâcher de bien nous entendre avec lui et de l'aider à redevenir un bon citoyen. » Comme d'habitude, Macdonald croit pouvoir acheter facilement son opposant. Pour ce qui est des Métis, dit le premier ministre au Gouverneur général, « la bonne politique consiste plutôt à les encourager à préciser leurs demandes dans un mémoire et à faire parvenir celui-ci à Ottawa, avec ou sans délégués ».

En effet, les revendications de Louis Riel sont modérées et des négociations auraient dû pouvoir se régler à l'amiable. La seule revendication constitutionnelle qui n'a pas encore été formulée par de nombreux autres, y compris le Conseil du territoire, est une vague « fédération séparée bien à nous, en compétition directe avec la Couronne ». Les revendications territoriales remises à Mgr Grandin au début du mois de septembre parviennent au premier ministre en moins de deux semaines et, bien qu'elles soient tout bonnement rejetées, Macdonald a déjà promis au Conseil du Nord-Ouest, en juillet, que le ministre de l'Intérieur « prendrait sérieusement en considération les revendications des Sang-mêlé de Prince Albert et d'ailleurs dans les Territoires du Nord-Ouest ». Les fonctionnaires du Nord-Ouest expliquent au premier ministre ce dont ils ont besoin : des emplois afin d'assurer des revenus (le lieutenant-gouverneur Dewdney affirme que le travail « fait circuler l'argent et [que] c'est le manque d'argent qui explique leur agitation ») et une solution à la question des terres. « Si la question des Sang-mêlé se règle pour cet hiver, écrit Dewdney à Macdonald le 19 septembre, ça va tout arranger. Sinon, il sera nécessaire d'envoyer une bonne force policière dans le Nord ». Mais Dewdney n'insiste pas sur sa prédiction, et le gouvernement d'Ottawa ne fait toujours rien. À un moment donné, le premier ministre soutient « qu'aucune concession que ce soit ne pourra empêcher [...] la population de se plaindre et de s'agiter ».

Riel et William Henry Jackson passent l'automne 1884 à préparer une pétition à l'intention du gouvernement canadien à Ottawa. Il s'agit d'un document de portée générale dans lequel chacun y trouve son compte et qui est adressé à monsieur Joseph-Adolphe Chapleau, secrétaire d'État pour le Dominion du Canada, et l'homme qui a failli à la tâche dans la défense d'Ambroise Lépine en 1874. La pétition débute par une demande, soit l'accord de plus de vivres aux Premières Nations. On demande ensuite 240 acres de terre pour chaque Métis, comme au Manitoba. On demande la confirmation des titres des colons et de ceux qui ont déjà pris possession d'une terre. Enfin, le document traite de toutes les préoccupations d'ordre politique de la population locale : gouvernement responsable, représentation au Parlement, contrôle des ressources naturelles, réduction tarifaire, vote au scrutin secret. On suggère que la population du Nord-Ouest soit autorisée à envoyer des délégués à Ottawa présenter une liste des droits en vue des négociations visant à accorder le statut de province. Dans une lettre de présentation, Jackson décrit la pétition comme « extrêmement modérée » et suggère de l'envoyer en Angleterre plutôt qu'au Canada qui a ignoré les pétitions précédentes. Chapleau accuse réception de cette pétition; dans ce sens on pourrait dire que Riel a fait ce qu'on s'attendait de lui lorsqu'on l'a fait venir du Montana. Malheureusement, ce n'est pas du tout ce que Riel lui-même semble croire. En fait, il prend de plus en plus sa mission au sérieux et multiplie les prises de bec avec le clergé catholique.

Le père Vital Fourmond est en partie responsable du problème. Il a envoyé une pétition au gouvernement canadien afin d'obtenir une subvention pour la construction de l'école catholique de Saint-Laurent. Louis Riel sait parfaitement bien qu'un tel sectarisme est dangereux pour le mouvement plus large en faveur de tout le Nord-Ouest. Il s'en dissocie dans le cadre d'une assemblée publique où il donne son appui aux écoles tant protestantes que catholiques. Il utilise ensuite la pétition de Fourmond comme preuve de l'attitude du clergé catholique et se dispute à plusieurs reprises avec les membres du clergé. Ces disputes font ressortir de plus en plus ses idées religieuses peu orthodoxes. Il parle avec colère et avec passion de sa vocation de réformateur et du besoin de réforme tant spirituelle que politique. Ses paroles ne font qu'exacerber les soupçons des missionnaires à son égard. Ils le prennent non seulement pour un fou, mais le considèrent comme un hérétique. Le père Valentin Végreville écrit à Mgr Taché au milieu du mois de décembre : « Le mouvement qui prend forme n'est rien d'autre que ce qui s'est passé en 1870. Ils veulent une nation indépendante dont L. Riel sera un roi autocrate, avec sa propre religion dont il sera le pontife suprême. Pour atteindre son but, tous les moyens sont bons. » Le père Alexis André écrira plus tard :

> Notre peuple le considère comme un héros. Il lui attribue les qualités qui distinguent un génie et toutes les autres vertus qui caractérisent un saint. Mais sous ce masque se dissimulent un orgueil diabolique et une incommensurable ambition. Du fond du cœur il déteste toute autorité sauf, bien sûr, la sienne [...] J'ai eu une violente dispute avec lui, et je l'ai mis tellement en colère qu'il est devenu hors de lui : un vrai maniaque qui se tortillait et se contorsionnait avec une telle rage qu'il en était méconnaissable.

Le comportement de Riel prend des proportions si extrêmes que Louis Schmidt se sent obligé de rassurer les prêtres : « Pour ma part, je ne pense pas que Riel soit fou. Mais je pense qu'il manifeste trop d'enthousiasme et qu'il fait trop confiance à sa bonne étoile. Il se fie sur le fait qu'on l'a toujours craint et pense que s'il tente de se faire comprendre par des moyens trop ordinaires, il pourrait perdre son prestige et devenir aux yeux des autres un homme tout à fait ordinaire. » Est-il seulement en train de prendre la défense de Riel? Au début du mois de janvier 1885, le surintendant Leif Crozier de la police à cheval raconte au lieutenant-gouverneur Dewdney que Riel passe en public pour un réformateur religieux.

Demandes de compensation de la part de Riel

Le père Alexis André tente d'encourager Riel à retourner au Montana. Pour ce faire, il s'arrange pour qu'un représentant du gouvernement (D. H. MacDowell, membre du conseil territorial) vienne lui demander ce qu'il veut comme compensation. Ses exigences sont considérables. Riel mentionne le chiffre de 100 000 $ puis à un autre moment, celui de 35 000 $ que lui aurait promis le premier ministre Macdonald. Le prêtre trouve ces demandes excessives, mais il écrit : « Je pense que le gouvernement a le devoir de sortir Riel du pétrin le plus tôt possible. » MacDowall écrit au lieutenant-gouverneur Edgar Dewdney : « Si on peut faire fi de la paperasserie pendant un mois, je peux vous dire comment vous tirer de cette histoire avec le Sang-mêlé avec la somme d'environ 6 000 $. » Le rapport de MacDowall sur son entretien de quatre heures avec Riel en décembre arrive sur le bureau du premier ministre à Ottawa en janvier 1885. Riel songe encore à devenir « respectable » et à s'occuper convenablement de sa famille. Ce qu'il demande en compensation n'est pas si exagéré. Il n'a jamais été payé pour avoir gouverné le Manitoba jusqu'à l'arrivée de Wolseley. Il n'a pas reçu ses 240 acres de terre. Et c'est l'attitude du gouvernement canadien envers lui qui l'a empêché de travailler.

MacDowall rapporte les propos de Riel : « Je m'appelle Riel et je veux ce que je demande. » « Vous me faites marcher je suppose », aurait répondu le conseiller afin de le tester. Riel aurait poursuivi en disant que si le gouvernement tenait compte de ses revendications et lui versait un certain montant à cet effet, il s'arrangerait pour que ses partisans illettrés et irréfléchis se satisfassent de presque n'importe quel règlement de leurs revendications territoriales consenties par le gouvernement, et qu'il quitterait le Nord-Ouest pour ne plus jamais revenir. Sous bien des aspects, ce rapport est le point tournant de la rébellion de 1885. Selon MacDowall, Riel aurait dit clairement qu'il ne se souciait que de lui-même et qu'il était prêt à mettre les revendications de ses partisans au service de son propre intérêt. On ne dispose d'aucune autre source détaillée et indépendante sur cette conversation et il se peut que le rapport de MacDowall soit erroné. Le père Alexis André témoignera plus tard que Riel aurait dit : « Si je suis satisfait, les Sang-mêlé le seront. » Mais ces propos diffèrent assez de l'attitude cynique de Riel décrite par MacDowall.

Quoi qu'il en soit, il importe peu de savoir ce que Riel voulait dire au juste. Ce qui importe, c'est ce que le gouvernement fera de ce rapport. Riel ne se rend probablement pas compte qu'il y a des espions partout et que la moindre de ses paroles est presque toujours rapportée à Ottawa, parfois en l'espace de quelques heures. Si Riel se comporte comme un chef soucieux du bien de son peuple, il doit être pris au sérieux. Mais « s'il est revenu dans le dessein de soutirer de l'argent des fonds publics », comme Sir John A. l'affirmera aux Communes, on n'a pas à se préoccuper de lui du tout. Macdonald écrit au lieutenant-gouverneur Dewdney en février : « Nous n'avons pas d'argent à donner à Riel. Il a le droit de rester au Canada et s'il conspire, nous devons le punir. C'est tout. » Ça ne presse pas non plus de s'occuper de son mouvement. Le rapport de MacDowall permet à Sir John A. Macdonald de se consacrer à ce qui le préoccupe le plus, c'est-à-dire une autre crise financière impliquant le Canadien Pacifique.

L'entretien qui a eu lieu avec Riel et la mise au jour de ses véritables motivations permettent au gouvernement canadien de continuer à ignorer le problème du Nord-Ouest. Ottawa se contente de recommander la mise sur pied d'une commission en vue de dénombrer les Métis du Nord-Ouest, et non pour examiner leurs revendications ou considérer les exigences personnelles de Riel en vue d'une compensation. Le 24 février, une assemblée publique se tient à Batoche en vue de discuter de la réaction d'Ottawa. Riel déclare qu'il veut retourner au Montana. Les Métis lui crient : « Non! Non! » Riel demande : « Mais que faites-vous des conséquences? » La réponse est exprimée avec force et clairement : « Nous les accepterons. » Plusieurs observateurs pensent que toute l'affaire a été orchestrée brillamment. Louis Riel restera tout de même pour assister à l'agitation jusqu'au bout. Peu après cette assemblée, W. H. Jackson annonce qu'il quitte le poste qu'il occupe au syndicat des colons pour consacrer son temps aux choses spirituelles. Il sera remplacé en mars par Philippe Garnot dont les mémoires mettront l'accent sur l'influence des expériences religieuses vécues par Riel. Ce pourrait bien être ces expériences qui amèneront Riel à sortir de son égoïsme apparent.

Changement de stratégie

Le 1er mars, Riel se tient sur les marches de l'église de Saint-Laurent, annonçant à ses partisans un changement de stratégie. La raison de ce changement ne ressort pas clairement, mais quelques jours plus tard, il se rend à Prince Albert afin de demander au père André la permission de proclamer un gouvernement provisoire. Celui-ci refuse et Charles Nolin persuade Riel d'entreprendre une neuvaine le 10 mars afin de demander à Dieu ses lumières. On respire mieux, mais il semble que Riel soit maintenant du côté des Métis les plus militants dirigés par Gabriel Dumont. Les membres de la police à cheval commencent à mettre les autorités en garde : les Métis prennent les armes et la révolte pourrait éclater d'un moment à l'autre. Le 18 mars, Riel et quelques cavaliers partent en direction de Batoche. En route, il rencontre le docteur John Willoughby, médecin de Saskatoon, qui fera un compte-rendu de leur conversation : « On ne peut plus attendre », lui aurait dit Riel. « Le temps est venu, insiste-t-il, il faut prendre la tête de ce pays ou périr en essayant d'y parvenir ».

Près de Batoche, Riel se dispute avec le prêtre de l'église St. Anthony, l'accusant d'être protestant puisqu'il ne laisse pas les Métis se réunir dans l'église. Riel crie : « Rome est tombée. » L'assemblée a lieu et on discute du gouvernement provisoire. À Batoche, Riel et quelques-uns de ses hommes font intrusion dans le magasin Walters and Baker. « Monsieur Walters, c'est commencé », dit Riel. « Qu'est-ce qui est commencé? » demande Walters. « Notre mouvement pour faire respecter les droits du pays », répond Riel. Les visiteurs s'emparent de la nourriture et des munitions qu'ils trouvent dans le magasin. Riel et Dumont donnent l'ordre aux hommes de couper le fil du télégraphe qui les relie à Prince Albert. Riel et W. H. Jackson, qui vient de se déclarer converti au catholicisme, se rendent à Saint-Laurent où Jackson doit se faire baptiser. Ce dernier dit au père Fourmond qu'on a formé un gouvernement provisoire. « La vieille romaine est cassée, dit Riel. J'ai un nouveau pape en la personne de Mgr Bourget. Vous serez les premiers prêtres de la nouvelle religion, et désormais vous devez m'obéir. » Fourmond refuse, mais baptise Jackson.

L'*Exovedate*

Les Métis se rassemblent en grand nombre à Batoche le 19 mars. En présence d'une foule bruyante, Riel et Dumont annoncent la création d'un gouvernement provisoire. La foule approuve chaque fois qu'un homme est choisi. Le conseil du nouveau gouvernement est rebaptisé *Exovedate* par Riel. C'est un mot latin qui signifie « celui qui a été choisi parmi le troupeau ». Dumont devient « l'adjudant général de la nation métisse » et « chef de l'armée », deux postes occupés par Ambroise Lépine en 1870. Riel, pour sa part, ne veut servir qu'en tant que prophète. Pendant que ces événements se déroulent, William Henry Jackson, qui a été choisi en tant que secrétaire du « gouvernement provisoire de la Saskatchewan », souffre d'un déséquilibre si évident qu'il faut le remplacer. Riel arrête Charles Nolin, peut-être dans l'espoir de gagner à nouveau l'appui du clergé. Nolin, en 1885 tout comme en 1870, est son principal critique. On lui fait un bref procès au cours duquel Riel l'accuse de trahison. Selon Philippe Garnot, Riel aurait dit qu'il fallait un exemple et qu'il était essentiel que Nolin soit condamné à mort. L'histoire de 1870 se répète. Nolin craint vraiment le pire et accepte d'appuyer Riel, bien qu'à contrecœur. Si le chef métis espère par ce geste intimider le clergé, il fait malheureusement fausse route. Riel prétend mettre Sir John A. Macdonald à sa main. Gabriel Dumont prépare son armée. Riel tente de persuader ses partisans de prendre le fort Carlton, et l'*Exovedate* vote en faveur. Le fort a déjà été renforcé et n'ouvrira pas ses portes aux Métis comme cela avait été le cas au Upper Fort Garry en 1869.

Le 21 mars, le surintendant Crozier envoie deux anglophones, Thomas McKay et Hillyard Mitchell, s'entretenir avec Riel. Crozier s'active à renforcer le fort Carlton et semble vouloir gagner du temps. Les délégués disent à Riel qu'il serait dangereux d'en venir aux armes. Celui-ci répond que le moment est venu. Il accuse McKay, un Sang-mêlé, de ne pas aider son peuple et lui crie : « Tu ne sais pas ce que nous voulons. C'est du sang, du sang, nous voulons du sang. C'est une guerre d'extermination. Tous ceux qui sont contre nous seront expulsés. Ce pays subit deux calamités : le gouvernement et la Compagnie de la Baie d'Hudson. » Il veut bien envoyer deux hommes porter un message au surintendant Crozier à fort Carlton, dont l'effectif est désormais composé de membres de la police à cheval et de volontaires de Prince Albert. La lettre exige la reddition inconditionnelle du fort Carlton sous peine d'être attaqué le lendemain. Une fois que la violence sera déclenchée, écrit Riel, « vous assisterez à une guerre d'extermination de tous ceux qui se sont montrés hostiles à nos droits ». En post-scriptum, Riel inscrit la formule que Crozier doit utiliser pour se rendre : « Parce que j'aime mon prochain comme moi-même, pour l'amour de Dieu, pour éviter un bain de sang, et surtout pour éviter la guerre d'extermination qui menace la région, j'accepte les conditions mentionnées ci-dessus. »

Toute cette agitation amènera le pays entier à passer à l'action. Les Sang-mêlé anglophones entre Saint-Laurent et Prince Albert se réunissent en hâte et envoient une délégation à Riel. Ils refusent de se joindre au Métis et expriment le désir de rester neutres. Dans sa réponse, Riel dresse la liste des actions prises par le gouvernement envers les Sang-mêlé et lance un appel à l'unité. Ces derniers se réunissent à nouveau. Bien que les circonstances aient changé au point qu'il ne soit plus possible de reprendre en 1885 ce qui s'est passé en 1870, les Sang-mêlé anglophones se comportent à peu près comme à cette époque à la Rivière-Rouge. Ils veulent rester neutres, mais font connaître leur sympathie envers leurs cousins métis et disent comprendre leur situation. Beaucoup désapprouvent le recours aux armes. Riel écrit une nouvelle lettre dans l'espoir de les toucher. Seule une union solide entre les Sang-mêlé anglophones et les Métis francophones peut « éviter un bain de sang ». Les Sang-mêlé se réunissent une troisième fois et choisissent encore une fois la neutralité. Mais leur porte-parole, ironiquement appelé Thomas Scott, écrit : « Chacun a parlé en votre faveur. Nous avons pris des mesures qui, à mon avis, contribueront à éviter un bain de sang et à hâter la conclusion d'un traité. »

Le lendemain, dans le cadre d'un grand rassemblement, on recueille 455 signatures sur un document qui demande au gouvernement de s'occuper des revendications de la population du Nord-Ouest comme seule alternative à la guerre. Il est probablement trop tard pour les pétitions, et les mesures prises par la collectivité des Sang-mêlé anglophones n'auront hâté que la confrontation qui menace. Il est difficile de discerner la meilleure attitude à prendre dans une situation aussi volatile et potentiellement révolutionnaire que celle dans laquelle se retrouvent les Sang-mêlé en mars 1885. Mais comme un chef de file étudiant de Berkeley le résumera presque 100 ans plus tard en parlant des personnes qui tentent de ménager le chou et la chèvre : « Si vous ne faites pas partie de la solution, vous faites partie du problème. » Si les Sang-mêlé veulent faire partie de la solution, ils doivent faire plus que simplement envoyer une autre pétition au gouvernement canadien. Ils ne feront en quelque sorte que rendre la violence inévitable. Pis encore, le délai requis pour que les groupes de Sang-mêlé négocient donnera le temps au surintendant Crozier de se préparer à une attaque.

Pendant que les Métis négocient avec les Sang-mêlé, durant la période qui s'étend du 21 au 24 mars, le gouvernement canadien entre à son tour en action. Ayant réussi à laisser passer l'hiver sans s'occuper de la compensation demandée par Riel et des revendications métisses, Sir John A. Macdonald trouve beaucoup plus facile de réagir par les armes. Le 19 mars, il ordonne d'envoyer des renforts à la police à cheval et, quatre jours plus tard, ordonne au major général Frederick Middleton, commandant de la milice canadienne, de se rendre à Winnipeg avec pour mission de mobiliser les unités de la milice. Middleton voyage incognito sur un train américain, car la voie ferrée n'est pas encore terminée au nord du lac Supérieur. Avant qu'il n'atteigne la capitale du Manitoba, la première unité avancée du 90e Régiment qu'on appelle *Royal Winnipeg Rifles*, part par train spécial vers Troy (aujourd'hui Qu'Appelle). Les hommes sont logés dans les baraquements de l'immigration. Le sol est recouvert de 18 pouces de neige.

Lac aux Canards

Le 25 mars, Gabriel Dumont harcèle Louis Riel pour qu'il le laisse prendre 30 hommes et faire une descente dans les magasins de leurs opposants au Lac aux Canards. Le Métis réussit à faire provision de vivres au magasin de Hillyard Mitchell. À l'aube du lendemain, les Métis apprennent que le surintendant Crozier dépêche un contingent composé de 15 policiers et de sept volontaires (sous les ordres de Thomas McKay) afin de récupérer les provisions prises au magasin de Mitchell. Dumont et ses hommes parcourent la région afin d'intercepter la troupe. Une confrontation s'ensuit et on échange des insultes, mais personne n'est blessé. Les policiers se retirent sans avoir tiré un seul coup de feu, mais avant même que les Métis aient eu le temps de descendre de cheval, ils rencontrent un autre contingent armé au Lac aux Canards. Ce dernier comprend 56 policiers à cheval et 43 volontaires de Prince Albert. Dumont et ses cavaliers voient arriver Louis Riel à leur rescousse avec près de 300 Métis et quelques Cris qui se sont rendus au Lac aux Canards après avoir entendu parler de la première altercation. Comme cela se produit souvent dans de telles confrontations accidentelles, personne ne sait vraiment qui a tiré le premier, mais le frère aîné de Gabriel Dumont s'est probablement avancé avec un chef indien en vue de parlementer. L'Indien aurait tendu le bras vers l'arme d'un de ses opposants et Crozier aurait donné l'ordre de tirer. Isidore Dumont est mortellement touché et la bataille commence. Pendant les 30 minutes que durera l'échange de coups de feu, des hommes trouveront la mort des deux côtés.

Les Métis, en nombre supérieur, forcent Crozier à se retirer. Gabriel Dumont racontera plus tard cette confrontation en détail :

> Ils devaient traverser une clairière, alors je me suis planqué en disant à mes hommes : « Courage, je vais faire sauter les capots rouges dans leurs charettes, à coups de cartouches. » Et j'ai ri, non pas que j'avais du plaisir à tuer, mais je le faisais pour donner du courage à mes hommes.
>
> Comme j'avais hâte de faire sauter les capots rouges, je n'ai pas pensé à me planquer, et une balle est venue me sillonner le crâne où on peut encore voir une grosse cicatrice; je suis tombé assis, et mon cheval qui était aussi blessé est passé sur moi pour se sauver [...] Quand Joseph Delorme m'a vu tomber, il a cru que j'étais mort. Je lui ai dit : « Courage, tant que la tête n'est pas tombée, on n'est pas mort! » [...]
>
> Pendant qu'on se battait, Riel était à cheval, exposé aux balles, et portait pour seule arme un crucifix qu'il tenait dans ses mains.

Dumont crie à ses hommes de les suivre et d'en finir avec eux. Mais Riel les supplie de ne plus verser de sang, disant qu'il y en a déjà assez de répandu. Les policiers peuvent partir sans risque en emportant leurs morts, laissant sur le champ de bataille ceux qui faisaient partie des volontaires. De retour au Lac aux Canards, Riel pousse les Métis à remercier Dieu « qui vous a donné un si valeureux chef ». Lui-même et Dumont, qui a plus ou moins retrouvé ses esprits, laissent les hommes sortir du fort sous bonne escorte afin de récupérer les corps des volontaires abattus. On déposera les corps dans une maison vide jusqu'à ce que des hommes de Prince Albert viennent les récupérer. Pendant qu'on s'active à cette tâche, Riel s'entretient avec un prisonnier blessé. Il lui dit que cette contrée appartient aux Métis et aux Premières Nations. Il lui parle également de la « nouvelle Église » qu'il s'apprête à fonder. De toute évidence, son rôle de prophète l'habite toujours. Parmi les blessés se trouvent des parents d'un certain nombre de politiciens canadiens, dont Francis Hincks, Joseph Howe, et Alexander Mackenzie.

Leur défaite au Lac aux Canards amène les policiers à cheval à abandonner le fort Carlton, qui aurait été difficile à défendre. Ses occupants quittent le fort le 27 mars, laissant derrière eux un feu couvant dans les murs. Gabriel Dumont veut les prendre en embuscade. « Nous aurions pu en tuer beaucoup, se rappellera Dumont, mais Riel, qui nous retenait toujours, s'y est formellement opposé. »

Avec le temps, Dumont en arrive à penser que Riel, beaucoup plus pacifique que lui, l'empêche d'appliquer les bonnes tactiques d'agression qu'il met au point. La défaite est par conséquent inévitable. Cette interprétation de Dumont soulève des questions. Celui-ci suppose que s'il avait mené l'affaire seul, il aurait eu plus de chance de gagner la guerre contre le Canada. Le Métis aurait peut-être réussi à tuer plus de policiers et même plus de miliciens, ce dont il aurait pu se réjouir, mais cela ne signifie pas qu'il aurait pu gagner la guerre. Une victoire militaire des Métis était peu probable si l'on compare les forces. Dumont ne disposait pas plus de quelques centaines de soldats. Le Canada pouvait en envoyer beaucoup plus dans la région. Rien ne prouve que le Canada aurait fini par négocier avec les insurgés. Trop d'honneur national entrait en jeu. Tout prouve au contraire que les Canadiens se seraient portés volontaires en grand nombre pour mettre un frein au soulèvement des Métis. D'autre part, les Métis étaient de bons chasseurs de bisons et certains avaient déjà combattu les Sioux et autres Autochtones, mais ils n'avaient pas la discipline des soldats. La décision de ne pas prendre les armes contre l'expédition de Wolseley en 1870 avait probablement été la bonne.

Le regard que Dumont porte sur les événements soulève une autre question : tout prouve le contraire de ce qu'il avance. Les dossiers de l'*Exovedate* indiquent que la plupart des décisions militaires étaient prises collectivement. Dumont prétendra plus tard qu'il voulait attaquer le fort Carlton et Prince Albert depuis le début, mais que Riel s'y était opposé. Or les procès-verbaux du Conseil révèlent qu'on avait adopté à l'unanimité une attitude défensive dès le commencement. Après l'ultimatum de Riel à Crozier, le 21 mars, le Conseil hésitait même à occuper Lac aux Canards. Le 24 mars, alors que le Conseil était divisé six contre six sur la question de s'emparer de Lac aux Canards ou non, c'est Riel qui a brisé l'égalité en votant en faveur. Dumont était retenu par ses collègues autant si non plus que par Louis Riel, qui semble généralement avoir suivi l'opinion de la majorité pour ce qui est des questions d'ordre militaire.

Le 27 mars, Riel tire avantage de l'offre d'un prisonnier de faire parvenir un message au surintendant Crozier (offre d'un sauf-conduit afin de récupérer les corps des volontaires tués). La lettre débute ainsi : « Un malheur a fondu sur le pays, hier. Vous en êtes responsable devant Dieu et devant les hommes. Vos hommes ne peuvent réclamer que leurs intentions étaient pacifiques, vu qu'ils traînaient des canons avec eux et qu'ils ont tiré plusieurs coups de feu les premiers. » Riel, qui a composé la lettre, poursuit en offrant la victoire au « Tout-Puissant », et signe « *Exoveed* » et sa signature est suivie de la liste des « représentants des Métis français ». Riel confie aussi une lettre au frère de William Jackson. Cette lettre est adressée à la « population de Prince Albert » l'invitant à une réunion de délégués afin de « discuter des conditions de notre « entrée dans la Confédération en tant que province ». Plus d'un biographe écrira que, pour Riel, le temps semble s'être arrêté en 1870. Il semble croire que ce qui a fonctionné à la Rivière-Rouge peut se reproduire. Thomas Jackson n'a jamais livré la lettre et, au procès de Riel, il dira que cette dernière a été détruite. Jackson essayait de libérer son frère en détention, mais Riel refusait de le relâcher.

Le général Middleton arrive à Winnipeg à 7 h, le 27 mars, et apprend ce qui s'est passé au Lac aux Canards. Il passe en revue ce qui reste des unités du 90e régiment, formé en 1882 par les vétérans de l'expédition Wolseley de 1870 qui étaient restés au Manitoba. « Il semblait très déçu de leur accoutrement, écrira le journaliste du *Manitoba Free Press*, et très ennuyé de constater que certains soldats portaient des couvre-chaussures et d'autres de longues bottes, et que nombreux étaient ceux qui ne disposaient pas de l'équipement nécessaire. » Middleton n'est au Canada que depuis quelques mois, et ne semble pas comprendre comment la milice canadienne équipe ses hommes : ces derniers doivent se chausser eux-mêmes. Plus tard ce même après-midi, le 90e régiment parade au son de la fanfare qui joue *The Girl I Left Behind Me.* Le départ a lieu à 18 h sur le train en direction de Troy. Un journaliste de Winnipeg observe la scène : « Jamais on aura vu une force militaire si mal équipée. Je n'envie pas le général Middleton. » Les troupes n'étaient pas beaucoup mieux formées. Habitués à la ville, la plupart des hommes n'avaient jamais tiré un coup de fusil ni utilisé une arme quelconque. Mais le *Royal Winnipeg Rifles* est la seule milice organisée à l'ouest de la tête des Grands Lacs. On n'a guère d'autre choix.

Riel et l'*Exovedate* se réunissent au Lac aux Canards, et votent le 31 mars (sur une proposition de Dumont) le retour à Batoche. L'*Exovedate* vote également sur la proposition suivante :

> L'*Exovedate* des Métis canadiens reconnaît Louis David Riel comme prophète au service de Jésus-Christ, Fils de Dieu et seul Rédempteur du monde; un prophète qui s'est mis aux pieds de Marie Immaculée, sous la protection manifeste et infiniment consolatrice de saint Joseph, le bien-aimé patron des Métis et patron de l'Église universelle; l'*Exovedate* le reconnaît comme un prophète et l'humble imitateur de saint Jean Baptiste, le glorieux patron des Canadiens français et des Métis canadiens-français.

Le vote est unanime, bien que Moïse Ouellette déclare : « S'il vient à changer de point de vue plus tard, je voterai. » Riel écrit dans son journal : « Je demande à Jésus, Marie, Joseph et à Jean le Baptiste de changer le cœur de Ouellette pour qu'il accepte entièrement les réformes célestes de l'adoration divine et rejette tout ce que la religion de Rome a inculqué à toutes les nations de la terre. »

Les nouvelles en provenance du Lac aux Canards se propagent rapidement dans le Nord-Ouest, ce qui encourage un certain nombre de bandes autochtones à se regrouper sous la direction de leurs chefs les plus militants en vue de passer eux aussi à l'action. Les Autochtones des réserves des chefs Little Pine et Poundmaker pillent Battleford. Les hommes de Big Bear, menés par Wandering Spirit, tuent un agent des Indiens et deux prêtres à Lac à la Grenouille. Au début du mois d'avril, Riel écrit des lettres à tous les Indiens et Métis qui habitent en Saskatchewan, leur demandant de réquisitionner des vivres et des munitions, et de venir rejoindre l'*Exovedate* à Batoche où on se prépare à subir une autre attaque des forces gouvernementales. Il faut noter que les Indiens ont leurs propres plans et bien qu'ils aient été influencés par la victoire du Lac aux Canards, Louis Riel ne les a pas vraiment incités à la rébellion.

L'avancée des Canadiens

Le général Middleton est un officier britannique de la vieille école, gras et pointilleux, qui doute naturellement de la milice inexpérimentée qu'on a mis sous ses ordres. Il propose une cible chaque jour à ses soldats et les fait s'exercer à tirer avec leur carabine *Snider-Enfield* de calibre 50. Le général bannit la consommation d'alcool, à la suite de quoi des lettres arrivent par centaine à Winnipeg demandant qu'on fasse parvenir à leur expéditeur un paquet de « médicaments » soigneusement ficelé. Le fils du premier ministre, Hugh John Macdonald, donne des directives bien précises à son épouse pour l'emballage. Des éclaireurs volontaires arrivent, recrutés par le major Charles Boulton dans la partie ouest du Manitoba et, le 6 avril, le premier contingent de soldats canadiens se dirige vers Batoche guidé par les éclaireurs. La troupe est composée d'hommes du 90e régiment, de la batterie de campagne de Winnipeg, de 120 chariots et de quelques hommes de la cavalerie de Winnipeg. La troupe avance lentement au début, parcourant environ 20 milles par jour. Un journaliste du *Winnipeg Sun* parle de la rareté des couvertures : « Les soldats dorment sous la tente, sur le côté, entassés dans le même sens les uns derrière les autres, en changeant de côté chaque fois que la jambe reposant sur le sol gelé devient engourdie. Au signal, ils se roulent tous de l'autre côté tout en faisant attention à la position des couvertures. »

Middleton trouve ses hommes en bonne santé, ce qu'il attribue à la consommation abondante de thé chaud et surtout de tabac. Selon sa propre description, ses hommes portent en plus « de l'uniforme britannique officiel », des bottes d'hiver, des gants et un bonnet de fourrure. La plupart portent aussi un « horrible cache-col rouge autour du cou ». Les hommes du 90e régiment ne portent pas de manteaux rouges, mais une veste vert foncé caractéristique des régiments de fusiliers. La milice traverse les *Salt Plains,* se nourrissant de porc et de biscuits de mer, un régime qui a inspiré au major Lawrence Buchan la marche militaire intitulée « Pork, Beans and Hardtack ». Le 17 avril, la petite armée s'arrête à la traverse Clark, aux abords de la rivière Saskatchewan Sud, pour y attendre la 10e compagnie de grenadiers et une batterie d'artillerie en provenance de l'Est. Un autre contingent similaire commandé par le major général T.B. Strange doit se rendre de Calgary à Edmonton et prendre Big Bear à revers. Lorsque Middleton s'empare de Batoche, les deux forces se joignent pour faire face à Poundmaker.

Fish Creek

C'est là que la 10e compagnie de grenadiers arrive. Middleton décide de diviser sa petite armée en postant 800 hommes de chaque côté de la rivière en direction de Batoche. Ce qui reste de la force est commandée par Gilbert John Elliot, Lord Melgund, secrétaire militaire du gouverneur général canadien. Celui-ci est venu en tant qu'observateur, mais sera nommé chef d'état-major par Middleton. Ce dernier se propose de prendre les Métis par un mouvement de tenailles. Le général s'attend à voir arriver d'autres renforts, mais pour l'instant il dispose d'environ 400 hommes de chaque côté de la rivière Saskatchewan. Le contingent sous ses ordres doit traverser un ravin après la traverse Dumont. Les Métis commandés par Gabriel Dumont se sont enfouis dans ce ravin. « La bataille de Fish Creek » (comme les Canadiens l'appelleront) va bientôt avoir lieu.

Alors que la milice canadienne est en marche, Louis Riel s'active à rallier son peuple. Ce n'est pas facile. Un certain nombre de Métis se sauvent furtivement durant la nuit. Riel cajole certains, en menace d'autres et passe beaucoup de temps avec l'*Exovedate* à organiser la nouvelle Église. Il change le nom des jours de la semaine et donne une nouvelle signification aux signes du zodiaque. Mais Riel occupe surtout son temps à prier, décrivant ses visions dans son journal. Il parle de quelques-unes de ces visions à des partisans et semble avoir constamment des apparitions. Son secrétaire, Philippe Garnot, et son vieil ami Louis Schmidt sont convaincus que Riel manipule les prophéties afin d'obtenir l'appui des Métis, lesquels sont portés à la superstition. Il n'y a pas de raison d'en douter toutefois, étant donné la longue persistance des expériences spirituelles de Riel et ce qu'il en a fait au cours des années.

Gabriel Dumont propose d'intimider les soldats par une guérilla, mais Riel et l'*Exovedate* n'approuvent pas. On demande à Dumont et à ses hommes d'attendre l'action de choc, en faisant confiance à « Notre-Dame, la Sainte Vierge Marie » qui nous accordera la victoire contre le général Middleton. Dumont écrira plus tard : « J'ai fait comme Riel le jugeait bon, mais j'étais convaincu que, humainement parlant, mon plan était le meilleur. Mais j'avais confiance dans sa foi et ses prières, et que Dieu l'écouterait. »

Le 21 avril, Riel écrit : « J'ai vu le géant : il vient, il est hideux. C'est Goliath… Oh mon Dieu… rompez les communications des ennemis; qu'ils ne se comprennent pas… afin qu'aussitôt qu'ils entendent un grondement de la foudre, ils sachent que le Tout-Puissant s'apprête à leur infliger les châtiments et les peines de la rétribution. » À la fin, Dumont ne peut plus attendre. Il dit qu'il va s'occuper des hommes de Middleton comme s'il s'agissait d'un troupeau de bisons. « C'est bon, répond Riel, fais comme tu veux. » Mais Riel est mécontent, car ses visions le guident dans une autre direction.

Au bout du compte, Dumont renvoie Riel et un petit groupe d'hommes à Batoche, car le bruit court que la police à cheval est à ses portes. Pendant l'escarmouche qui durera toute la journée (on entend les coups de feu à Batoche), Louis Riel reste en prière, les bras au-dessus de la tête. Lorsqu'il est fatigué, deux Métis lui tiennent les bras. Avec seulement 130 hommes mal armés, Dumont affronte les Canadiens le matin du 24 avril. Ce sont les éclaireurs de Boulton et les éclaireurs métis qui se font face les premiers. Les chasseurs de bison s'en tirent bien au début. Dumont leur a dit de se replier aussitôt qu'ils manqueraient de munitions. À midi, il ne reste plus que 60 Métis dans la coulée. Des deux côtés, on reçoit des renforts, mais vers la fin de la journée, tout le monde se retire du champ de bataille. Le miracle pour lequel Riel a supplié le Ciel semble lui avoir été accordé. Middleton, qui a subi beaucoup plus de pertes que les Métis, est freiné. Du côté Métis, on compte 4 morts et 2 blessés, et du côté canadien, 10 morts et 40 blessés. Dumont sait fort bien que les combattants métis étaient inférieurs en nombre. Pour ce qui est de Middleton, il n'en est pas sûr et ne sait pas comment ses troupes « vertes » (qui viennent de subir leur baptême du feu) réagiront à un nombre plus élevé de pertes. Gabriel Dumont attribuera sa victoire aux prières de Louis Riel, explication qui en vaut bien d'autres.

Le jour suivant, Middleton ordonne qu'on enterre les morts sur le champ de bataille. Il attendra les renforts pendant 12 jours. Parmi eux se trouve le capitaine A. L. Howard du Connecticut avec la nouvelle arme secrète canadienne, la mitrailleuse *Gatling* sensée pouvoir tirer 1000 balles à la minute. Pendant que les Canadiens se reposent, l'*Exovedate* examine une proposition, dictée par une révélation du Saint-Esprit, visant à remplacer le Jour du Seigneur par le septième jour de la semaine. La proposition est adoptée par la majorité, mais non à l'unanimité. On propose également de changer la date de Pâques. À mesure que Riel réforme graduellement l'Église, un certain nombre de Métis lui retirent leur appui. Le clergé, pour sa part, manifeste ouvertement son hostilité. Les prêtres de Batoche (tenus semi captifs) dénoncent les récents changements opérés par l'*Exovedate* et menacent Riel d'excommunication. Riel insiste pour dire qu'il représente le Saint-Esprit qui veut réformer l'Église du Christ. Dans une altercation subséquente avec le père Fourmond, le 4 mai, Riel lui répond par une allusion à une parole d'Évangile : « Oui, rendez à Dieu gloire, honneur et adoration, mais aux tyrans du monde, rendez ce qui leur revient. Lancez-leur à la face ce sceptre qu'ils ont usurpé, faites-les dégringoler de ce trône où ils sont placés. Voilà les ordres de Dieu. » Il poursuit par une tirade sur « la cause sacrée [...] ordonnée et dirigée par Dieu, la cause de notre terre ancestrale [...] » Gabriel Dumont soutient qu'il faut affronter l'ennemi en dehors de Batoche, mais Riel insiste, arguant que ses visions lui suggèrent plutôt de se battre sur place. Dumont y consent.

Le bateau à aube *Northcote* arrive enfin avec les renforts canadiens. Le général Middleton lui installe des canons et l'envoie vers Batoche. Malheureusement pour le général, des tireurs d'élite postés sur les berges atteignent la timonerie et un câble installé par Gabriel Dumont prive le vapeur de ses cheminées. Le bateau nécessite des réparations et on fait marche arrière. Middleton devra se contenter d'une bataille au sol au lieu d'une première bataille navale dans les prairies. Le 9 mai, le général Middleton dispose d'environ 900 hommes : 262 grenadiers des *Royal Grenadiers* de l'Ontario, 275 fusiliers des *Royal Winnipeg Rifles,* 116 soldats du bataillon *Midland* (Ontario), et 100 éclaireurs à cheval dont la moitié sont sous les ordres du major Boulton et les autres, en provenance de Qu'Appelle, sont sous les ordres du capitaine Jack French. La troupe dispose de quatre canons de campagne et de la mitrailleuse *Gatling*. Gabriel Dumont n'a que 200 hommes au plus, dont un grand nombre sont âgés, insuffisamment armés et à court de munitions, plus un nombre inconnu d'Indiens.

Batoche : la dernière bataille

Durant les trois premières journées d'assaut à Batoche, Gabriel Dumont déploie ses hommes dans la région afin de faire croire qu'ils sont plus nombreux. La tactique semble avoir réussi à convaincre Middleton et Lord Melgund que l'armée métisse est redoutable, surtout qu'elle défend son propre territoire et des êtres chers. Melgund se replie le 9 mai et retourne à Ottawa, probablement pour réclamer encore plus de renforts. En fait, on se pose beaucoup de questions sur sa mission. Selon certains, son épouse enceinte aurait réclamé son retour. Un certain nombre de journalistes, qui sont du côté des Canadiens, ne demandent pas mieux que d'interpréter sa mission comme une victoire et de télégraphier la nouvelle.

Middleton s'apprête à soutenir un siège. Il ordonne à ses hommes de garder l'ennemi à distance autant que possible, sachant qu'il dispose de beaucoup plus de munitions que Gabriel Dumont. Nombreux sont les soldats qui accusent Middleton de trop hésiter. L'un d'eux rapporte que les jeunes miliciens « voulaient attaquer et, vu leur jeunesse et leur manque d'expérience, ne comprenaient pas pourquoi ils devaient encore attendre ». Le soir du 11 mai, Middleton prend le repas du soir en compagnie de ses officiers, et leur révèle son plan pour le lendemain matin. Il veut envoyer dans les champs des éclaireurs et un contingent d'arpenteurs nouvellement arrivés afin d'attirer l'attention de l'ennemi. Ensuite seulement il enverra l'infanterie attaquer les Métis du village et des environs.

Le 12 mai, les choses ne se déroulent pas tout à fait selon les plans du général. Les éclaireurs feintent une sortie tel que convenu, mais pour une raison quelconque, l'infanterie commandée par le lieutenant-colonel Bowen van Straubenzie n'arrive pas. Middleton sort à cheval pour voir ce qui se passe et deux hommes de Batoche viennent à sa rencontre, porteurs d'un message de Louis Riel. Celui-ci menace de tuer les prisonniers détenus par les Métis si « vous massacrez nos familles ». Middleton gribouille une réponse, tenant pour acquis que Riel craint le barrage d'artillerie : « M. Riel, je suis anxieux d'éviter le massacre des femmes et des enfants et j'ai fait de mon mieux dans ce sens. Mettez vos femmes et vos enfants dans un lieu que vous m'indiquerez, et il ne sera pas fait feu dans cette direction. Seulement, je compte sur votre honneur pour qu'il n'y ait pas d'hommes parmi eux. » Riel lui fait parvenir un autre message disant qu'il lui laissera savoir plus tard où sont les femmes et les enfants. Sur l'enveloppe, il inscrit au dernier moment : « Je n'aime pas la guerre et si vous ne vous retirez pas et que vous refusez une entrevue la situation des prisonniers restera la même. » Le général n'a rien dit au sujet de l'offre originale malhabile de négocier. Peut-être n'a-t-il pas compris, peut-être a-t-il choisi de ne pas comprendre. Il est déjà trop tard quand le deuxième message lui parvient, le général a déjà rencontré van Straubenzie. Ils échangent quelques paroles, puis le général met fin à la discussion en allant prendre son repas de midi.

C'est ce moment que les officiers canadiens choisissent de conclure. Il semble qu'ils se soient entendus pour monter à l'attaque ensemble. Couverts par la mitrailleuse, les soldats atteignent rapidement le village alors que de nombreux combattants métis ne sont pas encore rentrés. On libère les prisonniers. Un soldat du 90e régiment écrit à sa famille : « Dans la dernière maison, nous avons trouvé le corps d'une jolie petite fille d'environ 14 ans. Elle avait été tuée par un obus et avait été préparée pour l'enterrement. J'ai déposé la pauvre petite chose dans le cercueil, j'ai posé le couvercle dessus et l'ai poussé sur le côté pour éviter qu'il reçoive des coups. » Les Canadiens ont subi cinq pertes de vie et 25 de leurs soldats ont été blessés. On ne connaît pas le nombre de pertes humaines chez les Métis. La plupart d'entre eux, y compris Gabriel Dumont et Louis Riel, tentent de prendre la fuite. Joseph Ouellette, un vieillard de 93 ans, refuse de suivre les chefs. Ses dernières paroles à Dumont seront : « Juste un autre Anglais… »

Lorsque Riel rencontre Gabriel Dumont (pour la dernière fois) à l'extérieur du village, il lui demande : « Qu'allons-nous faire? » Dumont répond que tout est fini. « Il faut périr; vous deviez savoir qu'en prenant les armes, nous serions vaincus. Eh bien! Il faut qu'ils nous détruisent. » Dumont aide Riel à mettre son épouse et ses deux enfants à l'abri, puis se dirige vers la frontière américaine, refuge habituel des Canadiens après l'échec d'une rébellion. Le 15 mai, Riel accepte l'offre du général de le protéger, probablement de la colère des miliciens, en se rendant à un petit groupe d'éclaireurs à sa recherche et à la recherche des autres chefs métis. Un témoin oculaire, dont les paroles seront reprises par un correspondant du *Times of London*, raconte qu'après avoir tenté de fuir,

Riel a été repris et ramené, indifférent, à Middleton avec qui il échange quelques paroles courtoises.

Le capitaine Hugh John Macdonald, fils du premier ministre, écrit à son épouse tout de suite après la bataille : « Si nos hommes avaient mis la main sur Riel, ils l'auraient ramené dans un cercueil, sans qu'il soit question de procès. » Hugh John a été blessé au fessier au début de la campagne, et n'éprouve guère de sympathie envers les Métis.

Middleton confiera Riel à la garde du capitaine George Young de la *Winnipeg Field Battery*. Celui-ci a été fait prisonnier par Riel en 1869. Le révérend méthodiste qui avait demandé la grâce de Thomas Scott en 1870 est son père. Young escorte Riel jusqu'à Regina à bord du *Northcote*. Ils y parviendront le 23 mai. Les deux hommes discutent en route de religion et de théologie. Young avouera plus tard avoir eu affaire à une forte pointure en matière de religion.

Les forces canadiennes poursuivent leur opération de nettoyage contre les Autochtones, avec l'intention de capturer les responsables du carnage de Lac à la Grenouille. Par contre, la phase métisse de la rébellion de 1885 se termine avec l'arrestation de Riel.

-12-

Le procès

Louis Riel fut le premier et reste jusqu'à ce jour le seul Canadien à subir un procès pour haute trahison. Ce sera un procès spectaculaire, mené dans une atmosphère d'hostilité partisane et raciste. Bien que, de par leur nature même, les tribunaux favorisent le dénouement d'événements tragiques bien réels, la situation de Riel rassemble à elle seule tous les éléments essentiels d'une grande tragédie. Riel fait face à un dilemme : doit-il choisir de sacrifier son honneur et son estime personnelle pour avoir la vie sauve et ce, en laissant ses avocats plaider la folie? ou doit-il choisir de rester honnête envers lui-même en tentant de convaincre le jury qu'il est tout à fait sain d'esprit? Comme cela se produit souvent dans la fiction, mais rarement dans la réalité, ce dilemme fondamental entraîne une variété de sous-entendus et d'interprétations plus ou moins clairs en ce qui a trait, surtout, à son propre caractère et à son comportement. Le sort de Louis Riel ne repose pas uniquement sur sa propre décision.

Bien avant que la rébellion du Nord-Ouest ne mène à la violence ouverte en mars 1885, la question divise déjà les partis politiques d'un bout à l'autre du pays. Le gouvernement canadien, les conservateurs et les journaux d'allégeance conservatrice sont convaincus qu'il n'existe aucune raison légitime à quelque violence que ce soit dans l'Ouest. Les libéraux, pour leur part, sont tout aussi convaincus que l'agitation découle de la politique du gouvernement et de l'inaction de ce dernier. Dès le premier coup de fusil, la presse et la plupart des Canadiens de l'Est, prennent parti. Ils condamnent la violence bien que certains, sympathiques aux Métis, prétendent que le gouvernement aurait pu faire plus. Une assemblée publique en faveur de Riel se tient à Montréal le 31 mars 1885, et on commence à soutenir de plus en plus les Métis. Même avant Batoche, bon nombre de Canadiens français avaient commencé à prendre leur défense. Arthur Turcotte, député de Trois-Rivières, formule une résolution à la Chambre, le 3 avril, et soutient que « le soulèvement résulte davantage d'un litige momentané que d'un manque de loyauté conscient et prémédité ». La résolution de Turcotte est débattue au Parlement du Québec et est défaite le 20 avril par un vote de 41 voix contre 15. Une assemblée publique organisée par le Club national le 23 avril 1885 attire environ 2 000 personnes. On critique le gouvernement. *La Patrie* du 15 mai rapporte à ses lecteurs : « Avec Sir John, c'est la guerre jusqu'à la toute fin; c'est le sang et les pillages; c'est la désolation nationale, la persécution et les représailles; c'est enfin l'annihilation complète de nos frères du Nord-Ouest. »

Même si on est du côté des Métis, on n'éprouve guère de sympathie pour Louis Riel. Presque tous les éditoriaux réclament sa tête. La *Gazette* de Montréal se révèle un exemple typique lorsqu'elle publie le 14 mai que « le sang d'une centaine de loyaux Canadiens doit être vengé ». Quelques jours plus tard, on y lit : « En toute justice, il faudrait que celui qui a orchestré la rébellion soit puni de son crime au plus vite. » Bien que la presse fasse quelquefois mention de l'état mental de Riel, elle n'insiste pas sur sa « folie ». La plupart des journaux sont plus empressés de jeter un pont au-dessus du gouffre qui sépare l'Ontario du Québec que de s'inquiéter du traitement juridique de Louis Riel et des autres rebelles.

Pour ce qui est de Riel, il lui aurait été facile de s'évader en traversant la frontière, mais il choisit de se rendre au général Middleton dans l'espoir, semble-t-il, que son procès fasse connaître les revendications des Métis, et qu'il puisse justifier son propre comportement.

Le capitaine George Young reçoit l'ordre d'escorter Riel jusqu'à Winnipeg où il doit subir son procès, mais la destination change en cours de route et on lui demande de le mener à Regina. On installe le prisonnier dans une petite cellule des baraquements de la police à cheval du Nord-Ouest où on l'enchaîne à un boulet de 20 livres. Son geôlier, l'inspecteur R. Burton Deane de la police montée, décide que Riel ne peut recevoir de visiteurs qu'après en avoir reçu l'autorisation du premier ministre, et ce, afin qu'il ne puisse lire les journaux. Il est détenu jusqu'à la mi-juin sans pouvoir bénéficier d'un conseiller juridique ni d'aucune aide. Sir Wilfrid Laurier se plaint d'un traitement aussi sévère, mais au printemps et à l'été, le bruit court dans l'Ouest qu'on ferait évader Riel, et le gouvernement ne veut prendre aucun risque. Riel n'a pas les moyens de prendre un avocat ni même l'occasion d'en embaucher un tant qu'il est entravé par des chaînes. On finit par mettre sur pied un comité pour la défense de Riel dans le cadre d'une assemblée publique tenue dans le faubourg Saint-Roch le 5 juillet 1885. Plus de 5 000 personnes de la ville de Québec décident de faire appel au public afin de recueillir les fonds nécessaires à sa défense, et de veiller à ce qu'il ait un procès équitable. Ce comité retient les services des avocats François Lemieux, Charles Fitzpatrick et James N. Greenshields, et les envoie auprès de Riel afin de lui servir de conseillers juridiques. Celui-ci n'en est pas très heureux. Il écrit au secrétaire du comité qu'il souhaite que le procès porte sur « le mérite de mes actions » et que ce procès se déroule « devant la Cour suprême ». Il reproche également au comité d'avoir choisi des avocats trop visiblement libéraux. Il aurait préféré une équipe plus équilibrée sur les plans ethniques et politiques.

Depuis le début, le gouvernement canadien souhaite surtout deux choses en ce qui concerne Louis Riel. La première est que l'on perçoive son procès comme « impartial ». La deuxième est qu'il soit reconnu coupable et puni en conséquence. En vue d'atteindre ces objectifs, le gouvernement prend des décisions judiciaires tout à fait appropriées à l'époque, mais qui reflètent son besoin de mettre toutes les chances de son côté contre l'accusé. Il faut aussi souligner que la Couronne n'a aucune obligation de faire plus que le nécessaire pour le chef métis. La législation du XVIIIe siècle oblige la Couronne à respecter ses droits civils et à lui faire un procès équitable, mais non à le présumer innocent jusqu'à preuve du contraire. En effet, selon l'appareil judiciaire accusatoire canadien, il revient de bien des façons à la Couronne de tout faire pour en arriver à un verdict de culpabilité. Par conséquent, on retient pour l'accusation les services d'une équipe d'avocats distingués de l'Est. Ceci s'applique tout particulièrement au cas de Riel, car il est perçu comme une figure de proue faisant office de paratonnerre à l'opinion publique du Québec et de l'Ontario. Le cas des autres rebelles et des chefs des Premières Nations impliqués dans le soulèvement sera traité plus sommairement. Le gouvernement semble vouloir adopter une attitude plus modérée envers les autres Métis impliqués, faisant ainsi porter tout le poids de la rébellion sur les épaules de Riel. C'est tout à fait le contraire de ce qui s'est produit en 1837 et 1838, alors que les têtes dirigeantes des Patriotes s'en sont sorties indemnes après avoir pris la fuite, et que ce sont les militants qui ont subi les exactions de la justice. Henry J. Clarke écrit au premier ministre en 1886, dans le cadre d'une demande de candidature à la magistrature, qu'il a mis sur papier un certain nombre de dépositions de témoins ayant assisté au procès de Riel, lesquelles « faisaient porter [...] toute la responsabilité de la rébellion sur les épaules de Riel et autres, et le condamnaient sans retenue ». D'un autre côté, le gouvernement a l'intention de se montrer sans pitié envers les insurgés autochtones, pas tant en raison du soulèvement que parce qu'ils sont considérés comme des « meurtriers ».

Le procès de Louis Riel débute à 11 h dans un petit tribunal de Regina. Riel est amené par un policier de la police à cheval du Nord-Ouest en uniforme afin de prévenir toute tentative d'enlèvement ou d'assassinat. Dès le départ, on s'attend à un simulacre de procès ou à un procès politique dans le sens traditionnel du terme. Comme James

Greenshields de la défense l'affirmera dès le début : « Étant donné qu'il s'agit d'un procès politique qui intéresse le public en général, et que celui-ci en a beaucoup entendu parler déjà, de même que des événements qui ont précédé la rébellion, les gens s'attendent à un procès équitable. » Un certain nombre de thèmes intéressants sont soulevés. De nos jours, nous en savons beaucoup plus qu'au XIXe siècle sur le procès lui-même, sur la démence, et sur l'histoire du droit canadien. Néanmoins, il est impossible d'affirmer quoi que ce soit de définitif sur le sujet, toujours aussi controversé, et dont certains points importants reposent sur des préjugés irréconciliables de la notion d'équité, ou sont tout simplement voilés par le mystère et l'incertitude. Nous ne savons pas, par exemple, pourquoi le cas de Riel n'a jamais fait l'objet d'un appel à la Cour suprême du Canada, ni exactement quels ordres a suivi l'équipe de la défense. Nous disposons d'une transcription complète du procès qui débute à 11 h le 20 juillet 1885. Ce qui suit est tiré de cette transcription qui sera abondamment citée, car on a souvent tenté de résumer ces témoignages complexes pour aboutir, en bout de ligne, à un manque de précision ou même d'exactitude.

William Henry Jackson subit son procès pour sa participation à la rébellion le 24 juillet. On l'inculpe de trahison et d'acte délictueux grave plutôt que de haute trahison. Jackson se dit prêt à partager le sort de Riel. La défense invoque un déséquilibre mental et la Couronne proteste à peine. On appelle seulement trois témoins à la barre, lesquels affirment à l'unanimité que Jackson a sans conteste perdu la raison. Le jury prononce une sentence de non-culpabilité en raison d'un déséquilibre mental. Comme Riel le fera plus tard, Jackson insiste pour dire qu'il a toute sa tête, mais ne réussit à convaincre personne. Pour ce qui est de Riel, le temps de procéder aux préliminaires et de débuter le procès comme tel, on est déjà le 28 juillet.

Préliminaires

Le lieu

Lorsque Louis Riel quitte Batoche pour Winnipeg, on décide en cours de route de l'envoyer à Regina, car la Couronne soutient qu'un procès pour rébellion tenu au Manitoba, quel qu'il soit, risque d'aboutir à une erreur judiciaire peu importe que le jury soit favorable ou hostile au prisonnier. Étant donné que la défense compte plaider l'aliénation mentale, il sera peut-être plus difficile de trouver un expert en la matière dans la région éloignée de Regina. Certains érudits prétendront qu'après 1880, la loi autorisait les procès relatifs à des délits passibles de la peine capitale dans les Territoires du Nord-Ouest, et que ce procès aurait dû s'y dérouler. Est-ce vraiment le cas? Il semble que non. L'Acte des Territoires du Nord-Ouest de 1873 stipulait que les procès relatifs à des délits passibles de la peine capitale devaient se tenir au Manitoba. Même si on abandonne cette disposition en 1880, lorsque la loi est amendée de manière à créer un appareil judiciaire régional, elle n'a pas été expressément portée en appel. La question d'un procès au Manitoba n'a jamais été soulevée dans les tribunaux, puisque le gouvernement n'a pas tenu les procès au Manitoba ni tenté de le faire, et que la défense ne l'a pas réclamé.

Il faudrait peut-être poser la question autrement : le gouvernement pouvait-il changer de lieu étant donné que les accusés ne pouvaient espérer un procès équitable dans les Territoires du Nord-Ouest? Si la Cour s'y refuse finalement, ce n'est pas nécessairement parce qu'elle n'en a pas la possibilité. La politique a pu influencer cette décision, pour des raisons autres que juridiques. Les avocats de Riel demandent que le procès se tienne en Ontario ou en Colombie-Britannique, invoquant des vices de procédure, plutôt que des raisons relatives à l'impartialité ou à l'injustice. En premier lieu, ils prétendent que la composition d'un jury dans les Territoires du Nord-Ouest est différente partout ailleurs et désavantage l'accusé, car le jury ne comprend que 6 jurés au lieu de 12 comme c'est habituellement le cas. Non seulement l'accusé est-il ainsi privé de la protection que lui procure le mode habituel de sélection des jurés depuis l'adoption de la *Magna Carta* (la Grande Charte de l'humanité), qui remonte à aussi loin que 1212, mais la possibilité d'un désaccord du jury est également réduite. Il est plus facile de s'entendre à 6 qu'à 12. La Couronne fait remarquer qu'on a recours à un jury de six personnes dans d'autres juridictions canadiennes plus petites comme le Nouveau-Brunswick. La défense réplique que, dans cette province, les gens ont eu la possibilité d'élire ceux qui ont établi les règles.

En deuxième lieu, les avocats de Riel prétendent que la loi britannique, qu'on n'a jamais abrogée, refuse au Canada le droit de tenir dans les Territoires du Nord-Ouest un procès relatif à un délit passible de la peine capitale. Ce deuxième argument n'a probablement jamais été bien utile puisque, si un tribunal quelconque avait concédé le bien-fondé de cette question juridique, il aurait entraîné dans le chaos l'appareil judiciaire tel que mis en pratique dans l'Ouest depuis 1870. Au procès d'Ambroise Lépine en 1874, la Cour du Manitoba avait rejeté ce type d'arguments. En outre, juste avant le procès de Riel, on venait de juger un meurtrier du nom de John Connor à Regina, lequel avait été reconnu coupable et exécuté sans formalité. Par ailleurs, même si le modèle de jury des Territoires du Nord-Ouest était défendable sur le plan juridique, le gouvernement n'était pas obligé de s'en contenter. Les six jurés sont choisis parmi les habitants de la région où se tiendra le procès, et tous sont d'origine britannique et de confession protestante. La plupart ne comprennent pas le français, semble-t-il, langue dans laquelle bon nombre témoigneront. Le choix des jurés s'effectuera assez rondement, la défense en récusant cinq et la Couronne seulement un. La défense se plaindra plus tard du processus de sélection des jurés, mais sans plus. Une des raisons pour lesquelles le gouvernement a pu préférer Regina pour la tenue du procès (non par rapport à Winnipeg, mais par rapport à l'Ontario et à la Colombie-Britannique) est la possibilité que la population des environs soit moins sympathique à Riel. Par contre ce n'est probablement pas uniquement sur l'attitude des gens qu'on a pu se fier pour changer le lieu du procès.

La défense avait-elle quelque raison pour ne pas remettre tout ceci en question explicitement, en terme d'impartialité et de justice, plutôt que de s'en tenir à des vices de procédure? Le tribunal a-t-il bien saisi que les avocats de Riel tentaient de lui faire comprendre qu'un procès équitable était impossible à Regina (en supposant que ce soit bien ce qu'ils tentaient de faire valoir)? Hugh Richardson, le juge choisi pour entendre la cause, s'y est peut-être farouchement opposé par la formulation même de l'objection.

Richardson n'est pas un juge permanent. Il dépend tout bonnement du bon vouloir du gouvernement. Il ne parle pas français. Un député fera remarquer plus tard aux Communes, en 1886, « que celui qui occupait le poste de conseiller politique et d'agent du droit politique au gouvernement des Territoires n'était pas le meilleur choix pour le procès de Riel parmi trois ou quatre autres juges ». Ce député n'a pas tort surtout si l'on songe que l'une des récriminations sous-jacentes à la rébellion concerne justement l'administration, ou l'absence d'administration de la justice. Richardson reçoit un salaire en tant que conseiller du lieutenant-gouverneur. Il est avocat, mais son expérience du tribunal est limitée et son imagination encore plus, ce qui fait que ses opinions ne sont probablement pas très personnelles. Il déteste les Métis, mais il est probable que cette attitude raciste ne l'aurait pas discrédité aux yeux de la Couronne ou même de l'appareil judiciaire dans son ensemble. Hugh Richardson manque d'originalité; il est faible et sans expérience; il véhicule des préjugés : il constitue l'instrument parfait d'un gouvernement qui s'est fixé comme objectif de démontrer la culpabilité de Louis Riel et de l'exécuter.

L'acte d'accusation

Le problème de l'accusation comporte deux volets : la réglementation en vertu de laquelle on peut porter des accusations contre Riel, et ces accusations elles-mêmes. Sur une possibilité de trois, le gouvernement canadien arrête son choix sur le règlement britannique adopté en 1352 relatif à la trahison (*25 Edward III, stat. 5, c. 2*). En vertu de ce règlement, l'exécution est la seule sentence possible suite à un verdict de culpabilité. En fait la personne reconnue coupable doit être condamnée à être « pendue, traînée et écartelée », bien qu'on ait abandonné ces deux dernières humiliations au XIXe siècle. Rédigé des centaines d'années avant la fondation de l'Empire britannique, le texte contient encore des anachronismes lorsqu'il est question, par exemple, d'un accusé qui a fait la « guerre contre le Seigneur Roi dans son royaume ». Quoi qu'il en soit, cette réglementation est restée la référence habituelle jusqu'au milieu du XIXe siècle, et c'est en vertu de cette loi que les autorités canadiennes ont porté des accusations de trahison générale (ou haute trahison) pendant la guerre de 1812 et suite aux rébellions de 1837 et de 1838. Il s'agit également du principal règlement en vigueur dans les Territoires du Nord-Ouest en 1885 en ce qui concerne la trahison.

L'une des principales caractéristiques ayant mené à l'adoption de la réglementation sur la trahison de 1352 est la doctrine de l'allégeance régionale. Selon Matthew Hale dans son *History of the Pleas of the Crown* (1736) : « Si un étranger, sujet d'un souverain étranger qui entretient de bons rapports avec le roi, vit ici et bénéficie de la protection du roi, et qu'il vient à commettre un acte de trahison, il sera jugé et exécuté en tant que traître, car il lui doit une allégeance régionale. » Pour ce qui est des étrangers nés sujets britanniques, Blackstone énonce ce qui suit de manière traditionnelle et définitive : « L'allégeance naturelle constitue alors une dette de gratitude, qui ne peut devenir déchue, ni être annulée ou modifiée quels que soient le lieu, le moment ou les circonstances. » L'Angleterre a modifié cette interprétation catégorique par la section 6 de la *Naturalization Act* de 1870, *33 Victoria, c. 14,* laquelle stipule qu'un sujet britannique ayant obtenu la citoyenneté d'un autre état « ne devra plus être considéré comme un sujet britannique, mais désormais comme un étranger ». Cette législation a été reprise à peu près telle quelle par le Parlement canadien lors de l'adoption de sa *Naturalization Act* de 1881, *44 Victoria, c. 13*, bien que la loi canadienne permette aux sujets britanniques ayant obtenu la citoyenneté d'un autre État de rester sujets britanniques, pourvu qu'ils le réclament et prêtent le serment d'allégeance au cours des deux années qui suivent l'adoption de la loi. On se demande si la *Naturalization Act* de 1881, entrée en vigueur le 4 juillet 1883, s'appliquait aux Territoires du Nord-Ouest. Si tel n'était pas le cas, il s'agit là encore d'un exemple de l'incapacité du gouvernement canadien d'étendre la protection de ses lois aux citoyens des Territoires du Nord-Ouest. Si la fameuse loi s'était appliquée au cas qui nous occupe, il aurait été impossible d'accuser Riel de haute trahison en tant que sujet britannique. La Couronne tenait à ne pas faire de bévues sur ce point, ce qui a mené à la duplication des accusations comme on le verra plus loin.

La Couronne aurait pu porter des accusations contre Riel en vertu de deux autres réglementations : la *Fenian Act* de 1866, et le *Canadian treason-felony statute* de 1868, *31 Victoria, c 69.* En vertu de la première, un étranger originaire d'une nation en paix avec le Canada se rend coupable de trahison s'il fait la guerre contre le Canada. Mais il aurait probablement fallu que le gouvernement fasse la preuve que Riel était un étranger, ce qui, affirmera celui-ci au procès, est « une responsabilité que la Couronne a choisi de ne pas assumer ». La Couronne aurait aussi pu choisir la seconde, officiellement appelée *Act for the Better Security of the Crown and of the Government* comme ce fut le cas de tous les autres procès pour trahison en 1885. La seule différence entre cette dernière et la loi sur la haute trahison est que, dans la loi *31 Victoria, c. 69,* la peine de mort ne découle pas obligatoirement d'un verdict de culpabilité. La loi sur la trahison et les délits graves est souvent considérée comme moins dure que celle sur la haute trahison, mais ce n'est pas nécessairement le cas puisque les jurés refusent souvent de prononcer un verdict de culpabilité si la mort est la seule sentence possible. Les gens de l'époque ne savaient même pas eux-mêmes en vertu de quelle loi on traduisait Riel en procès! Au moins un des avocats de Riel croyait, au début du procès, qu'on le poursuivait en vertu de la loi de 1868. En 1886, lors du débat sur le procès à la Chambre des communes, Sir Hector Langevin soutiendra de façon spécifique, sinon erronée, l'idée que le gouvernement se référait à la loi sur la trahison et les délits graves.

La question de la citoyenneté est prise en compte par les procureurs et discutée par les avocats dès le début du procès, alors que la défense conteste les procédures. L'acte d'accusation se présente en six point. Les trois premiers débutent par : « Louis Riel étant sujet de Notre Souveraine Dame la Reine, sans tenir compte des devoirs de son allégeance, et sans craindre Dieu dans son cœur… » Les trois autres reprennent pour le fond les trois premiers points, mais décrivent Louis Riel comme « vivant alors dans la Puissance du Canada et sous la protection de notre Dame la Reine, sans tenir compte des devoirs de son allégeance, ni sans craindre Dieu dans son cœur… » Bref, Riel est accusé à la fois d'être sujet de la Reine et de résider au Canada sous sa protection. On s'assure ainsi d'éliminer toute confusion possible sur la citoyenneté de Riel. La défense tente sans conviction d'opposer une exception en raison du chevauchement des accusations. La Couronne réfute l'objection : « Sous trois chefs d'accusation, nous l'avons inculpé en tant que sujet britannique de violation de l'allégeance naturelle et de dérogation à son allégeance régionale », ajoutant : « Il suffit pour un homme de pouvoir vivre dans un pays pour être inculpé de trahison. » On insistera plus tard pour dire qu'il aurait fallu laisser tomber les accusations fondées sur le fait que Riel était sujet britannique, puisqu'on n'en a jamais fait la preuve.

On n'a jamais prouvé la citoyenneté de Riel en cour. La défense aurait dû insister pour obtenir cette preuve, mais encore une fois, elle ne s'en n'est pas donné la peine. Riel restait responsable en tant que citoyen américain. De toute évidence, la défense n'a pas considéré cette exception très sérieusement. Le juge n'a jamais développé les accusations générales lesquelles pourraient bien avoir laissé le jury perplexe. En fait, dès le début du procès, la défense avait déjà décidé de plaider l'aliénation mentale.

La défense exige du temps de préparation

Pour ce qui est des travaux préliminaires, le plus important pour les avocats de Riel est de demander plus de temps pour se préparer. On a exigé du prisonnier, disent-ils, d'assurer sa défense immédiatement après avoir été traduit devant les tribunaux. Non seulement les avocats de la défense demandent-ils un ajournement, mais ils souhaitent que la cour assume une partie des frais de transport des témoins à Regina, et qu'elle produise les documents. Leurs témoins potentiels se divisent en quatre catégories : les Métis qui ont invité Riel en Saskatchewan en 1884, et dont un bon nombre a trouvé asile politique aux États-Unis; les membres de l'*Exovedate* en détention préventive; les médecins en mesure d'évaluer l'état mental de Riel; et un certain nombre de fonctionnaires à qui on a confié les nombreux documents sur le sujet. Ces derniers sont de trois types : les papiers personnels de Riel saisis à Batoche; les diverses pétitions et demandes faites au gouvernement relativement aux revendications des Métis; et les preuves de la citoyenneté de Riel. De tout ceci, on peut en déduire les quatre moyens de défense auxquels les avocats de Riel ont d'abord songé. Ils ont l'intention d'affirmer que Riel a été invité dans le Nord-Ouest avec des intentions pacifiques; que « l'agitation dans les Territoires du Nord-Ouest était constitutionnelle et dans le sens des droits des personnes en cause », qu'aucune rébellion n'a été préméditée; que celle-ci a été menée par l'*Exovedate* et non par Riel qui « n'a participé à aucune bataille ni commis ou toléré aucun acte manifeste de trahison »; Riel a, selon eux, déjà souffert de troubles mentaux, et la rébellion se trouve en partie justifiée par l'absence de politique gouvernementale pour la région.

La Couronne s'oppose à l'ajournement pour un certain nombre de raisons. Si la défense a dévoilé son jeu par ses demandes, la Couronne dévoile également sa propre stratégie par la façon dont elle y fait opposition, ce qu'elle énoncera dans ses grandes lignes au tribunal. Il sera difficile de faire témoigner les Métis en exil aux États-Unis. Les antécédents médicaux de Riel n'ont rien à voir avec son état d'esprit au moment du soulèvement. Les pétitions en vue de remédier à des situations d'ordre constitutionnel ne constituent pas des preuves « pouvant justifier une rébellion armée » et la Couronne les considère comme « absolument inadmissibles ». Celle-ci se dit particulièrement troublée par la demande de la défense voulant qu'on produise tous les documents trouvés entre les mains de Riel à Batoche, car, comme M. Robinson le fait remarquer, nombre d'entre eux concernent d'autres personnes. Ce que la Couronne ne dit pas, c'est son intention de faire porter tout le blâme possible sur Riel, ce qui permettra au gouvernement de traiter bon nombre de ses partisans avec plus d'indulgence. C'est de mauvaise grâce que la Couronne offre une semaine d'ajournement, ce que M. Fitzpatrick de la défense accepte immédiatement, si immédiatement en fait, qu'il semble qu'une entente ait déjà été conclue en privé. Ce sera probablement le point tournant du procès. La Couronne met certainement toutes ses cartes sur la table en annonçant qu'elle s'opposera à toute tentative de présenter comme preuve les efforts précédents de la population de la Rivière-Rouge d'obtenir satisfaction dans l'intention de justifier une rébellion. La défense fait marche arrière dès les premiers signes de fermeté de la Couronne sur ce point, ce qui signifie que le juge Richardson n'a pas à décider de l'admissibilité des documents. Il aurait surtout fallu que la défense insiste davantage et de façon constante sur tous les points, en particulier celui d'amener Richardson à prendre des décisions qui auraient pu être contestées en appel. La Cour du Manitoba, où se tiendra le premier appel, laissera au moins entendre qu'elle aurait aimé qu'on en dise plus sur les documents.

Une audience préliminaire?

La question d'une audience préliminaire se pose de deux façons, ou plutôt en deux temps, soit à l'époque du procès, puis longtemps après le fait. Les contemporains de Riel savent bien que les Territoires du Nord-Ouest ne disposent pas d'un grand jury et que, par conséquent, il n'y aura pas devant lui d'enquête préliminaire, ni d'acte d'accusation. Les éléments du dossier sont déposés à la ville de Hamilton en Ontario, et Riel n'est pas informé des accusations portées contre lui. Les avocats de Riel ne se préoccupent guère de cette situation (que le consul américain de Winnipeg pour sa part, trouve importante). Des critiques ultérieures mettront l'accent sur l'absence d'un grand jury qui représente un risque pour la tenue d'un procès juste et impartial.

L'audience préliminaire n'est pas la même chose que l'enquête préliminaire menée par un grand jury. Cette remarque n'a pas été soulevée en 1885, mais ce sera la seule abordée par le psychiatre canadien R. E. Turner dans le cadre d'un symposium tenu à Vancouver en 1964. Turner rappelle que « c'est une question de droit et de procédure que de se demander, dès le début d'un procès, si l'accusé est apte à subir son procès », rappelant l'article 101 du chapitre 29 du Code criminel du

Canada de 1869 en vertu duquel : « Si on se rend compte qu'une personne accusée d'un délit quelconque est atteinte d'aliénation mentale et que, au moment de l'interpellation, cette même personne est reconnue telle par un jury formé à cette fin, cette personne n'aura pas à subir de procès pour l'acte d'accusation porté contre elle; ou encore, si pendant le déroulement du procès, le jury considère que la personne interpellée est atteinte d'aliénation mentale, le tribunal qui entend la cause peut faire inscrire au procès-verbal l'observation du jury, puis demander que cette personne soit tenue sous bonne garde jusqu'à ce que le bon plaisir du lieutenant-gouverneur soit connu. » C'est l'argument sur lequel s'appuiera L. H. Thomas dans son article publié en 1977 sur le procès de Riel, par lequel il tentera de démontrer que l'inculpé n'a pas bénéficié d'une audience préliminaire équitable.

Thomas Flanagan soutiendra que Riel n'a pas bénéficié d'une audience préliminaire du fait qu'il aurait fallu proroger expressément aux Territoires du Nord-Ouest la réglementation canadienne sur les procès criminels par des dispositions législatives, ce qui n'a pas été fait pour l'article 102 du chapitre 29. Manifestement, cette omission d'appliquer aux Territoires le Code criminel dans son intégralité suggère à quel point le gouvernement canadien négligeait la région. Une telle omission aurait pu justifier un changement de lieu. En outre, du fait qu'aucune loi n'a été adoptée, une audience préliminaire était en réalité « plus ou moins acceptable sur le plan juridique, sinon impossible » comme le prétendra Flanagan. Qui peut dire ce que la cour aurait accepté? Flanagan lui-même affirmera que, dans le cas du secrétaire de Riel, William Henry Jackson, la Couronne contournera cette lacune en le traduisant en procès, puis en laissant le jury déclarer l'accusé non coupable pour cause d'aliénation mentale. Nous ne savons pas pourquoi la Couronne a adopté cette attitude dans le cas de Jackson.

L'audience préliminaire aurait permis d'attirer l'attention directement sur la responsabilité de Riel. Était-il responsable ou non de ses actes? Si le gouvernement avait voulu économiser plusieurs journées d'audience des témoins et laisser Riel plaider la folie, il aurait opté pour l'audience préliminaire. D'un autre côté, il semble peu probable que les experts médicaux auraient alors tranché pour l'aliénation mentale, pas plus qu'ils n'ont pu le faire pour la responsabilité durant le procès.

La poursuite

Dans son exposé initial au jury le 28 juillet 1885, Britton Osler, avocat de la Couronne, décrit brièvement les accusations portées contre Riel et les raisons pour lesquelles il a été cité devant le tribunal. Il rappelle la version de la Couronne relative aux événements qui ont donné lieu à un bain de sang. Il prétend que Riel a ordonné à ses hommes de tirer sur les policiers au Lac aux Canards et que cet ordre constitue son premier acte de trahison. Osler est reconnu pour sa ténacité en tant que procureur et pour son insistance à obtenir des réponses claires de la part des témoins, autrement dit, pour sa férocité. On sait aussi qu'il a l'habitude des détails d'ordre médical. Ce cas lui permet pour la première fois de figurer sur la scène nationale. Osler met l'accent sur les invitations que Riel a lancées aux Autochtones, en particulier à Poundmaker. Il insiste pour dire que Riel tentait tout simplement de soutirer de l'argent du gouvernement. D'après lui, les convictions religieuses de Riel ont figuré au premier plan parce que son Église s'opposait à lui : « C'est au cri de "prophète de la Saskatchewan" que de pauvres dupes de la Saskatchewan Nord (bon nombre d'entre eux auraient dû faire preuve d'un meilleur discernement) devaient se rallier à sa suite, par une combinaison de forts sentiments religieux suivant les méthodes des chefs charismatiques orientaux. » Ce ne sont pas des erreurs et des revendications qui ont causé le soulèvement du Nord-Ouest, mais bien « l'ambition et la vanité personnelles » de Louis Riel.

La Couronne procède ensuite à l'interrogatoire de 15 témoins qui se succéderont rapidement. Les questions visent à susciter des réponses qui associent directement Riel aux divers actes de violence perpétrés et, en général, à noircir sa personnalité. Les contre-interrogatoires des avocats de Riel sont généralement brefs et superficiels, et tentent surtout de mettre en lumière l'irrationalité de Riel. Certains témoins n'ont même pas subi de contre-interrogatoire. Le 29 juillet, au beau milieu du long témoignage de Charles Nolin, Riel sent le besoin urgent d'intervenir. Au contre-interrogatoire, Nolin témoigne que Riel avait des visions, des révélations, et des « inspirations qui se manifestaient dans toutes les parties de son corps ». Nolin parle aussi des 35 000 $ exigés par Riel, et de la façon dont ce dernier aurait manipulé les Métis. À chaque réponse malicieuse de Nolin, Riel s'emporte un peu plus. Nolin décrit ensuite le passage d'un policier à Batoche, à l'hiver 1885, alors que mesdames Riel et Dumont s'y trouvaient. Son récit, plein de sous-entendus, force Riel à intervenir : « Votre honneur, me permettrez-vous de dire quelques mots? » Le juge lui répond qu'il pourra s'adresser à la cour en temps et lieu. Riel insiste : « Si les procédures le permettent, j'aimerais bien dire quelque chose avant que le prisonnier [mot utilisé par Riel] quitte le banc des témoins. »

Le juge tente d'expliquer à Riel qu'il peut suggérer des questions à ses avocats, et M. Fitzpatrick de l'équipe de la défense déclare qu'il faut informer le prisonnier « qu'il doit s'en remettre à ses avocats sans tenter d'intervenir ». Un échange s'ensuit entre Richardson, le prisonnier, les avocats de la Couronne et de la défense. De toute évidence, Riel désapprouve l'attitude de ses avocats qui, eux-mêmes, trouvent que celui-ci « fait obstruction au bon déroulement du procès ». Riel déplore surtout deux choses. Premièrement, ses avocats veulent disculper leur client sous prétexte d'aliénation mentale. Deuxièmement, ses avocats ne posent pas les bonnes questions aux témoins parce qu'ils connaissent mal le contexte. Ses avocats viennent d'une province éloignée, dit-il, et viennent tout juste de prendre connaissance du cas. « Ils posent des questions à des hommes qu'ils ne connaissent pas, sur une situation dont ils ne connaissent rien, et bien que je sois disposé à leur donner tous les renseignements possibles, ils ne peuvent suivre le fil de toutes les questions qui pourraient être posées aux témoins. Il perdent plus des trois quarts des chances qu'ils auraient d'obtenir les bonnes réponses. » Le juge répète à Riel qu'il aura la possibilité de parler en temps et lieu, à quoi ce dernier répond : « Ces possibilités s'évanouissent à mesure que les témoins se succèdent à la barre », ajoutant qu'il y a déjà 200 questions qui n'ont pas été posées par ses avocats.

Le tribunal fait une pause pendant que Riel consulte ses avocats. Ces derniers reviennent en continuant d'affirmer que toutes les questions aux témoins doivent leur être adressées par des avocats. L'équipe de la défense menace de se retirer si Riel insiste pour poser des questions aux témoins. L'accusation, qui se réjouit de constater des dissensions au sein de la défense, se dit tout à fait prête à aller de l'avant avec ce qu'on décidera. Pour ce qui est du juge Richardson, il veut bien laisser Riel participer activement à sa propre défense, tout en l'avertissant que ses avocats ont menacé de démissionner s'il continue d'intervenir. Richardson semble prêt également à laisser beaucoup de latitude à Riel. « S'il s'agissait d'une cause criminelle, je n'aurais aucune hésitation, mais cette cause est bien différente de toutes celles qui se sont présentées au cours de ma carrière. » Mais les avocats de Riel tiennent radicalement à ce que celui-ci n'intervienne absolument pas. Riel admet se trouver dans une situation difficile : « Bien que je préférerais les retenir, je ne veux pas perdre ma dignité. » Il reconnaît que sans ses avocats (et derrière eux ses amis et partisans de l'Est qui les ont embauchés) il se trouverait à la merci du tribunal. Il se voit dans la position de choisir de se défendre lui-même ou d'être « un animal dans un asile », ce qui n'a rien à voir avec « l'existence morale d'un être doué d'intelligence ». Il soutient, par contre, qu'il jouit du droit constitutionnel de se défendre lui-même. C'est à ce moment qu'on remet au juge Richardson un autre document officiel selon lequel le refus d'un tribunal d'accorder au prévenu le droit de contre-interroger les témoins ne viole pas le droit constitutionnel de la défense. La transcription ne rapporte pas le nom de ce document. C'est alors que Richardson prend la décision d'informer Riel qu'il doit s'en remettre complètement à ses avocats. Dans une lettre à Mgr Taché, un observateur, ancien juge de paix, exprime son empathie envers Riel, se disant d'accord avec sa requête et ajoutant : « Je n'aime pas beaucoup comment la défense s'y prend. »

Après cette interruption, l'interrogatoire de Nolin se poursuit et se termine par ces mots : « Si l'accusé n'avait pas prétendu être prophète, il n'aurait jamais pu entraîner les Métis. » Voilà une occasion parfaite pour la défense de commencer à explorer le rôle joué par les visions et l'enseignement religieux de Riel, mais les questions de Me Lemieux, au contre-interrogatoire, portent surtout sur l'effet produit sur le clergé par le fait que Riel « se comportait comme un prêtre » ce qui, en soit, constitue une méprise des convictions religieuses du prisonnier. Riel tente à nouveau de poser une question, ce qui lui est encore une fois refusé. Il est difficile de savoir si son intervention aurait permis d'éclaircir sa position sur le plan religieux, puisqu'il a refusé à ses avocats de la poser pour lui, et que le tribunal a refusé de le laisser la poser lui-même. L'avocat de la Couronne, Me Robinson, résume la situation en ces termes : « Je comprends que le prisonnier affirme ne pas vouloir choisir de laisser à ses avocats toute la charge d'interroger les témoins et qu'il veut participer à l'interrogatoire; qu'il souhaite interroger le témoin, et poser lui-même toutes les questions qu'il veut directement; et je comprends que les avocats de la défense ne peuvent accepter la responsabilité de cette cause si Riel persiste dans cette position. » La défense approuve : « Oui, c'est ça. » Cet échange est suivi de l'interrogatoire de plusieurs autres témoins, et les avocats de Riel continuent de ne pas tirer avantage de ces témoignages, en particulier en ce qui a trait aux convictions religieuses de Riel. Ce dernier n'ouvre plus la bouche.

La procédure de défense fondée sur l'aliénation mentale et les règles établies dans l'affaire McNaghten.

Avant d'examiner les témoignages de la défense qui cherche à démontrer l'aliénation mentale de Riel, il faut voir en détail les précédents sur lesquels se fondent les avocats de l'accusé. Au Canada, avant le procès de Riel, on n'a encore jamais tenté de donner une définition juridique de l'aliénation mentale dans le contexte d'un acte criminel. Il faut souligner qu'il y a une très grande différence entre la définition médicale et l'épreuve du droit à laquelle ce cas est soumis et auquel on applique les règles établies dans l'affaire McNaghten par la Chambre des Lords en 1843. C'est au cours de cette année qu'un jury avait acquitté Daniel McNaghten, responsable de la mort par balle du secrétaire de Sir Robert Peel qu'il avait pris pour ce dernier, grâce à la brillante défense de son avocat, Alexander Cockburn. Celui-ci avait persuadé la cour d'accueillir la preuve médicale soutenant qu'une personne tenue pour saine d'esprit peut entretenir une illusion qui l'amène à perdre toute maîtrise d'elle-même, bien qu'elle soit en mesure de faire la différence entre le bien et le mal. L'acquittement, accompagné d'une sentence à vie dans un établissement psychiatrique, avait alors fait l'objet de sévères critiques de la part de la Reine comme de tout le pays. À la fin, on avait demandé à un groupe de juges de droit commun de formuler une série de questions hypothétiques ayant généralement trait à la défense fondée sur l'aliénation mentale, et en particulier sur la question de responsabilité. Les réponses devaient délibérément faire référence à la défense à laquelle on avait eu recours dans le cas McNaghten, laquelle était fondée sur « l'aliénation partielle ».

La réponse des juges a toujours été considéré comme une règle clé découlant de l'affaire McNaghten, à savoir qu'au moment où l'accusé commettait l'acte, il était atteint d'un trouble mental à un point qui le rendait incapable de juger la nature et la qualité de l'acte ou, que s'il le pouvait, il était capable de savoir que ce qu'il faisait était mauvais. À une autre question sur le recours au témoignage d'experts médicaux qui n'avaient jamais vu le prisonnier avant, mais qui étaient présents tout au long du procès et au moment de l'interrogatoire des témoins, on a répondu qu'il appartient en fait au juge d'évaluer la pertinence d'un tel témoignage. Ceci ouvrait la porte à la possibilité de poser des questions hypothétiques à des experts appelés à témoigner. Presque dès le début, un bon nombre d'avocats, de juges et de médecins ont mentionné que la formulation des règles découlant de l'affaire McNaghten posait des difficultés. Il existe diverses raisons pour lesquelles un prévenu pourrait ne pas être responsable des actes pour lesquels il est cité devant le tribunal. En outre, comme un juriste américain le prétendra en 1871, « il est impossible pour le tribunal de formuler une proposition générale abstraite qui puisse être répétée au jury dans tous les cas, et par laquelle ce dernier devrait déterminer si le prisonnier avait la capacité d'entretenir des intentions criminelles ». Ce juriste poursuit en insistant sur le fait que la formule McNaghten tente d'appliquer une primauté du droit sur une question de fait… et qu'on ne peut appliquer aucune règle judiciaire en vue de résoudre des questions en lien avec la liberté et la vie tout simplement parce que cela a pour effet de diminuer le fardeau du tribunal ou du jury.

Ces questions, celle de la vérification de la responsabilité, et celle du mode de vérification fixé à l'avance par le tribunal où la décision appartient au jury, ont été abordée en profondeur en 1881 dans un procès américain, celui de l'assassin du président James Garfield, Daniel Guiteau. À cette époque, les Américains ont reconnu sans équivoque la distinction importante entre le diagnostic médical d'aliénation mentale, et l'application des règles consécutives au procès McNaghten. Guiteau, lui-même avocat, comprenait fort bien la différence entre aliénation telle que définie par un médecin, et l'aliénation au sens juridique, soit « l'irresponsabilité [...] d'un acte commis sans malice ». Le procès de Guiteau a également été un procès politique dans lequel la poursuite était déterminée à obtenir un verdict de culpabilité afin de faire exécuter le prisonnier et afin de contenter le public qui réclamait sa mort. Peu après la fin du procès, toutefois, beaucoup ont commencé à prétendre que le procès (et le jury) avait ignoré la plupart des témoignages selon lesquels Guiteau aurait été atteint d'aliénation mentale. Aux États-Unis en 1885, on considérait généralement le procès Guiteau comme une effroyable parodie de justice. Le Canada aurait pu tirer des leçons de cette expérience, mais il ne semble pas que ce fut le cas.

Dans le milieu psychiatrique de 1885, beaucoup en étaient venus également à considérer les règles découlant de l'affaire McNaghten comme hors de propos. Aucune primauté du droit officiel ne peut mesurer la responsabilité réelle, étant donné la complexité de l'esprit humain. Le juriste anglais, John Buckmill, fera remarquer en 1854 que la loi ne traite pas du degré de responsabilité même s'il existe une gradation. La question consiste non pas tant à savoir si une chose est bonne, mais plutôt si une personne est en mesure de se conformer à cette connaissance. La maîtrise de soi, plutôt que la compréhension, est le terme clé.

Selon le manuel anglais de médecine légale le plus souvent consulté de Wharton et Stille, « toutes les espèces d'hallucinations exemptent d'une punition l'auteur d'un acte commis alors qu'il est sous l'influence de son délire ». Plus loin, il est question de l'irresponsabilité dans les cas « d'aliénation mentale avec des hallucinations telles que ces patients se croient autorisés par une puissance supérieure à désobéir aux lois du pays [...] » Dans de tels cas, observent les auteurs du manuel, « il est évident que leur mission ne relève pas des moyens habituels de la justice pénale. Pour ces patients, la vérification de leur connaissance du " bien et du mal " pourrait laisser croire qu'ils sont sains d'esprit. Dans ces cas, cette vérification à elle seule ne suffit pas. » De toute évidence, par contre, le juge Richardson n'est pas de ceux qui se posent des questions sur les règles établies suite au procès McNaghten. Dans ses directives au jury, le juge se sert des mêmes termes, ajoutant que c'est la loi. En dirigeant ainsi le jury, Richardson agit clairement à l'intérieur de ce qu'il considère comme les limites de la loi canadienne. La véritable question au sujet du procès de Louis Riel est de savoir si quelqu'un dans le tribunal, en particulier parmi les membres de la défense, comprenait toute la complexité du problème. Il est curieux de constater, qu'ultérieurement, on affirmera qu'il ne fallait pas appliquer les règles de McNaghten dans ce procès puisqu'elles appartenaient à la common law et que cette dernière n'a jamais été étendue aux Territoires du Nord-Ouest, ce qui se fera seulement un an plus tard.

Toute cette question de l'aliénation mentale se complique par la mauvaise entente qui règne en permanence entre Riel et ses avocats sur la plaidoirie de non-culpabilité pour cause d'aliénation mentale, à quoi Riel s'oppose formellement. On ne sait pas vraiment si Riel comprend la distinction entre aliénation mentale et aliénation sur le plan juridique, mais de son point de vue, cette distinction n'a pas d'importance. Qu'il soit reconnu aliéné par les médecins ou les juristes, il finira de toute façon comme un « animal dans un asile ». Au cours du procès, comme nous l'avons vu, Riel affirme clairement son désaccord avec ses avocats. Ces derniers, pour leur part, font tout pour lui imposer le silence. Les avocats insistent en déclarant qu'ils ne suivent pas les directives de Riel, mais bien celles des « autres », probablement des libéraux de l'Est, peut-être du comité pour la défense de Riel qui s'est formé à Ottawa. L'utilisation de l'aliénation mentale signifie plusieurs choses : d'abord que la défense passe beaucoup de temps à interroger et à contre-interroger dans le dessein de prouver que Riel souffre depuis longtemps d'un déséquilibre mental; ensuite, qu'elle ne s'efforce pas autant qu'elle le devrait de trouver une autre stratégie de défense.

Au demeurant, il semble que la défense ne sait pas trop faire la différence entre aliénation mentale et aliénation mentale sur le plan juridique, et que les experts ne les ont guère éclairés sur ce point. La meilleure chance de faire acquitter Riel pour des raisons d'aliénation mentale auxquelles, redisons-le, il s'oppose farouchement, repose sur ses visions et les voix à caractère religieux qu'il dit entendre, et non sur son comportement en général. Si le fait d'être en communication directe avec Dieu signifie qu'il ne peut pas distinguer le bien du mal comme on l'entend habituellement, et bien il est innocent pour cause d'aliénation mentale! J'ai affirmé plus haut dans ce livre que Riel n'était pas fou sur le plan médical, mais qu'il était un véritable prophète et un visionnaire religieux qu'il aurait fallu juger selon d'autres critères. Mais si Riel était sain d'esprit sur le plan médical, il était sûrement déséquilibré en termes de responsabilité morale. Presque tous les savants médecins de 1885 auraient pu se mettre d'accord sur le fait que Riel n'était pas responsable de ses actes si ses convictions religieuses et ses visions étaient authentiques. Pendant un demi-siècle, les études modernes ont déterminé avec quasi-certitude que Riel était plutôt sincère sur le plan religieux. Il aurait fallu que la défense fasse ressortir ce point et, pour ce faire, outrepasser les désirs de leur client, et ceux de nombreux témoins qui voulaient voir dans les expériences religieuses de Riel ou bien une comédie ou bien une véritable supercherie.

Les témoins de la défense

Vient ensuite le tour des avocats de la défense. Leur tout premier témoin est le père Alexis André. Maître Lemieux tente d'établir le fait qu'on avait au préalable communiqué avec le gouvernement avant de faire venir Riel. La Couronne s'objecte. Les arguments avancés sont intéressants. Maître Osler : « Mes doctes confrères ont commencé leur défense d'un cas de trahison en plaidant l'insanité de l'accusé, et ils tentent maintenant de justifier la révolte armée pour le redressement des griefs des inculpés. Ces deux modes de défense sont incompatibles, parce que l'un d'eux n'est aucunement une justification. » Osler indique que la Couronne leur a permis de décrire des documents et des réponses écrites, mais, affirme-t-il, « ce n'est pas une preuve ». Le juge demande : « Supposons que la défense produise ces écrits. » Voici la réponse d'Osler :

> Ils ne pourraient constituer une preuve, ils ne sauraient être une preuve en justification. C'est une chose admise. Il est impossible à mon docte confrère de commencer sa cause avec un moyen de défense, et de la soumettre au jury en se servant indirectement d'un autre. Il va sans dire que cela ne constitue réellement pas une défense aux yeux de la loi et on ne devrait pas insister davantage sur ce point. Si cette preuve est admise, nous serons obligés d'y répondre à divers points de vue, et alors la justification de la politique du gouvernement viendrait en cause.

Le juge Richardson commente ainsi : « Ce serait faire le procès du gouvernement. » Osler renchérit : « Cela constitue une espèce de reconvention contre le gouvernement et cela n'est permis à personne dans un procès pour haute trahison. » Néanmoins, c'est en partie l'argument auquel Riel voudrait que ses avocats s'en tiennent. Bien que Me Lemieux affirme ne pas vouloir justifier l'insurrection, il aurait fallu qu'il insiste le plus possible sur le contexte du soulèvement, ce qui aurait pu influencer le jury en apportant des circonstances atténuantes. Lemieux fait quelques efforts en ce sens, mais ni la Couronne ni le tribunal ne le laisseront insister davantage sur ce point tout au long de son interrogatoire du père Alexis André. Beal et Macleod avanceront, dans *Prairie Fire: The 1885 North-West Rebellion,* que les avocats de Riel avaient abordé cette ligne de défense dans le dessein de montrer à ce dernier que cela ne les avancerait à rien.

Les questions portant sur les opinions de Riel en matière de politique et de religion sont probablement plus prometteuses. Le père André admet que Riel « perdait tout contrôle de lui-même, lorsqu'il abordait ces questions ». Maître Lemieux fait appel à l'expérience du prêtre avec des personnes affligées de manie délirante. André répond en disant que les curés du district le trouvaient « complètement fou en discutant sur cette question ». L'interrogatoire de la défense s'arrête là, laissant à la Couronne le loisir de revenir sur le sujet des 35 000 $ réclamés par Riel. Curieusement, c'est la Couronne qui reviendra sur le sujet des convictions religieuses de Riel. Le père André admet qu'un homme peut être un grand réformateur sans être fou, mais affirme que Riel était dénué de principes en la matière. La défense reprend la question des convictions religieuses de Riel dans son interrogatoire du secrétaire de Riel, Philippe Garnot, qui parle des prophéties et des prières de Riel, ajoutant : « Il ne permettait à personne qu'on le contredît et il voulait qu'on le crût en toute chose. » Par contre, on ne demande pas à Garnot si Riel a eu des visions ou si son univers religieux a influencé son comportement et ses décisions. La défense demande directement au père Vital Fourmond si Riel était ou non sain d'esprit. Fourmond répond que Riel proférait des paroles violentes si on le contredisait. « Il avait des idées extraordinaires sur la Sainte Trinité. » Il insiste pour dire qu'à l'époque de la rébellion, Riel était fou : « Il n'avait pas sa raison. » Encore une fois, les avocats de la défense ne tenteront guère d'établir de lien entre les visions de Riel et ses prises de décision. Ces trois témoins pataugent péniblement en tentant de répondre, mais tous les trois sont d'accord pour dire que Riel perdait tout contrôle quand on abordait le sujet de ses convictions religieuses sur lesquelles il n'acceptait pas qu'on le contredise.

On appelle ensuite François Roy, médecin-surintendant de l'asile de Beauport. Il est le premier expert à témoigner. Au procès de Guiteau en 1881 à Washington, dans le district de Columbia, on avait appelé à la barre plus de deux douzaines d'experts, dont la plupart étaient diplômés en neurologie et autres disciplines connexes. Au procès de Louis Riel à Regina, on n'appellera que quatre médecins, dont trois n'ont pas la formation requise pour occuper leur poste et dont aucun n'est un spécialiste dûment formé. En outre, la défense a dû insister pour qu'on paie les frais de transport et de séjour de deux médecins appelés à témoigner. Les quatre « experts » exprimeront des opinions différentes sur l'état mental de Riel, bien que les deux médecins ayant le plus d'expérience en santé mentale s'accorderont pour dire que Riel était fou. Tous les quatre affirmeront qu'il n'était pas responsable de ses actes si ses hallucinations étaient réelles.

Le docteur Roy admet avoir surveillé attentivement le patient pendant son séjour à Beauport. La plupart des commentateurs du procès ne trouvent rien à redire au fait que Roy a bien connu Riel dans une « vie antérieure », si on peut dire. Mais il est probable que ce soit désavantageux pour Riel, car le docteur Roy est ainsi plus susceptible de confondre le diagnostic posé sur l'état de Riel avec les dispositions des règles de McNaghten, lesquelles ne concernent que la responsabilité du prévenu. Selon le docteur Roy : « Il souffrait de la maladie que les auteurs désignent sous le nom de mégalomanie. [...] Ce qu'il y a de particulièrement caractéristique dans cette maladie, c'est que tous les malades montrent beaucoup de jugement dans toutes les questions qui ne se relient pas immédiatement à la maladie particulière dont ils souffrent. » Roy poursuit en disant que les « malades nous donnent des raisons qui seraient raisonnables, s'ils ne partaient pas d'une idée fausse. Dans ces discussions, ils se montrent très adroits et ils sont portés à l'irritabilité quand vous mettez en doute leur état mental, parce qu'étant fortement sous l'impression qu'ils ont raison, ils considèrent que vous les insultez en voulant les ramener à la raison. » Roy ajoute que la description du comportement de Riel donnée par les témoins indique, selon lui, que « dans ces occasions il n'était pas sain d'esprit » et que, d'après les témoignages entendus, il ne croit pas que Riel « fut en état de contrôler ses actes ». Au contre-interrogatoire, la Couronne tente de suggérer au docteur Roy qu'il a vu un trop grand nombre de patients au cours des années pour pouvoir se souvenir en détail de ce cas précis. Ces avocats tentent ensuite de l'amener à définir avec précision la maladie en question, et de produire ce que Me Osler décrit comme « les caractères qui distinguent le maniaque d'un homme en bonne santé ». À un moment donné, le docteur Roy réplique : « Je ne suis pas un expert en aliénation mentale. » La défense intervient en disant que « Si le témoin ne comprend pas bien les questions, il devrait répondre en français ». On devine avec quel mépris Osler réagit à la lecture de ses propos : « Si le témoin veut se cacher derrière le français, il peut le faire. »

Le témoin répond désormais en français aux questions du contre-interrogatoire, affirmant que l'accusé « tire sa théorie de l'idée qu'il a une mission ». Me Osler demande alors : « Un homme en proie à une idée qui n'est pas contrôlable par la raison, peut-il abandonner cette idée pour 35 000 $? » Roy répond au pied levé que « c'est possible si la personne part d'une croyance erronée ». Osler change rapidement de direction, demandant au docteur Roy s'il est d'accord avec cette proposition : « Une folle illusion n'est jamais le résultat du raisonnement et de la réflexion. »

Encore une fois, le témoin évite avec raison de donner une réponse catégorique. Osler insiste autant qu'il le peut, mais la défense commence à se plaindre de la traduction du témoignage. Osler répond que c'est à la défense de faire venir un traducteur « en faisant venir un témoin dont le témoignage devait être traduit ». La défense fait remarquer que même si on prend note des réponses en français, le jury les reçoit en anglais. Osler répond : « Le témoin peut s'exprimer en anglais, mais on lui a dit de ne pas le faire. Ce n'est pas ma faute. » La véhémence de ses commentaires sur la langue donne à penser qu'il est bien déterminé à empêcher le jury d'être troublé. Osler reprend là où il a laissé : « Dites-vous qu'un homme qui se prétend inspiré, est assez fou pour ne pouvoir faire de distinction entre le bien et le mal? » À quoi le docteur Roy répond : « La chose est possible. » Osler demande si ce ne serait pas la preuve d'une fraude, et le docteur Roy répond que la même idée a été soutenue plusieurs fois; raisonnement qu'il reprendra jusqu'à la fin de son témoignage.

À la fin de son long témoignage, le docteur Roy refuse de se prononcer sur l'état mental de Joseph Smith, mais se dit d'accord que Brigham Young était probablement fou. Osler poursuit : « Diriez-vous que les idées de Brigham Young au sujet de l'inspiration prophétique étaient incompatibles avec la connaissance de ce qui est bien et de ce qui est mal? » À quoi le docteur Roy répond : « Cela demanderait examen. Si vous voulez l'envoyer à l'asile pendant quelques mois, j'étudierai le sujet. » Comme il continue d'éviter de donner des réponses catégoriques, la Couronne laisse aller le témoin avec ce commentaire d'Osler : « Si vous n'y pouvez répondre en anglais ni en français, je ferai bien mieux de vous laisser aller. Vous pouvez vous retirer. » Dans l'ensemble, le docteur Roy s'en est bien tiré malgré des conditions difficiles. Il a su faire face aux questions brutales d'Osler et à ses tactiques tyranniques. Par contre, le jury a peut-être interpréter le fait qu'il soit passé au français comme une preuve de faiblesse. Mais une opinion ressort clairement de ses réponses : Riel n'était pas responsable de ses actes. On ne saura jamais si la nécessité de traduire pour le jury a été préjudiciable à la dernière partie de son témoignage. La réaction de Louis Riel à la présence du docteur Roy ne pouvait qu'être prévisible. En 1877 Riel avait perçu de l'hostilité de la part du médecin et ne voit pas pourquoi il devrait aujourd'hui changer d'avis. En fait, il se réjouissait de l'attitude brutale d'Osler envers l'aliéniste de Québec.

Le docteur Roy est suivi à la barre des témoins d'un autre expert, le docteur Daniel Clark, surintendant de l'asile des aliénés de Toronto. Comme son confrère de Québec, Clark est un médecin dûment formé, mais non spécialisé en neurologie. Bien qu'il ait surtout acquis son expérience en travaillant dans le milieu psychiatrique, il a publié de nombreux articles dans le domaine. D'autre part, en tant que directeurs des deux plus grands asiles du Canada, Roy et Clark sont probablement les deux sommités en matière de maladies mentales au Canada en 1885. Contrairement au docteur Roy, qui connaissait Riel avant le procès, le docteur Clark ne le connaît pas. Il n'a eu l'occasion de l'examiner que trois fois, mais il a assisté à l'interrogatoire des autres témoins. De ce fait, il évite de poser un diagnostic. Il répète tout au long de son témoignage qu'il ne se considère pas lui-même comme un témoin de la défense, mais plutôt comme un expert médical indépendant. Malheureusement pour la plaidoirie de la défense, Clark enlève dès le départ du poids à ses conclusions, et ce, de la pire façon qui soit, en laissant entendre que le prisonnier pourrait bien être un imposteur qui feint la maladie. Sinon, dit Clark, « tout être doué de raison, se plaçant bien sûr à mon point de vue, ne peut en arriver à d'autres conclusions : l'homme qui a eu ces idées et qui a fait ces choses doit certainement être atteint d'aliénation mentale. » Clark compromet ensuite son témoignage en essayant de se dissocier des règles de McNaghten, répondant comme suit à la question à savoir si Riel était en état de discerner le bien du mal : « C'est une distinction métaphysique de la loi au sujet du bien et du mal, et elle est dangereuse, simplement parce qu'elle ne couvre qu'une partie de la vérité. » Comme de nombreux autres témoins experts, Clark tente de profiter de l'occasion pour exprimer son propre point de vue, c'est-à-dire que les règles découlant de l'affaire McNaghten sont « une de ces subtilités métaphysiques dont ceux qui ont une connaissance pratique des asiles reconnaissent la fausseté ». Clark est d'avis que Riel peut très bien distinguer le bien du mal, mais qu'il ne s'est pas comporté comme un homme sain d'esprit l'aurait fait.

Au contre-interrogatoire, Clark affirme que Riel « connaissait la nature et la qualité de l'acte qu'il commettait, sujet à ses illusions, en supposant que ce serait des illusions ». Le scrupuleux et honnête docteur Clark continue de soutenir qu'il lui est impossible de déterminer si Riel feint la maladie ou non après l'avoir seulement examiné à la hâte. Il reconnaît que Riel lui a dit, dans le cadre de l'examen auquel il a procédé le matin même, qu'il était « prophète et qu'il savait que le jury l'acquitterait, car il connaissait les choses à l'avance ». On demande à Clark s'il croit que les convictions de Riel sont compatibles avec des esprits comme Joseph Smith et Brigham Young. Dès qu'il répond qu'il voit en fait une différence, la Couronne écarte le sujet. La défense lui permet de préciser sa pensée : Smith et Young, dit Clark, « d'accord avec le sens commun, ont eu le tact et la discrétion de poursuivre avec succès jusqu'à la fin de leurs jours, une croisade de ce genre ». Selon lui, Riel « ne ferait pas un très bon Brigham Young ou un El Mahdi » (leader religieux islamique du Soudan). Me Lemieux termine l'interrogatoire de la défense en demandant à Clark si Riel pouvait distinguer le bien du mal en dehors de ses illusions. La réponse est oui. Ce n'était vraiment pas le moment de mettre fin au témoignage, car on ne pouvait pas encore avoir la certitude que tous les membres du jury comprenaient que, ce que Clark essayait vraiment de dire, c'est que le fond du problème était justement ce qu'on appelait les « illusions » de Riel.

Dans un article savant publié en 1887, Clark rapporte que, pendant l'une de ses entrevues avec Riel, celui-ci aurait parlé de son livre, ce qui prouve qu'il était un grand prophète. Clark reconnaîtra également que, « sans l'ombre d'un doute », Riel affirmait ce qu'il croyait être vrai. En 1887, Clark n'éprouve que du mépris pour la notion qui rend les juges, les avocats et les membres du jury en mesure de distinguer un aliéné mental d'une personne saine d'esprit. Il insiste pour dire que les personnes qui ont affirmé au procès que Riel était tout à fait sain d'esprit ont formulé un témoignage sans valeur, car une personne peut être aliénée mentale tout en restant rationnelle. Pour Clark, les témoins de la Couronne qui ont affirmé que le prisonnier était « déséquilibré » s'éloignaient assez de ce qu'on avait à dire du côté de la défense. Clark finit par laisser entendre que Riel a été responsable jusqu'aux événements du Lac aux Canards, puisqu'à partir de ce moment, « rien n'indique qu'il savait ce qu'il faisait ». Pourquoi ne pouvait-il pas être aussi catégorique à Regina en 1885? On n'a jamais vraiment réussi à l'expliquer. Il ne voulait probablement pas jouer le jeu de la règle de McNaghten et s'est vivement objecté à laisser des profanes porter un jugement.

La Couronne appelle le docteur James Wallace en réfutation. Wallace est surintendant de l'asile des aliénés de Hamilton en Ontario. Il est tout à fait crédible, mais n'a eu l'occasion d'examiner Riel que pendant une demi-heure, et sera assez honnête pour admettre que, bien qu'il n'ait constaté aucun signe d'aliénation mentale, il serait présomptueux de sa part d'affirmer que Riel n'est pas fou. On aurait dû demander au témoin de se retirer. Mais Me Fitzpatrick de la défense souhaite en savoir plus sur la mégalomanie, cette forme particulière de la maladie mentale que le docteur Roy attribue à Riel. Wallace répond que la mégalomanie est un terme rare, peu usité, à tout le moins par les rédacteurs anglophones. C'est à peine s'il évite de dire « de nos jours ». Il connaît l'existence des travaux de Dagoust sur la mégalomanie (cités par le docteur Roy), mais n'a jamais lu ce qu'il a publié. L'avocat poursuit en essayant de voir jusqu'à quel point Wallace connaît la mégalomanie, mais cela apporte peu d'éclaircissements au jury. L'interrogatoire se prolonge en vue de déterminer si la mégalomanie est une maladie ou seulement un symptôme. Cette discussion ne réussit qu'à prouver que Wallace n'est pas familier avec ce qui s'écrit en français sur la maladie mentale. À un moment donné, il s'écrie : « Je ne veux entendre parler d'aucun auteur français. Je ne les lis jamais. » Peut-être veut-il contester l'expertise du docteur Roy, qui ne semble connaître que les auteurs francophones.

Le dernier expert appelé à la barre des témoins est le docteur Augustus Jukes, chirurgien-major de la police à cheval. Jukes exerce la médecine générale et sa présence au procès parmi les spécialistes semble déplacée. Mais Jukes est un homme articulé, l'un de ces médecins de famille sûr de lui, pratique et sensé qui gagne aisément la confiance de ses patients. Il n'a pas de temps à perdre en verbiages et en divagations de toutes sortes. Comme les jurés, il vient de passer une journée entière à supporter la gymnastique verbale assommante des professionnels, et à la toute fin, il offre un parfait contraste avec eux. Jukes est le médecin de la prison et il a vu Riel qu'il trouve parfaitement sain d'esprit. Au contre-interrogatoire, il admet avoir eu du mal à entendre les dépositions faites dans la salle d'audience, surtout les traductions en français, mais il insiste pour dire qu'il « n'a rien entendu qui ne puisse s'expliquer par d'autres causes, comme par exemple, la fraude ou la simulation ». D'autre part, il affirme : « Un homme pourrait agir sous une folle impression sans que cela impliquât nécessairement qu'il est autrement fou ou incapable de conduire une affaire avec succès, ou qu'il n'est pas responsable de ses actes. » À la question de la Couronne qui lui demande si, en tant que cette hallucination particulière est en cause, cet homme serait responsable de ses actes? Jukes répond non : « S'il est clairement prouvé, s'il est évident qu'un homme agit sous l'effet de l'hallucination, je considère qu'il n'est pas personnellement responsable des actes qu'il commet sous cette influence et qui se rapportent directement à sa manie; mais il faut démontrer, hors de tout doute, que la manie est réelle et non feinte dans un but quelconque. » Il ajoutera plus tard que nombreux sont les hommes qu'on a cru fous et qui sont devenus chef d'une nouvelle secte et que, dans ces cas : « Il est extrêmement difficile de dire à quelle phase une hallucination de ce genre, commencée dans un but d'imposition, peut s'emparer de l'esprit d'un homme au point de le faire sérieusement croire qu'il est inspiré. » Mais Jukes ne voit pas en Riel un autre Joseph Smith, Brigham Young ou Mahomet, lesquels auraient pu être considérés comme ayant eu des hallucinations s'ils n'avaient pas eu autant d'adeptes. Il est d'avis que Riel a inventé ses visions et ses révélations en vue d'exercer une influence sur les Métis. Jukes trouve Riel tout à fait sensé, tout en ajoutant qu'il n'a pas parlé de sa mission ni de religion avec Riel. Il faut noter au passage que Jukes ne prétend pas qu'une personne ayant de véritables illusions, visuelles ou auditives, soit responsable de ses actes. Il exprime simplement l'avis que Riel n'a pas vraiment eu d'hallucinations.

La Couronne appelle comme témoins plusieurs autres personnes qui sont entrées en contact avec Riel durant son séjour en prison. Le capitaine

Holmes Young cite des extraits du carnet dans lequel Riel a pris des notes sur sa mission et où il décrit l'*Exovedate,* ainsi que ses raisons d'agir; le général Middleton dit avoir trouvé le prisonnier « d'un esprit passablement fin »; et le révérend Charles Pitblado, qui l'a accompagné sur le bateau à destination de Regina, rapporte ce que Riel lui a confié de son plan général et de ses intentions pour la rébellion; ses geôliers du moment l'ont trouvé sain d'esprit.

Me Fitzpatrick s'adresse au jury au nom de la défense. Fitzpatrick est un avocat de droit criminel expérimenté. Il parle de façon passionnée et sensible, mais ne se montre guère persuasif. Il expose la question à débattre au jury : d'abord quelles preuves la Couronne a-t-elle apportées des actes de trahison dont on accuse Riel? Ensuite, jusqu'à quel point Riel est-il responsable de ses actes? Fitzgerald affirme qu'il n'a pas l'intention de justifier la rébellion, mais souligne que la population des Territoires du Nord-Ouest, les Métis en particulier, avait des revendications auxquelles on n'a pas donné suite. Fitzpatrick prétend que, même si Riel était sain d'esprit, sa personnalité et sa façon de mener la rébellion dévoilent des traits de caractère qui rachètent ses fautes. Mais la défense se doit de respecter les directives qu'on lui a données, dit-il, c'est-à-dire de présenter Riel comme un dément, non responsable de ses actes. Malheureusement, en parlant du comportement de Riel, Fitzpatrick mélange tout : la religion et l'aliénation mentale, tout comme les définitions médicales et juridiques de l'aliénation. Il ne se contente pas de décrire Riel comme un visionnaire religieux qui communique avec le Saint-Esprit, il tente de poser un diagnostic médical. Fitzpatrick maintient que Riel souffre de mégalomanie et que ses actes sont inspirés par des hallucinations. Si le prisonnier avait été l'homme mal intentionné qu'on veut nous laisser croire, il aurait mené la rébellion d'une toute autre manière. Si tout avait été calculé, n'aurait-il pas manipulé les Métis d'une façon beaucoup plus conventionnelle sur le plan religieux qu'il ne l'a fait? La conduite de Riel correspond en tous points à un esprit dérangé. Se croyant inspiré par Dieu et en communication directe avec le Saint-Esprit, il a amené un petit groupe d'hommes à se battre contre les forces canadiennes.

Cet argument aurait pu s'avérer puissant, mais celui-ci sera immédiatement suivi par le discours de Riel qui fera au jury des affirmations que ses avocats ont déjà désapprouvés. Il aurait mieux valu que la défense appelle Riel à la barre et l'interroge sur ses convictions et sur ses visions religieuses. Malheureusement, sur le plan juridique, cela n'était pas possible en 1885. Le défendeur ne pouvant être interrogée comme témoin lors d'un tel procès. Mais même si les avocats de Riel avaient eu le droit de l'interroger, ce dernier n'aurait pas nécessairement coopéré.

Tout au long du procès, Louis Riel a fait face à plusieurs dilemmes. Devait-il assumer lui-même sa défense et rompre avec ses amis et ses avocats, ou laisser agir ces derniers? Bien qu'ayant arrêté son choix sur cette dernière alternative, il est maintenant prêt à saborder leur argumentation orchestrée avec soin et tente de prouver au jury qu'il est tout à fait sain d'esprit et responsable de ses actes, tout en sachant que, s'il y parvient, cela le mènera directement au gibet. Louis Riel est un orateur doué et perspicace. Le 31 juillet et le 1er août 1885, il s'adresse au jury et prononce le plus brillant discours de sa vie. Riel commence par parler de sa mission, sans la décrire. Il décrit plutôt ses sentiments religieux d'une façon assez orthodoxe. Il sent que Dieu l'a béni par toutes les personnes qui ont témoigné qu'il n'était pas fou. Pour ce qui est de la rébellion, elle « aurait été constitutionnelle et serait considérée comme telle aujourd'hui, si nous n'avions pas été attaqués ». Du point de vue religieux, il veut abandonner Rome, car elle est cause de divisions entre les protestants et les catholiques. Il souhaite une Église œcuménique en Amérique. « Si je suis fou, naturellement je ne m'en rends pas compte. C'est le propre de la folie de ne pouvoir s'en rendre compte. » Mais sa mission, ajoute-t-il, est basée sur « des résultats pratiques ». Il se dit heureux que la Couronne l'ait reconnu comme chef des Sang-mêlé : « Je serai peut-être un jour reconnu pour plus qu'un chef de Métis, et si je le suis, j'aurai l'occasion de me faire reconnaître comme chef pour le Bien, dans ce grand pays. » Il poursuit : « Si cela ne donne aucune satisfaction au docteur, de connaître mon genre de folie, s'ils doivent appeler mes prétentions, de la folie, je le dis humblement, par la grâce de Dieu, je crois que je suis le prophète du Nouveau-Monde. » Dans sa conclusion, Riel soutient que les ministres d'un gouvernement insensé et irresponsable ont pris la résolution « de se précipiter sur moi et sur mes compatriotes. [...] J'étais prêt. C'est ce qu'on appelle mon crime de haute trahison [...] » Il dit avoir travaillé à améliorer la condition de la population de la Saskatchewan, au risque de sa vie et sans salaire. Il admet cependant « avoir toujours espéré pouvoir vivre à l'aise un jour ». Le discours de Riel ne plaide pas nécessairement en sa faveur pour ce qui est de sa santé mentale, mais il est clair que l'accusé ne veut pas être acquitté sous prétexte d'aliénation mentale. Le jury peut aussi bien pencher du côté de l'élément moral que du côté de l'argumentation.

Dans sa conclusion au nom de la Couronne, Christopher Robinson adopte une attitude noble et prononce un discours limpide, reconnaissant sans aucun doute que Riel a lui-même décidé du dénouement en s'objectant au plaidoyer d'aliénation mentale. Il ne sent pas le besoin de revenir sur les preuves, puisque la défense n'a pas tenté de les réfuter. Si le gouvernement a tardé à s'occuper de Riel en 1884 et au début de 1885, il a tardé à accéder aux demandes d'un homme qu'on reconnaît maintenant comme aliéné (parvenant très bien à brouiller les définitions juridique et médicale de l'aliénation mentale). De l'avis de Robinson, Riel n'est ni patriote ni lunatique. L'avocat de la Couronne ne dédaigne pas les jeux de mots, dont le terme « responsable », l'ayant utilisé en sachant très bien que ce mot a une signification particulière dans le contexte du plaidoyer d'aliénation mentale. « J'aimerais savoir si aux yeux de la loi on ne peut tenir le prisonnier à la barre responsable de son crime, qui faut-il tenir responsable? » Robinson aime également les dichotomies qui sautent aux yeux. Ou bien le prisonnier est sain d'esprit, ou bien tous les Métis de la Saskatchewan sont fous. « C'est l'un ou l'autre. » Pour ce qui est des témoignages des experts médicaux, Robinson insiste pour dire que « la vraie nature de la folie est d'être imperméable à la raison ». L'avocat de la Couronne bondit ensuite sur la tentative de la défense, ne pouvant se limiter à décrire l'état de Riel sur le plan spirituel, de poser un diagnostic et d'en faire un cas de mégalomanie. Robinson ajoute que Riel est tout à fait capable de raison et qu'il s'agit d'un homme qui « calcule son coup et dresse ses plans avec astuce ». Tout homme intelligent et sensé est en mesure de décider si une personne est saine d'esprit ou non, tout autant que les experts en la matière. Riel a songé à prendre les armes dès décembre 1884, et la rébellion a été « conçue, inventée, préméditée et préparée [...] Elle a été délibérée et intentionnelle. »

Dans son exposé au jury, le juge Richardson commence par décrire le crime de haute trahison. Il ajoute que pour pouvoir prononcer un verdict de culpabilité, le jury doit déterminer si le prisonnier a été impliqué dans les actes dont on l'accuse, et ce dernier doit aussi répondre de façon à ne pas laisser de doute dans l'esprit du jury en ce qui a trait à son équilibre mentale. Sur ce point, Richardson précise que la loi est maintenant telle que les juges pourraient être en mesure de dire au jury en termes fixes quel est leur devoir, au regard de la responsabilité, dans les cas où l'aliénation est invoquée par la défense. La ligne est tirée très distinctement déclare le juge Richardson. Mais il attire aussi l'attention du jury sur les 35 000 $ réclamés par Riel et sur le fait qu'aucun homme ayant participé au soulèvement n'a cru Riel dément. Le juge revient sur les termes de la loi rappelant aux jurés que « tout homme est censé être sain d'esprit et posséder un degré suffisant de raison pour être responsable de ses crimes jusqu'à preuve du contraire à votre satisfaction. [...] En droit, une défense fondée sur l'aliénation mentale exige qu'il soit clairement prouvé que l'accusé, au moment où il a posé son acte, souffrait d'un tel déséquilibre mental qu'il ne connaissait pas la nature de l'acte qu'il posait, ou bien s'il la connaissait, qu'il ne savait pas que c'était mal. » C'est sur cette loi que le juge Richardson demande au jury de se baser.

Le jury se retire, puis revient au bout d'une heure pour déclarer le prisonnier coupable. Puis l'un des membres du jury annonce : « Votre Honneur, j'ai été prié par mes confrères jurés de recommander le condamné à la clémence de la Couronne. » Le juge dit aux jurés que la recommandation sera transmise aux autorités concernées. C'est le même verdict que celui rendu au procès d'Ambroise Lépine en 1874. En conséquence, on pourrait s'attendre à ce que l'équipe de la défense ait songé à cette possibilité et ait mis le jury en garde dans ses conclusions, au moins si ce jury souhaitait plus que de s'évader complètement de sa responsabilité relativement aux conséquences de ses actes. Dans tout procès pour crimes passibles de la peine capitale au XIXe siècle, les recommandations de clémence n'étaient pas très efficaces et s'avéraient complètement futiles dans un procès pour haute trahison en vertu d'une loi qui prévoyait dans tous les cas la peine de mort advenant un verdict de culpabilité par le jury.

Nous ne savons pas précisément ce qui a motivé le jury à agir de la sorte, mais les remarques subséquentes de plusieurs jurés suggèrent que certains membres reconnaissaient des circonstances atténuantes à la rébellion et se sentaient mal à l'aise avec l'idée que Riel fut responsable de ses actes. Un juré écrira plus tard à Edward Blake ses commentaires sur « la lenteur à agir de Sir John Macdonald, de Sir David McPherson, et du lieutenant-gouverneur Dewdney ». Un autre dira beaucoup plus tard que les jurés passaient souvent la remarque que le ministre de l'Intérieur (Sir John A. Macdonald) aurait dû se trouver dans le box des accusés. Selon un journaliste du *Toronto Mail,* immédiatement après le procès : « J'ai vu trois des jurés qui m'ont dit qu'à leur avis, Riel ne devrait pas être pendu, car ils croyaient que, s'il n'était pas tout à fait aliéné dans le sens habituel du terme, il avait décidément l'esprit dérangé. » Un autre juré sera cité dans le *Toronto Mail* : « Le désir unanime des jurés en recommandant la clémence du tribunal envers l'accusé était de lui éviter la pendaison. »

À l'annonce du verdict, Louis Riel insiste pour faire une autre déclaration. Cette dernière sera beaucoup plus rationnelle et analytique (sinon décousue) que la première. Il décrit les gestes qu'il a posés en 1869-1870 et fait ressortir la situation de 1884-1885 comme il l'a observée, et ce qu'il a fait pour y remédier. Il tente surtout de justifier la rébellion. George Stanley prétend qu'il s'agissait probablement de la première déclaration que Riel avait l'intention de faire, mais qui fut supplantée par le besoin de rejeter la plaidoirie d'aliénation mentale. Par cette déclaration, Riel fait remarquer qu'Ambroise Lépine n'a pas été exécuté en 1874. « Pourquoi? » demande-t-il, « parce qu'il fut recommandé à la clémence de la cour. » Naturellement, il ne faisait pas la différence entre une accusation pour meurtre antérieure à l'amnistie, en 1874, et une accusation pour haute trahison, en 1885. Riel parle beaucoup de sa citoyenneté américaine : « L'idée du septième! [...] J'ai deux mains, j'ai deux côtés à ma tête, j'ai deux pays. » L'idée du « septième » fait référence au principe du don d'un septième des terres du Nord-Ouest aux Sang-mêlé. Si on n'écoute pas son peuple, affirme Riel, « nous nous rencontrerons en tant que citoyens américains ». Il ajoute ensuite : « Je suis citoyen américain et je suis pris ici comme un sujet anglais », ce qui n'est pas tout à fait vrai, mais l'exécution de sa sentence dépendait beaucoup du fait que son pays d'adoption lui vienne en aide ou non. Riel conclut son discours au tribunal en demandant qu'une commission de médecins l'examine afin de déterminer s'il est sincère ou non. Était-il conscient de la possibilité que le jury puisse avoir rejeté la plaidoirie d'aliénation mentale parce qu'il doutait de la « sincérité » de l'accusé? C'est une toute autre question. La sincérité diffère de l'honneur!

Quoi qu'il en soit, le 18 septembre 1885, le juge Richardson prononce la sentence de mort qui veut que Riel soit pendu par le cou jusqu'à ce que mort s'en suive. Pour sa part, le premier ministre John A. Macdonald se dit satisfait. Il écrira au lieutenant-gouverneur Dewdney : « La sentence prononcée contre Riel est satisfaisante. Le Québec tente de mousser un sentiment patriotique envers lui, mais je doute qu'il y parvienne réellement. »

-13-

Après le procès

Le cas Riel ne prend pas fin avec le procès de Regina. Avant l'exécution de la sentence, on assistera à quatre mois de manœuvres juridiques et, même après sa pendaison, la controverse persistera encore longtemps. D'une certaine façon, l'affaire est toujours en suspens.

Recours en appel aux États-Unis

Bien que les amis de Riel au Montana aient offert de lui trouver un avocat américain, rien ne nous dit qu'ils ont effectivement donné suite à leur offre. Ce que nous savons par contre, c'est que le 24 juillet 1885, le consul américain à Winnipeg, James Wickes Taylor, reçoit une lettre de Riel datée du 21 juillet, et postée à Regina le 23 juillet. À cette date, Riel n'a plus l'autorisation d'envoyer de lettres. Par conséquent, Taylor suppose que la lettre lui a été expédiée par l'entremise de son avocat, Charles Fitzpatrick. Taylor est consul à Winnipeg en 1870, et connaît bien Riel. Il fait immédiatement parvenir la lettre au département d'État des États-Unis à Washington, en même temps qu'une autre lettre écrite par Riel à un ami aisé du Québec (probablement le docteur Romuald Fiset qui a contribué aux frais de la défense) accompagnée d'un rapport détaillé du procès de Regina.

Il existe sans aucun doute un lien direct entre le rejet par la cour de Regina, le 20 juillet, de l'objection relative à sa citoyenneté, et la décision de Riel, le jour suivant, d'en appeler directement aux Américains. Riel décrit sa situation à Taylor et ajoute : « En tant que citoyen américain, je demande humblement au gouvernement de mon pays d'adoption de m'aider par votre entremise. » Riel exprime le souhait que le gouvernement américain dise un bon mot en sa faveur, ce qui augmenterait ses chances d'obtenir un procès juste et d'être sauvé. Riel note qu'il a été un bon citoyen au Montana et, qu'à plusieurs occasions, il a servi en tant que shérif adjoint des États-Unis. Il supplie également le gouvernement américain de l'aider à défrayer le coût du procès, se disant « sans moyens ».

Le 5 août, Taylor informe Washington que le procès de Regina a pris fin. Le jury a recommandé la clémence, mais on a tout de même condamné Riel à mort. Le consul à Winnipeg souligne qu'il a déjà fait parvenir un télégramme résumant les premières heures du procès et qu'il envoie maintenant un rapport plus complet de l'exposé de la défense. On y retrouve probablement l'échange au sujet de la citoyenneté de Riel, bien que Taylor n'en fasse pas mention. Il insiste plutôt sur les arguments de ses avocats concernant la constitution du tribunal et sur la compétence du juge, avec un jury composé de six personnes pratiquement choisies par lui, et sans intervention d'un grand jury, en vue de juger une personne accusée d'un délit passible de la peine capitale.

À peu près au même moment, Taylor reçoit une autre lettre de la prison de Regina, datée du 1er août. Riel a écrit deux lettres à Taylor datées de ce jour. La première, qui commence par informer le destinataire que la missive a été confiée à Charles Fitzpatrick, ne semble pas s'être rendue à Winnipeg. Riel ne parle pas de sa citoyenneté américaine dans cette lettre, mais tente surtout de défendre sa conduite lors du soulèvement. Dans la lettre reçue par Taylor, Riel insiste sur le fait que les troubles de 1885 en Saskatchewan sont la suite des troubles de 1869-1870, que le gouvernement d'Ottawa n'a jamais vraiment réglés, et explique pourquoi il veut une enquête complète sur tout ce qui concerne les revendications de la terre des Métis. Cette lettre a également été envoyée à Washington.

À la mi-août 1885, un groupe de Canadiens français résidant à Lawrence, au Massachusetts, fait parvenir une pétition à T. F. Bayard, secrétaire d'État américain, pour le compte de Louis Riel. Cette pétition, qui porte 410 signatures, insiste sur le fait que Riel n'a pas bénéficié d'un procès impartial et fait observer qu'il est citoyen américain. Dans cette pétition, on supplie Bayard d'obtenir l'intervention du président américain pour le compte de Riel. À peu près au même moment, 65 citoyens de Wayland, au Massachusetts, font parvenir une pétition à Me Bayard l'informant que Riel a été privé de ses droits en tant que citoyen américain, et demandant au gouvernement américain de les faire respecter. Les deux pétitions proviennent de communautés que Riel a visitées au cours de ses voyages.

Au début du mois de septembre, Riel envoie lui-même une pétition au président américain, Grover Cleveland, dont l'originale a été envoyée à Washington sans commentaires, par James Wickes Taylor, le 12 septembre 1885. Cette pétition est un document très curieux que Cleveland ne peut guère prendre au sérieux. Le texte commence par rappeler que Riel est citoyen américain et comprend un résumé très partisan des événements de 1869-1870 dans lesquels Riel a joué un rôle de tout premier plan. Ensuite, on y fait mention d'une promesse d'amnistie faite à Riel et non tenue par le gouvernement canadien, concluant que Louis Riel avait le droit de rejeter le pacte que l'Angleterre avait conclu avec lui, mais qu'elle n'a jamais respecté. En conséquence, écrit Riel : « Devant Dieu et devant les hommes, ci-soussigné votre humble requérant, déclarant être natif d'une terre de liberté, a l'honneur de demander à votre Excellence et à votre plus Honorable Ministère l'annexion du Nord-Ouest à la grande république américain. » C'est seulement après avoir offert tout l'ouest aux Américains que Riel demande en tant que citoyen américain, la protection du président. Il ajoute que si sa demande est agréée, il veut que l'on élimine la frontière internationale entre le lac Supérieur et l'océan Pacifique; qu'on nomme James Wickes Taylor gouverneur général de la région ouest, et Riel premier ministre et secrétaire de Taylor. Le président Cleveland ne peut guère agréer à une telle requête et rien n'indique que les Américains aient tenté quoi que ce soit sur le plan diplomatique en référence à Riel.

Le gouvernement américain reçoit une autre pétition, en provenance des États-Unis, en faveur de Riel. Elle est soumise par Ambrose Choquet, avocat de Rochester au nom des « Canadiens français citoyens des États-Unis et résidant dans la ville de Rochester, N.Y. » Choquet reconnaît qu'il a déjà rencontré Riel, et ajoute qu'il vient d'apprendre que celui-ci est devenu fou. Accompagnant sa lettre d'un exemplaire du certificat de citoyenneté de Riel, il demande au gouvernement des États-Unis d'intervenir en vue de prévenir « la pendaison d'un pauvre fou, citoyen des États-Unis ». La pétition comporte 69 signatures et soutient que le procès de Riel a été « arbitraire, partial et injuste ».

Le secrétaire d'État Bayard répond à Me Choquet le 27 octobre 1885. Il assure Choquet qu'il a examiné avec attention sa requête et la pétition qui l'accompagnait. Bayard ajoute que des amis de Riel sont déjà intervenus personnellement auprès du ministère, et qu'ils ont reçu « une réponse verbale complète prenant en considération le fait que Riel se dit de citoyenneté américaine ». La citoyenneté de Riel ne fait aucun doute, mais Bayard en laisse planer un. Il fait remarquer que, même si sa citoyenneté américaine est établie, Riel ne sera pas à l'abri de la justice canadienne puisque dans les circonstances, clairement établies devant ce gouvernement, le délit a été commis sur le territoire du Dominion.

Bayard reviendra sur le sujet en 1889, en réponse à une résolution du Sénat américain, formulée le 11 mars, demandant au président de « faire part au Sénat de ce qu'il sait, ou de l'information qu'il aurait en sa possession, ou sous son contrôle, au sujet du cas d'un certain Louis Riel, aussi connu sous le nom de Louis David Riel, et de présenter des exemplaires de tous les documents, papiers, correspondances, et preuves influant sur le sujet ». Il fait observer que le respect de la résolution dans son sens le plus large exige la production d'une grande quantité de documents, y compris les lettres échangées entre les gouvernements américain et britannique sur la neutralité des frontières et sur la participation des autochtones américains au soulèvement. Dans son sens le plus strict, la résolution fait référence à la « demande de Riel d'être protégé en tant que citoyen américain ». Ce sont les quelques documents sur ce dernier point qui seront transmis. Bayard répète que des amis de Riel ont présenté une pétition en personne, peut-être les citoyens de Wayland au Massachusetts, et qu'ils ont reçu une réponse verbale voulant que, « même si Riel était citoyen américain, il n'échapperait pas aux lois canadiennes si les gestes dont on l'accuse ont été posés sur le territoire de compétence canadienne, et de fait, il a été clairement démontré à ce ministère que le délit a été commis entièrement sur le territoire britannique ». C'est ainsi que se termine le rapport au Sénat, et le gouvernement américain ferme pour de bon le dossier.

Les autorités américaines n'ont jamais reconnu officiellement la citoyenneté américaine de Louis Riel. Dans plusieurs lettres, monsieur le secrétaire Bayard fait référence à « l'allégation » de citoyenneté. Quoi qu'il en soit, le département d'État est prêt à accepter que Riel puisse être exécuté pour trahison en raison de son lieu de résidence, quelle que soit sa citoyenneté. De toute évidence, le département d'État n'a pas l'intention de mettre en péril les relations anglo-américaines afin de sauver la vie de Louis Riel. Si Washington avait manifesté quelque intérêt au sort de Riel, les choses auraient bien pu tourner autrement. Riel n'a pas pris la citoyenneté américaine pour des raisons politiques. Mais lorsqu'en 1885 sa vie était menacée, les États-Unis l'ont laissé tomber. En toute justice, on peut également dire que Riel les a laissé tomber lorsqu'il a découvert que sa citoyenneté ne suffisait pas à le rendre heureux, et qu'il a décidé de retourner en Saskatchewan.

Recours en appel au Canada

Louis Riel fait appel de sa condamnation par un tribunal des Territoires du Nord-Ouest en vertu de l'Acte des Territoires du Nord-Ouest de 1880, devant la Cour du Banc de la Reine du Manitoba, selon les termes du statut de 1880. En conséquence, le gouvernement canadien demande au juge Hugh Richardson, qui a présidé l'audience, de reporter la date d'exécution du 18 septembre au 16 octobre 1885. Le tribunal d'appel ne peut écarter la déclaration de culpabilité, il ne peut que la confirmer ou ordonner un nouveau procès. Les trois juges qui entendent l'appel, soit Lewis Wallbridge, Wardlaw Taylor et A. C. Killam, ont tous été nommés par les conservateurs. Un autre juge de la cour qui aurait pu être sympathique à Riel, Joseph Dubuc, est absent. Les avocats qui ont interjeté appel comprennent Fitzpatrick et Lemieux, ainsi qu'un avocat du Manitoba nommé John S. Ewart, impliqué dans la question des écoles du Manitoba. La cour décide d'entendre l'appel, mais dit ne pas pouvoir faire venir Riel à Winnipeg pour les délibérations.

Les trois juges du Manitoba s'entendent pour louanger le zèle et les efforts de la défense, ignorant manifestement le fait que Riel a, de toute évidence, totalement désapprouvé la stratégie adoptée par ses avocats. La défense soulève quatre motifs pour faire appel, deux contre la régularité des procédures et deux sur le fond. Les motifs relatifs aux procédures sont faibles. On déplore premièrement que l'appelant ait été mis en accusation devant un magistrat qui n'avaient pas juridiction pour instruire ce procès. On déplore aussi que, durant le procès, on n'ait pas pris de notes complètes par écrit des témoignages, mais que ces notes ont été prises par des sténographes nommés par le juge. Ces derniers complétaient leurs notes ultérieurement. On ne fait aucune mention des problèmes de traduction d'un tribunal supposément bilingue dans un procès auquel participaient de nombreux francophones. Le premier motif sur le fond concerne la juridiction du tribunal. On en avait traité longuement devant le juge Richardson lequel a rejeté l'argument. Le tribunal manitobain se dit d'accord avec le juge Richardson. Autrement, il aurait fallu remettre en question une décision rendue par deux de ces trois juges dans une autre procédure d'appel pour des motifs similaires, ce qui aurait pu entraîner toute l'administration de la justice dans l'Ouest dans le chaos. Finalement, les juges d'appel rejettent la plaidoirie de la défense fondée sur l'aliénation mentale. Ils prennent la peine de souligner que les avocats de Riel ne se plaignent pas d'injustice, ni de l'exposé du juge au jury, comme si cela aurait eu de l'importance advenant le cas où on aurait soulevé la question. George Goulet, auteur d'un livre récent sur le procès de Louis Riel, fait observer que la défense ne se plaint pas de l'absence des documents que Riel voulait tant qu'on produise, ni même de l'absence des témoins que Riel jugeait essentiels à sa défense. Si on est resté silencieux sur ces points c'est, bien sûr, en raison de la ligne de défense adoptée par les avocats de Riel, à laquelle ces mêmes avocats pouvaient difficilement s'objecter.

En outre, nulle part au cours du procès en appel n'a-t-on mentionné la participation d'un des juges du Manitoba, Lewis Wallbridge, à la planification de la stratégie de la Couronne en vue d'engager des poursuites judiciaires contre Riel. D'ailleurs, cela n'aurait pu se faire, puisque la participation en question a pris place en arrière-scène et n'a été découverte par un chercheur que plus d'un siècle après le déroulement des événements. Non seulement Wallbridge a-t-il donné un conseil important au gouvernement sur la tenue du procès, mais il a également aidé à orchestrer les procédures d'appel dans un autre cas impliquant le tribunal de Regina, lequel a constitué un précédent pour la décision de la cour d'appel dans le procès de Riel. Bien qu'il ait admis que les juges donnaient des conseils au gouvernement, en privé, à cette époque, Me Ronald Olesky a affirmé que « le comportement de Wallbridge en coulisse a certainement outrepassé les frontières de la légalité, même selon les normes de l'époque ». Wallbridge aurait dû se retirer de lui-même. Mais il ne s'attendait sûrement pas à ce que sa participation privée vienne à la connaissance du public. Si ce conflit d'intérêts pouvait constituer une raison suffisante pour renverser la condamnation de Riel de façon posthume, voilà une tout autre question. Le pardon ne repose pas sur un seul fait, mais plutôt sur la possibilité que la Couronne, comme Olesky l'accuse dans son article sur le procès de Riel, ait « exercé son pouvoir discrétionnaire injustement » ou que, pour une raison quelconque, Riel n'ait pas bénéficié d'un procès équitable.

De la Cour du Banc de la Reine, le cas Riel est ensuite directement soumis aux Lords du Comité judiciaire du Conseil privé à Londres, sans passer par la Cour suprême du Canada. Le gouvernement canadien espère que le Comité judiciaire prenne sa décision rapidement, soit avant que la période de remise de la sentence soit expirée. Le gouvernement craint qu'un autre délai avant l'exécution de la sentence n'entretienne l'espoir au Québec qu'on épargne la vie de Riel. Le Comité remet les procédures au 21 octobre, car on attend que Charles Fitzpatrick, l'avocat de Riel, arrive pour plaider la cause en personne. Les Lords n'ont pas entendu l'appel, en fait, mais seulement la demande d'une autorisation d'appel. Cette requête n'aborde pas la question de l'état mental de Riel, et les motifs d'appel se réduisent au problème de juridiction et au fait que les notes aient été prises uniquement par un sténographe. Le Comité du Conseil privé indique dans sa réponse que l'on « n'a pas prétendu que les faits tels qu'allégués n'ont pas été prouvés, et l'on n'a pas nié non plus devant le tribunal de première instance ou devant la Cour d'appel du Manitoba que les actes attribués au condamné constituaient un crime de haute trahison », ce qui signifie que les avocats de Riel n'ont pas bien fait leurs devoirs. Le Comité fait observer que le seul fait établi devant le jury est l'invocation de la folie pour justifier la non-culpabilité de Riel. Le jury a rejeté cette défense et, à présent, cette décision n'est pas contestée. Le Comité soutient donc que le fait de mettre en doute la juridiction d'un tribunal (c'est-à-dire le droit du Parlement canadien de promulguer l'Acte des Territoires du Nord-Ouest de 1880) serait plutôt malveillant. Pour ce qui est de la prise des notes, les avocats de Riel ne déplorent aucune imprécision ni aucune erreur. Étant donné les faiblesses de cette requête, son rejet est inévitable.

George Goulet dit qu'il lui est impossible d'expliquer pourquoi les procédures d'appel sont passées directement du Manitoba à Londres, sans passer par la Cour suprême du Canada. Avant le procès, la Couronne a certainement anticipé le fait que la Cour suprême puisse entendre l'appel. Aucun autres commentateurs n'offre de réponse valable à cette question qui demeure l'un des nombreux mystères qui entourent les procédures judiciaires entreprises contre Louis Riel en 1885.

Dernières manœuvres

Comme nous l'avons vu précédemment, le gouvernement n'était pas tenu de faire exécuter Louis Riel. La décision initiale à cet effet découlait, bien sûr, de la décision d'accuser le chef métis de haute trahison. Mais cette décision n'était pas irréversible en dépit des termes de la loi voulant qu'un verdict de culpabilité du jury se traduise invariablement par la peine de mort. Il semble que Sir John A. Macdonald et le gouvernement conservateur aient confirmé à la fin août et au début du mois de septembre la décision antérieure. Le gouvernement s'est fondé sur des éléments d'ordre pratique pour décider de la clémence ou de l'exécution de la sentence. Qu'est-ce qui lui serait le moins nuisible? Laisser la justice suivre son cours ou faire preuve de clémence? L'opinion publique de l'Ontario est plus qu'en faveur de la pendaison alors que l'opinion publique du Québec s'y oppose avec tout autant d'énergie. Le sort de Riel dépend beaucoup de la réponse à cette question : laquelle de ces deux provinces gardera rancune le plus longtemps au gouvernement et sera la plus prompte à le punir à la prochaine élection. Un correspondant de Sir John A. Macdonald lui écrira à la fin du mois d'août : « Si Riel est épargné par une intervention quelconque du gouvernement, on peut s'attendre à une grave rupture avec les conservateurs de la province de l'Ontario et même d'ailleurs. Si la sentence est exécutée, le Québec s'agitera en surface, mais les libéraux des autres provinces n'oseront pas faire alliance avec eux sur cette question, et s'ils le font, tant pis pour eux. »

L'orangiste Dalton McCarthy soutient que l'Ontario réagit davantage au désir du Québec de sauver Riel qu'au sort de Riel lui-même. Par contre, un autre député prétend qu'un bon nombre de « nos amis » ne voteront pas conservateur si Riel n'est pas pendu. Au début du mois de septembre, Macdonald semble avoir fait son choix. Il met le gouverneur général au courant de sa décision, avant le départ de ce dernier pour une tournée en Colombie-Britannique le 12 septembre. Il faut, dit-il, que la justice suive son cours. Naturellement, le gouvernement ne fait aucune déclaration publique. Macdonald et ses collègues, mais surtout le premier ministre, ont une dernière chance de changer d'idée étant donné que la loi prévoit une révision finale.

Dans le cadre du débat qui suivra en 1886 à la Chambre des communes, un critique du gouvernement (Me Amyot) souligne que la loi en vertu de laquelle Louis Riel a été traduit en procès précise que, dans le cas d'une sentence de mort, le magistrat « doit faire parvenir au ministre de la Justice toutes les notes sur la preuve, en plus de son rapport, et que l'exécution doit rester en suspens jusqu'à ce que celui-ci ait effectivement reçu ce rapport et que la décision du gouverneur soit transmise au lieutenant-gouverneur ». Comme Amyot le fera remarquer au cours des débats, « le gouvernement ne laisse pas la justice suivre son cours, comme dans les cas ordinaires, mais ordonne l'exécution de la sentence ». L'expression « décision du gouverneur » signifie en pratique « décision du Cabinet ». Lord Dufferin a agi sur la sentence de mort d'Ambroise Lépine en 1875 à sa propre initiative, mais probablement avec le consentement d'un gouvernement qui ne souhaitait pas prendre part à une telle décision. En 1885, le gouvernement Macdonald ne pouvait pas vraiment faire autrement que de sanctionner une sentence de mort qu'il avait tenté d'obtenir par tous les moyens.

La loi ne précise pas la nature de la révision. Plusieurs ministres souhaitent une enquête privée sur la santé mentale de Riel. Le Cabinet peut difficilement prendre au sérieux tout argument voulant que Riel ait été justifié de résister à la loi, mais la question de la santé mentale de Riel demeure, si ce n'est lors de la résistance, du moins au moment de l'exécution. Le gouvernement nomme une commission médicale avec pour mission d'examiner Riel. L'exécution est remise d'une semaine afin qu'on puisse procéder à cet examen. La commission est composée du docteur Augustus Jukes, qui a déjà témoigné dans cette affaire, et de deux nouveaux « experts », le docteur Michael Lavell du pénitencier de Kingston (un conservateur de la circonscription de Macdonald) et le docteur François-Xavier Valade d'Ottawa. Valade n'a guère d'expérience dans le domaine de la santé mentale, et il est à la fois fonctionnaire à Ottawa et « client » du ministre de la Milice et de la Défense. Le premier ministre donne des directives détaillées en privé au deux membres externes de la commission. Il leur rappelle qu'ils ne doivent pas évaluer la santé mentale de Riel au moment où il a posé ses actes de trahison, mais au moment présent. Macdonald ajoute de la confusion en précisant que l'enquête sert à déterminer « s'il a perdu la raison au point de ne pas pouvoir distinguer le bien du mal et de ne pas être responsable de ses actes » ce qui correspond à la formulation de la règle McNaghten. Macdonald semble vouloir établir une distinction entre la responsabilité de Riel, dont il a été question au procès, et son irresponsabilité subséquente, car seulement un désordre mental actuel peut justifier l'internement. Mais c'est là une utilisation regrettable des termes de la formule.

Deux des membres de la commission, le docteur Lavell et le docteur François-Xavier Valade qui ont tous deux « examiné » Riel en se faisant passer pour journalistes, en sont arrivés à des conclusions opposées à savoir si Riel était effectivement un « être responsable ». Lavell est d'avis que le prisonnier a des idées singulières sur la religion, mais qu'il s'avère un « être responsable capable de distinguer le bien du mal ». Valade soutient que Riel « n'est pas un être raisonnable, qu'il est incapable de distinguer le bien du mal en matière de politique et de religion; que telle est, à mon avis, la forme caractérisée de la démence dont il souffre indubitablement ». Il croit par ailleurs que pour ce qui est du reste, il est bien raisonnable et peut distinguer le bien du mal. Le docteur Jukes a d'abord cru que Riel était tout à fait sain d'esprit et responsable sauf pour ce qui est de « certains sujets religieux et privés (mystères divins par exemple) ». Par contre il se reprendra plus tard et écrira une lettre suggérant qu'on examine les écrits de Riel afin de déterminer la sincérité de sa pensée. Dans sa première lettre, Jukes confesse également : « J'avoue que je serais heureux si la justice et les clameurs populaires pouvaient être satisfaites sans priver cet homme de sa vie. »

On se demande bien ce que le gouvernement et les médecins croyaient pouvait obtenir de cette commission. Si on voulait vraiment déterminer l'état de santé mentale de Riel, pourquoi avoir énoncé la tâche de la commission dans les termes de la règle McNaghten, puisqu'il s'agit là du test servant à déterminer l'aliénation au point de vue juridique et non médical. Ce que Sir John A. Macdonald voulait probablement savoir, en octobre 1885, c'est si Riel était suffisamment sain d'esprit pour être exécuté, mais il n'était pas nécessaire dans ce cas de parler de responsabilité. Quoi qu'il en soit, le gouvernement a ignoré l'opinion de Valade et la recommandation de Jukes pour de fausses raisons. Riel était probablement suffisamment sain d'esprit en novembre 1885. C'est au sujet de son état mental au moment de la rébellion qu'on s'est fourvoyé. Dans les débats qui ont suivi à la Chambre des communes, et dans une note émise après l'exécution, le gouvernement a manipulé le rapport de Valade au moment de le dévoiler au public, omettant l'expression qui disait que Riel « n'est pas un être raisonnable ». En bout de ligne, mise à part la mauvaise foi du gouvernement, celui-ci avait un choix, un choix qu'il a exercé selon des motifs purement politiques. Il n'était pas nécessaire de faire exécuter Riel. Il n'était pas nécessaire non plus de lui accorder un pardon. On aurait pu commuer la sentence « au gré de Sa Majesté » à la prison à vie sans possibilité d'être relâché sur parole, ou à un internement à vie dans un asile. Il y avait des précédents, y compris l'internement à vie à l'asile Broadmoor, en 1872, du meurtrier américain William Minor, atteint de folie. Ce dernier en avait d'ailleurs fait sortir quelque chose de constructif, en mettant son érudition à profit et en fournissant la plupart des preuves linguistiques de l'*Oxford English Dictionary.* Il faut cependant noter qu'au sujet de la prison ou de l'internement à vie, un nouveau gouvernement aurait très bien pu les révoquer et que Riel aurait pu être remis en libéré, idée à laquelle le gouvernement ne pouvait se résoudre.

Les ministres canadiens se réunissent à nouveau le soir du 12 novembre, pour discuter de la question et confirmer la décision d'exécuter la sentence malgré les menaces de défection d'un certain nombre de Canadiens français. Avant cette rencontre, une grande controverse avait vu le jour entre Caron, ministre de la Milice et de la Défense, et le secrétaire d'État, Joseph-Adolphe Chapleau, sur les conséquences au Québec de la pendaison de Riel. Caron prétendait que tout le monde aurait oublié l'affaire en moins d'un mois. Chapleau s'attendait à ce que la population leur réserve bien des souffrances, à lui-même et à ses collègues, mais surtout à lui-même, étant donné le fort sentiment d'opposition dans sa province. Toutefois, Chapleau restera fidèle au premier ministre, préférant après tout se battre et « couler avec le vieux vaisseau, sous l'ancien drapeau ». Les trois ministres canadiens-français se disent d'accord avec l'exécution. De cette rencontre découle un énoncé de politique qu'on remet au gouverneur général. Celui-ci y apporte quelques modifications et le fait parvenir au *Colonial Office*. L'explication officielle veut qu'il soit difficile de pacifier le Nord-Ouest sans faire de Riel un exemple. Il serait difficile de justifier l'exécution des chefs indiens si le chef métis est épargné. Il n'existe aucune revendication légitime des Métis et Riel est plutôt sain d'esprit. La note met l'accent sur l'état mental de Riel qui, s'il devait changer au point de différer de ce que les tribunaux ont pu constater, et si la sentence de mort devait être exécutée sur une personne incapable de réaliser sa propre situation ou les circonstances qui ont mené à son emprisonnement et à sa punition, « à mon avis, dans de telles circonstances, il ne faudrait pas le pendre ».

Le gouvernement est prêt à détenir Riel en tant que condamné subséquemment déclaré aliéné, mais il se trouve que l'examen médical n'a pas détecté de différence dans son état mental. De toute évidence, le gouvernement n'est pas prêt à faire emprisonner Riel à vie sans raison. Au Québec, certains souhaitaient qu'on applique la clémence, mais la hiérarchie catholique entretient des réserves à propos de Riel en raison de ses idées religieuses. Somme toute, il fallait ignorer la demande de la population du Québec de sauver la vie de Riel, de même que l'opinion des experts médicaux. Le Cabinet a donc ignoré les conclusions du docteur Valade et la suggestion de Jukes, et a ordonné l'exécution. Ce que l'explication officielle ne dit pas, c'est que l'Ordre d'Orange et un bon nombre d'Ontariens avaient insisté pour que Riel soit pendu, et que le gouvernement Macdonald avait décidé d'écouter ce segment de l'opinion publique. « Il doit être pendu, aurait dit Macdonald, même si tous les chiens du Québec aboient pour qu'il ne le soit pas. » Riel maintiendra qu'en dépit du pardon conditionnel qui lui a été accordé en 1875, on s'apprête à le pendre, de fait, pour la mort de Thomas Scott. Bon nombre de ses contemporains et bien des experts par la suite se diront d'accord avec lui.

Le 16 novembre 1885, à 8 h, on déverrouille la porte de la cellule. Riel porte un crucifix et suit l'abbé Charles McWilliams. La police montée les escorte et le père André ferme la marche. Avant d'atteindre l'échafaud, Riel pardonne à tous ses ennemis et remercie tous ceux qui l'ont aidé. Après qu'on lui ait mis la corde au cou et masqué le visage, il récite le « Notre-Père » avec l'abbé McWilliams. La trappe s'ouvre avant même qu'ils n'aient terminé et Louis Riel tombe dans le vide. Il est mort.

On attend du gouvernement d'Ottawa l'autorisation de prendre possession du coprs en vue de lui offrir une sépulture, ce qui prendra quelques jours. Le 18 novembre, le cercueil contenant le corps de Riel est ouvert en présence de témoins, car des bruits courent à Regina que la dépouille de Riel a été mutilée. Les funérailles ont lieu le matin du 19 novembre à l'église St. Mary de Regina, et le corps revient à Winnipeg par chemin de fer, dans un wagon de marchandises, le 9 décembre. Trois jours plus tard, la dépouille de Riel est devant l'autel de la cathédrale de Saint-Boniface bondée de Métis et de connaissances. L'abbé Georges Dugas chante la messe de requiem. Riel est enterré dans le cimetière de la cathédrale, près de son père.

La disposition des insurgés

Les prisonniers métis

Sauf pour William Henry Jackson, déclaré non coupable en raison d'aliénation mentale le 24 juillet, puis envoyé à l'asile d'aliénés au Manitoba d'où il s'échappera pour fuir aux États-Unis, les autres membres de l'*Exovedate* capturés par les Canadiens devront attendre la fin du procès de Riel avant d'être traduits en justice. Le gouvernement avait déjà décidé de faire porter le fardeau de la responsabilité de la rébellion sur les épaules de Riel, et bien qu'on l'ait menacé de juger tous ses complices pour haute trahison, c'était probablement pour les intimider et les amener à plaider coupable à l'accusation de trahison et d'acte délictueux grave, et éviter ainsi des procès devant jury. Malgré qu'on soit arrivé à un verdict de culpabilité dans le cas de Riel, par la combinaison de sa propre éloquence et des lacunes de la défense, on ne pouvait jamais être sûr du dénouement d'un tel procès, même composé de six hommes des Territoires du Nord-Ouest. De longs procès devant jury n'auraient servi qu'à garder plus longtemps sur la scène publique l'affaire de la rébellion, et quelles qu'aient été les sentences, se seraient révélés désastreux. L'acquittement, d'une part, aurait semblé justifier la rébellion, tandis qu'une sentence sévère aurait fait des Métis des martyrs. Le gouvernement a donc décidé de les laisser tranquilles, parce que les prisonniers métis « n'étaient pas des meneurs et ont plus ou moins été entraînés par la force ». Cette position venait appuyer la stratégie contre Riel. Naturellement, cette situation encourageait les autres prisonniers métis à rejeter tout le blâme sur Riel. Charles Nolin y a mis toute sa créativité comme lors du procès de ce dernier. Cela faisait très bien l'affaire des prêtres que Riel soit montré du doigt comme le fauteur de troubles, les pauvres Métis faisant figure de victimes mal guidées. De surcroît, les divers prisonniers des Métis ont pu ajouter leur grain de sel.

Le 14 août, les conseillers métis comparaissent, en l'absence d'un jury. Philippe Garnot, Pierre Parenteau, Maxime Lépine et huit autres accusés reçoivent une sentence de sept ans de prison. Trois autres sont condamnés à trois ans et quatre à un an. Parmi les prisonniers, sept sont libérés sous condition et quelques autres (André Nault, Abraham Montour) n'ont jamais vraiment comparu officiellement en cour. Le système de justice canadien décide de porter son attention surtout sur les Indiens.

Les Métis en exil

Quelques Métis ont réussi à traverser la frontière, dont Gabriel Dumont et Michel Dumas, ainsi qu'un certain nombre d'Autochtones. Le biographe de Dumont, George Woodcock, rapportera que ce dernier aurait passé l'été 1885 à tenter de faire évader Louis Riel de sa prison de Regina. Il aurait réussi à préparer une série de relais en vue de procurer des montures fraîches à Riel et à ses libérateurs. Aucun de ces plans n'a évidemment réussi, car le gouvernement avait placé des troupes de policiers à cheval aux portes de la prison. Ces troupes y sont restées jusqu'à l'exécution de Riel. D'après les espions du gouvernement, la plupart des exilés se sont rendus à Sun River, et les Dumont se sont établis dans la région de Lewiston au Montana. Plus tard, Gabriel Dumont acceptera une offre de Buffalo Bill Cody de se joindre au *Wild West Show*. Il se présentera en spectacle en compagnie d'Annie Oakley pendant une partie de la saison. En 1888, le Canada amnistie officiellement les rebelles, et Dumont rejoindra les autres exilés métis qui ont décidé de rentrer au Canada.

Les Sang-mêlé anglophones et les défenseurs blancs

Le seul homme blanc jugé pour la rébellion de 1885, à part Jackson, est Thomas Scott, qui porte ironiquement le même nom que la victime de Riel en 1870. Le sort de Scott constitue la meilleure preuve de ce qu'une défense agressive aurait pu faire pour Louis Riel, bien qu'il soit assez difficile de comparer le cas de Riel à celui de Scott. Celui-ci est l'un de ceux qui ont fréquenté les rebelles, et a probablement été de mèche avec eux, bien qu'il n'ait jamais pris les armes. L'avocat de Scott, Henry J. Clarke, était procureur au procès d'Ambroise Lépine. Dans son discours d'ouverture au jury, il résume l'histoire du Nord-Ouest dans ses moindres détails. La population de la région n'a cessé de subir l'injustice « jour après jour, semaine après semaine, et mois après mois, jusqu'à ce que quinze années se soient écoulées, alors qu'ils étaient encore aussi loin d'un règlement qu'ils l'étaient quinze ans plus tôt ». Clarke soutient qu'il était nécessaire de faire comparaître un homme blanc pour faire plaisir au Québec. Cet homme est victime d'une persécution politique affirme-t-il. Les personnes présentes au tribunal applaudissent à tout rompre lorsque le jury prononce l'acquittement au bout de 20 minutes à peine. Ce fut ensuite le tour du Sang-mêlé anglophone Magnus Burston de subir son procès pour trahison et infraction majeure. La preuve est à peu près la même que dans le cas des accusés autochtones, mais dans ce cas-ci Burston est acquitté.

La disposition des insurgés autochtones

Le premier Autochtone à subir son procès après Riel est One Arrow, chef des Cris de la réserve située à l'est de Batoche. Il comparaît le 13 août devant le juge Richardson et un jury de six personnes. On l'accuse de trahison et d'acte délictueux grave. Il plaide non coupable. Selon Beal et Macleod, l'interprète traduit l'acte d'accusation en cri comme suit : « accusé d'avoir donné un coup de point dans le bibi de la Reine et de lui avoir donné un coup d'épée dans le dos ». One Arrow demande à l'interprète : « Es-tu saoul? » Aucun témoin n'est vraiment en mesure de rapporter quelque délit que ce soit commis par One Arrow, bien qu'il se trouvât près de Batoche au moment de la bataille. Les observateurs le trouvent trop faible et trop confus pour être coupable de grand-chose. Mais B.B. Osler soutient que One Arrow doit prouver qu'il se trouvait dans la région sans mauvaise intention. Ça ne doit pas être facile pour le jury, car Osler et l'avocat de la défense, Beverly Robinson, se chamaillent pendant un bon bout de temps sur la nature de la preuve requise pour déclarer le prévenu coupable, sans compter les propos du juge Richardson qui n'aident pas non plus. Il faudra bien dix minutes au jury pour prononcer un verdict de culpabilité. Le juge condamne One Arrow à trois ans de pénitencier, en dépit de son âge et de son état de faiblesse générale. Son état de santé décline rapidement au pénitencier de Stony Mountain au Manitoba. Il se convertit au catholicisme et est libéré en 1886 parce que le gouvernement ne veut pas qu'il meure en prison. On l'emmène à l'archevêché de Saint-Boniface, résidence de Mgr Taché, où il s'éteint peu après. La condamnation de One Arrow prépare la voie au jugement des autres prisonniers autochtones. Ni la Couronne ni les jurés ne feront preuve de clémence.

Vient ensuite le tour de Poundmaker dont le procès a été prévu par le gouvernement le 17 août, devant le juge Richardson. Ce sont les Cris de Poundmaker qui ont organisé une danse de la soif en 1884. La Couronne tente de prouver que Poundmaker a orchestré la rébellion des Indiens, alors que la défense prétend que sa bande a été influencée par des militants et que Poundmaker lui-même a tenté de mettre fin à la violence. Toute l'affaire tourne autour de la signification d'une hutte de guerrier (une tente en fait) érigée au milieu du camp de la bande indienne. Cela signifierait-il que Poundmaker n'était pas le chef militaire? C'est ce qu'affirmeront un certain nombre de témoins. Aucun témoin ne parlera des efforts de Poundmaker qui a réussi à sauver un grand nombre de soldats à Cutknife Creek en arrêtant la bataille. « J'ai fait tout ce que j'ai pu pour arrêter ce bain de sang », dit Poundmaker à la cour. « Si j'avais voulu la guerre, je ne serais pas ici aujourd'hui. Je serais dans la prairie. Vous ne m'avez pas capturé, je me suis rendu. Vous m'avez eu parce que je voulais que justice soit faite. » Le juge Richardson le condamne à trois ans à Stony Mountain. « J'aurais préféré être pendu », dira Poundmaker. Il sera lui aussi libéré avant la fin de la première année et mourra peu après. Le père André, dans une lettre à Mgr Taché, écrit en mémoire de One Arrow et de Poundmaker : « S'il existe deux personnes innocentes dans ce monde, ce sont sûrement ces deux Indiens contre qui rien n'a été prouvé sinon qu'ils ont toujours été bien disposés envers les blancs. »

Big Bear est un autre vieux chef qui n'a plus d'autorité sur ses guerriers. Son procès débute le 11 septembre et c'est encore le juge Richardson qui préside. Un des témoins relate que Big Bear lui aurait dit après la tuerie du Lac à la Grenouille : « Je ne voulais pas ça, et les jeunes hommes ne m'ont pas écouté. Je regrette beaucoup ce qui s'est passé. » On rejette la demande de directives de la cour au jury pour l'acquittement, et dans son discours au jury, le juge Richardson prétend que, pour démontrer son innocence, il aurait fallu que Big Bear se soit séparé de son peuple. Bien que la défense demande au juge de rappeler le jury afin de lui expliquer qu'« aider et encourager » supposent une action quelconque, même après un deuxième exposé, le jury continue probablement de penser que le fait de se tenir dans l'entourage des rebelles constitue en soi une trahison. Celui-ci prononce un verdict de culpabilité, tout en recommandant la clémence. Big Bear se voit imposer la condamnation habituelle de trois ans de pénitencier à Stony Mountain. Il survivra relativement plus longtemps que les autres et sera libéré en 1887 pour cause de maladie. Il décédera en 1888.

La justice canadienne frappe inexorablement. Le 16 septembre, neuf Cris de la bande de Big Bear sont accusés de trahison et d'acte délictueux grave, ayant été impliqués dans les événements du Lac à la Grenouille, dans le pillage du Fort Pitt, et dans la bataille de la butte Frenchmen. Parce qu'on a de la difficulté à se remémorer les noms cris, on attribue un numéro à chacun des accusés. On peut retracer leur parcours sur la scène du crime, mais rien ne prouve qu'ils aient participé à la rébellion. Même les avocats de la Couronne résument la situation ainsi : « On n'a pas démontré avec certitude que l'un ou l'autre de ces Indiens a participé aux atrocités (du Lac à la Grenouille), mais nous savons que ces actes ont été commis par des Indiens avec qui ils vivaient et agissaient. Le juge Richardson rappelle au jury que l'accusé a le même droit à la protection de la Couronne britannique que n'importe qui d'autre. C'est probablement pour cette raison que les délibérations du jury pendront une demi-heure. Le juge condamne les neufs accusés à deux ans de prison. Le jour suivant, cinq autres Indiens numérotés sont jugés de manière tout aussi expéditive. Whitecap, un chef dakota libéré par le général Middleton après la bataille de Batoche, se trouvait dans les environs. Un homme blanc témoigne que les Métis ont fait pression sur Whitecap et son peuple. L'avocat de Whitecap fait observer dans ses remarques au jury : « Il me semble qu'il suffit à cette ville de dire à un jury que l'accusé est Indien pour qu'il se retrouve immédiatement au banc des accusés. » Contrairement à toute attente, le chef est acquitté. Les procès de Regina prennent fin. Les autres procès se tiendront à Battleford.

Bien que le juge Richardson ait beaucoup de difficulté à comprendre la loi qu'il tente d'appliquer, ce n'est rien comparé au juge Charles Rouleau de Battleford qui, depuis le début de l'été, fait régner la justice chez les Autochtones comme s'il exerçait une vengeance personnelle. Rouleau a reçu des menaces de mort des Autochtones. Sa maison et sa bibliothèque de livres de droit ont été rasées par un incendie. Il rapporte les faits dans un télégramme qu'il fait parvenir à Joseph Chapleau de Swift Current : « arrivé sain et sauf avec famille; Indiens saccagé et pillé maison; je suis pauvre comme un rat d'église; Dieu sauve la Reine. »

Rouleau, seul Canadien français nommé juge dans l'Ouest, était sympathique aux Indiens à son arrivée en 1884, mais les choses ont changé. Tout au long de sa carrière de juge, Rouleau a été plutôt conciliant. Mais à l'automne, 1885, il ne manifestera pas beaucoup de pitié envers les Indiens. La sentence typique dans un cas sans violence est de six ans de pénitencier à Stony Mountain. Les personnes accusées et reconnues coupables des tueries au Lac à la Grenouille, y compris Wandering Spirit, se verront imposer une condamnation à mort dans un procès sans avocats de la défense. On les pendra sans formalités quelques jours après Louis Riel.

Une fois les procès de Regina et de Battleford terminés, 9 Indiens ont été pendus et 50 autres purgent une peine au pénitencier pour le rôle qu'ils ont joué dans le soulèvement. Les procès, en particulier ceux de Battleford, ont été expédiés rondement, sans interprète alors que les accusés comprenaient à peine l'anglais et encore moins les lois en vertu desquelles on les accusait. Quelques-uns seulement disposaient des services d'un avocat convenable. La plupart des chefs indiens et de leurs hommes ont tenté de rester en dehors du soulèvement métis, mais cela ne les a pas empêchés de subir la campagne de répression du commissaire adjoint aux Affaires indiennes, Hayter Reed, qui a soutenu que la rébellion a aboli les traités. Il adoptera une série de politiques qui rendront les Premières Nations complètement dépendantes des largesses du Canada.

Les insurgés autochtones qui ont traverseé la frontière vers les États-Unis continueront d'errer dans l'Ouest américain tout le reste de leur vie.

Le sort de la famille Riel

Louis Riel donne l'impression ne pas s'être beaucoup préoccupé de sa famille pendant la période qui débute avec sa décision de retourner au Canada et qui finit par sa reddition au général Middleton, soit près d'un an. Marguerite et les deux jeunes enfants du couple ont quitté la mission St. Peter en 1884 et accompagné Riel sur les routes pendant trois semaines avant de pouvoir dormir sous un toit. Charles Nolin héberge la famille Riel dans sa maison jusqu'au début novembre, à 50 milles au nord de Batoche. La petite famille se joint à celle de Gabriel Dumont à Batoche, d'où ils s'échapperont avec l'aide de Dumont après que le village eut été ratissé par la milice canadienne. L'épouse de Riel et ses enfants se réfugient dans une grotte en attendant d'être amenés en sécurité. Toute cette aventure a des conséquences sur la maladie de Marguerite qui souffre de tuberculose, et provoque le décès de leur troisième enfant né le 21 octobre. Il ne vivra que quelques heures.

Dans sa prison de Regina, Riel commence à songer à sa femme et à sa famille. Il écrit des poèmes en anglais à Marguerite, pendant qu'il est en attente d'exécution. Il aborde surtout des thèmes religieux : « *Margaret be fair and good / Consider now the sacred wood / On which the perfect Jesus / Died to save us… Margaret! we be the prey / Of bad spirits? no let us pray […] / Be sweet to my words and listen / When I write you with a golden Pen.* » Le geôlier de Riel en 1885 écrira dans l'*Empire* en 1896 : « Marguerite était une Crie au teint très foncé; elle avait toutes les caractéristiques d'une authentique Indienne. Elle était extrêmement fière, gentille et dévouée. » Au cours de sa dernière visite, elle parle à Riel pendant deux heures, en cri. Ils s'expriment probablement dans cette langue pour ne pas être compris des geôliers. Rien n'indique qu'ils s'exprimaient habituellement en cri. Riel confiera à son geôlier, le dernier jour, que son seul regret est de laisser sa femme et ses enfants dans le besoin. Il écrit une dernière lettre à son épouse le matin de son exécution, lui conseillant d'avoir « bien soin de tes petits enfants ». Il ajoute « un mot de charité selon le Bon Dieu à mon petit, petit Jean; un mot de charité, de tendresse aussi à ma petite, petite Marie-Angélique ». La lettre est courte, l'auteur s'étant probablement laissé emporter par l'émotion.

Marguerite Riel décède le 24 mai 1886, seulement quelques mois après son mari. Les enfants sont envoyés à Saint-Vital et seront élevés par la grand-mère et par une tante maternelles. Marie-Angélique meurt de diphtérie en 1897. Jean Riel, pour qui on avait organisé une collecte de fonds au Québec, étudie au Collège de Saint-Boniface, puis complète ses études à Montréal. Il devient ingénieur à l'emploi de la *Grand Trunk Pacific Railway Company* et s'éteint à l'Hôpital Saint-Boniface en 1908 des blessures subies dans un accident dans lequel la voiture qui le transportait s'est renversée.

Les conséquences politiques

Au tout début, la presse québécoise ne s'est pas montrée très sympathique à Louis Riel. La population et la province ont appuyé l'envoi d'unités canadiennes-françaises au front (65e et 9e bataillons). Mais bientôt, une certaine ambivalence commence à se manifester, puis à dominer : le sentiment d'être écartelé entre patriotisme et loyauté. Les Métis, après tout, sont des compatriotes des Canadiens français. Le médecin du 65e bataillon demande qu'on n'envoie pas ce bataillon au front, écrivant : « Plusieurs de nos principaux officiers sont de bons amis ou d'anciens camarades de classe de Louis Riel. Tous nos hommes considèrent les Métis comme des compatriotes et ne sont pas loin de penser que les exigences des Métis sont exprimées dans l'intérêt du pays, et sont aussi justes et aussi justifiées que celles de nos ancêtres en 1837. » La presse anglophone de l'Ontario critique de plus en plus Riel et les Métis. La presse francophone appuie de plus en plus ces derniers. Il faut que la justice s'exprime de façon impartiale. Certaines revendications des Métis sont légitimes, et Louis Riel a de toute évidence perdu la raison. Le 18 mai, on peut lire dans *La Patrie* : « Oui, redisons-le, Riel est juste un fou, un visionnaire tout à fait irresponsable. C'est un lunatique dont l'excitation maladive fait grande impression sur les gens simples qui l'ont pris pour une sorte de prophète. » Il faut se débarrasser de Riel, pour qu'il arrête de nuire, admet-on dans un autre journal, mais la punition ne doit pas être trop sévère.

L'annonce de la sentence de mort imposée à Riel est le point tournant. C'est à ce moment que la presse francophone adopte le langage de l'indignation. Le Québec croit que Riel est vraiment fou, mais que les revendications des Métis constituent des circonstances atténuantes. Comment le jury a-t-il pu le déclarer coupable? Il y a quelque chose qui ne tourne pas rond dans ce procès. Le gouvernement doit avoir manipulé le résultat. Comment William Jackson a-t-il pu s'en sortir indemne et non Riel? On trouve l'explication : « Jackson est anglais et Riel canadien-français. » La pendaison de Riel signifie la victoire pour les orangistes ontariens. La presse réagit en stimulant l'envoi de pétitions, l'agitation et les pressions sur les politiciens afin de sauver Riel. Charles Fitzpatrick, l'avocat de Riel, déclare à la fin du mois d'octobre que l'exécution fera de Riel un martyr, alors qu'on aura vite fini par l'oublier s'il est emprisonné ou envoyé à l'asile. Le *Montreal Herald* déclare à peu près en même temps qu'on s'est trompé en accusant Riel de trahison, puisque la peine de mort n'a pas été imposée à un traître ni en Grande-Bretagne ni aux États-Unis depuis de nombreuses années. Le *Herald* pense que Riel aurait dû être jugé pour meurtre, comme Ambroise Lépine en 1874. Le journal rapporte également qu'une commission médicale remettra en question la santé mentale de Riel et qu'il sera sauvé. Un certain nombre d'avocats commencent à publier des analyses rétrospectives du procès, dont la plupart sont défavorables à la Couronne. Mais le gouvernement fait pression pour que l'exécution ait lieu au plus vite et la presse francophone du Québec réagit presque unanimement à l'annonce de la mort de Riel par de nouveaux paroxysmes d'indignation.

L'exécution de Louis Riel le 16 novembre 1885 ne met pas fin à la controverse sur les rébellions du Nord-Ouest. L'événement n'a guère d'impact immédiat sur le gouvernement fédéral de Sir John A. Macdonald, mais servira aux « rouges » du Québec à renverser le gouvernement conservateur en fonction dans la province. Les conservateurs du Québec réagissent à la critique relative à l'exécution de Riel en cherchant des boucs émissaires et des moyens de se disculper.

Mais ils ne se remettront jamais vraiment de l'attaque. La vaste majorité des Canadiens français croient que Riel est mort parce qu'il était canadien-français et catholique. L'exécution de Riel a déclenché une guerre raciale contre le Canada français. Québec s'aperçoit soudain qu'on le prive de sa part légitime dans l'Ouest. Il découvre qu'il n'a aucun pouvoir en ce qui a trait au gouvernement du pays. Il réagit, comme un pamphlet en témoigne, avec le cri du nationalisme canadien-français : « Le Québec nous appartient, c'est notre propriété et faisons savoir aux Anglais que nous avons l'intention de le garder. Pas de concessions : nous voulons le pouvoir absolu chez nous, et des gouvernements francophones d'un bout à l'autre. » En 1886, Honoré Mercier affirme dans le cadre d'une élection provinciale que les conservateurs du Québec n'ont pas su défendre l'autonomie de la province. Du point de vue de l'histoire du Canada, la mort de Riel mènera inexorablement à l'élection d'un gouvernement qui se qualifie de national et qui se voue à la défense de l'autonomie québécoise. Un grand pas vient d'être franchi vers l'indépendance du Québec.

Riel a-t-il bénéficié d'un procès équitable?

D'entrée de jeu, cette question soulève deux points importants. D'abord, la qualité d'un procès dépend non seulement du comportement des avocats de la poursuite, mais également de la capacité de la défense à fournir « une défense pleine et entière », qui permette au moins de respecter les désirs de l'accusé. Deuxièmement, l'évaluation ne s'arrête pas au verdict du jury ni même au prononcé de la sentence, mais suppose aussi de vérifier si toutes les possibilités d'appel ont été exploitées.

Le comportement de la défense est de toute première importance pour qu'un procès soit équitable. Le comité pour la défense de Riel à Ottawa a fait appel à trois avocats, Charles Fitzpatrick, François Lemieux, et James N. Greenshields, qui se sont rendus dans l'Ouest pour assumer la défense de Riel. C'est la Couronne qui a défrayé le coût de leur transport par train à Regina et, après avoir subi des pressions, elle a également assumé les frais de transport des témoins résidents sur le territoire. De ces trois avocats, seul Lemieux a de l'expérience en droit criminel et une bonne expérience au tribunal. Mais ce n'est pas lui qui dirige l'équipe de la défense. Cette tâche est dévolue à Charles Fitzpatrick, dont l'expérience dans des procès pouvant mener à la peine capitale est certainement limitée. À Regina, Thomas Cooke Johnstone se joint à l'équipe. C'est un avocat de l'endroit qui a été choisi en raison de son expérience du système juridique des Territoires du Nord-Ouest.

Bien que Riel semble d'abord généralement satisfait de ses avocats, il exprime quelque réserve dès le départ. Riel veut que sa défense soit fondée sur le « mérite de ses actions » justifiant la rébellion en termes d'inconduite du gouvernement canadien dans l'Ouest. Une telle défense pourrait mettre au défi les propres affirmations et principes juridiques du gouvernement, mais le problème est que l'équation comporte aussi une inconnue : le jury. Il faut qu'on procure au jury des raisons de désobéir au gouvernement; et il faut que le juge fournisse les accusations en vertu desquelles déterminer la culpabilité de l'accusé. Le gouvernement opte pour la peine de mort en accusant le prisonnier de haute trahison, ce qui est toujours difficile à soutenir, car les jurés sont naturellement portés à éviter de condamner un homme à mort en le déclarant coupable. Bien qu'on n'ait présenté au tribunal aucune raison décente de sympathiser avec le prévenu, le jury déclare Riel coupable, mais recommande la clémence. Si le jury croyait Riel atteint de troubles mentaux, il aurait rendu un verdict de non-culpabilité pour cause d'aliénation mentale. En recommandant la clémence, les jurés expriment l'opinion que la rébellion est compréhensible. (Comme on l'a vu plus haut, la défense aurait dû informer le jury de l'inutilité de recommander la clémence.) Si on avait fourni au jury plus de raisons de justifier la rébellion, celui-ci aurait très bien pu prononcer un verdict d'innocence.

Une défense fondée sur les erreurs du gouvernement, si elle avait été suffisamment persistante et puissante, aurait très bien pu influencer un jury qui était déjà disposé à rejeter le blâme sur le gouvernement et demandait la clémence. Dans un autre contexte, une telle défense a été rejetée au procès pour meurtre d'Ambroise Lépine. Par contre, à ce procès, le juge avait refusé toute preuve de tricherie et de mensonge de la part du gouvernement, qui ne pouvait être appuyée par des documents. La défense ne disposait pas de tels documents, mais seulement de la parole de témoins affirmant que le gouvernement leur avait menti. On aurait pu appliquer la même règle en 1885, mais nous ne saurons jamais ce que cela aurait donné, puisque ça n'a pas été fait. Une défense fondée sur les mérites de Riel aurait pu donner des résultats, bien qu'il aurait fallu que ses avocats échangent des arguments inconvenants avec leurs collègues de la Couronne. Une défense énergique de la rébellion aurait bien pu forcer la Couronne à dévoiler son jeu complètement, au lieu de lui laisser le loisir de se présenter constamment comme le généreux protecteur des droits de l'accusé.

Les avocats de Riel ont mis tous leurs œufs dans le même panier en se centrant sur l'excuse de l'aliénation mentale, qu'ils n'ont, en plus, pas très bien réussi à exploiter. Il existait trop de confusion autour des règles découlant de l'affaire McNaghten, que la défense n'a jamais réussi à dissiper. Là où tous les experts s'étaient mis d'accord, soit que les convictions religieuses de Riel, en supposant qu'elles étaient sincères, signifiaient qu'il n'était pas responsable de ses actes durant la rébellion, les avocats de la défense auraient dû mieux savoir exploiter ces témoignages en faveur de leur client. D'autre part, la plaidoirie d'aliénation mentale elle-même, à laquelle s'opposait Riel, l'a amené à insister beaucoup plus sur ce point dans son discours au jury, qu'à défendre les gestes posés.

Si la défense s'est montrée plutôt faible au procès, elle s'est révélée tout à fait indifférente dans les diverses procédures qui ont suivi. Les motifs du premier appel étaient particulièrement faibles et faciles à rejeter. Les arguments présentés au comité judiciaire du Conseil privé étaient dérisoires. En 1886, dans le cadre du débat sur le procès de Riel à la Chambre de communes, les critiques du gouvernement ont cité plusieurs commentaires de Me Lemieux, formulés lors d'une entrevue sur le procès. Lemieux faisait partie de l'équipe de la défense et, à cette occasion, déplorait l'incompétence des interprètes francophones : « Le tribunal a dû changer d'interprète trois ou quatre fois. Les témoignages en français ont été mutilés et mal traduits, par portions seulement, en particulier celui du docteur Roy et celui du père Fourmond, du père André, et des autres. » Par ailleurs, dit Lemieux, il n'y avait souvent aucun interprète présent. Mais la défense ne reviendra jamais sur cette lacune ni dans les procédures d'appel, ni dans des démarches pour faire annuler le procès.

Deux observations liées l'une à l'autre s'imposent en ce qui concerne l'équipe de la défense. Premièrement, les deux avocats principaux ont bien réussi dans leur carrière juridique après le procès de Riel. Fitzpatrick est devenu juge en chef du Canada et Lemieux juge en chef du Québec. Ces faits ne suggèrent en rien qu'ils aient été récompensés pour leurs services, mais suggèrent cependant qu'on est en présence d'ambitieux avocats de l'establishment canadien, qui ne voulaient pas trop s'en prendre au système juridique. Si les politiciens pouvaient se le permettre à la Chambre des communes, les avocats quant à eux essayaient plutôt d'éviter de faire des taches d'encre dans leur cahier de devoir. Les avocats de Riel ont adopté une approche beaucoup trop délicate. Fitzpatrick et Lemieux, lorsqu'ils ont rencontré Riel pour la première fois en 1885, ont de toute évidence été assez heureux de constater qu'il était plutôt irrationnel, ce qui leur a permis d'élaborer une défense faisant porter tout le blâme de la rébellion sur Riel plutôt que d'accuser le gouvernement. Il aurait alors fallu se battre franchement contre la Couronne, une approche que les avocats de Riel ont soigneusement évitée. Malcolm Cameron, dans son discours à la Chambre des communes sur le procès de Riel, en 1886, réussira bien mieux à prendre la défense de Riel que ses avocats ne l'ont fait en 1885, mais c'est parce qu'il s'en prendra directement à la politique du gouvernement. En outre, ce qui manquait à l'équipe de la défense était un avocat professionnel non conformiste, du genre de Clarence Darrow ou d'Horace Rumpole, dont le seul objectif dans la vie n'était pas l'équivalent canadien d'« être nommé conseil de la Reine », mais plutôt de prendre tous les moyens nécessaires afin de défendre son client. Riel aurait grandement bénéficié des services d'un avocat américain comme Enos Stutsman, ou Henry J. Clarke si ce dernier y avait été disposé. La Couronne aurait pu laisser une grande marge de manœuvre à de tels avocats, ou peut-être ces derniers auraient-ils pu démolir la prétention de la Couronne d'offrir un procès juste. Suffisamment de décisions judiciaires réduisant la défense au silence auraient exposé la Couronne. Les gens tendent à s'opposer à ce qu'on impose un bâillon. Mais la possibilité d'une réelle défense de l'accusé Riel n'a jamais vraiment été soulevée, sauf par l'accusé lui-même.

Le 12 mars 1885, Me Malcolm Cameron, député de Huron, prend la parole à la Chambre des communes dans un discours qui constituera l'une des critiques du procès de Riel les plus virulentes. Cameron soutient que la Couronne a privé Riel de ses droits à une défense pleine et entière, et blâme cette dernière. Cameron concentre son tir sur le refus de la Couronne de laisser plus de temps à la défense de se préparer, et à son refus de laisser la défense produire ses documents. Ce dernier point déplace naturellement le débat vers la question plus large de la politique du gouvernement, car les critiques du gouvernement considèrent les causes de la rébellion comme circonstances atténuantes. Cameron se montre assez cinglant au sujet de l'incapacité du tribunal d'apprécier qu'« un homme puisse être responsable de ses actes, lucide et rationnel sur tous les sujets sauf un, et que s'il commet un délit justement dans ce domaine, il n'est pas responsable de cet acte ». Il souligne que le jury a recommandé la clémence et qu'on a ignoré la recommandation. Cameron décrit les convictions religieuses de Riel en détails et commente les opinions exprimées par les experts médicaux. Sir Hector Langevin affirme avec une certaine énergie que Riel a subi un procès équitable, faisant remarquer que si le jury doutait de la culpabilité ou de la responsabilité de Riel, il n'avait qu'à l'acquitter. Les protestations de Langevin en faveur du sens de la justice du gouvernement sonnent faux, mais il n'a pas tort en disant que le jury aurait pu prononcer un verdict d'acquittement.

George Goulet, dans un ouvrage récent intitulé *The Trial of Louis Riel,* insiste pour dire que Louis Riel a été « privé de son droit à une défense pleine et entière » et ce, pas tant par la Couronne que par ses propres avocats. Goulet soulève un point légitime. En particulier, ceux-ci se sont dégonflés dans l'affaire des documents de manière à ce qu'il ne soit plus possible de revenir sur ce point en appel. Ceci soulève une question intéressante sur toute procédure postérieure au procès relativement à la condamnation et à la sentence de Riel pour trahison. La poursuite ne doit pas nécessairement porter tout le poids de l'injustice. La défense elle-même y a certainement contribué. Je ne pense pas, personnellement, que la Couronne soit totalement innocente à ce chapitre, car chaque fois qu'un choix se présentait, elle optait pour celui qui favorisait le moins Riel ou était le plus hostile à son égard. Mais en bout de ligne, ce sont les propres avocats de Riel qui ont le plus contribué à priver celui-ci d'un procès équitable en 1885.

Conclusion

La défaite militaire des Métis, l'exécution publique de Louis Riel en novembre 1885 pour trahison et la campagne de répression contre les Premières Nations qui a suivi, constituent une moitié seulement des raisons qui expliquent que toute cette année (et même ce mois) soit si importante non seulement pour l'histoire de l'Ouest canadien, mais pour l'histoire du Canada. En novembre 1885, on enfonçait le dernier crampon à Craigellachie, à l'est de la Colombie-Britannique, pour marquer la fin de la construction du chemin de fer du Canadien Pacifique. La compagnie de chemin de fer du Canadien Pacifique avait été ressuscitée en 1881 en tant que corporation hybride contrôlée par des capitalistes privés et avait surtout été financée par l'État qui, en plus des subventions gouvernementales, lui a cédé environ 25 millions d'acres de terre le long de ses droits de passage, de même que d'autres concessions. On a activement débattu, à l'époque, de la construction antérieure à la colonisation, ce que T. C. Keefer a appelé les « lignes de colonisation », compte tenu surtout des incitatifs qu'il a fallu consentir pour convaincre les hommes d'affaires entêtés à entreprendre la construction. Mais le gouvernement Macdonald défendait le chemin de fer pour des motifs d'intérêt national. Puisqu'il est difficile de mesurer ce concept en termes quantitatifs, il est impossible de dire si le prix en a été trop élevé.

L'Ouest devait être une colonie anglophone du Canada. Non seulement fallait-il repousser les Indiens et les Métis le plus rapidement possible, mais il ne fallait pas que les Canadiens français s'y rendent en trop grand nombre. Au cours des années qui ont suivi la Confédération, la plupart des Québécois voyaient dans l'Ouest une région importante surtout en termes commerciaux ou au mieux, comme une meilleure destination que les États-Unis pour les expatriés du Québec, bien qu'ils fussent prêts à défendre les droits des Métis. Comme on peut le lire dans *L'Opinion publique* (Montréal) en 1879 : « Pendant cinq ans, l'immigration anglaise a déferlé sur le Manitoba, et l'émigration française a été presque nulle [...] Le Nord-Ouest, fondé et colonisé par les francophones, est destiné à devenir anglophone, comme le reste de l'Amérique du Nord. »

La réaction des Canadiens français à l'exécution de Louis Riel, toutefois, n'a pas été aussi fataliste. En 1885, l'opinion publique du Québec était prête à croire la thèse d'une conspiration anti-française. Il est permis de croire que le processus de consolidation nationale était complété en 1885, mais le « nationalisme » canadien portait toujours l'aiguillon distinctif des protestants de race blanche et d'origine anglo-saxonne de l'Ontario. Deux cultures, française et anglaise, allaient fermement s'opposer. La tâche la plus difficile pour le Canada allait être d'essayer de satisfaire les deux principaux éléments du pays. L'exécution de Louis Riel n'allait pas faciliter les choses.

Épilogue

Le nom de Louis Riel continue d'occuper la scène publique du Canada depuis 1869. Au cours des quelques dernières années, on a tenté de le réhabiliter officiellement, que ce soit à la Chambre des communes ou ailleurs, en proposant généralement un pardon posthume pour ses activités de 1884-1885. (On lui avait déjà accordé un pardon conditionnel en 1875 pour les actes commis en 1869-1870, dont il a rempli les conditions en 1880.) D'une certaine façon, ce qui est le plus remarquable dans ces propositions est la véhémence des débats qu'elles provoquent. De nombreux Canadiens demeurent inflexibles à toutes ces propositions visant à reconnaître Riel autrement que comme un meurtrier ou un traître. En vue de déterminer s'il faut ou non accorder un pardon à Riel, il faut considérer les détails historiques de même que les mythes qui ont vu le jour depuis le décès de Riel.

L'événement historique est complexe et peut être interprété de presque toutes les façons, selon l'angle sous lequel on choisit de l'examiner. Le portrait de Riel que j'ai tenté de tracer dans ce livre est celui d'un homme d'État qui a joué un rôle constructif dans le soulèvement (ou la rébellion) de 1869-1870. Riel a brillamment réussi à unir deux collectivités distinctes de Métis et à les maintenir suffisamment unis pour forcer le gouvernement canadien à faire des concessions qu'il n'aurait jamais consenties autrement. Il est vrai que, ce faisant, il s'est rendu responsable de la mort de Thomas Scott. Son geste est inexcusable, mais il s'agit d'une terrible méprise de la part de Riel, que les circonstances de l'époque permettent d'expliquer. Riel a également réussi à maintenir la paix à la Rivière-Rouge et l'intégrité de la colonie en attendant l'arrivée des autorités canadiennes en août 1870, et il a même commencé à doter cette dernière d'un gouvernement démocratique. Pour ce qui est de la mort de Thomas Scott, par contre, il ne fait aucun doute que les délégués de la Rivière-Rouge au Canada ont obtenu une promesse d'amnistie en retour de leur acceptation de l'Acte du Manitoba.

Le gouvernement a par la suite honteusement essayé de la nier et honteusement refusé de l'honorer. Si le Canada avait tenu parole, Riel n'aurait pas été obligé de se cacher et de s'exiler de 1870 à 1875, il n'aurait pas été déclaré hors-la-loi, et ne serait pas resté en exil de 1875 à 1880. On ne peut toutefois attribuer cette supercherie officielle uniquement à Sir John A. Macdonald, car on l'a beaucoup aidé, en particulier les orangistes de l'Ontario par leur esprit raciste. Mais le premier ministre se trouvait certainement en bonne position pour faire preuve d'un peu de courage en faveur de Louis Riel et pour défendre l'honneur du gouvernement. Ce n'est pas ce qu'il a fait et cela vient entacher gravement sa carrière politique.

Ce qui s'est passé en 1884-1885 est beaucoup plus complexe et ambigu. Il est très probable que Riel soit revenu aux Territoires du Nord-Ouest en 1884 pour diriger un mouvement de protestation légitime contre le gouvernement du Canada, sans intention de provoquer la violence. Sa frustration a certainement été alimentée par l'absence de réaction de la part du Canada aux pétitions pacifiques qu'on lui avait fait parvenir. Sa stratégie visait donc de plus en plus la confrontation au printemps 1885. Le facteur déclencheur de la rébellion a probablement été fournie par inadvertance par la police à cheval du Nord-Ouest qui a poussé son avance jusqu'au Lac aux Canards. Toutefois, Riel a joué un rôle important dans les préliminaires qui ont conduit à l'événement. Même si les Autochtones avaient leurs propres raisons de se soulever contre le Canada et contre la colonie européenne, ils y ont été encouragés personnellement par Riel et par toute l'atmosphère de la rébellion. Si on veut adopter le point de vue du tribunal en 1885, c'est-à-dire qu'on ne peut jamais justifier la trahison contre la Couronne par des revendications, Riel était coupable de trahison. Par contre, on n'aurait pas dû l'accuser de trahison, car il n'était pas « responsable de ses actes ». Il était innocent pour cause d'aliénation mentale, peu importe ce qu'il en pensait lui-même. Son insistance à soutenir qu'il était sain d'esprit en 1885 a fait de Riel un véritable personnage de tragédie classique. Même s'il a été reconnu coupable, il n'était pas nécessaire de l'exécuter. Justifier la sévérité envers Riel par la sévérité de la vengeance du gouvernement contre les chefs autochtones témoignerait d'une attitude quelque peu butée.

On ne saura jamais si le gouvernement du Canada s'est trompé ou non dans son interprétation de l'opinion publique. Ce que nous savons, c'est que l'exécution de Riel a joué un rôle important dans la fin du gouvernement conservateur au Québec, et a définitivement joué un rôle dans la perte ultime de soutien des *Tories* au Québec, une réalité politique qui persistera pendant près d'un siècle d'histoire canadienne. Mais nous ne savons pas ce qui serait arrivé si Riel avait été épargné. Le courroux des orangistes de l'Ontario aurait aussi bien pu se révéler tout aussi désastreux pour les conservateurs qu'au Québec. L'important, bien sûr, est que le gouvernement canadien de 1885 ait fait un choix politique parfaitement en accord avec ses préférences générales, en particulier dans l'Ouest canadien. Dans un sens large, Riel a été exécuté pour répondre aux besoins politiques d'un gouvernement qui représentait, une fois que les jeux eurent été faits, les intérêts expansionnistes de l'Ontario protestant. En mourant, Riel devenait un martyr, comme ça avait été le cas de Thomas Scott 15 ans plus tôt. Tous ces faits permettent d'expliquer la position que Riel a occupée dans la psyché canadienne au cours des années qui ont suivi sa mort. Riel a fini par donner corps à certains thèmes très importants de la mémoire canadienne.

Dans un sens large, Riel est devenu une figure légendaire et même un héros… aux proportions mythologiques. D'aucun ne met en doute le fait que l'image héroïque de Riel ait été malmenée. Par ailleurs, la complexité du personnage fait partie de son attrait. Il a été et demeure le personnage historique canadien sur lequel on a le plus écrit, que ce soit par les historiens, les romanciers ou les poètes. Riel a fait l'objet de plus d'une douzaine de biographies élaborées. Depuis 1885, il a été le protagoniste de plus de 20 pièces de théâtre, dont un bon nombre traitent du drame inhérent à son procès. Il est le personnage central de l'opéra considéré comme le meilleur au Canada, soit *Louis Riel,* par Harry Somers et Mavor Moore, composé pour les célébrations du centenaire du Canada. Cet opéra a été présenté au *Kennedy Center* en tant que contribution canadienne au bicentenaire américain. Dorothy Livesay a donné une voix à Riel dans une dramatique radiophonique produite par la CBC dans les années 1940. Une série télévisée de la CBC a porté sur la vie de Riel. Il a également figuré ou été le personnage principal dans un nombre incalculable de romans et d'œuvres de poésie inspirés des événements de 1885. Riel est le seul personnage historique canadien dont on a publié l'œuvre littéraire complète dans une édition classique. Au cours de ces dernières années, il est clairement devenu le principal personnage mythique du Canada. En aurait-il goûté l'ironie? Difficile à dire… le sens de l'ironie ne faisait pas partie de ses principaux traits de caractère.

S'il est devenu un héros mythologique, Riel est également devenu le symbole de quelques thèmes très importants de la société canadienne. D'abord, il a servi de porte-parole historique et de symbole aux aspirations de son peuple, ayant composé et aidé à composer un certain nombre des principales formulations des droits et des exigences des Métis qui ont été soumis aux divers gouvernements du Canada et des États-Unis, et il a mené deux rébellions métisses. Riel est apparu sur la scène publique en tant que correspondant des journaux du Québec en

1868 et 1869, prenant la défense du peuple métis. Parmi les nombreuses déclarations politiques qu'il a rédigées, ou aidé à rédiger, il faut mentionner la *Déclaration des habitants de la Terre de Rupert et du Nord'Ouest*, datée du 8 décembre 1869, et la *Petition to His Excellency the Governor General, of Canada, in Council*, datée du 16 décembre 1884.

Au cours des années, Riel a également symbolisé de nombreuses autres causes au Canada, associées surtout à la résistance à certaines forces exercées dans le cadre de l'expansion du Canada. Il représente maintenant non seulement la résistance des Métis, mais aussi celle des Autochtones à l'assimilation canadienne. Il est le héros des efforts des francophones en vue de préserver leur langue, leur religion et leur culture dans l'Ouest canadien. Dans un contexte élargi, il symbolise aussi tous les efforts de résistance à la destruction des communautés traditionnelles en vue d'une homogénéisation ethnique et culturelle. Dans un contexte plus large encore, Riel concrétise la résistance énergique à l'impérialisme centralisé d'un Canada dominé par l'Ontario protestant non seulement sur le plan politique, mais également sur les plans intellectuel et psychologique. Le Canada auquel Riel s'est opposé par deux rébellions avait une vision très distincte de l'expansion vers l'Ouest et de la nation qui devait en résulter. Ce Canada devait être unilingue et uniculturel. Une telle vision n'est pas très sympathique aux groupes minoritaires de toutes catégories. L'expansion historique du Canada devait se réduire à une seule version intégrée. Il y a des personnes au Canada qui croient encore en partie ou en totalité à cette vision, et la plupart d'entre eux se retrouvent parmi les critiques modernes de Louis Riel.

Enfin, dans le contexte le plus large qui soit, bien sûr, Riel n'a pas à symboliser la résistance à quoi que ce soit en particulier, mais simplement un esprit de rébellion et de protestation, de volonté de défendre ses idées et de s'opposer à l'exploitation illégitime de soi-même et de sa communauté par le système et même par les forces inexorables de l'histoire. En effet, le fait que sa cause, la protection du peuple métis, soit presque sans aucun doute perdue d'avance, constitue probablement l'un de ses attraits.

Pour plusieurs, Riel représentait et représente bien des choses : un fou, un prophète, un meurtrier, un sauveur. Les Canadiens n'ont pas un panthéon important de grands héros, et parmi ces derniers, on compte peu de résistants. Louis Riel est l'un de nos héros qui résistent le mieux au temps. Riel est notre rebelle vertueux.

En ce XXIe siècle, on ne doute guère que Louis Riel devrait recevoir un pardon posthume. On devrait lui accorder un pardon, afin qu'il puisse occuper de droit et sans conteste sa place en tant que père du Manitoba. Il faudrait lui pardonner parce qu'il a été maltraité par le Canada tout au long de sa carrière. Mais surtout, il faudrait lui pardonner dans le dessein de poser un geste en mémoire d'un grand Canadien.

Index

-A-

-B-

-C-

-Q-

-R-

-S-

-T-

-U-

-V-